中國傳統對外關係研究

陈尚胜　著

中華書局

图书在版编目(CIP)数据

中国传统对外关系研究/陈尚胜著. —北京:中华书局,2015.6
ISBN 978-7-101-10665-7

Ⅰ.中… Ⅱ.陈… Ⅲ.中外关系-国际关系史-研究-古代
Ⅳ.D829

中国版本图书馆 CIP 数据核字(2015)第 010285 号

书　　名	中国传统对外关系研究
著　　者	陈尚胜
责任编辑	陈若一
出版发行	**中华书局**
	(北京市丰台区太平桥西里 38 号　100073)
	http://www.zhbc.com.cn
	E-mail:zhbc@zhbc.com.cn
印　　刷	北京天来印务有限公司
版　　次	2015 年 6 月北京第 1 版
	2015 年 6 月北京第 1 次印刷
规　　格	开本/700×1000 毫米　1/16
	印张 21　插页 2　字数 360 千字
国际书号	ISBN 978-7-101-10665-7
定　　价	58.00 元

目　录

中国传统对外关系研究刍议（代序）

所谓"中国传统对外关系"，是指在中国封建王朝"朝贡体制"主导之下的中国与外国之间的关系。"朝贡"思想虽然起源于先秦时期，但"朝贡体制"作为中国封建王朝开展与外国官方关系的基本模式，却是在汉代才开始形成的。晚清时期，西方国家以及日本的侵略扩张，不仅破坏和瓦解了中国与周邻国家间的传统封贡关系，而且迫使清朝放弃三跪九叩首的"朝贡礼仪"，"朝贡体制"完全被近代的"条约体制"所取代。因此，中国传统对外关系的研究范围，基本上涵盖了"中国古代对外关系史"和"中国近代对外关系史"的内容。那么，我们为什么要以"中国传统对外关系"来代替"中国古代对外关系史"和"中国近代对外关系史"？"中国传统对外关系"又应研究什么？本文在对"中国古代对外关系史"和"中国近代对外关系史"的研究特征进行粗浅述评的基础上，拟从思想观念、制度与政策、封贡关系等三个方面对中国传统对外关系的研究要素予以初步探讨。

一、中国古代对外关系史研究与"朝贡体制"

中国古代对外关系史的研究，基本上是在"中外交通史"的基础上构建的。早在1915年，丁谦先生就对"二十四史"中"四夷传"或"外国传"中的相关地理进行了一系列考证①，初步奠定了中外交通史的雏型。1947年，向达先生在商务印书馆出版的专著即以《中外交通小史》来命名。及至今天，中华书局仍以"中外交通史丛刊"的名称来出版中国古代记载对外关系的史籍。"交通史"的用法，早先见之于日本学术界，如辻善之初于1917年所出版的《海外交通史话》（内外书店）。"交通"一词，在古代汉语中含有交往、往来通问的意义。中外交通史是依据古代文献中有关域外的零星记载，通过对音和确定地望的方法，来推定古人对外交往的地域及其所行路线，从而确定中外关系的具体事迹。在现代汉语中，"交通"一词已专指各种运输系统。由于在古代汉语与现代汉语之间对于"交通"一词所出现的歧义，继续使用"中外交通史"来表述古代中外关系史显然不易被现代社会所理解。而且，以考订中外交往史地为目的的学术研究，虽然是十分必要并且是极其重要的，但它决不应该就是我们研究古代中外关系史的唯一目标。

在古代中外关系史研究领域，"中西交通史"又自成一科，并且有诸多专著流布。自20世纪30年代初向达先生的《中西交通史》和张星烺先生的《中西交通史料汇编》出版问世以后②，"中西交通史"的学科即得以确立。此后，在20世纪40年代和50年代，方豪先生又先后出版了以"中西交通史"来命名的相关

---

① 丁谦的一系列考证，曾由浙江图书馆于1915年以"蓬莱轩地理学丛书"名称印版。包括：《汉书匈奴传地理考证》《汉书西南夷列传地理考证》《西域传地理考证》《后汉书东夷列传地理考证》《南蛮西南夷传地理考证》《西羌传地理考证》《后汉书西域传地理考证》《后汉书南匈奴传地理考证》《后汉书乌桓鲜卑传地理考证》《三国志乌桓鲜卑东夷传地理考证》《三国志附鱼豢魏略西戎传地理考证》《晋书四夷传地理考证》《魏书外国传地理考证》《魏书西域传地理考证》《魏书外国传补地理考证》《宋书夷貊传地理考证》《南齐书夷貊传地理考证》《梁书夷貊传地理考证》《周书夷域传地理考证》《隋书四夷传地理考证》《新唐书突厥传地理考证》《新唐书吐蕃传地理考证》《新唐书回纥等国传地理考证》《新唐书沙陀传地理考证》《新唐书北狄传地理考证》《新唐书东夷列传地理考证》《新唐书南蛮列传地理考证》《新旧唐书西域传地理考证》《新五代史四夷传附录地理考证》《宋史外国传地理考证》《辽史各外国地理考证》《金史外国传地理考证》《元史外夷传地理考证》《元秘史地理传地理考证》《明史外国传地理考证》《明史西域传地理考证》《传地理考证》《穆天子传地理考证》《晋释法显佛国记地理考证》《后魏宋云西域求经记地理考证》《大唐西域记地理考证》《唐杜环经行记地理考证》《元耶律楚材西游录地理考证》《元长春真人西游记地理考证》《元圣武录征录地理考证》《元刘郁西使记地理考证》《元张参议耀卿记行地理考证》《元经世大典图传地理考证》《图理琛异域录地理考证》。

② 向达《中西交通史》，中华书局1930年；张星烺《中西交通史料汇编》，辅仁大学1930年。

著作①。从前贤的诸种"中西交通史"著作的内容看,它包括古代中国与中亚、东南亚、南亚、西亚、非洲、欧洲以及美洲交往路线的史地考证和政治、经济、文化上的关系,反映了中国古代与汉字文化圈以外的异域文明国家交往和文化交流的历史。不过,自1985年沈福伟先生使用《中西文化交流史》②的名称来出版相关著作后,学术界似乎已经开始放弃"中西交通史"的名称。最近,张国刚先生和吴莉苇女士合作撰写的普通高等教育"十五"国家级规划教材,则以《中西文化关系史》来命名③。从"中西交通史"学科中"西"的地域概念来看,它既包括古代的"西域",也包括古代的"南海"和"西洋",内容十分宽泛也十分模糊。只是张国刚、吴莉苇先生最近才清晰地解释,"西"不仅是一个地理概念,也是一个文化概念,它包括以印度为中心的印度教佛教文化圈、西亚北非的伊斯兰文化圈、欧洲的基督宗教文化圈④。而现代学人之所以这么特别看重"中西"之间的关系,无疑缘自于近代以来中国与西方资本主义国家之间关系的重要性,从而把中国与欧洲交往和文化交流过程中所经过的其他国家和地区都置于这一考察和研究的范围之内。在一定程度上,形成"中西交通史"的研究格局与以往学术界所存在的"欧洲中心论"和"中国文化西来说"也有或多或少的关联。今天,"欧洲中心论"和"中国文化西来说"已经遭到学术界的严正批判,人们已经不再把欧洲与世界同等看待,我们也就无须再继续停留在以往"中西交通史"的学科框架中。实际上,早在中国与欧洲之间发生关系以前,中国与周边邻国之间已经有着悠久而广泛的联系。

　　鉴于"中西交通史"研究在视域上的这种偏向性,人们为了将历史上中国与周邻国家之间的关系纳入到学科体系之中,又开始采用"中国古代对外关系史"的学科名称。"中国古代对外关系史所要研究的就是1840年以前中华民族同世界各国进行的政治关系,以及物质和文化交流的产生和发展的历史。"⑤不

---

① 方豪《中西文化交通史》,独立出版社1943年;《中西文化交通史论丛》,独立出版社1944年;《中西交通史》,台北中华文化出版事业委员会1955年。

② 沈福伟《中西文化交流史》,上海人民出版社1985年。

③ 张国刚、吴莉苇《中西文化关系史》,高等教育出版社2006年。

④ 张国刚、吴莉苇《什么是中西文化关系史》,《中西文化关系史》,第1页。

⑤ 张维华主编《中国古代对外关系史》"前言",高等教育出版社1993年,第1页。

过,在中国古代对外关系史的具体研究和叙述过程中,学术界通常所关注的是历朝各代对外关系的重大事件,如张骞通西域、玄奘印度求法、郑和下西洋等,而对重大事件之外的中国封建王朝对外政策走向以及各个封建王朝对外政策之间的内在联系等问题却极为忽视。虽然中国古代对外关系由于受中国封建王朝自身的政治因素和其他条件所限,其发展进程表现为断断续续的特征,但以个别事件为中心的讨论模式所带来的零散性,却妨碍了人们去认识中国与外国关系的演进轨迹。因此,中国古代对外关系史研究必须突破单纯以重大事件为中心的讨论模式,更应探讨酿成这些事件所发生的背景,即中国封建王朝的对外政策行为和环境因素,进而考察这些封建王朝处理对外关系事务的基本倾向和一般行为模式。而"朝贡体制"作为中国封建王朝处理对外关系事务的一般行为模式,理应成为中国古代对外关系研究的一个重心所在。

二、中国近代对外关系史研究的内在因素问题

中国近代对外关系史的研究,也是从中西关系开始起步的。1914年出版的刘彦《中国近时外交史》①,重点探讨的就是中西关系。此后,曾友豪的《中国外交史》、王正廷的《中国近代外交概要》、胡秋原的《近百年来中外关系》、方豪的《中国近代外交史》、黄正铭的《中国外交史》、刘培华的《近代中外关系史》、顾明义的《中国近代外交史略》、王绍坊的《中国外交史(鸦片战争至辛亥革命时期)》、杨公素的《晚清外交史》、赵佳楹的《中国近代外交史》等著作②,也是以研究中西关系为主,尤其是中西之间的外交关系。毫无疑问,由于近代西方资本

---

① 刘彦《中国近时外交史》,上海华昌印刷局1914年。
② 曾友豪《中国外交史》,商务印书馆1926年;王正廷《中国近代外交概要》,南京外交研究社1928年;胡秋原《近百年来中外关系》,重庆中华文化服务社1943年;方豪《中国近代外交史》,台北中华文化出版事业委员会1955年;黄正铭《中国外交史》,台北正中书局1959年;刘培华《近代中外关系史》,北京大学出版社1986年;顾明义《中国近代外交史略》,吉林文史出版社1987年;王绍坊《中国外交史(鸦片战争至辛亥革命时期)》,河南人民出版社1988年;杨公素《晚清外交史》,北京大学出版社1991年;赵佳楹《中国近代外交史》,山西高校联合出版社1994年。

主义和帝国主义列强的侵凌，使中国进入了"数千年来未有之变局"①，新的国际环境必然左右着中外关系史研究者的价值取向。

与中国近代对外关系史的"通史"性质著作相一致，在近代中外关系的"专题研究"和"国别关系研究"方面，中西关系的研究也是人们关注的重点。在国别关系研究方面，有蔡元培的《中美外交史》、唐庆增的《中美外交史》、束世澂的《中法外交史》和《中英外交史》、陈博文的《中俄外交史》、蒋恭晟的《中德外交史》、邵循正的《中法越南关系始末》、周景濂的《中葡外交史》、张雁深的《中法外交关系史考》等②。而在近代中外关系专题史的研究方面，自20世纪20年代以来即形成了研究帝国主义侵华史的热点。仅在1927年，各家书局就出版了六部相关著作③。新中国建立后，帝国主义侵华史在相当长的时间内仍是研究近代中外关系的主题，并出版了一些史料详实、内容丰富的高水平著作，如丁名楠、余绳武、张振鹍等人所著的《帝国主义侵华史》（共两卷）及中国社会科学院近代史研究所集体编写的《沙俄侵华史》（共四卷）等④。这些著作不仅清晰地揭示了帝国主义国家对中国侵略扩张的详细过程，而且也为人们深入讨论和认识中国近代社会的发展线索提供了详实的历史事实。

新中国建立后的一段时间内，中国与亚非国家的友好交往史也成为人们研究中外关系史的一个热点专题。除了相当多的论文外，一些专著如周一良的《中朝人民的友谊关系与文化交流》和《中国与亚洲各国和平友好的历史》、张政烺的《五千年来的中朝友好关系》、陈修和的《中越两国人民的友好关系与文

① 吴汝纶编《李文忠公全书》卷14，清光绪三十四年金陵刻本。
② 蔡元培《中美外交史》，商务印书馆1928年；唐庆增《中美外交史》，商务印书馆1928年；束世澂《中法外交史》，商务印书馆1928年；束世澂《中英外交史》，商务印书馆1929年；陈博文《中俄外交史》，商务印书馆1929年；蒋恭晟《中德外交史》，中华书局1929年；邵循正《中法越南关系始末》，清华大学1935年；周景濂《中葡外交史》，商务印书馆1936年；张雁深《中法外交关系史考》，长沙史哲研究社1950年。
③ 黄季谦、孙继武《帝国主义侵略中国史》，上海真美书社；于树德《帝国主义侵略中国史》，国光书店；肖进女《帝国主义侵略中国史》，中央军事政治学校；邓定人《帝国主义经济侵略中国史略》，上海东南书店；翁其法《日本帝国主义侵略简史》（出版社不详）；刘彦《帝国主义压迫中国史》（由早先出版的《中国近时外交史》改名重版，上海太平书店。
④ 丁名楠、余绳武、张振鹍等《帝国主义侵华史》第一卷（科学出版社1958年），第二卷（人民出版社1986年）；《沙俄侵华史》第一卷（人民出版社1976年），第二卷（人民出版社1978年），第三卷（人民出版社1981年），第四卷（人民出版社1990年）。

化交流》、南开大学历史系的《中国和阿拉伯人民的友好关系》等,也着力表达着中国与相关国家友好交往和文化交流的主旨。尽管上述论著不属于中国近代对外关系史研究范围,但它却是与"帝国主义侵华史"相互补充和对应的一个热点研究专题。

如果把"帝国主义侵华史"和"中国与亚非国家友好交往史"两种专题史研究置于当时的社会背景进行观察,我们就会发现,20世纪20年代至40年代的"帝国主义侵华史"研究,是在当时"反对帝国主义"的民族救亡语境下发生的;而50年代至60年代"反西方"和"亲亚非"的冷战语境,不仅使"帝国主义侵华史"的专题研究得到加强,而且也使"中国与亚非国家友好交往史"的专题研究得以凸显。不过,"帝国主义侵华史"和"中国与亚非国家友好交往史"的两种研究路径,虽然使这两个专题得到了深入的研究,但却使中外关系史的研究陷入两种极端化的倾向。

诚然,帝国主义侵华史对于近代中国的深刻影响,我们在研究中国近代对外关系史过程中决不可忽视。然而,仅仅依赖"帝国主义侵华"这种外来因素本身却不能完全阐释中国近代对外关系的巨变。我们在研究中国近代对外关系发展的过程中,还应当考察在面对帝国主义大规模入侵这一"千年未有之变局"的客观环境下,晚清政府在主观上是如何加以应对的?他们有没有寻求内在制度的变化以应付变局?他们是完全放弃传统来接受西方的外交规则?还是将自己的历史传统与外国文化有机结合来谋略涉外之道?这一系列的问题显然不能单从帝国主义侵华史的解释中得到全部答案。而作为中国近代对外关系的研究主旨,关键还是要探讨从中国传统的"朝贡体制"向中国现代的"邦交体制"的演变。所以,我们理应将"中国古代对外关系史"和"中国近代对外关系史"两者结合起来并构筑一个新的整体框架。而"中国传统对外关系",正好体现了这一整体框架。

顺便指出,随着我国的对外开放,人们在研究中外关系史(尤其是研究中国近代对外关系史)时的选题倾向也发生了明显的变化。已有越来越多的学者开始从社会发展的角度,研究中国人接触西方、认识西方、学习西方的过程,并探讨了西方因素对于中国社会发展的深刻影响。然而,人们在中外关系史的选题和研究过程中，几乎形成了一种历史上某个时期只要对外交往与对外开放，就会促进经济发展的固定话语模式。可是，对于历史上中外交往过程中所伴生的负面问题，尤其是自身的"内在因素"而非"西方因素"所造成的一些负面问题，人们在研究过程中还未引起足够的重视。而从历史借鉴角度看，反思历史上中外关系过程中所存在的问题，或许对于今人面向世界更具历史警示作用。

三、从"中外关系史"转向"中国传统 对外关系"的必要性

从上面的讨论可知，无论是"中国古代对外关系史"著述，还是"中国近代对外关系史"著述，由于绝大部分的内容是以重要事件为中心来展开叙述的，使全书叙事显得十分零散和破碎，缺乏一个体系性的架构。另外，"中国古代对外关系史"和"中国近代对外关系史"名称的成立，实际上也是中国历史分期在专门史领域的体现。然而，上述两个名称虽然照应了中国历史的发展脉络，但在相当程度上却忽视了中国对外关系历史发展进程的自身因素，尤其是中国对外政治关系的结构因素。毫无疑问，与中外文化关系和中外经济关系等因素相比，中外政治关系因素则处于支配地位。几乎是在中国封建王朝统治的全部时间内，中国对外政治关系的展开主要是在"朝贡体制"之下进行的。只是到晚清时期，清朝的"朝贡体制"才逐渐为"条约体制"所取代。而1901年清朝被迫放弃了传统朝贡礼仪而接纳西方的外交礼仪，则标志着传统的"天朝上国"对外政治关系的终结。如果以中外政治往来的体制模式作为中国对外关系史发展阶段的划分依据，我们认为更符合中国对外关系历史发展进程本身的演进特征。因此，我们可以把1840年以前的中国对外关系和1840年至1900年期间的中国对外关系合并起来，并将它称之为"中国传统对外关系"，以便作为一个整体来观察。

实际上，自20世纪以来所形成的"中外关系史"学科，经过一个世纪的发展，已经成为一个所涉领域十分庞大的学科。只要涉及到历史上中国与外国之间的关系，包括政治、经济和文化等方面的关系，都是"中外关系史"所要研究的

内容。从一定程度上说,"中外关系史"把它所研究的内容规定得过于庞大,也是造成它缺乏一个规范体系构架的重要原因。正因为它所涉及的内容如此庞大,人们才根据中国历史的研究分期,将它具体划分为"中国古代对外关系史"、"中国近代对外关系史"和"中国现代对外关系史"。同时,人们又根据相关外国的情况,将"中外关系史"划分为国别关系史进行具体研究,如中日关系史、中韩关系史、中越关系史、中英关系史、中俄关系史、中法关系史、中美关系史等。因此,我们在此提出将"中外关系史"调整为"中国传统对外关系",使它的研究内容有所限定,也是建造一个明确有度的学科体系构架之必要。

同时,"中外关系史"作为一门研究中国与外国之间关系的专门历史学科,它的行为主体包含着"中国"与"外国"两个方面。其中,"外国"本身就是一个"中国以外的所有国家"的概念体,这就使得"中外关系史"的行为主体呈现出宽泛性和巨大差异性。如果在研究过程中是以"外国"这个"概念体"而不是以某个域外国家作为行为主体,则不可避免地引起研究目标因为"外"的宽泛性而造成的模糊化。而今人之所以提出"中外关系史"的研究目标,还是站在中国的本位上来考察和分析历史上的对外关系。因此,从学科名称的概念准确性考虑,"中国对外关系史"无疑比"中外关系史"概念更为明确。

从中国对外关系史的发展进程看,1901年清朝完全采用近代西方外交礼仪的事件可以作为对它进行划分阶段的一个重要依据,此前属于"朝贡体制"主导之下的中国对外关系史,此后属于"邦交体制"主导下的中国对外关系史①。而对于在"朝贡体制"主导之下的中国对外关系史,我们之所以将它称之为"中国传统对外关系",其用意既便于显示这一时段中国对外关系史的民族传统性,也有借助于"传统"这样一个与"现代"相对应的概念,使对它的研究与当代中国国际关系理论研究能有某种程度对话的可能。从一定程度上说,随着中国的

---

① 所谓"邦交",《周礼·秋官司寇第五》中的"大行人"条记曰:"凡诸侯之邦交:岁相问也,殷相聘也,世相朝也。"("十三经注疏"本,北京大学出版社1999年)按:由于诸侯之间的地位平等,所以"邦交"关系被后人引申国家间的平等政治关系,以与"朝贡体制"所形成的"上国"与"藩国"关系相区别。如民国年间清史馆所修的《清史稿》,就将清朝与俄罗斯、英吉利、法兰西、美利坚、德意志、日本等国关系列入到"邦交志"中进行叙述,而将清朝与朝鲜、琉球、越南、缅甸、暹罗、南掌、苏禄、浩罕等国关系仍列入到"属国传"中进行叙述。

和平崛起和在国际事务中进一步发挥积极作用，中国也越来越需要具有自己文明特色的国际关系理论。而开展"中国传统对外关系"的研究，必将为中国国际关系理论的建设搭建一个可供参考借鉴的民族文化遗产平台，使"传统"能够成为"现代"的有用资源。

要使中国传统对外关系的研究能够成为中国国际关系理论建设的有用资源，必须要有一个明确的"现代参与"与"对话现代"的意识。因此，我们在研究中国传统对外关系的过程中，应当明确考察范围和研究主旨：不仅要关注中国对外关系史上的重大事件，更应探求中国封建王朝是如何根据自身利益和外部环境，采取一种什么样的方式在周边邻国以及整个域外事务发挥"天朝上国"作用的？即使在1840年以后的恶劣环境中，晚清政府又是如何寻找一种适应自己的方式在国际社会中寻求自身安全的？从而将历史上对外关系事件置入到对外政策之结果的因果关系链条之中和涉外体制的基本平台之上。还要探求中国封建王朝君臣们处理涉外事务时秉持一种什么样的价值理念？这些理念对于"涉外体制"与"对外政策"又有什么样的影响？这些理念对于中国传统对外关系又有何种积极作用或消极作用？从而使"涉外制度"和"对外政策"显现出文明的底蕴。因此，中国传统对外关系的研究体系，不仅需要一个明确的"朝贡体制"架构，而且有赖于涉外思想观念、对外政策和"封贡"关系行为研究的三维支撑。

四、中国传统对外关系的思想研究

思想观念对于中国传统对外关系的作用，一般来说主要作用于涉外制度、对外政策和中外关系形态，即观念所体现出的世界观、原则化信念和因果性信念为中国封建王朝提供了价值依据，使其对目标或目的——手段关系更加清晰。因此，就中国传统思想观念对于中外关系的作用和影响进行深入研究，不仅关系到对中国传统对外关系研究的深度，而且可以直接为当代中国国际关系理论的建设提供必要资源。

中国传统思想中的"天下观"，据美国学者史华慈（Benjamin I. Schwartz）等人的看法,就是中国的世界秩序观①。"天下观"作为一种政治思想,形成于先秦时期②。在《易经》《诗经》《尚书》《论语》《孟子》《大学》《中庸》等儒家经典中,"天下"既是指人文与自然交会的空间,也是指中国与四方的总合。在这样一个总合的世界,中国居于中心位置,"四方"则为"四夷",从而构成了一个以中国为中心的同心圆。同时,"中国"的文明至高无上,"中国"的"天子"则承受"天命"来执政"天下"③。

中国传统对外思想的原则化信念是什么?这是一个尚未讨论的问题。古代儒家的"天下观",虽然认为"华夷有别",但却主张"天下一家","王者无外","和也者,天下之大道也"④。由此可见,"一"与"和"是中国古代思想家们的一种原则化信念,所谓"王者无外","一统华夷","夫和实生物"⑤,"和为贵"⑥,"万物各得其和以生"⑦,"天时不如地利,地利不如人和"⑧,都表达了这种"一"与"和"的原则化信念。

"德"作为中国古代的一种政治思想,是中国先人处理"华夷"关系的一个基本性的因果信念。所谓"德",自先秦以来就是一个涵盖十分宽泛的综合概念,包括有信仰、道德、政策等方面的内容,甚至"一切美好的东西都可包括在

① 参见〔美〕史华慈(Benjamin I. Schwartz)The Chinese Perception of World Order(《中国人的世界秩序观》), in John K. Fairbank(费正清)ed., The Chinese World Order: Traditional China's Foreign Relations(《中国的世界秩序:传统中国的对外关系》),Cambridge, Massachusetts: Harvard University Press, 1968, pp.266—288;〔日〕安部健夫《中国人的天下观念》,载于安部氏著《元代史的研究》附录一,东京创文社1972年,第425—526页;邢义田《天下一家:中国人的天下观》,载于《中国文化新论:根基篇——永恒的巨流》,台北联经出版事业公司1981年,第433—434页。

② 考古工作者在商代的甲骨卜辞中,已发现有"东"、"西"、"南"、"北"、"中"、"中商"、"国"、"天"、"下"等反映当时商人天下观念的文字。到周初,"中国"和"天下"等重要观念性的名词已正式出现。"天下"一词,首见于《周书·召诰》"用于天下,越王显",意思是说用此道行于天下,王乃光显也。"中国"一词,首见于《周书·梓材》"皇天既付中国民越厥疆土于先王",意思是说皇天将中原的人民和疆土付于先王。

③ 《诗经·小雅·谷风之什·北山》中谓:"溥天之下,莫非王土。率土之滨,莫非王臣。"孔颖达《毛诗正义》,中华书局1980年。

④ 《礼记·中庸》,孔颖达《礼记正义》,中华书局1980年。

⑤ 《国语·郑语》,上海古籍出版社1978年。

⑥ 《论语·学而》,邢昺《论语注疏》,中华书局1980年。

⑦ 《荀子·天论》,清人王先谦"集解"本,中华书局1988年。

⑧ 《孟子·公孙丑下》,孙奭《孟子注疏》,中华书局1980年。

德之中"①，中国传统文化特别注重并强调心性道德修养，认为"王者"的道德修为，对于"天下"秩序的和谐将产生重大影响。一个中国"天子"，应该以"王道"治天下而摒弃"霸道"，即应该"以理服人"而不能"以力服人"。因此，《礼记·中庸》提出："柔远人则四方归之，怀诸侯则天下畏之。"显然，"四方归之"的前提是"怀柔远人"。如何"怀柔远人"？通常的思路是用安抚的手段来协调与"夷狄"的关系。而在物质利益方面，则是借助于"厚往薄来"的措施；在"协和万邦"的原则上，则是"一视同仁"。只有这样，才能向"夷狄"展示自身的优良德性，达到"四夷归附"。

在构建天下秩序的过程中，"礼"是一个重要的要素。管仲曾经提出，"招携以礼，怀远以德"②，"礼"也就成为"德"的外在表现。通过"礼"的方式，把"四夷"引导到"和"的境界，"礼之用，和为贵"③。"礼"规定着华夷关系的结构和秩序。通过"册封"和"朝贡"等礼仪，建立起"天子"与"四夷君王"之间的君臣关系，从而形成"天下太平"的局面。

然而，上述思想只是中国儒家经典中的一般思想。站在今天民族主义国家立场，或以一种全球化的立场，如何看待中国传统的"天下观"？中国传统的"天下观"在古代是否发生过变化？④目前尚未得到大家的足够注意和充分讨论。日本学者田崎仁义曾认为，中国传统的"天下观"，具有国民无限和领土无限的思想⑤。但最近葛兆光却指出，中国的"天下观"常常是一种观念或者想象，并不一定就是实际处理对外关系的准则⑥。针对前人认为中国传统"天下观"缺乏"领土"及其边界的意识，他还专门分析了宋代的"中国"意识，认为在宋代由于辽、西夏、金的兴起，打破了唐以前汉族中国人关于"天下"、"中国"和"四

---

① 刘泽华《先秦政治思想史》，南开大学出版社1984年，第38页。

② 《左传·僖公七年》，孔颖达《春秋左传正义》，中华书局1980年。

③ 《论语·学而》，邢昺《论语注疏》，中华书局1980年。

④ 日本学者安部健夫《中国人的天下观念》就认为，战国时期的天下观至汉武帝时期发生了显著变化，战国时期还只是"狭域的天下观"，至汉武帝时期，已经改变为"广域的天下观"。

⑤ 〔日〕田崎仁义《王道天下之研究》，第7—10页，转引自〔日〕安部健夫《元代史的研究》，东京创文社1972年，第428页。

⑥ 葛兆光《关于重建"中国"的历史论述——从民族国家中拯救历史，还是在历史理解民族国家？》，载于香港《二十一世纪》2005年8月号。

夷"的传统观念和想象,宋朝士大夫有了实际的敌国意识和边界意识①。还有学者认为,中国传统"华夷观"中的"尊王攘夷"思想具有排外性和仇外性。如元人吴莱及近人侯外庐、邱汉生、张岂之就认为,宋人胡安国的《春秋传》在于倡导排夷、仇夷思想②。但从胡安国所强调的"于夷狄,攘斥之不使乱中夏则止矣"的思想看,他明确界定了"攘夷"的限度。他还说:"内中国而外四夷,使之各安其所也。"③在这里,他完全肯定了"夷狄"的生存权④。那么,历代研究《春秋》的注释家,其"华夷之辨"的思想有没有排外性?《春秋》作为儒学典籍中的一部经书,它对中国历代君臣的外事决策有何影响? 儒家经典中关于对外关系思想是否具有矛盾性? 另外,中国历代对外关系思想又是如何演变的? 尤其是历代对外关系事件背后的思想背景是什么? 这些都是我们研究中国传统对外关系时所应关注并需要加强研究的问题。最近,日本学者保科季子所写的《汉儒的外交构想——以"夷狄不臣"论为中心》⑤,已提出了汉朝对外关系思想研究的新课题。

五、中国传统涉外制度与对外政策的研究

涉外制度是指一个王朝或者政府处理对外事务的一切规章制度,学术界通常把中国传统的涉外制度统称为"朝贡制度"(Tributary System)或"朝贡国制

---

① 葛兆光《宋代"中国"意识的凸显——关于近世民族主义思想的一个远源》,载于《文史哲》2004年第1期。

② 参见吴莱《渊颖吴先生文集》卷12,"四部备要"本,上海中华书局1935年;侯外庐主编《宋明理学史》上卷,人民出版社1984年。

③ 胡安国《春秋传》卷1,"四库全书"本。

④ 陈尚胜《胡安国的华夷观与明朝对外政策》,载于祝瑞开主编《宋明思想和中华文明》,学林出版社1995年,第406—414页。

⑤ 保科季子《汉儒の外交构想"夷狄不臣"论を中心に》,载于夫马进编《中国东アジア外交交流史の研究》,京都大学学术出版会2007年3月,第31—51页。

度"（Tributary State System）^①，也有人称为"封朝体制"^②、"册封体制"^③，还有人称之为"天朝礼治体系"^④。然而，这种概称是否可以准确表述中国传统的涉外制度尤其是涉外体制？日本岩井茂树最近开始质疑"朝贡体制"的概称，认为所谓"朝贡体制"只是近代以来与"条约体制"相对应的一个概念，但它不足以包括诸如"互市"制度在内的中国传统涉外制度^⑤。从大家使用术语的情况看，有的学者使用"朝贡制度"，有的学者则使用了"朝贡体制"。由于"制度"只是指具体的规则，"体制"则是指制度的组织体系，显然含义有狭广之别。鸦片战争前，清朝人在对西方国家的交往过程中，曾把自己的涉外制度称为"天朝体制"^⑥。因此，如果用一个术语概称中国传统的涉外制度，或许使用"天朝体制"比使用"朝贡体制"更为妥当，因为在"天朝体制"的概念中可以包含诸如"广州通商体制"等内容，但"朝贡体制"既然已约定俗成亦未便遽改。

根据唐朝人把制度分为"律、令、格、式"四种类型，我们可以围绕它来考察

---

① 参见〔美〕John K. Fairbank（费正清）ed., The Chinese World Order: Traditional China's Foreign Relations（《中国的世界秩序：传统中国的对外关系》），Cambridge, Massachusetts: Harvard University Press, 1968；〔日〕滨下武志《朝贡体制与近代亚细亚》，东京波岩书店1997年；李云泉《朝贡制度史论——中国古代对外关系体制研究》，新华出版社2004年。

② 参见〔韩〕金翰奎《古代中国的世界秩序研究》，韩国首尔一潮阁1982年。

③ 参见〔日〕西嶋定生《中国古代国家与东亚世界》，东京大学出版会1982年。

④ 参见黄枝连《天朝礼治体系研究》（上、中、下卷），中国人民大学出版社1992、1994、1995年。

⑤ 参见〔日〕岩井茂树《十六世纪中国交易秩序的探索——互市的现实及其认识》，载于《中国近世社会秩序的形成》，日本京都大学人文科学研究所2004年；岩井茂树《朝贡、会盟与互市——对"朝贡体系"论的商榷》，日本京都大学人文科学研究所21世纪COE项目《东亚国际秩序与交流史的研究》研究会报告，2005年10月。

⑥ 中国第一历史档案馆编《乾隆朝上谕档》第十七册所收录的乾隆五十八年八月三十日给英国国王的"敕谕"，就把清朝的涉外制度表述为"天朝体制"。其中写道："奉天承运皇帝敕谕英咭唎国王知悉：尔国王远奉声教，向化维殷，遣使恭赍表贡，航海祝禧。朕鉴尔国王恭顺之诚，令大臣带领使臣等瞻觐，锡之筵宴，赐予骈蕃，业已颁给。敕谕赐尔国王文绮珍玩，用示怀柔。昨据尔使臣以尔国贸易之事禀请，大臣等转奏，皆系更张定制，不便准行。向来西洋各国及尔国夷商赴天朝贸易，悉于澳门互市，历久相沿，已非一日。天朝物产丰盈，无所不有，原来藉外夷货物以通有无。特因天朝所产茶叶磁器丝斤为西洋各国及尔国必需之物，是以加恩体恤，在澳门开设洋行，俾得日用有资并沾余润。今尔国使臣于定例之外，多有陈乞，大乖仰体天朝加惠远人抚育四夷之道，且天朝统驭万国，一视同仁，即在广东贸易者亦不仅尔英咭唎，若俱纷纷效尤，以难行之事妄行干渎，岂能曲徇所请？念尔国僻居荒远，间隔重瀛，于天朝体制原未谙悉，是以命大臣等向使臣等详加开导，遣令回国，恐尔使臣等回国后禀达未能明晰，复将所请各条缮敕逐一晓谕，想能领悉。"档案出版社1998年，第542页。

中国传统的涉外制度。所谓"律令格式",据《新唐书》的表述:"令者,尊卑贵贱之等数,国家之制度也;格者,百官有司之所常行之事也;式者,其所常守之法也。凡邦国之政,必从事于此三者。其有所违及人之为恶而入于罪戾者,一断以律。"①用现代术语解释,令是关于国家体制和基本制度的法规,格是国家机关各部门在日常工作中据以办事的行政法规,式是国家机关的公文程式,律是刑事法规。当然,我们的考察和研究只限于涉外事务方面。

作为规定"尊卑贵贱"等级的涉外制度,无疑是历代的"朝贡制度"。由于"朝贡制度"规定了"华夷秩序"的基本结构,应该在涉外制度领域居于核心位置。学术界对于"朝贡制度"的研究,自从20世纪30年代美国学者费正清与华裔学者邓嗣禹合作研究清朝朝贡制度以来②,一直得到日本、韩国和中国学者的关注和重视③。从已有的研究情况看,一些学者以狭义的"制度"为关注点,具体探讨围绕着"朝贡"所涉及的礼仪、文书、贡物、回赐、册封、主管机关以及思想和制度渊源。另一些学者则以广义的"体制"为关注点,来考察中国封建王朝对外国"朝贡"事务的具体运作管理。由于费正清的"朝贡体制"或"朝贡体系"的研究深受社会学结构功能理论的影响,他们对"朝贡制度"的文化因素的分析更甚于对体制构成本身的考察。因此,作为一种以"朝贡制度"为核心的涉外体制,它究竟是由哪些具体制度结构而成的? 至今尚未清晰。譬如,同样表现尊卑等级的汉朝与唐朝时期外国王子进入长安的"质子"制度和"宿卫"制度,是否是"朝贡体制"的一个组成部分? 因此,我们需要把"朝贡制度"作为一个文化丛来对待,来考察它的关联制度。同时,人们对于"朝贡体制"的研究又往往是把它作为一个中国传统涉外制度的整体来对待,这在相当程度上又忽略了不

① 《新唐书》卷56《刑法志》,中华书局"二十四史"简体字本,2000年,第925页。
② 费、邓俩人合写的《论清代的朝贡制度》(On the Ch'ing Tributary System),发表于《哈佛亚洲研究杂志》(Harvard Journal of Asiatic Studies)1941年第2期。
③ 日本学者对于朝贡制度的研究,主要有西嶋定生《册封体制与东亚世界》,东京大学出版会1989年;韩国学术界研究朝贡制度的代表者当推全海宗,他曾研究过汉朝的朝贡制度、清朝与朝鲜之间的朝贡关系等问题,相关论文见诸全氏《中韩关系史论集》(全善姬翻译),中国社会科学出版社1997年。中国学术界研究朝贡制度最新的成果当推李云泉《朝贡制度史论——中国古代对外关系体制研究》,新华出版社2004年。

同王朝在"朝贡体制"上的差别，从汉朝至清朝，各个时期的"朝贡体制"是否相同？是否先后发生过变化？如以册封制度为例，两晋南北朝时期对百济、新罗、日本等国国王册封的封号中多带有"将军"的封号[①]，但在后来"将军"的封号则基本消失。所以，对不同历史时期"朝贡体制"的考察和比较，将是我们应该面对的一个重要课题。

对于"朝贡制度"或"朝贡体制"以外的涉外制度，诸如"互市"制度，虽然它不象"朝贡制度"那样直接规定中外政治关系的结构，但却直接作用于中外经济和文化交流，并在一定程度上也影响到中外之间政治关系的进程，同样需要予以重视。应该说，学术界在这一领域已经有了许多重要的成果，诸如市舶司制度的研究、海关制度的研究、广州十三行的研究以及广州通商体制的研究等等。在对中国传统"朝贡制度"向近代外交制度转变的研究方面，虽然取得了诸如梁伯华《近代中国外交的巨变——外交制度与中外关系的分析》、王立诚《中国近代外交制度史》等比较重要的成果[②]，但仍缺乏以中国与某个具体邻国之间从传统"朝贡体制"向近代"外交体制"转型的深入个案研究。

涉外体制的变化对于中外关系发展进程的影响，更是一个需要加强研究的领域。譬如，日本学者西嶋定生先生认为，唐朝对周边诸国所实行的"册封体制"，形成了东亚地区国际秩序的基础。但随着唐朝安史之乱的发生和朝廷权力的削弱，以唐朝为中心的东亚国际秩序开始受到破坏[③]。然而，自9世纪以后，东亚海域的贸易活动却在增强，这种贸易活动与东亚三国（唐朝、新罗、日本）的涉外体制是否有关联呢？从东亚三国历史看，9世纪以后在唐朝形成淄青镇节度使兼领押新罗使、在新罗形成清海镇统管涉外事务、在日本形成大宰府的涉外权力，三国地方政府涉外权力的增长共同促进了东亚贸易圈的形成[④]。日本学者滨下武志在《近代中国的国际契机——朝贡贸易体系与近代亚洲经济圈》一

---

① 以日本为例，南朝各政权册封的称号除"倭国王"以外，往往还有"安东将军"或"镇东大将军"的头衔。

② 梁伯华《近代中国外交的巨变——外交制度与中外关系的分析》，台湾商务印书馆1991年；王立诚《中国近代外交制度史》，甘肃人民出版社1991年。

③ 参见〔日〕西嶋定生《中国古代国家与东亚世界》，东京大学出版社1983年。

④ 参见陈尚胜《宋朝地方州府涉外权力的增强与东亚贸易的扩张》，日本九州大学《"求索新的东亚像——九州与海域世界"国际学术讨论会论文集》，2006年9月。

书中,曾提出中国的"朝贡体制"不仅形成了东亚国际秩序的核心,而且促成东亚经济圈的形成①。如果从中国传统涉外体制变化的因素进行考察,东亚贸易圈的形成未必是"朝贡体制"的结果。而且,西方国家在中国所开展的早期贸易活动,所依赖的体制平台是明后期的"月港商舶体制"、广州的"番舶体制"和清前期的"广州通商体制",也决非"朝贡体制"。

对于"格"、"式"方面的涉外制度研究,也曾受到学术界的重视,如前面所述的市舶司制度的研究。近年出版的黎虎所著《汉唐外交制度史》②,则比较详细地考察了两汉三国两晋南北朝及唐朝的涉外事务管理机构及其运行机制,是一部研究中国传统外交制度及对外决策过程的巨著。李光涛对于朝鲜和暹罗两国与明清王朝交往文书——"表文"的研究③,也可以视为对于"式"方面研究的代表作。不过,从整体研究情况看,学术界对于涉外"格""式"方面的研究仍然不足。若能结合周邻国家的史料,如朝鲜的《同文汇考》和琉球的《历代宝案》,此项研究必能取得丰实之成果。此外,在"律"的研究方面,20世纪30年代出版的杨鸿烈《中国法律在东亚诸国之影响》,至今仍是这个领域的重要成果。而在中国传统涉外法律的研究方面,更是一个薄弱领域。早先日本学者桑原隲藏在《蒲寿庚的事迹》一著中,曾以大食(阿拉伯)商人来华侨居为线索,关注过唐朝和宋朝对于外国侨民的法律,并提出过外国人在宋朝具有治外法权的问题④,可惜中国学术界对此并没有关注和讨论。因此,以外国人来华为中心,开展对中国传统涉外法律的研究也十分必要。

研究中国传统对外关系不能不研究中国封建王朝的对外政策。然而,目前这方面的研究成果却十分有限⑤。其中原因,或是受史料限制,或是缘于研究

---

① 参见〔日〕滨下武志著,朱荫贵、欧阳菲译《近代中国的国际契机——朝贡贸易体系与近代亚洲经济圈》,中国社会科学出版社1999年。

② 黎虎《汉唐外交制度史》,兰州大学出版社1998年。

③ 李光涛《朝鲜国表文之研究》与《记清代的暹罗国表文》,俱收入李氏《明清档案论文集》,台北联经出版事业公司1986年。

④ 〔日〕桑原隲藏《蒲寿庚の事迹》,东京平凡社1989年,第100—101页。按:该书初版由上海东亚攻究会于大正十二年(1923年)出版;陈裕菁翻译的汉文本题名《蒲寿庚考》,由中华书局于1929年出版。

⑤ 笔者曾对明朝和清朝前期的对外政策做过系统的考察和初步的研究,见诸于《闭关与开放:中国封建晚期对外关系研究》,山东人民出版社1993年。

中国对外关系史的学者多兼而为之。就目前的研究倾向而论,愈是对上中古时期中国封建王朝对外政策的研究就愈加笼统。因此,若要加强对中国封建王朝对外政策的研究,还必须将对外关系与内政结合起来做深入探讨,即中国封建王朝的内政状况为对外政策的提出和实施创造了一个什么样的条件,包括这个封建王朝的内政安全形势、相关君主的个人认知与愿望、国家的经济状况、相关涉外事务的信息传递、利益集团对于对外政策的影响等等。美国学者卫思韩（John E. Wills, Jr.）曾在一篇文章中分析过明朝海上对外政策与东南沿海地处边缘的关系[①],戴逸也曾经提出过清朝乾隆中期制定的广州一口通商政策与广东地方官员、粤海关监督、洋行商人所组成的外贸利益集团的关联[②],这都是我们在研究对外政策时所应重视的研究路径。

六、"封贡关系"与"中国的世界秩序"研究

在"朝贡体制"之下中国与周边邻国之间所形成的政治关系,常被人们称为"朝贡关系"。然而,所谓"关系",当指两个以上东西的互相关联。不过,"朝贡"一词却是表示单向性活动,显然不足以形成关联。而且,这一名词也使人把"朝贡"活动误解成周边邻国对于中国的单向行为,甚至会误认为"朝贡"方国家主导了这一关系。因此,"朝贡关系"一词决非准确。需要说明的是,"朝贡体制"或"朝贡制度"与"朝贡关系"不同,它所表达的是一种体制或一种制度,是完全可以成立的。

由于受近代西方话语的影响,人们常常把在"朝贡体制"之下中国与周边邻国之间所结成的政治关系称为"宗藩关系",其实也决非妥当。所谓"宗"即是"宗主国"的简称,而"藩"则是"藩属国"的简称。虽然历史文献中一直把向

---

① 〔美〕卫思韩（John E. Wills, Jr.）《从王直到施琅的海洋中国：以边缘历史为主题》（Maritime China from Wang Chih to Shih Lang: Themes in Peripheral History）,载于斯宾瑟与卫思韩合编《从明到清：十七世纪中的扩张、地域与连惯性》（J.D.Spence and J.E.Wills,Jr. eds., From Ming to Ching: Conquest, Region and Continuity in Seventeenth Century China.）耶鲁大学出版社1979年,第203—238页。

② 戴逸《乾隆帝及其时代》,中国人民大学出版社1992年,第420—421页。

中国封建王朝进行"朝贡"的国家称为"藩邦"、"藩属"或"属国",但中国封建王朝在"藩属"国面前一般却是自称"天朝",而"藩属"国则称中国封建王朝为"上国",却没有称呼为"宗主国"。所谓"宗主国",则是西方国家对殖民地国家和藩属国家的名称。同时,这些宗主国还宣布自己对殖民地国家和藩属国家享有支配和统治的权力,即"宗主权"。因此,从名称和关系性质的双重角度考虑,以"宗藩关系"来表示在"朝贡体制"之下中国与周边邻国之间所形成的政治关系,也不符合历史实际。

中国封建王朝对于外国的"朝贡"活动所采取的相应行为,一般是"册封"和"回赐"。由于"册封"和"朝贡"两种活动的关联,才结成了国家与国家之间的政治关系。所以,我们可以把中国与周边邻国之间的传统政治关系称为"册封朝贡关系",简称为"封贡关系"。

学术界对于中国与周边邻国之间传统"封贡关系"的研究,比较集中的成果当为美国学者费正清主编的《中国的世界秩序:中国传统的对外关系》①。在首篇的序言中,费正清就明确地把在中国中心主义观念影响下的中国传统对外关系,称之为"中国的世界秩序"。在费正清看来,"中国的外交关系也像中国社会一样,是等级制的和不平等的。久而久之,便在东亚形成了一个大致相当于欧洲国际秩序的中外关系网。不过我们可以看到,'国际'甚或'邦际'这些名词对于这种关系似乎都不恰当。我们宁可称它为中国的世界秩序"。中国的世界秩序,可以划分为三大圈:"第一是汉字圈,由几个最邻近而文化相同的属国组成,即朝鲜、越南,它们的一部分古时曾受中华帝国的统治;还有琉球群岛,日本在某些短暂时期内也属于此圈。第二是亚洲内陆圈,由亚洲内陆游牧或半游牧民族等属国和从属部落所构成,它们不仅在种族上和文化上异于中国,而且处于中国文化区以外或边缘,他们有时甚至进逼长城。第三是外圈,一般由关山阻绝、远隔重洋的'外夷'组成,包括最后在贸易时应该进贡的国家和地区,如日本、东南亚和南亚其他国家,以及欧洲。"②在《中国的世界秩序:中国传统的

---

① 〔美〕John K. Fairbank, The Chinese World Order: Traditional China's Foreign Relations(《中国的世界秩序:传统中国的对外关系》), Harvard University Press,1968。

② 本段中文译文根据陶文钊编选、林海、符致兴等译《费正清集》,天津人民出版社1992年,第5页。

对外关系》一书中，王赓武详细地研究了明朝初期以封贡关系模式处理与东南亚关系的过程；曼考尔则以清朝的朝贡制度为中心，提出了与亚洲内陆民族的"西北新月"型和与东南亚的"东南新月"型两种封贡关系；全海宗则详细分析了清朝与朝鲜之间的封贡关系，认为其政治动机大于经济动机和文化动机；陈大端则集中考察了琉球国王请求清朝册封和清朝正式册封琉球国王的情况，揭示了封贡关系与文化认同意识问题；张宝林则考察了越南黎朝在被西山农民军击败后，清朝基于恢复黎朝统治的目的曾出兵干预越南的过程，而在清兵遭受西山军重创之后，清朝即从"天命观"的思想而接纳了西山政权的"朝贡"；弗莱彻则详细地考察了明清王朝与中亚地区绿洲国家之间的关系，虽然汉文资料中所记录的双方之间关系为封贡关系，但在中国以外资料中所显示的却是借助"朝贡"名义的商业关系。由此可见，这些单篇论文对于封贡关系的研究非常深入。

近几十年来，学术界对于中国封建王朝与周邻国家之间"封贡关系"的研究著作也有不少，并不乏成功之作。如韩国金翰奎的《古代中国的世界秩序研究》①，具体探讨了汉朝与周边诸部落以及政权的关系形态，包括和亲关系和内属关系。中国学者拜根兴的《七世纪中叶唐与新罗关系研究》②，非常深入地研究了朝鲜半岛三国鼎立的最后阶段新罗对唐朝的外交问题。韩国权德永的《古代韩中外交史——遣唐使研究》③，主要以新罗王朝的遣唐使节为中心，探讨了唐朝与新罗之间"封贡"关系的演变过程。魏志江的《辽金与高丽关系考》④，研究了辽朝以及金朝与高丽之间的封贡关系。而杨渭生的《宋丽关系史研究》⑤，详细研究了宋朝与高丽关系的建立过程和宋朝士大夫对于两国关系的基本立场。韩国朴元熇的《明初朝鲜关系史研究》⑥，则以朝鲜朝贡活动中的"表笺"问题和跨境民族女真人问题为中心，研究了明鲜之间封贡关系的不和谐问题。叶

---

① 〔韩〕金翰奎《古代中国的世界秩序研究》，韩国首尔一潮阁1982年。
② 拜根兴《七世纪中叶唐与新罗关系研究》，中国社会科学出版社2003年。
③ 〔韩〕权德永《古代韩中外交史——遣唐使研究》，韩国首尔一潮阁1997年。
④ 魏志江《辽金与高丽关系考》，香港天马图书有限公司2001年。
⑤ 杨渭生《宋丽关系史研究》，杭州大学出版社1997年。
⑥ 〔韩〕朴元熇《明初朝鲜关系史研究》，韩国首尔一潮阁2002年。

泉宏的《明代前期中韩国交之研究(1368—1488)》[①],则考察了明朝与高丽和朝鲜两个王朝之间"封贡关系"的建立过程,并分析了双方之间政治关系对于海防合作的积极影响。刘家驹的《清朝初期的中韩关系》[②],则深入地考察了努尔哈赤和皇太极建立金朝时期与朝鲜王朝之间不稳定的政治关系。韩国崔韶子的《清与朝鲜》[③],则以清朝康熙、雍正和乾隆时期与朝鲜交往过程中的仪礼、贸易、越境犯罪、漂流民、疆界问题为中心,探讨了双方政治关系从不稳定到逐渐稳定的过程。张存武的《清韩宗藩贸易(1637—1894)》,非常深入地研究了朝鲜对清朝的朝贡贸易和边市贸易状况;他的另一部著作《清代中韩关系论文集》[④],则围绕着清鲜之间封贡关系的权利与义务、朝鲜对清朝外交的机密费、边界事务交涉以及封贡关系的变通等问题,进行了详细地研究。李花子的《清朝与朝鲜关系史——以越境交涉为中心》[⑤],则系统地考察了从顺治时期至同治年间的两国定界问题和朝鲜人越境问题的交涉。韩国金基赫的《东亚世界秩序的最后阶段:朝鲜、日本和中华帝国1860—1882》[⑥],和王明星的《韩国近代外交与中国(1861—1910)》[⑦],都是研究清朝与朝鲜王朝之间封贡关系瓦解问题的专著。

　　在中国传统的世界秩序中,朝鲜半岛自汉朝以来就处于最基本的圆圈之内。因此,学术界的研究也最为集中。相对来说,中国封建王朝与其他周邻国家之间封贡关系的研究却未能象中朝之间政治关系史的研究那样丰富。不过,下列著作在专门的国别关系史研究方面也极为深入:日本宫田俊彦的《琉明·琉清交涉史研究》[⑧],谢必震的《中国与琉球》[⑨],日本西里喜行的《清末中琉

①　叶泉宏《明代前期中韩国交之研究(1368—1488)》,台湾商务印书馆1991年。

②　刘家驹《清朝初期的中韩关系》,台北文史哲出版社1986年。

③　崔韶子《清与朝鲜》,韩国首尔慧眼出版社2005年。

④　张存武《清韩宗藩贸易(1637—1894)》,台北"中研院"近代史研究所专刊1985年;张存武《清代中韩关系论文集》,台湾商务印书馆1987年。

⑤　李花子《清朝与朝鲜关系史——以越境交涉为中心》,香港亚洲出版社2006年。

⑥　Key-Hiuk Kim, The Last Phase of the East Asian Woorld Order: Korea, Japan, and the Chinese Empire, 1860—1882(《东亚世界秩序的最后阶段:朝鲜、日本和中华帝国1860—1882》), University of California Press, 1981.

⑦　王明星《韩国近代外交与中国(1861—1910)》,中国社会科学出版社1998年。

⑧　〔日〕宫田俊彦《琉明·琉清交涉史の研究》,东京文献出版社1996年。

⑨　谢必震《中国与琉球》,厦门大学出版社1996年。

日关系史研究》①，分别研究了明清王朝与琉球王国之间封贡关系的确立和瓦解过程。日本山本达郎的《越南中国关系史》②，孙宏年的《清代中越宗藩关系研究》③，邵循正的《中法越南关系始末》④，则分别研究了中国封建王朝与越南历代王朝之间政治关系的建立以至最后瓦解的过程。泰国学者沙拉信·威拉蓬的《朝贡与利益：1652—1853 年间的中暹贸易》⑤，则是研究清朝与暹罗之间朝贡贸易关系的一部重要著作。透过沙拉信·威拉蓬的这部著作，我们认为要研究中国封建王朝与周邻国家之间的封贡关系，不能仅仅满足于考察双方政治关系建立之过程，还应该对于关系双方的交往行为进行深入分析，从而来揭示出被封贡关系所遮掩的国家利益所在或双方君王的利益所在。同时，中国封建王朝所面对的周邻国家甚至远方国家，由于各自的政治、经济和文化背景的不同，是否采取相似的传统外交手段，也是需要比较考察和分析的一个问题。

（原文载于《安徽史学》2008 年第 1 期）

---

① 〔日〕西里喜行《清末中琉日关系史の研究》，京都大学学术出版会 2005 年。
② 〔日〕山本达郎《ベトナム中国关系史》，东京山川出版社 1975 年。
③ 孙宏年《清代中越宗藩关系研究》，黑龙江教育出版社 2006 年。
④ 邵循正《中法越南关系始末》，河北教育出版社 2000 年。
⑤ 〔美〕Sarasin Virphol , Tribute and Profit: Sino-Siamese Trade, 1652—1853 , Harvard University Press, 1977。

论中国传统对外关系的基本理念

　　研究中国传统对外关系,必须重视中国传统思想。思想观念对于一个国家的外交政策和涉外制度有所影响,已经成为研究当代国际关系学者的共识①。而中国封建君臣在处理涉外事务时所秉持的基本理念有哪些? 这在学术界还是一个尚未进行讨论和研究的问题。虽然学术界对于传统的天下观多有论及②,但实际上中国封建王朝君臣们在处理涉外事务时所秉持的基本思想观念却并不限于天下观念,譬如常常引起封建士大夫们争鸣的"王道"与"霸道"两种观念形态,以及华夷观与义利观等思想,对于中国封建王朝的涉外事务决策,也都有不同程度的影响,但却未被人们纳入到中国传统对外关系理论中予以考察。一般来说,中国传统政治思想滥觞于先秦时期。为此,本文试图以中国传统对外关系事务所涉及到的如何认识中国在天下秩序中所扮演的角色、通常应用何

---

① 关于思想观念对于外交政策的影响,可参见〔美〕朱迪斯·戈尔茨坦、罗伯特·O·基欧汉编、刘东国、于军译《观念与外交政策:信念、制度与政策变迁》,北京大学出版社 2005 年,第 12—14 页;中国研究国际关系的学者也注意到意识形态对于一个国家对外政策的影响,可参见金应忠、倪世雄著《国际关系理论比较研究》,中国社会出版社 2003 年,第 188—189 页。

② 参见〔日〕安部健夫《中国人の天下观念——政治思想史的试论》,载于安部氏《元代史の研究》附录一,东京创文社 1992 年,第 425—526 页;邢义田《天下一家:中国人的天下观》,载于邢义田主编《中国文化新论:根源篇——永恒的巨流》,台北联经出版事业公司 1981 年,第 425—478 页;〔日〕山田统《天下という观念と国家の形成》,载于《山田统著作集》第一卷,东京明治书院 1981 年;罗志田《先秦的五服制与古代的天下中国观》,载于《学人》第 10 辑,1996 年 9 月。

种手段处理与他国之间的关系及如何对待域外文化和域外贸易行为等问题作为考察点，就先秦时期中国先哲们的涉外理念问题进行初步梳理和探讨。

一、天下观

"天下观"作为一种政治思想，形成于先秦时期。考古工作者在商代的甲骨卜辞中，已发现有"东"、"西"、"南"、"北"、"中"、"中商"、"国"、"天"、"下"等反映当时商人天下观念的文字。到周初，"中国"和"天下"等重要观念性的名词已正式出现。"天下"一词，首见于《周书·召诰》"用于天下，越王显"，可见"天下"是一个由"王"来执政行道的世界。此处的"天下"，当只是指向周天子纳贡的"四方"①。"中国"一词，首见于《周书·梓材》"皇天既付中国民越厥疆土于先王"，"中国"在此还只是"中原"的含义。据一位学者研究，在先秦经典诸如《易经》《诗经》《尚书》《论语》《孟子》《大学》《中庸》等书中的"天下"内涵，既是指人文世界与自然万物交汇的空间，也是指"中国"和"四方"的总合②。而"天下"与"中国"的严格分野，至晚在战国时期的邹衍那里已经得到界定，"所谓中国者，于天下乃八十一分居其一分耳"（《史记·孟子荀卿列传》）。于此可见，"天下"已开始有了类似于后人所说的"世界"涵义。

根据周人的观念，在"天下"这样一个总合的世界，由"王"来直接施政的王畿之地处于一个中心位置，从而成为"天下"的核心层次，王畿以外的四方诸侯则处于第二个层次，而四方夷狄又处于诸侯以外的第三个层次。这种"以中央为核心，众星拱北辰，四方环中国的'天地差序格局'给殷周人提供的一个价值本原"③。至秦朝统一中国后，这种层序观就直接演化成"中国"与"四夷"的层序观念。从此，"天下"就构成了一个以中国为中心而四方夷狄分居于外的

---

① 参见邢义田《天下一家：中国人的天下观》，载于《中国文化新论：根源篇——永恒的巨流》，第433—434页。

② 参见黄丽生《儒家"天下"思想的内涵及其当代意义》，载于黄俊杰编《传统中华文化与现代价值的激荡》，社会科学文献出版社2002年，第230—259页。

③ 葛兆光《中国思想史》第一卷，复旦大学出版社1998年，第130页。

同心圆。

中国传统"天下观"的基本出发点或者说原则性信念是"一",即"天下归一"。本来,在先秦诸子百家中就以"一"来论天说道,如《老子》认为"道生一"(《老子·四十二章》)。他们把"一"视为"天"或"道"的本质属性,"一"也就成了宇宙的本原和基本法则。所以,"《春秋》之义,王者无外,欲一于天下也"[①]。另外,《礼记》中所记载的"天下一家",《公羊传》中所阐扬的"大一统",也印证了古人对于世界秩序的追求目标,从而进世界于"大同"[②]。

如何来构建"天下"秩序? 先秦诸典籍特别强调"圣王"统御"天下"的角色,如《周易·系辞下》中所述的包牺氏、神农氏、黄帝、尧、舜之"王天下"、"教天下"、"治天下"、"威天下",《尚书·立政》篇中的"禹之迹"为天下,《孟子·滕文公》等篇中的尧舜之"为天下"、"治天下"等。在儒家看来,"王"被"天"赋予了管理"天下"的权力,他承受着"天命"故为"天子"(《礼记·曲礼下》);"天监在下,有命既集"(《诗经·大雅·大明》)。所以,《诗经》中谓:"溥天之下,莫非王土;率土之滨,莫非王臣。"(《诗经·小雅·北山》)《尚书》中也说:"天子作民父母,以为天下王。"(《尚书·洪范》)由此可见,天下秩序也糅入了家族宗法制原理,中国天子不仅上承"天命",而且还是天下万民的父母,从而注入了一定的亲情因素。

不过,"率土之滨莫非王臣"并不意味着由"天子"直接施政。"天子"直接施政的范围,在周人的观念上,还只是王畿之地。王畿以外的范围,则由四方诸侯和四夷君长实施直接统治。然而,周"天子"要视层序的不同,以不同程度的"礼"与他们开展不同形式的互动,通过"礼"来实施"王者无外"的政治理想(《公羊传·隐公元年》)。一般来说,则是中国"天子"要对四夷君长实行册封;而四夷君长则对中国"天子"履行"朝贡"等义务,以体现"外臣"之礼。由此可

---

① 司马光《资治通鉴》卷27《汉纪十九》"中宗孝宣皇帝甘露二年"条,中华书局1956年,第886页。
② 关于"大同"社会,《礼记·礼运》中记载:"大道之行也,天下为公。选贤与能,讲信修睦。故人不独亲其亲,不独子其子,使老有所终,壮有所用,幼有所长。矜寡、孤独、废疾者,皆有所养。男有分,女有归。货,恶其弃于地也,不必藏于已;力,恶其不出于身也,不必为已。是故谋闭而不兴,盗窃乱贼而不作。故外户而不闭,是谓大同。"

见,"礼"是维系天下秩序的基础。"夫礼者,所以定亲疏,决嫌疑,明是非也。"
(《礼记·曲礼上》)

根据这种"定亲疏"的理念,先人还创建了服事制度。根据《尚书》的记
载,商朝已有内服和外服制度。内服的范围,包括百僚、庶尹等在商王左右的官
僚;外服的范围,则是在邦畿内以治田为职事的侯、甸、男和在边地上以防卫为
职事的卫、邦伯(《尚书·酒诰》)①。于此而见,商朝的内外服只是以商王为中心
的内外臣僚职事的划分。而周朝则在继承商代服事制度方面又有所发展,形成
五服制度,即甸服、侯服、宾服、要服、荒服②。根据西周制度,邦国之内为甸服,甸
服承担者要每日履行一次祭的义务;邦国之外的第一个层次为侯服,侯服承担
者要每月履行一次祀的义务;侯服以外的层次是以治田为职事的侯和以防卫
为职事的卫,他们属于宾服,宾服承担者要每季要履行一次享的义务;宾服以外
的层次则是蛮夷,蛮夷属于要服,要服承担者要每年履行一次贡的义务;蛮夷以
外的层次则是戎狄,他们属于荒服,荒服承担者要履行一生一次朝见周天子的
义务③。另外,甸服和侯服承担者还要分别承担向周天子提供赋、役的义务(《尚

① 顾颉刚认为,三服在早期确实存在,即甸服、侯服和要服。见顾氏《畿服》,载于《史林杂识》,中华
书局1977年,第1—19页。

② 关于周朝服事制度,早期文献所记载的名称并不一致。根据《国语》所记载的五服是:甸服、侯
服、宾服、要服、荒服。而根据《尚书》"禹贡"篇的记载,五服则是甸服、侯服、绥服、要服、荒服。可见,第三
等服是宾服还是绥服名称不一,本文认为《国语》的记载时间更早,比较可靠地反映了西周时期的服事观。

③ 此据《国语》卷1《周语》"祭公谏穆王征犬戎"篇,上海古籍出版社1994年,第1页。按:《尚
书·禹贡》篇记载:"五百里甸服:百里赋纳总,二百里纳铚,三百里纳秸服,四百里纳粟,五百里米;五百
里侯服:百里采,二百里男邦,三百里诸侯;五百里绥服:三百里揆文教,二百里奋武卫;五百里要服:
三百里夷,二百里蔡;五百里荒服:三百里蛮,二百里流。"据此可知,甸服的承担者因与周天子距离的不
同,被分成五种类型,他们需要向周天子缴纳不同的谷米;侯服的承担者也因与周天子距离的不同,被分成
三种类型,他们需要替周天子承担不同的差役;绥服的承担者因与周天子远近的不同,被分成两种类型,他
们也有推行周天子政教和保卫周天子的不同义务;要服承担者也被分成两类,他们应不同程度地遵守周朝
约定;荒服承担者也被分成两类,他们应与周天子维持不同程度的隶属关系。不过,这种因与周天子的距
离不同,统一规定承担着不同的义务,应是东周人的理想,不一定符合实际情形。

书·禹贡》）。由商朝的内外服扩大到周朝的五服制度①，它只是表明周朝政治影响的扩大，但其所反映的以商王或周王为中心的内外差序结构并未变化。这种内外差序结构是与周人封建中"亲亲"和"内外"的基本观念也是一致的，即"内其国而外诸夏，内诸夏而外夷狄"（《公羊传·成公十五年》）。

随着秦汉王朝的先后建立和中国"大一统"格局的形成，原先在商周时代"天子"与四方"诸侯"的层序基本消失。秦朝廷尉李斯曾说："昔者五帝地方千里，其外侯服夷服，诸侯或朝或否，天子不能制。今陛下兴义兵，诛残贼，平定天下，海内为郡县，法令由一统，自上古以来未尝有，五帝所不及。""六合之内，皇帝之土。西涉流沙，南尽北户，东有东海，北过大夏。人迹所至，无不臣者。"（《史记·秦始皇本纪》）于是，"九州"、"四海"便成为这一时期"天下观"的重要层次②。孝文时期的贾山在《至言》中说："天子之尊，四海之内，其义莫不为臣。"（《汉书·贾山传》）由此可见，当时四夷君长已成为封建帝王构建天下秩序的主要目标，成为中国"天子"的"外臣"或"藩臣"。事实上，汉朝君主正是通过对四夷君长授予"印绶"等措施，来将他们作为"外臣"纳入到汉朝的天下秩序中。

不过，汉朝大儒们虽然高扬"大一统"的旗帜③，但对于作为"外臣"的"夷狄"却倡导一种不干预主义的原则。东汉人何休说："王者不治夷狄。录戎来者不拒，去者不追也。"④ 就是说，"中国"帝王不仅不要去直接统治"夷狄"，而与"夷狄"各守其境，并且对于他们的往来也秉持一种顺其自然的态度。这种

---

① 《周礼·夏官司马·职方氏》中记载，周朝有九服制度："方千里曰王畿，其外方五百里曰侯服，又其外方五百里曰甸服，又其外方五百里曰男服，又其外方五百里曰采服，又其外方五百里曰卫服，又其外方五百里曰蛮服，又其外方五百里曰夷服，又其外方五百里曰镇服，又其外方五百里曰藩服。"钱穆认为，《周礼》是战国后期的作品。见钱穆《〈周官〉著作时代考》，载于《燕京学报》1932年第11期。但余英时认为，所谓"九服"，只是汉代注疏家所阐述的虚构理论。见崔瑞德、鲁惟一编《剑桥中国秦汉史》，中国社会科学出版社1992年，第409页。

② 参见李大龙《汉唐藩属体制研究》，中国社会科学出版社2006年，第23—30页。

③ 董仲舒就曾认为："《春秋》大一统者，天地之常经，古今之通谊也。"见《汉书》卷56《董仲舒传》，中华书局"二十四史"简体字本，2000年，第1918页。

④ 何休解诂、徐彦疏《春秋公羊传注疏》卷2"鲁隐公二年"，中华书局1980年"十三经注疏"影印本，第2202页。

"王者不治夷狄"的思想，一直是中国历朝士大夫们所秉持的主流思想，如宋朝人苏轼就曾著有《王者不治夷狄论》。他在文中说："夷狄不可以中国之治治也。譬若禽兽然，求其大治，必至于大乱。先王知其然，是故以不治治之。治之以不治者，乃所以深治之也。"①明朝人邱浚也在治国平天下的要术中明确主张"王者驭夷狄，以自治为上策"②。即使是明朝郑和率领庞大水军下西洋时期，当时人也是秉持着"圣王"对于"夷狄之邦，则以不治治之"的基本理念③。

二、王霸观

所谓王霸观，是指在涉外事务中采用王道还是采用霸道的方针。关于王道与霸道的问题，最先作为不同的政治路线提出，首见于《孟子》。孟子曾说："以力假仁者霸，霸者有大国；以德行仁者王。王不待大——汤以七十里，文王以百里。以力服人者，非心服也，力不赡也；以德服人者，中心悦而诚服也，如七十子之服孔子也。"（《孟子·公孙丑上》）由此可见，所谓"王道"，就是实行德仁理论和政策；所谓"霸道"，就是以力量制服别人。孟子认为凭借强大的国力对他国进行征伐，虽然可以称霸诸侯，但人家不会内心诚服；而依靠道德仁义，即使国家缺乏强大的基础，也可以使天下归服。显然，孟子主张王道，反对霸道。

孟子所主张的"王道"，源于唐虞三代的政治运作和西周的德政实践。据《尚书》记载，舜帝"柔远能迩，惇德允元，而难任人，蛮夷率服"（《尚书·舜典》）。由此可见，边远的蛮夷能够服从舜帝，就是因为舜帝亲厚有德。《尚书》中也记载了大禹有德的表现和殷王用德抚远之事，如殷王"罔不秉德明恤，小臣屏侯甸，矧咸奔走"（《尚书·君奭》）。正是缘于殷王之"德"，殷王的小臣和四周的诸侯们，才一一奔走效劳。《尚书》中所说的"德"，自西周以来一直处于政治思想体系中的核心位置。所谓"德，得也"（《广雅·释诂》）。周人认为只有有"德"才能配享"天命"，他们还曾以"德"来说明自己取代殷人获得"天命"

---

① 《苏轼文集》卷2《王者不治夷狄论》，中华书局1986年，第43页。
② 邱浚《大学衍义补》卷145《御夷狄：慎德怀远之道》，京华出版社1999年标点本，第1257页。
③ 费信著、冯承钧校注《星槎胜览·序》，中华书局1954年，第1页。

的原因①。《尚书》中也记载了周朝对四方邦国施行德政的政策："先王既勤用明德,怀为夹,庶邦享作,兄弟方来。亦既用明德,后式典集,庶邦丕享。"(《尚书·梓材》)在他们看来,四方诸侯进贡,是先王施德的结果。这里所说的"先王",是指周文王和周武王。据《尚书》记载,武王用德,也有召公之功。召公曾作《旅獒》劝谏武王:"明王慎德,四夷咸宾。无有远迩,毕献方物,惟服食器用。王乃昭德之致于异姓之邦,无替厥服,分宝于伯叔之国,时庸展亲。人不易物,惟德其物。"(《尚书·旅獒》)综上可见,"德"已成为周人处理与异姓诸侯关系的政策基础。而《尚书》中有关"德"的思想,既包括道德思想和信仰,也蕴涵善美政策等内容。

春秋时期,作为齐国霸业谋划者的管仲,虽然强调法治以发展齐国国力而成就霸业,但他也主张用道德教化进行统治,并曾说"招携以礼,怀远以德"(《左传·僖公七年》),认为应该以"德"来结好远邦。孔子也曾有类似管仲的主张:"远人不服,则修文德以来之。"(《论语·季氏》)不过,孔子政治观中也不是单纯强调"德"。他曾说:"道之以政,齐之以刑,民免而无耻;道之以德,齐之以礼,有耻且格。"(《论语·为政》)他又曾说:"夫民教之以德,齐之以礼,则民有格心;教之以政,齐之以刑,则民有遁心。"(《礼记·缁衣》)从"政"(政策)、"刑"(刑罚)、"德"(德行)、"礼"(礼制)四种政治手段的效果来看,孔子之意显然是以"德"和"礼"为最佳手段。只有施行"德"和"礼",民众才能内心认同而归依。不过,孔子在这里所讲的先德后刑思想,还完全限于治民政策的范围。而孟子所提出的王霸二道思想,虽然在一定程度上继承了孔子的德刑思想,但却是针对诸侯国之间的关系。

在两国甚至多国对立的形势下,孟子反对以战争手段解决问题,而主张以仁和智来谋求自身的生存和发展。《孟子》记载:"齐宣王问曰:'交邻国有道乎?'孟子对曰:'有。惟仁者能以大事小,是故汤事葛,文王事昆夷。惟智者

---

① 如《尚书·康诰》中记载周公对其弟康叔的叮咛之语:"惟乃丕显考文王,克明德慎罚;不敢侮鳏寡,庸庸,祗祗,威威,显民,用肇造我区夏,越我一、二邦以修我西土。惟时怙冒,闻于上帝,帝休,天乃大命文王。殪戎殷,诞受厥命越厥邦厥民,惟时叙,乃寡兄勖。肆汝小子封在兹东土。"就是说,周文王的一系列德行,被"天"知道,因此获得"天"的"大命",灭殷建周,康叔这才继承父(文王)兄(武王)基业受封东土。

能以小事大，故太王事獯鬻，勾践事吴。以大事小者，乐天者也。以小事大者，畏天者也。乐天者保天下，畏天者保其国。'"（《孟子·梁惠王下》）就是说，作为大国对待小国要有"仁"。即使小国挑衅，大国也要有容忍之度。若小国不知进退，罪恶昭著，则大国出兵征伐，他国就不以为非。成汤灭葛，文王灭昆夷，都是以至仁伐不仁，得到他国的拥护，从而能够王天下。而小国在自己力量不能抵抗大国的情况下，则要用智慧和权谋来处理与大国的关系，包括必要的让步和妥协，以求生存，进而图谋发展。在强大之后，再对侵略者予以反击，这就是太王对待獯鬻和勾践对待夫差的办法。由此可见，在孟子看来，有"仁"道才能有"王道"。

与孟子以"仁"和"力"来区分王道与霸道不同，荀子则提出了"王道"、"霸道"和"强道"三种对外政治路线。他说："王夺之人，霸夺之与，强夺之地。夺之人者臣诸侯，夺之与者友诸侯，夺之地者敌诸侯。臣诸侯者王，友诸侯者霸，敌诸侯者危"（《荀子·王制》）。就是说，王道在于以自身实力争取他国人心，霸道在于以自身实力亲近他国，强道则在于依恃自身实力而占领他国土地。显然，荀子所说的"强道"，即是孟子所说的"霸道"。在荀子看来，单纯恃力用强，"人之城守，人之出战，而我以力胜之也，则伤人之民必甚矣。伤人之民甚，则人之民恶我必甚矣。人之民恶我甚，则日欲与我斗，人之城守，人之出战，则我以力胜之，则伤吾民必甚矣。伤吾民甚，则吾民之恶我必甚矣。吾民之恶我甚，则不欲为我斗。人之民日欲与我斗，吾民日不欲为我斗，是强者之所以反弱也。地来而民去，累多而功少，虽守者益，所以守者损，是以大者之所以反削也"（《荀子·王制》）。于此可见，单纯使用"强道"，其战争必将激起双方人民的愤怒，从而使强者走向衰弱。他认为王道"仁眇天下，义眇天下，威眇天下。仁眇天下，故天下莫不亲也。义眇天下，故天下莫不贵也。威眇天下，故天下莫敢敌也。以不敌之威，辅服人之道，故不战而胜，不攻而得，甲兵不劳而天下服，是知王道者也"（《荀子·王制》）。而霸道需要首先发展自身实力，然后才能以自身实力助弱敌暴。他提出："辟田野，实仓廪，便备用，案谨募选阅材伎之士，然后渐庆赏以先之，严刑罚以纠之；存亡继绝，卫弱禁暴，而无兼并之心，则诸侯亲之矣。修友敌之道以敬接诸侯，则诸侯说之矣。所以亲之者，以不并也；并之见，则诸侯疏矣。所以说之者，以友敌也；臣之见，则诸侯离矣。故明其不并之行，信其友敌之道，天下无王霸主，则常胜矣，是知霸道者也。"（《荀子·王制》）他认为王道高于霸道，但王霸可以兼用。如此，"上可以王，下可以霸"（《荀子·王霸》）。

儒家讲王道为上，主张以德服人。然而，"德"只是政治的最完美境界，它还要通过"仁"和"礼"而得以实现。"仁"者，"爱人"（《论语·颜渊》）。在孔子看来，"仁"从"爱亲"开始，由近及远而推广到"爱众"。孔子曾说："夫仁者，已欲立而立人，已欲达而达人。"（《论语·雍也》）"已所不欲，勿施于人。"（《论语·颜渊》）就是说，自己所期许的，就应当尊重和帮助别人的同样期许；自己不喜欢的，也不要将此强加于他人。由此可见，孔子之"仁"体现了对他人的尊重。孟子则把"仁"由个人情感层面提升到政治层面，提出了"仁政"学说。他认为："三代之得天下也以仁，其失天下也以不仁。国之所以废兴存亡者亦然。天子不仁，不保四海；诸侯不仁，不保社稷。"（《孟子·离娄上》）统治者只要向百姓施行"仁政"，可使天下归服。因此，"仁者无敌"（《孟子·梁惠王上》）。荀子也认为，"先王之道，仁义之统"（《荀子·荣辱》），通过"仁政"可以实现王道。

如果说"仁"是内在的宗教性道德，那么"礼"则是外在的社会准则[①]。"夫礼，天之经也，地之义也，民之行也。天地之经，而民实则之。"（《左传·昭公二十五年》）由此可见，"礼"不仅是自然法则，更是人们的行动规范。"孔子曰：夫礼，先王以承天之道，以治人之情。故失之者死，得之者生"（《礼记·礼运》）。在孔子看来，"礼"直接关乎社会的存亡。根据《礼记》的记载："道德仁义，非礼不成；教训正俗，非礼不备；分争辨讼，非礼不决；君臣、上下、父子、兄弟，非礼不定；宦学事师，非礼不亲；班朝治军，涖官行法，非礼威严不行；祷祠祭祀，供给鬼神，非礼不诚不庄。"（《礼记·曲礼上》）。因此，"礼"也是维系天下秩序的制度保障。

如何施行"礼"？孔子曾说："礼之用，和为贵，先王之道斯为美。"（《论语·学而》）。就是说，"礼"的作用，以恰到好处为可贵。这里所说的"和"，据

---

① 参见李泽厚《论语今读》，安徽文艺出版社1998年，第277页。

《礼记》解释："喜怒哀乐之未发谓之中,发而皆中节谓之和。中也者,天下之大本也;和也者,天下之达道也。"(《礼记·中庸》)于此可见,"中"实指控制自己喜怒哀乐的理性,而"和"却是指对已表现出来的喜怒哀乐等情感有所节度。因此,"和"意味着处理人际社会关系的理性原则。而在荀子的思想中,"和"也意味着天人关系的和谐,"万物各得其和以生"(《荀子·天命》)。显然,"和"的思想实则意味着不同事物和人事之间的和谐协调观念。"和"在"王道"思想体系中占有重要的位置,它是实现"王道"思想的基本出发点。《尚书》首篇"尧典"中就有:"克明俊德,以亲九族。九族既睦,平章百姓。百姓昭明,协和万邦。黎民于变时雍。"(《尚书·尧典》)这里所说的"协和万邦",即是指邦国之间的关系和谐融洽。在《礼记》中,也明确把"柔远人"和"怀诸侯"作为治理天下的九条原则中的两条。他们认为,"柔远人,则四方归之;怀诸侯,则天下畏之"(《礼记·中庸》)。

与儒家不同,法家更主张"霸道"为上。慎到认为,在政治生活中,"贤而屈于不肖者,权轻也;不肖而服于贤者,位尊也。尧为匹夫,不能使其邻家;至南面而王,则令行禁止。由此观之,贤不足以服不肖,而势位足以屈贤矣"(《慎子·威德》)。因此,法家主张在政治与治国方术之中,"势"(即权力与威势)最为重要。韩非也认为:"明主之所导致其臣者,二柄而已矣。二柄者,刑、德也。何谓刑德?曰:杀戮之谓刑,庆赏之谓德。为人臣者畏诛罚而利庆赏,故人主自用其刑德,则群臣畏其威而归其利矣。"(《韩非子·二柄》)在这里,韩非虽然也主张"德",但他所说的"德"只是"庆赏"而已,"德"近于"利",而不是儒家所主张的"礼"、"仁"之"德"。韩非之所以把"庆赏"视为"德",这是由于他认为人性趋利而避害。而韩非所说的"刑",则凸现了他强调"威"的思想。在对待诸侯国之间关系问题上,韩非也是强调"威"、"力"的作用:"故敌国之君王虽说吾义,吾弗入贡而臣;关内之侯虽非吾行,吾必使执禽而朝。是故力多则入朝,力寡则朝于人,故明君务力。夫严家无悍虏,而慈母有败子。吾以此知威势之可以禁暴,而德厚之不足以止乱也。"(《韩非子·显学》)在他看来,单纯的"德"和"义",用在处理诸侯国关系问题上都毫无作用。

不过,法家所主张的"霸道"为上,随着奉行法家思想治国的秦朝之灭亡,其对中国封建王朝政治的影响力下降。而儒家所主张的"王道"为上,则占据着中国封建政治思想的主导位置。

三、华夷观

华夷观作为专门讨论"华夏"与"四夷"之间关系的政治理论,大约形成于西周后期与春秋之际。早在西周前期,周人就常以"夏"、"诸夏"自称,认为自己是受天命而代殷商,并以此强调自己与夏的文化关系①。周人还创造了"华夏"、"诸华"等词,以形容自己文化的高尚与华美②。周人对于诸夏以外的种族,开始并未对他们予以贬视。在周人的观念里,"天下"就是由文化上较高的华夏诸邦和落后的蛮夷部族所组成③。大约在周朝与戎狄关系恶化以后,他们不仅把"夷"、"蛮"、"戎"、"狄"等视为文化落后的部落的代名词,甚至把他们贬为禽兽④。西周末年,以犬戎为主的戎狄势力消灭了西周,这对华夏族是个极大的打击。于是,华夷有别的观念在春秋时代逐渐形成。《左传·僖公二十二年》中记载:"初,平王之东迁也,辛有适伊川,见被发而祭于野者,曰:不及百年,此其戎乎! 其礼先亡矣。"显然,在周朝人看来,戎人没有礼仪文化。

不过,春秋时期人们多是依据血缘族别来主张华夷之别。如《左传·成公四年》中记载,公元前587年,鲁成公从晋国回来,打算与楚国结好。一位官员却对此提出反对意见:"非我族类,其心必异。族虽大,非吾族也,其肯字我

---

① 《尚书·康诰》中说"丕显文王,克明德慎罚,用肇我区夏",意思是说周文王为我有夏缔造了疆域。《尚书·立政》中也说"帝钦罚之,乃评我有夏,式商受命,奄甸万姓",言下之意,天帝降罚于殷,命令我们这些代表夏的周人来使用商朝的天命,抚治万民。

② 在《左传》和《国语》中常有"华夏"、"诸华"等词汇。如《左传·襄公二十六年》中记载:"楚失华夏,则析公之为也。"《左传·昭公三十年》中有:"此于诸华,光又甚大。"

③ 据《国语》卷16《郑语》"史伯为桓公论兴衰"篇记载,西周末年,周的太史史伯曾说:"当成周者,南有荆、蛮、申、吕、应、邓、陈、蔡、随、唐,北有卫、燕、狄、鲜虞、潞、洛、泉、徐、蒲,西有虞、虢、晋、隗、霍、杨、魏、芮,东有齐、鲁、曹、宋、滕、薛、邹、莒,是非王之支子母弟甥舅也,则皆蛮、荆、戎、狄之人也。非亲则顽,不可入也。"上海古籍出版社1994年,第487页。

④ 如东周初年,襄王(前651—前619)欲纳狄女为后,大夫富辰就在谏书中就说:"狄,豺狼之德也";"狄,封豕豺狼也。"《国语》卷2《周语》中"富辰谏襄王以狄伐郑及以狄女为后"篇,上海古籍出版社1994年,第38页。

乎？"于是，鲁成公也就放弃了与楚国结好的打算。公元前529年，因邾、莒两国派人到晋国控告鲁国兵伐其国，所以晋昭公拒绝接见鲁昭公，并在与齐、宋、卫、郑等国诸侯于平丘盟会时，排斥鲁昭公参加盟会。对此，鲁国大夫子服惠伯即向晋国方面明确提出反对意见："君信蛮夷之诉，以绝兄弟之国，弃周公之后。"显然，子服惠伯认为鲁国和晋国祖先同为周文王之后，当为兄弟之国的关系；而邾、莒两国虽然受到周朝册封，但却与晋鲁两国没有血缘关系，仍然为蛮夷之邦。由此可见，宗法制度下的"亲疏有别"之义，已经延伸到族际关系，使族别成为"华夷有别"的基本准则。不久，子服惠伯为了促使晋国释放鲁国的季平子，又在私下场合对晋卿中行穆子说："鲁事晋，何以不如夷之小国？鲁，兄弟也，土地犹大，所命能具。若为夷弃之，使事齐、楚，其何瘳于晋？亲亲、与大，赏共、罚否，所以为盟主也。子其图之。"（《左传·昭公十三年》）在这里，姬姓诸国的后裔们在讨论族别属性问题时，仍然纳入到华夷界限的范围内。

当然，子伯惠服借族属问题谈华夷之别，意在使强盛的晋国来保护鲁国，维护鲁国的安全和政治利益。而春秋时期的其他诸侯国，也往往借华夷关系问题来谋取自身的政治利益，"尊王攘夷"就是一些政治家借以扩大自身政治影响的思想旗帜。随着周平王举都东迁，周王室日益衰微，各诸侯国相互争战。而北方的狄人和戎人部落，也常常利用中原各诸侯国相互争战的机会举兵南下，对中原地区的一些诸侯国造成严重威胁。齐国管仲首先向齐桓公提出了"尊王攘夷"的政治建议，用"尊王"的旗帜获得周天子的合法权威，来称霸各诸侯国；用"攘夷"的旗号带头讨伐夷狄，来获得各诸侯国的拥戴。对于管仲所从事的齐国霸业，虽然不符合儒家的政治理想，但孔子还是从齐国援救诸夏而击退夷狄因而避免诸夏沦为夷狄的角度，对管仲进行了赞扬。孔子说："管仲相桓公，霸诸侯，一匡天下，民到于今受其赐。微管仲，吾其被发左衽矣。"（《论语·宪问》）孔子赞同"攘夷"，也是他坚持"裔不谋夏"与"夷不乱华"的思想反映（《左传·定公十年》）。而"夷不乱华"思想的提出，正是"华必统夷"观念的反映①。

---

① 南宋人郑思肖认为："华必统夷，《春秋》之大义也。""君臣华夷，古今天下之大分也。"参见《心史》，"北京图书馆古籍珍本丛刊"第90册，书目文献出版社1988年，第56页。

上述观念表明,儒家的"天下观"作为一种最基本的政治思想,完全主导了人们的华夷观念。

战国时期,随着兼并战争的加剧,人们从血缘亲疏角度区别华夷的意识已经淡化,开始更多地从地域和文化上来区别华夷。如《礼记·王制》中说:"中国戎狄五方之民,皆有性也,不可推移。东方曰夷,被发文身,有不火食者矣;南方曰蛮,雕题交趾,有不火食者矣;西方曰戎,被发衣皮,有不粒食者矣;北方曰狄,衣羽毛穴居,有不粒食者矣。"由此可见,东夷、南蛮、西戎、北狄等概念不仅带有方位地域的识别特征,也有文化上落后的标志。而"中国"则是具有高度文明的地区,赵公子成说:"中国者,聪明睿知之所居也,万物财用之所聚也,贤圣之所教也,仁义之所施也,诗书礼乐之所用也,异敏技艺之所试也,远方之所观赴也,蛮夷之所义行也。"①至此,华夷之别的观念主要体现于文明程度的差异。

正是由于这种以文明程度识别华夷的标准,它淡化了人们的种族意识。如春秋时的杞国,本是夏朝的后裔,因为使用夷礼,即被时人视为夷(《左传·僖公二十三年》)。唐人韩愈曾指出:"孔子之作《春秋》也,诸侯用夷礼,则夷之;进于中国,则中国之。"②由此可见,"华"与"夷"是可以互相转化的。也正是由于这种华夷可以相互转化的意识,人们在考虑如何处理华夷关系问题时才有了"以夏变夷"的文化主张。

"以夏变夷"作为处理华夷关系的一种思想,在战国时期即已形成。孟子曾说:"吾闻用夏变夷者,未闻变于夷者也。"(《孟子·滕文公上》)作为"以夏变夷"的具体途径,就是以华夏的文明来传播和引导四夷,让落后的夷狄分享中国高水准的文化,改变他们的陋俗,并使他们产生政治文化心理上的认同,从而使"夷狄"最终在文化上归属为"华夏"。

"立夷夏之防"也是先人处理华夷关系的一种思想。不过,"立夷夏之防"首先在于保安制度的建设,避免夷狄势力对于华夏中心的侵入。《春秋》义理表明,周王朝秉着"内其国而外诸夏,内诸夏而外夷狄"的原则(《春秋公羊传·成

---

① 《战国策》卷19《赵策》,《武灵王平画间居》,上海古籍出版社1985年,第656页。
② 韩愈《原道》,《韩昌黎全集》,中国书店1991年,第174页。

公十五年》),自建立之初就通过"封建亲戚"的措施,"以藩屏周"(《左传·定公四年》)。同时,修城塞以阻止夷狄进入华夏。后来的中国封建王朝随着国家力量的发展,开始将封建的对象扩大到周边民族甚至域外政权。另外,"守在四夷"也是周人的一种安全观。《左传》记载:"古者天子守在四夷。天子卑,守在诸侯。诸侯守在四邻。诸侯卑,守在四境。"(《左传·昭公二十三年》)所谓"守在四夷",就是用德化思想和怀柔手段协调好与四夷的关系,使四夷成为诸夏的安全屏障。

然而,周代却经常出现"蛮夷滑夏"的局面。一旦出现"蛮夷乱华"的局面,春秋战国时代的政治家和思想家们也会暂时放弃"德化四夷"的原则,改而主张"刑以威四夷"(《左传·僖公二十五年》),即向蛮夷施以武力,前面所述的"尊王攘夷"就是"刑以威四夷"的具体表现。不过,人们在主张"攘夷"时,通常却有严格的限度。正如宋人胡安国所发现的,"《春秋》于夷狄,攘斥之不使乱中夏则止矣。伯禽征徐夷,东郊既开而止;宣王伐玁狁,至于太原而止"(《春秋传》卷十八);"《春秋》圣人倾否之书,内中国而外四夷,使之各安其所也"(《春秋传》卷一)。它表明,中国传统的华夷观,充分地肯定了外夷的生存权利和生存空间。

四、义利观

义利观是指人们在进行社会行为时,在道德追求和物质利益两者之间的价值取向。作为儒家创始人孔子曾说,"放于利而行,多怨"(《论语·里仁》)。他认为,只根据利益而行事必然招致很多的怨恨。孔子又说,"君子义以为上"(《论语·阳货》);"君子怀德,小人怀土;君子怀刑,小人怀惠";"君子喻于义,小人喻于利"(《论语·里仁》)。就是说,"君子"(统治者,有德者)应当以"义"作为自己最高的行为准则,而只有"小人"(被统治者,无德者)才只关心恩惠和利益。不过,孔子并不是一概否定"利"。孔子曾说:"富与贵,是人之所欲也,不以其道得之,不处也;贫与贱,是人之所恶也,不以其道得之,不去也。"(《论语·里仁》)人之所欲、所恶者,即是人之"利";而以其道、不以其道,即是人之"义"。由此可见，孔子对于人之"利"是认可的；孔子所否定的，只是不义之利。"富而可求也，虽执鞭之士，吾亦为之。""不义而富且贵，于我如浮云。"（《论语·里仁》）显然，孔子将"义"置于"利"之上，提倡"以义制利"、"义以为上"的精神。

而且，孔子还认为"义以生利"。据《左传》记载：卫国派孙良夫等人攻打齐国失败，得到新筑大夫仲叔于奚的援救，孙良夫才幸免于难。为此，卫侯打算赠给仲叔于奚一些城邑，仲叔于奚辞谢，转而请求得到诸侯才能使用的三面悬挂的乐器，并希望能够像诸侯那样用繁缨装饰马匹以朝见，卫侯答应了。"仲尼闻之曰：'惜也，不如多与之邑。唯器与名，不可以假人，君之所司也。名以出信，信以守器，器以致礼，礼以行义，义以生利，利以平民，政之大节也。若以假人，与人政也。政亡，则国家从之，弗可止也已。'"（《左传·成公二年》）在孔子看来，统治者只要坚持道义，这种道义可以带来最大的政治利益。

孟子也强调统治者应该以"义"为准绳，并提出了"义利之辨"的问题："孟子见梁惠王。王曰：'叟！不远千里而来，亦将有以利吾国乎？'孟子对曰：'王！何必曰利？亦有仁义而已矣。王曰：何以利吾国？大夫曰：何以利吾家？士庶人曰：何以利吾身？上下交征利而国危矣。万乘之国，弑其君者，必千乘之家；千乘之国，弑其君者，必百乘之家。万取千焉，千取百焉，不为不多矣。苟为后义而先利，不夺不餍。未有仁而遗其亲者也，未有义而后其君者也。王亦曰仁义而已矣，何必曰利？'"（《孟子·梁惠王上》）由此可见，孟子认为一个君王统治国家，不应该以"利"为追求目标。如果以"利"为价值导向，必然引起利益纷争，从而危及君王安全以及国家稳定。因此，国君当以倡导"仁义"为准绳，不应以利益为旨归。孟子说："为人臣者怀利以事其君，为人子者怀利以事其父，为人弟者怀利以事其兄，是君臣、父子、兄弟终去仁义，怀利以相接，然而不亡者，未之有也。"（《孟子·告子下》）在他看来，政治的表率作用十分重要。"君仁，莫不仁；君义，莫不义；君正，莫不正。一正君而国定矣。"（《孟子·离娄上》）只要国君做好政治表率，就会引领并形成一种良好的社会风尚。"为人臣者怀仁义以事其君，为人子者怀仁义以事其父，为人弟者怀仁义以事其兄，是君臣、父子、兄弟去利，怀仁义以相接也，然而不王者，未之有也。"

何必曰利？"（《孟子·告子下》）显然，在孟子的政治理念方面，他只强调"义"，认为"义"与"利"是相互排斥的。所以，政治家当持"义"而忘"利"，如此才能统一天下。

与孔孟倡导义却羞言利相比，荀子把好利看成是人的本能。"今人之性，生而有好利焉。"（《荀子·性恶》）所以，君王应当"因民之所利而利之"，"兴天下之利"（《荀子·王霸》）。在他看来，"义与利者，人之所两有也。虽尧、舜不能去民之欲利，然而能使其欲利不克其好义也"（《荀子·大略》）。对于"利"，即使是尧舜这样的贤君也不能除去民众追求私利的欲望。那么，如何来调节人们的利欲呢？荀子认为："富有天下，是人情之所同欲也，然则从人之欲，则势不能容，物不能赡也。故先王案为之制礼义以分之，使有贵贱之等，长幼之差，知愚、能不能之分，皆使人载其事而各得其宜。然后使悫禄多少厚薄之称，是夫群居和一之道也。"（《荀子·荣辱》）即以"礼义"来节制人们的"利欲"，消除和避免纷争，保证社会的稳定。为此，荀子提出了"先义后利"的观点，"先义而后利者荣，先利而后义者辱"（《荀子·荣辱》），规劝人们要见利思义、见利怀义、趋荣避辱，不要为利益所迷惑。

荀子也特别强调，君王治国必须以"义"为原则。"凡奸人之所以起者，以上之不贵义，不敬义也。夫义者，所以限禁人之为恶与奸者也。今上不贵义，不敬义，如是，则下之人百姓皆有弃义之志而有趋奸之心矣，此奸人之所以起也。且上者下之师也，夫下之和上，譬之犹响之应声，影之像形也。故为人上者，不可不顺也。夫义者，内节于人而外节于万物者也，上安于主而下调于民者也，内外上下节者，义之情也。然则凡为天下之要，义为本，而信次之。古者禹、汤本义务信而天下治，桀、纣弃义倍信而天下乱。故为人上者，必将慎礼义、务忠信，然后可。此君人者之大本也。"（《荀子·强国》）只有重视"义"和崇尚"义"，才能限制奸恶，维护国家的稳定。君王对于义利的态度不同，结果也不同："上重义则义克利，上重利则利克义。"（《荀子·大略》）对待义利的态度不同，也是辨识君子和小人的重要标准。荀子说："义之所在，不倾于权，不顾其利，举国而与之不为改视，重死持义而不桡，是士君子之勇也"（《荀子·荣辱》）；"唯利所在，无所不倾，若是则可谓小人矣"（《荀子·不苟》）。

　　总的来说,孔子、孟子和荀子等先秦大儒在义利观上,都持一种"重义轻利"的思想倾向。这种义利观,对于后代的中国思想家和政治家也有重要的影响。汉儒董仲舒就曾说:"夫仁人者,正其道不谋其利,修其理不急其功。"(《春秋繁露·对胶西王越大夫不得为仁》)他也是强调"义"是仁人做事的动机,而不能以"利"为出发点。与前人不同,董仲舒通过对汉初以来与匈奴关系的观察,认为"义动君子,利动贪人,如匈奴者,非可以仁义说也,独可说以厚利,结之于天耳。故与之厚利以没其意"[①]。从此,人们在处理华夷事务时,常常持这种夷狄"贪利无义"的观点。正是基于夷人"贪利"的行为倾向,中国封建王朝在与四方夷狄的交往过程中,往往采取施以重利("远行货赂")以便和平交往的措施。

　　本来,在周朝治理天下的九条纲领中就有:"送往迎来,嘉善而矜不能,所以柔远人也。继绝世,举废国,治乱持危,朝聘以时,厚往而薄来,所以怀诸侯也。"(《礼记·中庸》)就是说,周朝怀柔远人的方法,是通过来时迎接,走时欢送等措施,来表彰他们的善行,同情能力低的人。而周朝怀柔诸侯的方法,则是对断绝世系的邦国帮助延续世系,对灭亡了的小邦国予以恢复以便存祀,对动乱的邦国予以整顿恢复诸侯的权力,对濒临危亡的邦国予以援救,对所有诸侯邦国按时进行朝见聘问,并施以厚往薄来的措施。据唐人孔颖达对"厚往薄来"的解释:"厚往,谓诸侯还国,王者以其财贿厚重往报之。薄来,谓诸侯贡献使轻薄而来。"(《十三经注疏·礼记正义》)因此,周朝对于诸侯国所采取的"厚往薄来"方针,自汉朝开始就被中国封建王朝用于处理与周边部落以及域外政权交往的基本政策。

　　不过,对于夷狄是不是缺失"礼义"也有不同看法。因为按照前述的天下观念,天子有德,四夷来归。因此,远方国家派遣使节入华通交是也一种向往中华道德和仰慕中华礼义的行为。而对于这种外国君王的"慕义"行为,中国帝王更应该采取厚往薄来方针对他们予以奖励,以体现天子的盛德和富有四海。譬如,明太祖就曾明确指示礼部官员:"诸蛮夷酋长来朝,涉履山海,动经数万里,

---

　　① 《汉书》卷94下《匈奴传》,中华书局"二十四史"简体字本,2000年,第2829页。

彼既慕义来归,则赍予之物宜厚,以示怀柔之意。"① 由此可见,明太祖是将四夷来朝看成是一种"慕义"行为。而明成祖也秉持了其父皇的基本理念。他在处理海外穆斯林商人向明朝输入胡椒问题时,曾对明朝的相关机构拟对外商输入货物征税的意见极其不满,认为:"今夷人慕义远来,乃欲侵其利,所得几何?而亏辱大体万万矣!"② 就是说,在明成祖看来,向外商征税获取利益,都是一种亏辱国体和损害天子盛德的行为,所以不能应允。

综上可见,不论中国封建君臣对外夷入华交往的行为是持"贪利"而来还是持"慕义"而来的属性判断,但中国封建君臣基本上都是采取向夷狄展示德义而牺牲自身物利的行为模式来进行应对。因此,义利观在涉外交往过程中就具体表现为"厚往薄来"的方针。

五、结 语

通过上述考察,我们认为,先秦时期中国先哲们的天下观、王霸观、华夷观和义利观等四种观念形态,它们构成了中国传统对外关系的基本理念。具体来说,天下观作为核心观念,它决定了中外传统政治关系的基本结构,从而使中外传统政治关系一般表现为封贡(册封和朝贡)关系。而王霸观作为如何处理中外传统政治关系的行动指南,清晰认定了"王道"比"霸道"更为重要的观念,从而使多数中国封建君臣秉持"以理服人"而不是"以力服人"的方针。甚至兵圣孙武也认为:"上兵伐谋,其次伐交,其次伐兵,其下攻城。攻城之法,为不得已。"(《孙子·谋攻》)所谓"伐谋",是指以计谋战胜敌国;所谓"伐交",是指以外交来战胜敌国;所谓"伐兵",则是指用军事手段来战胜敌国。但在他看来,用军事手段直接对待敌国为下策,而使用谋略和外交手段对待敌国则为上策。华夷观不仅与天下观、王霸观共同作用于中外传统政治关系,而且它还构成为古代中外文化交流的价值理念。中国封建君臣正是带着中华文明的优越

---

① 《明太祖实录》卷154 "洪武十六年五月戊申"条,南京"国学图书馆"1941年影印本。
② 《明成祖实录》卷23 "永乐元年十月甲戌"条。

感，来看待自身与域外世界的文明程度。而在实际事务中，一方面，他们在"以夏变夷"观念的支配下，乐意推进中国文化的向外传播，从而实现"天下一家"和"王者无外"的政治理想；另一方面，他们所秉持的"夷夏之防"思想，却成为外来文化向中国社会传播的阻抗基因。而义利观作为一种政治思想，直接影响了中国封建王朝君臣在开展对外交往过程中的舍"利"求"义"的行为倾向，从而忽略了对自身经济利益的关注。

（原文载于《孔子研究》2010年第4期）

论中国古代对外关系史的"中""外"界限和分期问题

自20世纪以来,学术界对于中外关系史的研究,都是通过各种具体问题进行的。而作为历史学中的一门分支学科,人们对它的基本研究体系却未给予足够的注意。本文试图就中国古代对外关系史的"中""外"界限以及分期问题提出一点粗浅看法,以抛砖求玉。

一、中国古代对外关系史的"中""外"界限问题

如何区分"中"与"外"的界限,这是中外关系史研究的关键问题之一。所谓"中",无疑地表示"中国"的含义,而"外",显然则是指中国以外的国家和地区了。因此,明确中国的界限,外国的界限也就迎刃而解了。传统的中西交通史留给我们的界限非常含混不清。一部中西交通史,几乎成了历史上中国封建王朝与中国西部地区、中亚以及以西地区的交往史,相当程度地注入了中国古代民族关系史的内容。

为什么会把中国古代民族关系史混淆于中西交通史或者中国古代对外关系史呢? 根源就在于人们对"中国"理解的差异。就"中国"这一概念来说,历史上也是一词多义。最初在周代何尊铭文中,"中国"仅指京师。其后,人们又将它作为专指中原地区的地域概念。如《韩非子·孤愤》中说:"夫越虽国富

兵强,中国之主皆无益于已也。"后来也有一些历史文献则把"中国"作为一个国家概念,而这种概念又往往成为历代封建王朝的代称。如宋人朱彧《萍州可谈》记:"汉威令行于西北,故戎狄称中国为汉;唐威令行于东南,故蛮夷呼中国为唐。"显然,此处"中国"实指宋王朝。

　　毋庸置疑,作为中外关系史的学科内容来说,"中国"既不能是京师意义也不能是地域概念,而只能是一个国家概念,尽管在实际上这种国家概念仍然要表现为一定的地域界限。那么,能否将中国古代对外关系史理解成中国历代封建王朝的对外关系史呢?我认为,这是一个既有联系而又不可同等对待的问题。从联系方面看,以中原地区为统治中心的历代封建王朝代表着历史上中国的主体,它们的对外关系,其中相当部分应是中国古代对外关系史的内容。但是,它们对在中国境内同时并存的边地政权的关系,就不能作为中国古代对外关系处理,而只能是中国国内各政权或各民族的关系,譬如赵宋王朝与辽、西夏、吐蕃、大理、金等政权的关系。显然,我们研究中国古代对外关系,不能简单地以历代统治中原地区的封建王朝划限。如果以历代中原王朝作为"中国"国家概念,那么因历代封建王朝统治范围的差异就会给这种国家概念下的疆域带来前后不一致性,从而导致中外关系史体系的冲突。历史上,在某个时期,一些曾属于"外"(对于中原王朝来说)的地区,在另一历史时期,则又属于中原王朝的统治范围。而另一些曾经属于中原王朝统治的地区,在另一历史时期又属于"外"的范围了。如汉代的西域,就汉王朝所代表的中国来说,它只能属"外"的范围;但在元代,它则是完完全全的中国疆域了。又如元代的岭北行省,对元王朝所代表的中国来说,它是中国疆域的一部分,但对明王朝所代表的中国来说,则又是属于"外"的范围了。所以,若以历代不同的中原封建王朝所代表的"中国"来划线,也势必会将各代中原封建王朝与其同时并存的许多少数民族政权或汉族地方的关系混同为中外关系,从而将古代国内民族关系与中外关系混淆。

　　那么,能否以今天中华人民共和国的疆域界限来划分中外关系史的"中""外"界限呢?表面看来,站在今天立场上,用今日的视野去回溯和研究今天中华人民共和国所代表的中国在古代对外关系的历史,就应当采用今天的国家界限来处理这种"中""外"界限。然而,历史毕竟是历史,割断历史与现实的联系,势必会造成削足适履的情况。众所周知,中国自鸦片战争以后,外国资本主义列强曾通过一系列不平等条约分割了大片中国领土。准是以观,这些不平等条约在中外关系史上又如何认识呢?

因此,我们认为,不能简单地采用今天中华人民共和国的领土边界作为中外关系史的界限。但这并不意味着,中外关系史的研究就可以忽视作为今天中华人民共和国的疆域。恰恰相反,我们认为,中外关系史的学科建设,正应该以今天中华人民共和国疆域内的各个民族历史作为基本起点。也就是说,站在今天的立场,中华人民共和国疆域内各个民族活动的历史都是中国历史不可缺少的部分。而作为中国与外国的关系史,无论古代,还是近代,它所研究的应该是今天中国境内各民族的先民们与外国先民们交往和联系的历史,即由中国境内各民族所共同组成的中华民族对外交往和联系的历史。

显然,作为中外关系史的"中""外"界限来说,它不但有着空间上的疆域界限,实质上也有着民族实体的内容。这种界限的划分,应该是二者的有机统一。

但是,作为今天中国这样一个统一的疆域和民族实体,却并不是在今天才得以实现的。而在清王朝统治前期就已经稳固地形成。虽然很多民族在更早的历史时期就已加入到"中国"一这种地域与民族的统一实体范围内,但这个实体却常常由于松散和不巩固而分离。代表这个实体的一些封建王朝并不能对它的其中部分,特别是边疆地区部分实行有效地管辖。诚如已故周恩来总理所指出的:"清代以前,不管是明、宋、唐、汉各朝代,都没有清朝那样统一。"[①]正是到了清代,无论是统一的多民族国家的巩固,还是国家疆域的稳定,对于中国历史来说,它都是一个关键的时期。它不但以稳定的正规的管理机构总结了数千年中国历史发展过程中所表现出的总趋势;而且对于近现代中国,它所提供的一个统一的多民族国家的价值观念已经渗透到每一个中国境内民族、每一代中国人民的思想与行动之中;成为近代以来中国人民抗御外敌入侵的力量源泉。

---

① 周恩来《关于我国民族政策的几个问题》,《人民日报》1979年12月31日。

因此,中外关系史学科中的"中""外"界限,应该以1840年鸦片战争前的清朝疆域和民族关系作为标准。这样,既不会把我国这个统一的多民族国家形成过程中的一些民族关系作为中外关系来论述,也不致于将近代外国列强强加给我国的不平等条约作为平等的中外关系来对待。

二、中外关系史的分期问题

如何科学地划分中外关系史的时期甚至阶段,这也是中外关系史研究需要讨论的重要问题之一。在现行中外关系史论著中以及有关专题书目、论文索引里,人们都采取了中国历史的分期标准,即把中外关系史分成古代、近代和现代三个时期。而就中国古代对外关系史而言,人们习惯上也按中国封建朝代划限。我们认为,这种片面地搬照中国封建王朝的分段方法,不适合于中国古代对外关系史的研究。

其一,这种分期或分段方法势必会造成人们对于边地民族或其政权与中国域外世界关系的忽略。由于人们往往习惯于借助中原地区封建王朝的时代序列来区别中国古代对外关系发展的不同阶段,因而在实际研究中,人们就会集中地注意到这个王朝对外关系的存在,而无意间则忽视了与这个中原封建王朝同时并存的边地民族政权和中国域外世界的交往和联系。但是,作为我们上述"中""外"界限意义上的中国古代对外关系史,就应该给予这些边地民族及其政权在中外关系史上的应有地位。而实际上,在古代中国与域外世界的交往和联系中,这些边地民族及其政权一直在中外关系方面发挥着重要的作用与影响。它们既是中国文化的积极传播者,又是外国文化的积极吸收者。甚至在某个时期,它们本身就是中原地区封建王朝与外部世界交往的动机或背景(如汉朝与中亚地区的交往背景就有匈奴民族问题)。

其二,这种分期或分段方法不能适应中外关系史学科的性质。在历史研究领域内,中外关系史处于中国与外国相互作用和相互影响的特定位置上。虽然历史上中外关系的发生和发展,总是与中国历史本身切切相关的,但历史上中外关系的具体进行,却未必都完全局限于中国历史舞台,它甚至在一定程度上脱离了中国历史的范畴。姑且不说中国文化在域外世界的传播和影响,就连中外人员的往来,也同时受到外部环境的制约。如古代中亚地区的历史格局就曾深深影响到中国西部陆路的对外交往。至若近现代的中外关系,则更明显地为国际关系风云所作用。因此,我们决不可把中外关系史的研究拘囿于中国史的狭窄框架中,从而表现出片面地关注中国史而漠视外国史对中外关系的影响,而应该将中国史面貌与外国史格局有机地结合起来,以便从更加完整的空间和更加开阔的视野来考察和研究历史上中外关系的发生和发展。否则,势必造成"不识庐山真面目,只缘身在此山中"了。

其三,按中国封建朝代的分段方法也无助于揭示中外经济文化交流的规律。中外经济文化交流的发生与发展,不仅涉及到中国社会的发展水平,受制于中国社会的需要层次和吸收能力,而且也涉及到外国的社会发展水平,也受制于外国社会的需要层次和吸收能力。而归根到底,它要受制于文化的性质与社会的形态。一般说来,在开放性的社会里,文化交流比较容易实现。但并不意味着封闭性的社会就不存在文化交流。实际上,人类社会的发展史表明,正是世界上各地区之间的文化交流,世界才得以逐渐联系成一体。不过在封闭性的传统社会里的文化交流比开放性社会更受到传统文化的抵制和统治者的严格限制罢了。若从文化的性质方面看,如果文化交流双方的文化发展水平差异不大,文化交流往往表现为互为影响互为补充的规律。否则,一旦文化交流双方的文化发展水平差异明显,文化交流就会表现为某种定向规律。处于较高文化发展水平阶段上的一方,多为文化交流的"输出者";而处于较低文化发展水平层次上的一方,多处于文化"接受者"的位置。这种定向规律,诚如马克思早曾指出的:"野蛮的征服者总是被那些他们所征服的民族的较高文明所征服,这是一条永恒的历史规律。不列颠人是第一批发展程度高于印度的征服者,因此印度的文明就影响不了他们。"[①] 这是对中外文化交流规律的深刻揭示,而对于中外交往特征的观察也具有重要的指导意义。

因此,要揭示中外关系特别是中外文化交流的历史规律,就必须从中外文

---

① 马克思《不列颠在印度统治的未来结果》,《马克思恩格斯选集》第二卷,人民出版社1972年,第70页。

化发展层次水平和社会形态阶段的差异性入手进行考察和研究。也就是说,要从中外交往各方所处的历史位置上进行分析。然而,需要指出的是,在研究中外交往各方所处位置时,"外"本身就是一个巨大而复杂的差异体。当中国与某一个国家交往时处于一种主动位置时,可能同时在与另一个国家交往时已处于一种受动位置了。因此,我们还有必要在诸种中外关系中,寻找一种主要的中外关系,即一种影响到其他各种中外关系的支配性关系结构。譬如19世纪,中国与英国的关系结构就曾影响到其他各种中外关系。

　　基于上述认识,我们认为,中国古代对外关系史可以划分为两个不同的阶段:

　　第一个阶段,自先秦至明代中期,这是中外关系的发生和发展阶段。

　　中外关系的发生,是中国文明与外国文明相互作用的结果。远在公元前四千年到公元前二千年左右,便相继在尼罗河流域、两河流域、爱琴海区域、印度河流域以及中国的黄河流域等地产生了人类的文明。人类文明的生长和发展过程,也就是人类文明传播和交流的过程。从历史文献与考古发掘材料看,先秦时代的中国与外部世界就有着一定的联系和交往。到秦汉时代,随着代表中国主体的封建大帝国的建立,中国与域外世界的交往更加密切。如丝绸之路的形成,海上航路的开通,更成为中外经济文化交流的纽带。

　　中外交往是从周边民族、地区和国家开始的。而在周边国家中,除印度河流域曾经有过辉煌的人类文明外,其他周边地区与国家的文明还相对落后于中国的文明。因此,这个时期的中外关系明显地表现为下列三方面的特点:其一,中国文化除在一定时期受到南亚以及中亚文化的较深影响外,受其他域外文化影响相对较小,而中国文化却对周边地区和国家有着强烈的吸引力和深刻的影响。其二,中外政治往来与经济文化交流在相当程度上都是通过"朝贡"体制进行的。显然,这种朝贡关系模式是建立在中华帝国的强大与中国文明的魅力基础上。中国古代的朝贡外交模式对古代的中外关系发挥着重要的影响。一方面,它维护了中外的和平交往,促进了中外经济文化交流,但另一方面,它也妨碍着中国社会对域外世界的正确认识。其三,中国与世界其他地区的交往和联系还常常处于断断续续的状态中,世界各区域的文明还不足以把世界联成一体。

作为这一阶段的中外关系,又明显地表现为前后两个时期。

自先秦至唐中期为前期。处于这一时期的中国社会正处于它的兴盛期。政治与军事的强盛,使中国统治者们对于中外交往更加主动和积极。他们基于对黄河流域经济重心和政治重心的防卫,对于西北周边局势尤为关注。因此汉唐时期的中外交往在一定程度上又与西北地区的军事防御措施紧密交织。陆上丝绸之路则成为中外交往与联系的主要道路。

公元751年唐朝高仙芝军队在怛逻斯(今译塔拉斯,在苏联吉尔吉斯境内)战役中失败,不仅是唐王朝在西域地区开始丧失影响的转折点(不久,吐蕃就夺取了西域),而且也是中国古代对外关系史上的一个变化的标志。与这种变化直接相关的则是公元755年开始的"安史之乱",唐王朝的国运从此一蹶不振,经济重心亦从黄河流域转移到东南地区。伴随着这种经济重心的转移,东南沿海地区的对外联系日渐兴盛,海路从此成为中外关系的主要纽带。因此,自怛逻斯之役与安史之乱后至明代中期为这一阶段的后一个时期。这个时期的中外关系,特别是通过海路的中外关系,已有着显著的发展。郑和下西洋便是这一时期中外关系发展的顶峰。

中国古代对外关系的后一个阶段,自明代正德年间到清代的鸦片战争,这是中国社会被动地应付着西方殖民者的挑战阶段。

16世纪初,继哥伦布发现新大陆与达·伽马开避通往亚洲的新航路后,西欧的殖民者开始奔走于全世界。葡萄牙、西班牙、荷兰、英国等殖民主义者先后来到中国沿海。古老的中国,开始面临着前所未有的周边环境及国际环境。这些猖獗的殖民主义者,一心要"使未开化和半开化的国家从属于文明国家,使农民的民族从属于资产阶级的民族,使东方从属于西方"[1]。从而使这一阶段的中外关系表现为下列特点;其一,中国与世界其他地区的联系,一时间突然扩大了。然而中国封建统治者们,却满足于传统文明,对外部世界并未给予认真的研究,从而不可避免地使自己被动地应付着西方殖民势力的挑战。其二,在西方国家的殖民征服过程中,中国与周边国家的传统朝贡关系也开始受到挑战并

---

[1]　马克思、恩格斯《共产党宣言》,《马克思恩格斯选集》第一卷,第255页。

逐渐被瓦解。从而使他们直接通过这些地区，从几个不同方向制造对中国的侵略。其三，如何对待西方文化，已开始成为中外文化交流上的重要问题。

从这一阶段的中外关系内容观察，主旋律已表现为中西关系。但这个阶段的中西关系，大约又可分为前后两个时期。前一个时期自明代正德年间到清康熙二十八年（1689）。这一时期的中国封建政府和中国人民坚决地反击了早期殖民主义者对中国领土的频频侵略。在东南沿海地区，中国军民一次又一次地挫败了窥伺与侵占我国领土的葡萄牙、荷兰与英国等殖民强盗，在北部地区，中国军民与沙俄侵略者也进行了多次较量，迫使沙俄同意谈判并与中国签订了《尼布楚条约》。早期西方殖民强盗在世界其他地区惯用的侵占领土方法在中国并不如愿，于是他们便主要地通过经济贸易的渠道与中国开展关系。这便是后一个时期，即自康熙二十九年（1690）到1840年中西关系的主要线索。清朝统治者鉴于西方殖民国家对中国的侵略，对他们的在华贸易活动加强了防范与限制，同时也限制了国内人民与外界的联系，从而使得中国社会失去了走向世界的最宝贵良机。而西方殖民主义国家却极力通过并扩大这种经济关系，使中国卷进资本主义世界市场的漩涡。通过种种方法，英国殖民主义者终于在1840年敲开了中国的大门。从此，中国对外关系卅始发生了根本性的逆转。限于讨论的主题，我们对近现代中外关系的过程就不做讨论了。

（原文载于《山东大学学报（哲学社会科学版）》1989年第3期）

论16世纪前中外文化交流
的发展进程和基本特点

近二十年来,学术界对于中外文化交流的研究已经越来越重视。尤其是对于16世纪西方人东来后中西文化交流的历史进程,人们普遍关注,新的研究成果不断问世。相比之下,人们对于16世纪前中外文化交流的历史进程,却关注不够。因此,很多重视问题未能得到深到讨论。在此,作者拟就16世纪前中外文化交流的发展进程、主要途径、基本特点和历史影响等几个问题,做些粗浅考察,以便人们对于16世纪前中外文化交流发展规律的关注和研究。

一、16世纪前中外文化交流的发展进程

中外文化交流的发生,是中国文明和外国文明相互作用的结果。远在公元前四千年到公元前二千年左右,便相继在尼罗河流域、两河流域(西亚的幼发拉底河与底格里斯河)、爱琴海区域、印度河流域以及中国的黄河等流域产生了人类的文明。人类文明的生长和发展过程,也就是人类文明传播和交流的过程。不过,从考古学所提供的材料看,在进入文明时代之前的新石器时代,中国北方地区和华南地区就已与域外地区存在着文化上的最初接触。如中国北方地区的红山文化遗址中所发现的陶塑裸体女像,也曾发现于亚欧大陆的其他地区。当中国进入文明时代以后,中外文化的交流也在同步发生。从二里头文化晚期

青铜器中所包含的"北方系"青铜器特色,到西伯利亚地区的商代玉器;从殷墟中所出现的个别东南亚龟甲,到越南所出土的牙璋;从箕子入朝鲜到稻文化在东南亚及东亚邻国的传播;从先秦书籍中的"昆仑山"传说到西方希罗多德笔下的欧亚草原之路,中外文化交流在地域上由近而远并不断扩大。因此,我们可以说先秦时期(指秦朝以前的时期,包括文献中所说的三皇五帝时代和夏商周三代)是中外文化交流的发生阶段。

秦汉时期,中外文化交流进入了它的初步发展阶段。随着统一的中央集权政治的建立,秦汉王朝加强了边疆开拓和对外探索。尤其是汉武帝,为了抗击匈奴而派遣张骞通西域,从而开辟了丝绸之路;而他在越南北部和朝鲜半岛北部地区设立郡县进行直接统治,又使这两个地区成为汉文化传播的桥梁;他派人对蜀——身毒之路和海外黄支国的探索,使中国和域外世界之间有了多条文化交流的纽带。正是通过这些纽带,"商胡贩客,日款于塞下"[①],汉朝的丝绸出现于罗马,大宛、乌孙和大月氏的良马被引进到汉朝;中国的纺织、冶金技术在朝鲜半岛和日本列岛传播,印度的佛教也开始进入一些汉朝人的信仰世界。

魏晋南北朝时期,虽然中国社会处于大动乱和分裂的局面,但一些政权仍对域外世界采取了积极交往的态度。而佛教僧侣的东来西译和西行求法,更推动了中外文化交流的深入开展,不仅佛教在中国社会得到普遍传播并开始影响到中国的固有文化,而且佛教还作为一个文化丛,夹带了域外艺术和印度的医学、天文历算学传入中土,从而极大地丰富了中国人的精神世界。

隋唐时期,中外文化交流空前繁荣。一方面,隋唐统治者(尤其是唐朝统治者)凭据着政治统一和经济高度繁荣的条件,积极地与域外国家往来并吸收域外文明的成果,使域外的器用、艺术、宗教、习俗等文化都被容纳于中国社会之中,使盛唐文明绚丽多彩。另一方面,唐代文化也由东西两个方向向外传播。在东亚的新罗和日本两国,都曾出现了一股强劲的学习和模仿唐朝的高潮,使汉字、儒学、唐朝律令和中国化的佛教完全被他们社会所接受,从而形成了东亚汉文化圈;在西部,唐朝文明也直接进入中亚,并且中国的造纸术和炼丹术也由

---

① 《后汉书》卷118《西域传》。

中亚而传到西亚。

五代十国宋辽金时期，虽然中国再一次处于分裂的状态，但吴越、闽、南汉等沿海地区的割据政权和宋朝政府却采取了积极的海外交通政策，使海路的中外文化交流得到增强。不仅汉字书籍的交流成为东亚世界一道瑰丽的人文景象，而且侨居于中国东南沿海港口的大食"番客"也带来了伊斯兰文明；不仅中国的科学技术不断地传入东亚邻国并开花结果，而且宋朝的船舵和指南针也很快成为阿拉伯水手的航海术。而回鹘人的西迁，又从地域上拓宽了中国文化与伊斯兰文化交流的空间。海陆两路中外交通的发展，也促进了中国人对于东南亚地区和阿拉伯世界的了解。

元朝的建立，使中外文化交流更加兴盛。这不仅仅是由于蒙古贵族的西征和海外扩张使中外交往变得比以前任何时期都更为方便和密切，更由于元朝统治者在文化上所采取的兼容并蓄政策。因此，包括基督教聂斯脱利派和西派、伊斯兰教、犹太教、印度教、摩尼教、袄教在内的外来宗教，在元朝社会都得到了立足之地；而波斯和阿拉伯的世俗文化（包括饮食、音乐、建筑、天文、数学、医学、炮术等内容）更得到了元朝人的采纳和吸收。与此同时，中国文化不仅以其新的内容继续在东亚世界传播，而且还以其富有特色和魅力的科学技术（包括天文、数学、制图学、雕版印刷术、火药器械、医学）西传到西亚和欧洲国家，甚至中国的制度文化也得到一些西亚和欧洲国家的采用。

从唐宋元以来中外文化交流的发展趋势看，明前期的中外文化交流则远不如以前活跃。明初承元代中外文化交流的余波，曾翻译了元朝遗留下来的《回回历》和《回回药方》，但此后外国文化在明朝社会的传播即停滞下来，直到晚明时期西方耶稣会士来华传播西学为止。尽管明朝前期与域外世界的往来十分频繁，但传统华夷观的强化却妨碍了对域外文化的认识和吸收；而明朝政府严厉实行"海禁"政策又断绝了中国民间对外交往的渠道，这在很大程度上妨碍了中外文化交流的正常发展。只是由于传统的影响和外部的原因，中国文化在同时期的东亚以及东南亚国家仍然具有相当的影响。

二、16世纪前中外文化交流的主要途径

文化的交流必须凭借一定的途径。就16世纪前中外文化交流的历史进程看,它包括有使节、商人、宗教徒、游牧民族、战争等五种主要途径。

使节不但在中外政治关系的发展过程中发挥着重要作用,而且也是文化传播的重要媒介。不过,使节在文化交流双方上的作用,往往偏重于文化上的接受和引进。这主要是由于使节们肩负着政治使命并在对方国家客居的时间不长,无法承担文化"输出"者的角色。而异域文化的新颖性,却驱使着使节们给予特别的关注。而他们在回国以后还要根据在异域的见闻而提交出使报告,从而传播了很多异域文化的信息,进而影响到本国政府对于异域文化的态度。譬如汉朝正是通过张骞使团的中亚之行,引进了大宛、乌孙的良马和西域的许多植物。而日本正是通过连续的"遣唐使",系统地引进了唐朝文明。不过,如果仅从先秦至明前期出使域外的中国使节方面考察,他们在文化交流上的作用日益降低。一方面在于中外文化交流的途径日益增多,另一方面也由于使节的文化素质下降和思想观念僵化。尤其是明朝,随着君主专制主义的加强,很多宦官常常被作为使节出使域外,他们的文化素质和特殊心理,使他们难以充当文化交流的媒介。因此,明前期中外文化交流的衰落,使节的因素也不容忽视。

商人在中外文化交流过程中,一直发挥着无可替代的作用。因为商人在国际贸易中所贩运的商品,就已凝聚了各个民族、各个国家的文化成分。如从中国输出的丝绸、茶叶、陶瓷、纸张、漆器、铜器、铁器、药材等物品,本身就是中国人所创造的物质文化。况且,异域物品的输入,不仅丰富了人们的物质生活和精神生活,而且还促使人们去模仿和学习,从而引起了中外科技文化的相互传播。譬如赏心悦目而又实用的中国瓷器在输入到域外以后,就先后在东亚、东南亚、西亚以及欧洲引起了模仿烧造。再且,像书籍这种人类的精神产品,同样也是国际贸易商人贩运的对象。如唐宋元时期中国与东亚邻国之间的书籍交流,很多就是通过商人具体完成的。另外,商人在传播宗教文化方面也有突出的作用。如魏晋南北朝隋唐时期操纵着丝绸之路的粟特商人,他们曾在沿途地区建立了很多侨居社区,同时也把他们的宗教信仰和习俗带入到中国西北地

区。像佛教、祆教、摩尼教、景教等域外宗教在中国的传播,在很大程度上就是通过粟特商人的媒介而东来的①。而唐宋元时期伊斯兰教在中国东南沿海地区的传播,也是与移居在华的阿拉伯和波斯商人相关的。而从世界文化交流史的角度看,印度文化移植到东南亚,在很大程度上是靠印度商人;而希腊文化传播到东方,也是靠追随亚历山大军队东进的希腊商人②。

宗教是一种文化形态,而虔诚的宗教徒总是把传教活动作为自己的神圣事业,从而也就成为文化传播的一个重要途径。而且,宗教本身就是一个文化丛,宗教徒在传播相关教义时,也传播了相关的哲学、伦理、艺术、科技、习俗等文化。就16世纪前中外文化交流的发展进程看,佛教僧侣尤其发挥了重要作用。自东汉时期包括印度、大月氏、安息、康居等西域国家高僧的东来,一直到宋代天竺僧侣的来华,他们对佛教经典的汉译曾做出了重要成就;而从曹魏时期开始的中国沙门西行求法,或为搜寻佛典,或为从天竺高僧受学,或为寻求名师来华,或为礼巡佛迹,更是在输入印度佛教文化方面贡献巨大。梁启超先生曾将他们誉为中国最早的留学生运动,并且指出:"此种运动,前后垂五百年。其最热烈之时期,亦亘两世纪。运动之主要人物,盖百数,其为失败牺牲者过半。而运动之结果,乃使我国文化,从物质上、精神上皆起一种革命。直非我国史上一大事,实人类文明史上一大事也。"③而唐宋元明时期的中日文化交流,多半也是依赖佛教僧侣的往来之力。

在16世纪前中外文化交流的发展进程中,游牧民族也扮演了重要角色。自从人类第一次大分工时起,游牧部落和农耕民族的相互交往就成为历史必然。像商代的羌方,西周时的猃狁,战国秦汉时期的匈奴,魏晋南北朝时期的柔然、敕勒,隋唐时期的突厥,宋代的契丹族和后来兴起的蒙古族,他们与中原地区汉族的相互交往和民族融合,已经构成了中国历史的重要篇章。同时,由于游牧民族逐水草而居,迁徙不定,客观上又有利于东西方的文化交流。因为从蒙古

---

① 参见张广达《唐代六胡州等地的昭武九姓》,载于《西域史地丛稿初编》,上海古籍出版社1995年,第249—279页。

② 〔美〕斯塔夫里阿诺斯《全球通史:1500年前的世界》,上海社会科学院出版社1988年,第187页。

③ 梁启超《中国佛教史研究》,上海三联书店1988年,第26—27页。

高原逾阿尔泰山脉、准噶尔盆地，经哈萨克草原而入南俄草原以至多瑙河流域，一直是古代游牧民族迁徙往来的必经之地。正是通过他们，这条草原之路也就成了文化交流之路。法国学者谢和耐（J.Gernet）曾经指出："中国人学会畜牧、骑术、使用马具和某些战术是应该感谢游牧者的。有些食谱和变成了中国人日常服装的长袍、裤子也学自游牧民。事实上，双方通过对峙线上的只供使臣、商人出入的'口岸'而转输的不仅仅是双方各自需求于对方的产品（丝织品、茶、盐、中国金银、马、驼、牛、羊）。正和欧亚旧大陆所有的农牧交界地区的情况一样，各种宗教、工艺也无不循着贸易商路而传播。"① 从早期商文化和后来的汉文化在西伯利亚地区传播的史实中，也可以得到这种印证。

战争也是古代中外文化交流的一个重要途径。尽管战争不免给社会经济和文化带来巨大的破坏，但往往能促进一种文化的传播。像唐朝高仙芝所部军队与大食军队在怛逻斯（今哈萨克斯坦的江布尔）发生的战争，唐军因参战的中亚军队倒戈而失败，结果由于在被俘的士兵中有唐朝的造纸工匠，使得中国造纸术传入阿拉伯，进而传至欧洲。又如13世纪前期蒙古的三次西征，也为东西方之间的文化交流提供了前所未有的条件。罗马教廷和一些西欧的君主也纷纷派遣基督教传教士东来布道，期望通过宗教的手段使蒙古大汗与基督教世界结盟；一些中亚人、西亚人甚至欧洲人也因此而在蒙古汗廷服务或移居中国，从而将他们的民族文化传入中国；而随着西征的胜利和钦察、伊利等蒙古藩属汗国的建立，中国的一些制度文化和科技文化也被带入到南俄和西亚地区。

三、16世纪前中外文化交流的基本特点

16世纪前的中外文化交流，与16世纪及其以后的中外文化交流有着很大不同，首先在文化交流的过程上常常表现为偶然性、缓慢性和断断续续性。主要是由于世界上各个国家、各个地区的文明发展还不足以把世界联成一个整体，同时也在于中外关系发展的波动性，即中国各个封建政权对外关系的不平衡性。

---

①　谢和耐等《长城》，转引自张广达《古代欧亚的内陆交通》，载于《西域史地丛稿初编》，第380—381页。

其次，从16世纪前中外文化交流的发展进程看，它还表现为一种渐进性的特点。从中国文化向域外的传播方面看，它带有明显的周邻性特征，即首先是传播到周边地区和近邻国家，然后再由周边和近邻国家向外传播。从域外文化在中国的传播方面看，也呈现出由近及远的特征，即中国先后融入中亚游牧文化、波斯文化、印度文化、阿拉伯文化以至欧洲基督教文化。它表明，文化交流总是受到一定地理因素的制约，而古人的对外交通还无法像近现代人那样实现跳跃式地跨越。

其三，从16世纪前中国与东亚邻国之间文化交流的具体内容看，主要表现为单向性辐射状传播，即主要表现为中国文化对于东亚邻国的传播和影响，而东亚邻国文化对中国的传播和影响并不显著。这是由于当时东亚邻国在文化发展水平上与中国存在着巨大差距，所以他们利用邻近的地理条件积极地吸收中国文化。

其四，从16世纪前中国文化所受外来文化的交流和影响方面看，印度文化比其他域外文化更为深入地影响到中国文化的发展进程。以佛教为主体的印度文化自汉代开始传入，经过魏晋南北朝隋唐时期的普遍传播，已经渗透到中国社会，并对中国人的思想观念、科学技术、语言文学、艺术以及民俗都产生了显著的影响。譬如作为中国封建社会后期统治思想的理学，就是佛学和道家思想渗透到儒家哲学的结果。而人们在日常生活中的许多用语也来源于佛教，如世界、如实、实际、平等、现行、刹那、清规戒律、相对、绝对等等词汇，都是来自佛教的语汇。

其五，从16世纪前中国与西部的中亚、南亚、西亚以至欧洲地区的文化交流的主要路径看，基本表现由陆路向海路的变化，具体则是先秦至唐前期以西北地区的陆路为主，而唐后期至明前期则以海路为主。这是由于汉唐时期的中外交往，在相当程度上是与北方地区的边防问题密切相关的。而随着唐代后期中国的经济重心从黄河流域向长江流域的移动，东南沿海地区的商业发展也突飞猛进，从而刺激了海外交通的发展，因此海路就成为中外文化交流的主要路径。

其六，正是由于上述因素，新疆(狭义上的"西域")和东南沿海港口城市在16世纪前中外文化交流的发展过程中，发挥了主要窗口的作用。从新疆方面看，它既是域外文化沿陆路向中国内地传播的一个主要途径，也是中国文化沿陆路向西传播的一个桥梁。波斯文化、希腊文化、印度文化、阿拉伯文化，首先正是通过新疆而传播到中国的。而中国内地的掘井、冶铁、造纸、印刷等科学技术也是通过新疆而传入中亚、西亚等地的。从东南沿海港口城市看，在唐宋元明时期它既是中国文化向东亚和东南亚地区传播的主要途径，也是海外物质文明和精神文明的汇聚地，并且是向内地扩散的基地，尤其是作为海外交通的主要港口——广州、泉州、宁波、扬州等城市。

其七，从16世纪前域外文化在中国传播的内容看，外来宗教文化的传播是个突出的现象，如佛教、祆教、摩尼教、景教、伊斯兰教、基督教、印度教、犹太教等。然而，除了佛教以外，其他诸种外来宗教并没有真正被中国社会所接受。从先秦至明前期中外文化交流的历程来考察，一种外来宗教文化，能否为中国社会所接受，不仅取决于它是否利用中国固有文化的某些成份对自身进行创造性的改造，从而与中国固有文化形成一种互补关系的新文化，而且还取决于它与中国封建政权的关系。例如，佛教只所以在中国社会的长期流传，而祆教、摩尼教、景教则未能长久流传，除了佛教大量融合中国固有文化的因素外，而且佛教并没有自身确定的权威中心，在古代中国这样一个封建集权的国家就容易接受皇权的支配。而后面几种宗教则一直都存在着自身的权威中心，使中国封建政权感到难以进行有效的控制，因此它们难以得到中国封建政权的认同。

其八，从16世纪前中国社会对于外来文化的价值观看，儒家的华夷观一直占有主导地位。所谓华夷观，即关于"华夏"和"夷狄"关系的理论。它认为，"华夏"只所以不同于"夷狄"，关键在于文明水准的高低不同。这种理论形成于先秦时期，并在秦汉以后一直被人们用来处理民族关系事务和中外关系事务。到了宋代以后，理学家们又开始将华夷观与理学的天理观联系起来，即把华夷之辨的观念与宇宙法则和世间伦理结合起来，从而突现了华夷观在中外文化交流方面的价值观作用[1]。华夷观曾给古代的中外文化交流产生过两个方面的不同影响。一方面，基于中国自身文明的优越感，古代思想家们强调"以夏变夷"，从而产生出一种对外的文明使命感，客观上有利于中国文化的对外传播；另一方面，古代思想家们又深恐"以夷变夏"，特别强调"立夷夏之防"，从而又

---

[1]　陈尚胜《胡安国的华夷观与明朝对外政策》，载于祝瑞开主编《宋明思想和中华文明》，学林出版社1995年，第406—414页。

产生出一种对外来文化的排斥倾向,因此在主观上又不利于中国社会对外来文化成果的积极吸收。

四、16世纪前的中外文化交流
　　与世界历史发展进程

中国作为世界上重要的文明古国,通过16世纪前的中外文化交流,其悠久而又丰富多采的文化,不仅对于东亚邻国的社会发展进程发生过特别重要的作用,而且对于资本主义发源地的欧洲的兴起也产生过重要的影响。

譬如中国的"四大发明"在传入欧洲以后,不仅为文艺复兴运动提供了物质基础,而且也为新航路的发现提供了重要的技术保障,从而使世界历史的发展进程发生了重大变化。16世纪的英国哲学家培根曾说:

> ……印刷、火药和磁石这三种发明,已经在世界范围内把事物的全部面貌和情况都改变以:第一种是在学术方面,第二种是在战事方面,第三种是在航海方面;并由此又引起难以数计的变化来;竟至任何帝国、任何教派、任何星辰对人类事务的力量和影响都仿佛无过于这些机械性的发现了。①

19世纪的理论伟人马克思更是直接点明了中国的这些发明对于世界资本主义产生和发展的意义:

> 火药、指南针、印刷术,——这是预告资产阶级社会到来的三大发明。火药把骑士阶层炸得粉碎,指南针打开了世界市场并建立殖民地,而印刷术则变成新教的工具。总的来说,变成科学复兴的手段,变成对精神发展创造必要前提的强大杠杆。②

---

① 培根《新工具》,商务印书馆1984年,第103页。
② 《马克思恩格斯全集》第47卷,第427页。

20世纪的美国学者德克·卜德也充分论述了中国的"四大发明"对于欧洲发展的意义：

> 如果没有纸和印刷术,我们仍将生活在中世纪；如果没有火药,世界可能少受些苦难,但在另一方面,欧洲中世纪穿带盔甲的骑士们会仍旧占据着护城河围绕的城堡,居于至高无上的统治地位；我们的社会将仍旧停留在封建农奴状态。巴拿马运河和大石坝的修建也是不可能的。最后,如果没有指南针,地理大发现的年代将永远不会到来。而正是这些发明丰富了欧洲的物质生活和精神生活。没有这些发明,迄今为止整个世界仍然是不可知的,甚至包括我们的国家在内。①

同样,域外文化对于中国古代社会的发展也曾产生过重要的影响。譬如汉朝从中亚等地引进的葡萄、胡桃、胡麻、胡豆、胡瓜、胡蒜、胡萝卜等作物,极大地丰富了中国人民的物质生活。而伴随着佛教而传入中国的印度医学、天文学、数学和音乐、雕塑、绘画等艺术,也促进了中国科学技术的发展,并丰富了中国人民的精神生活；西亚的铠甲、纳钙玻璃、金银器等制造技术和天文学、数学、医学等科学的东传,也对中国社会发生过显著的影响；至若印度佛教对中国人精神生活的影响,更是巨大而深远。

16世纪前的中外文化交流的历史已表明,一个国家、一个民族,只有不断地、积极地与域外世界进行交流,吸收域外文化的优秀成果,才能使自己在政治、经济和文化上得到更快的发展,并创造出自己的文明辉煌。"海纳百川,有容乃大",古人已给我们总结出文化交流的历史规律。

（原文载于《文史哲》2000年第4期）

---

① 德克·卜德《中国物品传入西方考证》,载于《中外关系史译丛》第1辑,上海译文出版社1984年。

唐朝后期登州港与东亚贸易圈的形成

东亚地区,随着"区域史"(regional history)研究的兴起[1],颇受日本学术界的重视。近二十年来滨下武志先生一直从经济史领域研究东亚世界,力图揭示东亚作为一个"经济体系"的形成机制与它在世界经济史中的地位,以及中国在这个经济体系中的位置。根据他的研究,作为一个经济体系的东亚,并不是近代西方"冲击—反应"的结果,而是近代以前以中国为中心的"朝贡贸易"的"内部原因"所造成的。也就是说,由于古代"朝贡贸易体系"的作用,促成了以中国为中心的"东亚经济圈"的形成[2]。如果我们从西方殖民扩张前夕的东亚历史看,明朝建立不久就将"朝贡"规定为海外贸易的惟一途径[3],那么"朝贡贸易体系"确实在东亚世界发挥了主导作用。不仅日本、朝鲜、琉球、安南、暹罗等国的对华贸易皆被明朝限定在"朝贡贸易"范围,而且琉球为了维持对明朝的

---

① 按:本文所说的"区域史",是指介于"国别史"(national history)与"全球史"(global history)之间的历史。"区域史"研究的兴起,滥觞于法国的年鉴学派,如费尔南·布罗代尔的《菲利普二世时代的地中海和地中海世界》。

② 参见〔日〕滨下武志著,王玉茹、赵劲松、张玮译《中国、东亚与全球经济:区域和历史的视角》,社会科学文献出版社2009年,朱荫贵、欧阳菲译,虞和平校《近代中国的国际契机——朝贡贸易体系与近代亚洲经济圈》,中国社会科学出版社1999年。

③ 明朝自洪武初年开始实施"海禁"政策,禁止本国商民出海贸易。自洪武十六年开始,明朝又对海外国家颁发"勘合"。海外国家来华人士,只有持有明朝颁发的"勘合"才可许以"朝贡",未有"勘合"者即不许来华贸易。可参见陈尚胜《论明代市舶司制度的演变》,载于《文史哲》1986年第2期,第55—61页。

"朝贡贸易"而积极开展与日本及东南亚地区的转口贸易,以解决对明朝"朝贡贸易"的"贡物"[①]。由此不难发现,由明朝所主导的"朝贡贸易",已构成为"东亚经济圈"的基础。不过,15世纪后期兴起的中国沿海地区权贵势力操纵的走私贸易活动,则开始冲击"朝贡贸易"[②]。尤其是随着葡萄牙、西班牙等欧洲国家向东方的扩张,明朝广东地方政府于嘉靖十四年(1535)在澳门允许外国商人驻泊贸易[③];福建地方政府也于隆庆元年(1567)在漳州月港开放漳州和泉州两府商民的出海贸易[④],更使得"朝贡贸易"的垄断局面被打破[⑤]。及至清朝,尤其是康熙二十三年(1684)"海禁"的解除与江、浙、闽、粤四海关的设立,不仅正式接纳外国商船的来华贸易,而且也开放了中国商民的出海贸易。反观"朝贡贸易",日本与清朝已无"朝贡贸易"关系,其他国家与清朝的"朝贡贸易"仍受贡期限制[⑥]。显而易见,在清代的东亚贸易网络中,中外商人之间的"互市贸易"日益发展,而"朝贡贸易"所占比重却已下降并处于次要地位。关于这一点,岩井茂树先生的研究已揭明,16世纪至18世纪的东亚贸易圈决非"朝贡贸易体系",而是"互市贸易体系"[⑦]。

然而,滨下与岩井两氏只是讨论了明清时段的问题,但"东亚贸易圈"是如

---

① 日本学者川胜守在《琉球王国海上贸易之历史性前提》中曾指出:"从琉球王国呈献给明朝的贡品来看,马、琉黄、扇子,乃至刀等物品为日本所制,象牙、苏木、胡椒及各种香料等则产自南海各国,这些都是琉球从事与各国区域之转口贸易所得物品充为贡品所致。"载于《第七届中琉历史关系国际学术会议论文集》,台北中琉文化经济协会1999年,第827—853页。

② 明朝人张燮《东西洋考》卷7记载:"成(化)、弘(治)之际,豪门巨室间有乘巨舰贸易者。奸人阴开其利窦,而官人不得显收其利权。初亦渐享奇赢,久乃勾引为乱,至嘉靖而弊极矣。"谢方点校本,中华书局2000年,第131页。

③ 参见汤开建《澳门开埠时间考》,载于汤氏《澳门开埠初期史研究》,中华书局1999年,第82—103页;谭世宝《澳门开埠四百多年历史的一些重大问题探真》,载于谭氏《澳门历史文化探真》,中华书局2006年,第246—270页。

④ 参见陈尚胜《论明朝月港开放的局限性》,载于《海交史研究》1996年第1期,第34—39页。

⑤ 参见张铠《晚明中国市场与世界市场》,载于《中国史研究》1988年第3期,第3—15页;陈尚胜《明代海外贸易及其世界影响——兼论明代中国在亚太地区贸易上的历史地位》,载于《海交史研究》1989年第1期,第21—30页。

⑥ 据《大清会典事例·礼部·朝贡》诸卷记载,朝鲜对清朝的朝贡为一年四贡(合并执行),琉球则为两年一贡,安南、暹罗皆为三年一贡,苏禄、南掌皆为五年一贡,缅甸则为十年一贡。

⑦ 参见〔日〕岩井茂树《16—18世纪东亚的国际商业与互市体制》,载于日本大阪经济法科大学亚细亚研究所《东アジア研究》第46号(2006年),第3—24页。

何开始的并由何种因素推动所致,却仍是一个尚未解决的问题。早年,日本学者西嶋定生先生曾专门探讨过"东亚世界形成"的机制问题。他认为,中国封建王朝在东亚邻国所推行的"册封体制",便利于高句丽、百济、新罗和日本等国吸纳汉字、律令制度、儒学和中国化的佛教,从而在6至8世纪的东亚地区形成了"汉字文化圈"[①]。不过,西嶋氏所提出的"册封体制论",着重于中国封建王朝的政治支配。他还认为,随着唐朝的灭亡和"册封体制"的崩溃,东亚世界的构成原理出现重大变化,即由政治支配转变为贸易关系,这就是10世纪以后所出现的以中国明州与日本博多之间为主体的"东亚贸易圈"的形成。近年来,日本学者田中俊明又将"东亚贸易圈"的形成时间认定为9世纪,其理由为9世纪新罗国张保皋商人集团在唐、罗、日三国间所进行的贸易[②]。可是,西嶋氏对于东亚地区从政治"册封圈"演变为经济"贸易圈",只是阐述了其演变过程,而对两者间嬗变的内在原理并未探讨;田中氏比较侧重于新罗商人张保皋的因素,而对张保皋商人集团能够在山东等沿海地区活动的唐朝方面因素的分析也待深入。

值得注意的是,韩国学者尹载云却敏锐地发现了东亚贸易圈的形成与东亚王朝国际贸易政策变动之间的关系。他认为,新罗在圣德王时期(702—737年)就已准许民间贸易,使新罗商人能够直接从事唐罗日之间的贸易。他还认为,唐朝在开元年间设置"市舶使",也意味着唐朝有了民间贸易政策[③]。不过,从现存文献看,唐代的"市舶使"仅见于广州,与新罗相对应的山东沿海港口无涉[④]。因此,对于8至9世纪唐朝在山东沿海地区的贸易情形以及国际贸易政策变动,仍需做专门考察。基于登州港在唐朝曾是与新罗、日本等国海上交通的港口,我们的考察也将围绕着登州港来进行。

---

① 〔日〕西嶋定生《东亚世界的形成》,载于刘俊文主编《日本学者研究中国史论著选译》第二卷(专论),中华书局1993年,第88—103页。

② 参见〔日〕田中俊明《亚细亚海域的新罗人——以九世纪为中心》,载于京都女子大学东洋史研究室编《东アジア海洋域圈の史の研究》,京都女子大学2003年,第11—74页。

③ 尹载云《韩国古代贸易史研究》,韩国首尔景仁文化社2006年。

④ 据王钦若等修《册府元龟》卷546《谏诤》记载:"柳泽,开元二年为殿中侍御史、岭南监选使。会市舶使右卫中郎将周庆立,波斯僧及烈等广造奇器异巧以进。"由此可知,唐朝开元年间已在广州设置有"市舶使"的官员,但未见于其他港口。

一、唐朝封贡体制下的登州港

登州在汉代为东莱郡之地,在隋朝为牟州。唐初武德年间(618—626),改牟州为登州①。贞观年间(627—649),登州被废并入莱州②。武则天如意元年(692),又从莱州分析而单独立郡,辖牟平、黄、文登三县,并以牟平为登州州治所在。登州所辖大体包括了今天烟台市所属的牟平、福山、栖霞、蓬莱、黄县、长岛和威海市所属的荣城、文登、乳山等县级市区。唐中宗神龙三年(707),黄县改称蓬莱,登州治所也从牟平移置于蓬莱③。本文所讨论的唐朝登州港,除登州州治所在地蓬莱港外,还包括登州所辖各县之港口。

登州地处沿海,与"东夷"诸国隔海相望④,属于"边州"之列,为唐朝与"东夷"诸国进行封贡往来的必经之地。根据唐朝贞元年间(785—804)宰相贾耽⑤的记载,"从边州入四夷"之道,最要者有七,其中之二即是"登州海行入高丽渤海道"。具体路线则是以登州为启程港口:

> 登州东北海行,过大谢岛、龟歆岛、末岛、乌湖岛三百里,北渡乌湖海,至马石山东之都里镇二百里。东傍海壖,过青泥浦、桃花浦、杏花浦、石人汪、橐驼湾、乌骨江八百里。乃南傍海壖,过乌牧岛、浿江口、椒岛,得新罗西北之长口镇。又过秦王石桥,麻田岛、古寺岛,得物岛,千里至鸭绿江口唐恩浦口。乃东南陆行,七百里至新罗王城。自鸭绿江口舟行百余里,乃小

①　按:关于唐初将"牟州"改为"登州"的具体时间,史书记载不一。王溥《唐会要》卷70《州县改置上》记为"武德二年";欧阳修《新唐书》卷38《地理志》记为"武德四年"。

②　王溥《唐会要》卷70《州县设置上》记登州于贞观二年被废。而《新唐书》卷37《地理志》序中也谓:"唐兴,高祖改郡为州,太守为刺史,又置都督府以治之。然天下初定,权置州郡颇多。太宗元年,始命并省。"

③　参见刘昫《旧唐书》卷38《地理志》,中华书局"二十四史"简体字本,2000年,第1095页。

④　唐朝初年魏征在修撰《隋书》时,将高句丽、百济、新罗、靺鞨、流求、倭国列入"东夷"传中。新旧"两唐书"中,也是把高句丽、百济、新罗、日本等列入到"东夷"传中。

⑤　按:贾耽(730—805),字敦诗,沧州南皮(今河北南皮县)人。曾任鸿胪卿主持蕃夷朝贡事务,注意搜集边疆山川资料,著有《海内华夷图》《古今郡国道县四夷述》《陇右山南图》《贞元十道录》《皇华四达记》及《吐蕃黄河录》等。

　　舫溯流东北三十里至泊沟口,得渤海之境。又溯流五百里,至丸都县城,故高丽王都。又东北溯流二百里,至神州。又陆行四百里,至显州,天宝中王所都。又正北如东六百里,至渤海王城。①

　　根据今人对于该路线的考察,"大谢岛"即是今天的长山岛;"龟歆岛"为今之钦岛;"乌湖岛"为今北城隍岛;"马石山"在今旅顺;"青泥浦"即今之大连湾;"石人汪"为今之石城岛以北的海峡;"橐驼湾"在今东港大鹿岛以北的大洋河口;"乌骨江"为今丹东之叆江,其流汇入鸭绿江入海;"乌牧岛"为今朝鲜平安北道的身弥岛;"浿江"即大同江;"椒岛"即今朝鲜大同江出海口的椒岛;"麻田岛"即今属韩国,为礼成江口的乔桐岛;"古寺岛"即今韩国江华岛;"得物岛"为今大阜岛。据研究,此处的"千里至鸭绿江口唐恩浦口"有误,"至鸭绿江口"应接乌骨江,即由乌骨江八百里至鸭绿江口。由得物岛直接至唐恩浦口,"唐恩浦口"在今韩国京畿道的南阳,与大阜岛隔海相望②。新罗兴德王四年(829)二月,在唐恩浦设置唐城镇③,通过这种军镇的设置来保障航道的安全。从唐恩浦登陆,向东南方向前进经尚州、鸡立岭和大邱,即至新罗王城,新罗王城现为韩国庆尚北道的庆州④。

　　而由鸭绿江口溯流而上,即为前往渤海国之道:"丸都城"在今吉林集安,曾为高句丽都城;"神州"为渤海国西京,位于今吉林省临江市境内;"显州"为渤海国中京,位于今吉林省和龙市;而贾耽任宰相时所记的"渤海王城",应为上京龙泉府,其地在今黑龙江省宁安市⑤。而从登州陆行至唐朝都城,则经莱州—青州—淄州(今称淄川)—齐州(今济南市)—郓州(治所在山东东平境内,

　　① 欧阳修等撰《新唐书》卷43下《地理志》,中华书局"二十四史"简体字本, 2000年,第752页。
　　② 刘成《唐宋时代登州港海上航线初探》,载于《海交史研究》1985年第1期,第46—50页。
　　③ 〔高丽〕金富轼撰《三国史记》卷十《新罗本纪》"兴德王四年"条,韩国首尔乙酉文化社1983年,译注本上册,第214页。
　　④ 权德永《古代韩中外交史——遣唐使研究》,韩国首尔一潮阁1997年,第206页。
　　⑤ 按:渤海国都城先后曾有变化,初驻东牟山(位于今吉林省敦化市),742年迁至中京显德府(位于今吉林省和龙市), 755年再迁至上京龙泉府(位于今黑龙江省宁安), 785年又迁至东京龙原府(位于今吉林省珲春市), 794年复迁至上京龙泉府。

今淹没于东平湖中）—滑州（今河南滑县）—汴州（今开封）—郑州—洛阳—陕州（今河南陕县）—华州（今陕西华县），而抵达长安[①]。

贾耽所记的"登州出海道"既然是唐朝与渤海国以及新罗国之间的官方往来航线，那么登州港也就是唐朝后期封贡体制下的专门港口。据开成五年（840）三月二日在登州城内开元寺客宿的日本僧侣圆仁记载，城内有都督府衙门，也有蓬莱县衙门；"城西南界有开元寺，城东北有法照寺，东南有龙兴寺"；"城南有新罗馆、渤海馆"[②]。按："新罗馆"即是唐朝在登州设置用以接待新罗官方使团的宾馆；而"渤海馆"则是唐朝在登州设置用以接待渤海国官方使团的宾馆。或许，唐朝派往到上述国家的使团在登州出海前，也可利用"新罗馆"和"渤海馆"。另外，根据圆仁的观察，"开元寺僧房稍多，尽安置官客，无闲房。有僧人来，则无处安置"[③]。由此看来，即使在晚唐时期登州港口的来往官客也为数众多。

唐朝在东亚地区所推行的封贡体制，在前期还包括有高句丽、百济和日本。那么，这些国家的官方使团与唐朝进行往来是否也取道登州港登陆呢？可惜限于新旧"两唐书"中对贡道缺乏记载，我们只能借助其他史料做间接考察。先看唐朝元和年间（806—820）宰相李吉甫[④]的记载，登州黄县之"大人故城，在县北二十里，司马宣王伐辽东，造此城，运粮船从此入，今新罗、百济往还常由于此"[⑤]。按：文中的"司马宣王"即曹魏时的司马懿。而黄县之北正是蓬莱，说明唐朝的蓬莱与黄县一带，正是新罗和百济使团在唐朝登陆的地点。另外，在宋

---

① 〔日〕青山定雄《唐代の陆路》，载于青山氏《唐宋时代の交通と地志地图の研究》，东京吉川弘文馆1963年，第3—5页。

② 〔日〕释圆仁著，〔日〕小野胜年、白化文、李鼎霞、许德楠校注《入唐求法巡礼行记校注》卷2"开成五年三月二日"条，花山文艺出版社1992年，第222页。

③ 〔日〕释圆仁著，〔日〕小野胜年、白化文、李鼎霞、许德楠校注《入唐求法巡礼行记校注》，花山文艺出版社1992年，第222页。

④ 李吉甫（758—814），字弘宪。赵郡（今河北赵县）人。宪宗时曾任中书侍郎、同中书门下平章事。平生勤奋，著述甚丰。有《十道图》《古今地名》《元和国计簿》《元和百司举要》《六代略》等，可惜已亡佚，惟《元和郡县图志》现存。该书以道、郡、县的三级体系，记述各地户口、沿革、四至、贡赋、物产、山川、水利、古迹史事等，为我国现存的全国地理总志。

⑤ 李吉甫撰、贺次君点校《元和郡县图志》卷11《河南道七·登州·黄县》，中华书局1983年，第313页。

朝僧人志磐所著的《佛祖统记》中，曾有关于唐初对待东邻僧侣来华求法政策的记载：

> 贞观八年（634），莱州奏：高丽三国僧愿入中国学佛法，欲觇虚实耳。魏征曰：陛下所为善，足为夷法；所为不善，虽拒夷狄，何益于国！诏：许之。[①]

前文已述，贞观年间"登州"已被并入"莱州"。而"高丽三国"，则包括当时的高句丽、百济和新罗。这条史料揭明：唐初，高句丽、百济和新罗僧侣已至莱州所辖港口。考虑到此前此后海东僧侣来华求法多跟随官方朝贡使团搭船而来的情况，那么，这种史料也说明当时有"高丽三国"之中的朝贡使团抵达莱州。而根据《新唐书·百济传》的记载，武德（618—626）后期，百济国"且讼高丽梗贡道。太宗贞观初，诏使者平其怨。又与新罗世仇，数相侵"[②]。那么，这里的"高丽三国"使团，至少包括了"高句丽"和"百济"的朝贡使团。而从当时官方使团对于航海的安全角度考虑，也只有莱州所属的蓬莱港及其航道最有保障。那么，这也意味着，登州港在唐初就已成为高句丽和百济以及新罗的朝贡使团登陆港口。

而日本遣唐使往来航线和登陆点，先后则有变化。根据日本学者木宫泰彦的研究，从舒明天皇到齐明天皇时期（629—661）的第一期四次遣唐使，和天智天皇时期（662—671）的第二期二次遣唐使，都是走北道，即由博多往西经过对马海峡和朝鲜半岛西海岸而抵达莱州登陆。只是在第三期（697—758）和第四期（770—850）所派遣的共七次遣唐使，由于与日本关系密切的百济已被新罗和唐朝联军击灭，以及新罗因日本支持百济而对其不友好的因素，不得不避开新罗西海岸，而改走南道，即由九州岛南下经种子岛、屋久岛或者平户岛、五岛列岛直接渡海抵达长江口地区登陆[③]。由此可见，在新罗兼并百济之前，登州港也

---

① 释志磐《佛祖统记》卷39《法运通塞志》。据《大藏经》在线阅读网：http://buddha.goodweb.cn/sutra/lon/other49/2035/2035_40.htm

② 欧阳修等撰《新唐书》卷220《百济传》，中华书局"二十四史"简体字本，2000年，第4708页。

③ 〔日〕木宫泰彦著、胡锡年译《日中文化交流史》，商务印书馆1980年，第80—86页。

是唐朝和日本之间官方往来的港口。

综上所考,登州港曾是高句丽、百济、新罗、日本以及后来的渤海国朝贡使团进入唐朝的登陆港口。在唐朝的封贡体制下,登州港则发挥着唐朝构建东亚地区华夷秩序的政治功能。至若登州港的贸易活动,在归属淄青镇节度使管辖前的唐朝前期,尚未见到史料的相关记载。

二、淄青镇节度使控制下的登州贸易

从现有史料证据看,登州港的相关贸易活动,是在淄青镇节度使设置以后发生的。淄青镇节度使的设置,缘于平卢军。755年,安禄山以身兼范阳、平卢、河东节度使的身份起兵反唐。本来,平卢军(驻扎营州,今辽宁朝阳)的设置在于预防和讨伐契丹人和奚人的反叛。安禄山曾以平卢军使身份,晋升为首任平卢节度使之职。他发动叛乱后,又将此职授予其心腹徐归道。据《旧唐书》记载:

> 天宝末,安禄山反,署其心腹徐归道为平卢节度。(侯)希逸时为平卢裨将,率兵与安东都护王玄志袭杀归道,使以闻,诏以玄志为平卢节度使。乾元元年(758)冬,玄志病卒,军人共推立希逸为平卢军使,朝廷因授节度使。既数为贼所迫,希逸率励将士,累破贼徒向润客、李怀仙等。既淹岁月,且无救援,又为奚虏所侵,希逸拔其军二万余人,且行且战,遂达于青州。会田神功、能元皓于兖州,青州遂陷于希逸,诏就加希逸为平卢、淄青节度使。自是迄今,淄青节度皆带平卢之名也。[①]

史载"希逸初领淄青,甚着声称,理兵务农,远近美之"。后因军功加封,"渐纵恣,政事怠惰,尤崇奉释教,且好畋游,兴功创寺宇,军州苦之。永泰元年(765),因与巫者夜宿于城外,军士乃闭之不纳。希逸奔归朝廷"[②]。平卢军士逐

---

① 刘昫等《旧唐书》卷124《侯希逸传》,中华书局"二十四史"简体字本,2000年,第2402—2403页。
② 刘昫等《旧唐书》卷124《侯希逸传》,中华书局"二十四史"简体字本,2000年,第2403页。

走侯希逸后,便拥立李正已为帅。李正已,本名怀玉,生于平卢,高句丽人。其姑正是侯希逸母亲,曾在平卢军中与人拥立希逸为帅,后随希逸来青州,任兵马使。"正已沉毅得众心,希逸因事解其职,军中皆言其非罪,不当废。会军人逐希逸,希逸奔走,遂立正已为帅,朝廷因授平卢淄青节度观察使、海运押新罗、渤海两蕃使、检校工部尚书、兼御史大夫、青州刺史。赐今名。"①淄青节度使初领淄、青、齐、海、登、莱、沂、密、德、棣等州之地,后又得曹、濮、徐、兖、郓五州。②李正已得淄青镇节度使不久,开始自命属官,自定赋额,不向朝廷交纳租税,终于形成在山东地区的割据局面③。李正已死后,其子李纳擅领军务,后来朝廷也被迫任命他为淄青节度使,李纳死后,其子李师古和李师道又先后得淄青节度使之职。直至元和十四年(819),李氏割据势力才被消灭④。

关于"淄青节度使"兼任朝廷的"海运押新罗、渤海两蕃使"的问题,马一虹、姜清波等人已有专文探讨。马氏认为,8世纪以后,唐朝为了加强对周边地区臣属政权的控制,采取了授予缘边藩镇为"押蕃使"的措施,以此来负责监管其与外藩政权外交事务。而"押蕃使"的设立,也扩大了缘边府州的权力⑤。姜氏则认为,"押新罗、渤海两蕃使"的设置由两方面原因促成:一是由于安史之乱已接近平定的尾声,唐朝需要恢复她在东亚政治秩序中的核心地位;二是淄青镇节度使所辖地区的特殊的地理位置,她临近东北亚地区,是唐朝对这个地区交往的门户⑥。显然,从设置的必要性而论,马氏和姜氏所指出的诸方面原因则无庸置疑。不过,"押新罗、渤海两蕃使"职官的设置,是由唐朝廷主动提出,还是由淄青镇节度使李正已自己要求此职,限于史料我们难以知晓其中内情。同时,姜文在讨论"押新罗、渤海两蕃使"时,却忽略了唐朝任命李正已为"押新

---

① 刘昫等《旧唐书》卷124《李正已传》,中华书局"二十四史"简体字本,2000年,第2403页。

② 刘昫等《旧唐书》卷124《李正已传》,中华书局"二十四史"简体字本,2000年,第2403—2404页。

③ 参见孙祚民主编《山东通史·上卷》,山东人民出版社1992年,第210—214页。

④ 刘昫等《旧唐书》卷124《李纳传》《李师古传》《李师道传》,中华书局"二十四史"简体字本,2000年,第2404—2408页。

⑤ 马一虹《渤海与唐朝押蕃使关系述考》,载于余太山主编《欧亚学刊》第四辑,中华书局,2004年6月,第131—143页。

⑥ 姜清波《试论唐代的押新罗渤海两蕃使》,载于《暨南学报(人文科学与社会科学版)》2005年第1期,第90—94页。

罗、渤海两蕃使"的名称前面还有"海运"二字。

其实,"海运"二字也值得做点探讨。因为李正己之孙李师古与李师道在先后世袭"淄青节度使"时,朝廷给他俩的兼职则是"海运陆运押新罗、渤海两蕃使","海运"之后,又多了"陆运"。所谓"陆运",可以理解成"淄青节度使"在新罗、渤海两国朝贡使团入境后,由他负责在其辖境内的外国贡品运传京师的任务。根据现人研究,作为"边州"则具体承担着对蕃客进出境进行检核和核准进京员额等任务;此外,地方州郡还承担着在其境内往来迎送、接运贡品等具体事务[1]。而"淄青节度使"作为统辖数个州郡的地方首长,肩负起在其所辖陆境内承输运传蕃国朝贡给朝廷的货物之职责则殆无疑问。而"海运"二字,则意味着从这种陆境运输延伸至海道运输,担负着在海上运输国外货物的任务。同时,"押"者,掌管也。"海运陆运押新罗、渤海两蕃使"之职,则反映了"淄青节度使"取得了在新罗和渤海两国朝贡事务方面的某些管理权。但"淄青节度使"掌管新罗和渤海两国朝贡事务的具体情形,包括海道运输的具体情况,限于史料缺乏我们已难以揭示清晰。

不过,史书却记载,李正己在任"淄青节度使"并兼任"海运押新罗、渤海两蕃使"时,"货市渤海名马,岁岁不绝"[2]。按:据《新唐书》记载,渤海国物产"俗所贵者",有"率宾之马"[3]。但我们从历年渤海国向唐朝的进贡品中,却发现只有开元十八年(730)有贡马三十匹和天宝五年(746)有贡马的记录[4]。但在淄青镇节度使割据山东的五十五年(765—819)时间内,却不见马作为渤海国的贡品。这一情况是否可以这样解释,渤海国名马已被淄青镇节度使的马市贸易所吸纳?本来,唐朝曾在营州安排有专门的马市贸易。《唐六典》记载:"诸互市监,各掌诸蕃交易之事。……其营州管内蕃马出货,选其少壮者,官为市之。"[5]淄青镇节度使于登州设立马市贸易市场后,至五代以及北宋时期仍有影响。如

　　①　参见黎虎《汉唐外交制度史》,第十章第一节《地方行政机构——道、州、县的外交职能》,兰州大学出版社1998年,第411—468页。

　　②　刘昫等《旧唐书》卷124《李正己传》,中华书局"二十四史"简体字本,2000年,第2404页。

　　③　欧阳修等《新唐书》卷219《北狄传·渤海》,中华书局"二十四史"简体字本,2000年,第4697页。

　　④　王钦若等《册府元龟》卷971《朝贡四》,中华书局1982年影印本,第11408页。

　　⑤　李林甫等修、陈仲夫点校《唐六典》卷22《少府·军器监》,中华书局1992年点校本,第580页。

后唐明宗长兴二年（931）五月，"青州奏，黑水瓦儿部至登州卖马"①。北宋"雍熙（984—987）端拱（988—989）间，沿边收市（按：指马市）……京东则登州"②。而李正已在登州所创立的渤海国马匹贸易市场，无疑复制了他以前生活之地营州的马市。而他的这种商业贸易之意识，也是与他以前在营州的生活经历分不开。营州曾是粟特商人的聚居区之一，商业氛围极浓，这无疑是诱导他利用手中的部分涉外权力来经营东亚海域贸易的重要因素。

李氏祖孙担任淄青镇节度使期间，除了经营渤海马市贸易外，还经营过掳掠新罗人口的海盗活动。据《唐会要》记载，在唐穆宗（821—824年在位）登基前的很长时间内，登莱沿海地区贩卖新罗人口为奴婢的现象非常严重。长庆元年（821）平卢军节度使薛平曾上奏：

> 应有海贼该掠新罗良口，将到当管登、莱州界，及缘海诸道卖为奴婢者。伏以新罗国虽是外夷，常禀正朔，朝贡不绝，与内地无殊，其百姓良口等，常被海贼掠卖，于理实难。先有制敕禁断。缘当管久陷贼中，承前不守法度。自收复已来，道路无阻，递相贩鬻，其弊尤深。伏乞特降明敕，起今已后，缘海诸道，应有上件贼该卖新罗国良人等，一切禁断。唐穆宗敕旨：宜依。③

按：薛平是在平定李师道割据势力后即被任命为平卢军节度使。不过，朝廷已将原来的淄青镇所辖一分为三，薛平的平卢军节度使仅管辖淄、青、齐、登、莱五州之地，但仍兼押新罗、渤海两蕃使④。而引文中的"当管久陷贼中"，是指登莱等地区自永泰元年（765）至元和十四年（819）期间一直为李正已祖孙三代所割据的情况。正是在这一时段，海盗势力到新罗掳掠良民在登莱地区变卖为奴婢的现象十分盛行。显然，这是与李氏割据势力的支持分不开的。李氏割据势力之

① 王钦若等修《册府元龟》卷999《互市》，中华书局1989年影印本，第11728页。
② 李焘《续资治通鉴长编》卷104"天圣四年九月"条，中华书局1985年点校本，第2421页。
③ 王溥《唐会要》卷86《奴婢》，中华书局1998年，第1571页。
④ 刘昫等撰《旧唐书》卷124《薛平传》，中华书局"二十四史"简体字本，2000年，第2398页。

所以冒险支持掳掠新罗良民的海盗活动,除基于其经济利益因素外,或许也在于他们作为高句丽遗民对于新罗人有着灭国之仇的报复心理。

而引文中的"承前不守法度",则表明在唐朝消灭李氏割据势力后的两年时间里,这个地区仍然盛行海盗到新罗掳掠良民变卖为奴婢之现象,完全无视朝廷的相关法律。因为唐朝在法律上严禁买卖良民为奴婢的行为,《唐律疏议》中就有《略人略卖人》《略和诱奴婢》《妄认良人为奴婢部曲》等条文。如《略人略卖人》条规定:

> 诸略人、略卖人为奴婢者,绞;为部曲者,流三千里,为妻妾子孙者,徒三年。
> 疏议曰:略人者,谓设方略而取之。略卖人者,或为经略而卖之。注云:不和为略。十岁以下,虽和,亦同略法。为奴婢者,不共和同,即是被略;十岁以下,未有所知,易为诳诱,虽共安和,亦同略法。①

作为平卢军节度使的薛平,他主动上奏唐穆宗请求禁止海盗势力的掠卖新罗人口活动,除基于道德和法律因素外,也在于他的押新罗、渤海两蕃使身份,肩负有管理新罗国朝贡事务的职责。而海盗势力所进行的掠卖新罗人口活动,势必会影响两国间政治关系的稳定。在薛平上奏两年后(长庆三年,823),新罗国使节也利用贺正之机请求唐穆宗取缔新罗奴婢交易。于是,唐穆宗再次敕令:"不得买新罗人为奴婢,已在中国者即放其归国。"②由此看来,薛平在两年前所实行的取缔买卖新罗人口措施收效不显,促使唐朝又补充了对已经沦为奴婢的新罗人采取放良措施。

淄青镇节度使时期登州港所出现的国际贸易,经营内容除渤海名马和新罗奴婢外,史料中还记载有新罗和渤海国的"熟铜"也被输入到登州。唐文宗开成元年(836),淄青节度使奏:

---

① 长孙无忌等修、刘俊文点校《唐律疏议》卷20《略人略卖人》,中华书局1983年,第369页。
② 《旧唐书》卷16《穆宗本纪》"长庆三年正月丁巳朔"条,中华书局"二十四史"简体字本,2000年,第341页。

新罗、渤海将到熟铜，请不禁断。是月京兆府奏："准建中元年（780年）十月六日敕，诸锦罽、绫罗、縠绣、织成、细紬、丝布、牦牛尾、珍珠、银、铜、铁、奴婢等，并不得与诸蕃互市；又准令式，中国人不合私与外国人交通买卖、婚娶来往。又举取蕃客钱，以产业、奴婢为质者，重请禁之。"①

由此可见，从新罗、渤海国输入到登州的熟铜，已有时日和规模，并为当地必需品，故淄青镇节度使在接到相关禁令后即提出请求。而京兆府官员上奏提出禁令的理由则是执行建中元年的敕令，可知在建中元年前的一段时间内，唐朝商民与诸蕃私自贸易的情况较为盛行。究其原因，一方面，在唐朝因安史之乱而中央法令影响力下降的情况下，边民敢于冒险以实现自己的利益需求；另一方面，则是因"边州"官员的利益因素，使他们有意不执行中央的相关法令。淄青镇节度使关于开放登州的新罗与渤海两国熟铜贸易的上奏，正是基于地方利益的立场。

三、新罗人张保皋在登州的航海基地
与东亚海上贸易

在长庆三年（823）唐穆宗再次采取禁止海盗掳掠新罗人口和将新罗奴婢放良的措施后，登莱沿海仍然存在着海盗掳掠新罗人为奴的现象。目睹这一社会现象，在唐朝为下级军官的新罗人张保皋选择回国以采取打击贩卖新罗人口的海盗活动。据唐朝人杜牧记载：

新罗人张宝皋、郑年者，自其国来徐州，为军中小将。保皋年三十，年少十载，兄呼保皋。俱善斗战，骑而挥枪，其本国与徐州无有能敌干。年复能没海，履其地五十里不喘。角其勇健，保皋差不及年。保皋以齿，年以艺，常龃龉不相下。后保皋归新罗，谒其王曰："遍中国以新罗人为奴婢，愿得镇清海，使贼不得掠人西去。"其王与万人，如其请。自大和后，海上无鬻

① 王钦若等《册府元龟》卷999《互市》，中华书局1989年影印本，第11727—11728页。

新罗人者。①

按：唐朝文献中的"张宝皋"，在韩国史籍《三国史记》中为"张保皋"，又作"弓福"；日本史籍《续日本后纪》中则为"张宝高"。他来唐朝徐州投军的时间和原因史无记载，可能缘于躲避饥荒的原因②。据高丽王朝的金富轼所撰《三国史记》记载，张保皋从唐朝回新罗的时间在新罗兴德王三年（唐文宗大和二年，828）。《三国史记》中的《新罗本纪》"兴德王三年"条记载："夏四月，清海大使弓福（弓福，列传作张保皋）姓名张氏，一名保皋，入唐徐州军中小将，后归国谒王，以卒万人，镇清海（清海，今之莞岛）。"③所谓"镇清海"，即在清海设立军镇。新罗的军镇通常建立于边境和交通要冲之区，以保障国境安全。或许，新罗王朝认为清海镇居西南沿海而在唐罗航线之南的缘故，又于次年在唐恩浦口设立唐城镇，在文圣王六年（844）于汉江、临津江、礼成江的汇合处设立穴口镇（位于今江华岛）④。关于张保皋在清海镇打击海盗的情况，史无记载，我们不得其详。但前引杜牧之文中说到"自大和（827—835）后，海上无鬻新罗人者"，这种结果应是唐朝的禁掳新罗人口令开始发挥作用，同时海盗势力也受到新罗沿海军镇设置的震慑。

不过，张保皋首建打击海盗的军镇却选择在偏居新罗南端西侧的莞岛，我感到有很大疑问。如果他首先就在唐津浦口外和穴口镇或以北岛屿设立军事据点，或许更为合适。只要海盗不直接从新罗南端直渡黄海，而依新罗西南海岸线附近航行，在唐津浦口一带就完全可以拦截海盗的回唐之路，在此开设军镇打击海盗活动的位置无疑更佳。而张保皋所选的清海镇，已经偏居新罗南端，并位于于新罗南端众多岛屿的深处，即使从这里直渡黄海前往唐朝，从清海镇所在的莞岛还要穿越新罗南端的珍岛、荷衣岛以及黑山群岛等外围岛屿。海

① 杜牧《樊川文集》卷6《张宝皋郑年传》，上海古籍出版社1978年，第101页。
② 陈尚胜《论唐代山东地区的新罗侨民村落》，载于《东岳论丛》2001年第6期，第103—107页。
③ 〔高丽〕金富轼《三国史记》卷十《新罗本纪》，韩国首尔乙西文化社1983年，第214页。
④ 〔高丽〕金富轼《三国史记》卷十《新罗本纪》"文圣王六年"条，韩国首尔乙西文化社1983年，第228页。

盗纵使在新罗南端沿海掳掠新罗人口,从清海镇赶往邻近的水域,在当时的条件下也需要半天时间。而对于新罗西南海岸的海盗活动,清海镇更是鞭长莫及。因此,我认为张保皋首开军镇于莞岛的主要目的,并不是针对如何有效打击海盗势力的问题,而是选择一个在唐朝、新罗和日本之间进行海洋运输的可靠基地。但是,他首先在新罗主动提出用军事手段来打击掳卖新罗人口的海盗活动,应是基于他的经济目的而采取的政治手段。一方面,他可以借机从新罗国王那里取得政治支持和部卒补充,以便建立自己的海洋运输和安全保障体系;另一方面,也可以增强他在唐朝新罗侨民中的影响力。尤其是那些曾经沦为奴婢又被唐朝放良并且仍然寄居在唐朝沿海州县的新罗侨民,对于张保皋所主张的用武装力量来打击海盗势力,更加感同身受和坚决拥护。

或许,张保皋在徐州为军中小将时,已从淄青镇节度使李师道所主持的国际贸易中得到启示,他也要建立自己的海洋运输和贸易体系。所以,他首先选择在莞岛设立清海镇,因为莞岛背靠新罗南部的长兴半岛,有比较纵深的腹地便于取得新罗内陆的物资供应;而在莞岛的东北方向上,正与日本九州岛隔海相望;莞岛西邻黑山群岛,从此往西直渡黄海,即是唐朝的登莱之地。莞岛正好地处中间,既便于与唐朝和日本通航,也便于与新罗大陆来往。

事实上,张保皋在清海设立军镇后,就以此为基地并依靠在唐朝的新罗侨民力量,建立了一个从唐朝经新罗至日本的海上运输和贸易体系。唐宣宗大中元年(847),已在唐朝求法多年的日本僧侣圆仁返回日本时,正是借助原来张保皋的助手崔晕的介绍①,在登州赤山浦(今山东省荣城市石岛港)搭乘新罗商船于九月二日起航东行,两天后即抵近新罗西海岸的西熊州(位于今韩国的忠清

---

① 崔晕早在会昌五年七月就曾安排圆仁先在楚州暂居以等候新罗商船顺便回日本国,但该州新罗坊内的新罗人却无人愿承保圆仁,因此未申请到在该州居留的州牒,被唐朝递送到海州以至登州。圆仁被递送至登州之事,似为崔晕在帮圆仁居留楚州不成的情况下另一安排。因为圆仁离开楚州时,“崔十二郎雇船,排比路粮,埦送菜蔬等。一切同备,便相别云:‘弟子有心欲得留和上从此发送归国,缘众人不肯及官家牒已了,努力不及,不遂本心。秋后自拟到登州界,方冀相访。’”(《入唐求法巡礼行记校注》,第486页)由此可见,圆仁到登州,也是与崔晕的约定。

南道）海域①，由此南行至高移岛（今韩国全罗南道荷衣岛）停泊以补充淡水食物；九月五日三更利用西北风再发船，九月六日到黄茅草岛（日本小野胜年认为是今韩国全罗南道巨次群岛中的鸟岛或更东的孤草岛）泊船②；因未得风信，直到九月八日才发船东行，九月十日至日本松浦郡鹿岛（今日本福冈县的一个小岛）；九月十七日船进博多港，圆仁下船登陆，入住鸿胪馆③。由此可见，新罗商船所采用的这条从唐朝登州经新罗南界再至日本博多湾的航线，整个航程所需时间包括中途候风在内也就十天左右。

张保皋为了在唐罗日三国间进行国际贸易，还在唐朝设置有专门的"大唐卖物使"。据圆仁的记载，开成四年（839）六月廿八日，他在赤山法华院留宿时，白天有大唐天子差人入新罗新即位王之使青州兵马使吴子陈、崔副使、王判官等卅余人登来寺里相看。夜头，张宝高遣大唐卖物使崔兵马司来寺问慰。④

按：张保皋的"大唐卖物使崔兵马司"，姓名为崔晕，本为新罗"清海镇兵马

①　胜按：开成四年三、四月间，圆仁从海州乘船追赶日本使团时，因遭遇风雨不知船至何地，四月十七日下船询问当地居民，得悉是"登州牟平县唐阳陶村之南边，去县百六十里，去州三百里。从此东有新罗国，得好风两三日得到"（《入唐求法巡礼行记校注》，第150页）。据此可知，从登州至新罗的航行情况，已为登州当地人所稔知，并与实际航行情况相符。

②　胜按：根据《入唐求法巡礼行记校注》第516页的记载，圆仁所搭乘的新罗商船在黄茅草岛驻泊后，新罗的武州（今光州以南地区）太守派人来通报新罗国内情况，包括告知新罗国家安泰，并有唐朝使团五百余人正在京城（今韩国庆州）访问，同时有日本对马岛六人因钓鱼漂流至此遭武州太守囚禁诸事。从该岛向东南遥望，可见耽罗岛（今韩国巨济岛）。考虑到武州太守派人守岛并随时得到京城消息的因素，巨次群岛中的鸟岛和草岛群岛中的孤草岛的位置距大陆甚远，不易随时接受到新罗朝廷的新消息。或许，这个黄茅草岛应是比较接近莞岛或大陆的岛屿，虽然因张保皋已被朝廷所杀而不便再在莞岛登陆，但出于航行的传统习惯和人文环境考虑，该船应选择在其熟悉的岛屿驻泊。因此，我认为这个黄茅草岛应是今韩国全罗南道所安群岛北部的一个小岛，既距莞岛较近，也可见东南方的耽罗岛（今济州岛），圆仁明确记载从黄茅草岛向东南可遥见耽罗岛。

③　〔日〕释圆仁著，〔日〕小野胜年、白化文、李鼎霞、许德楠校注《入唐求法巡礼行记校注》卷4"大中元年九月二日"至"大中元年九月十九日"诸条，花山文艺出版社1992年，第514—520页。

④　〔日〕释圆仁著，〔日〕小野胜年、白化文、李鼎霞、许德楠校注《入唐求法巡礼行记校注》卷2"开成四年六月廿八日"条，花山文艺出版社1992年，第169页。

使"，同时兼任张保皋的"大唐卖物使"，所以圆仁初称他为"大唐卖物使崔兵马司"。张保皋被新罗朝廷所杀后，崔晕也逃至唐朝，居住于泗水县新罗侨民聚居的新罗坊。会昌五年（845）七月九日，圆仁在此又遇崔晕：

> 隅崔晕第十二郎曾为清海镇兵马使，在登州赤山院时一度相见，便书名留期云："和上求法归国之时，事须将此名祇到涟水，晕百计相送，同往日本。"相期之后其人又归到新罗，遇国难，逃至涟水县住。今见便识，情分不疏，竭力谋取停住之事，苦觅认识。①

引文中的"遇国难"，即指张保皋在新罗因与国王结怨于会昌元年（841）被杀之事。而崔晕在张保皋被杀后即逃至唐朝并选择在涟水县城内新罗坊居住，可见涟水县应是崔晕此前作为张保皋"大唐卖物使"的常驻之地。根据唐朝的地方行政制度，涟水县属于楚州辖县。而根据圆仁的记载，楚州城内也有新罗人聚居的新罗坊。楚州位于淮河下游，东凭淮河可以进入黄海；它西靠大运河，依河南航可直接到扬州这个唐朝的经济中心。因此，崔晕这位张保皋的驻唐商务总经理选择在楚州作为他的常驻之地，既就近扬州便于商务贸易，也便于就近组织船队运输到新罗和日本。开成四年（839）三月，日本朝贡使团自唐朝回国时，因来时船只遭海难受损，便在楚州"雇新罗人谙海路者六十余人。每船或七或六或五人"②。而且，这批雇请新罗船队的日本使节所行路线的"公验"（交通来往凭据），唐文宗"又有敕，转牒海州、登州路次州县支给"③。也就是说，根据唐朝所规定的日本使团出境路线，是从楚州前往海州最后至登州离开唐境。显然，唐朝向日本使团所颁发的过路公验，充分考虑了新罗船队的惯常航行路线，以便保障日本使节的人身安全。

---

① 〔日〕释圆仁著、〔日〕小野胜年、白化文、李鼎霞、许德楠校注《入唐求法巡礼行记校注》卷4"会昌五年七月九日"条，花山文艺出版社1992年，第484页。

② 〔日〕释圆仁著、〔日〕小野胜年、白化文、李鼎霞、许德楠校注《入唐求法巡礼行记校注》卷1"开成四年三月十七日"条，花山文艺出版社1992年，第128页。

③ 〔日〕释圆仁著、〔日〕小野胜年、白化文、李鼎霞、许德楠校注《入唐求法巡礼行记校注》卷1"开成四年三月廿二日"条，花山文艺出版社1992年，第129页。

　　从楚州至登州,一路都有新罗侨民的居民点,并有新罗人的航海基地以及有为新罗船队提供后勤保障服务的设施。如密州的大朱山就有新罗人的修船厂,新罗侨民就山取材,为过往的新罗船只提供维修服务①。在莱州的崂山,则有新罗人建立的一个航海基地。大中元年(847)六月九日,远在苏州的新罗船户金子白就写信留在崂山附近升家庄的一户新罗人家中,约圆仁在此候船②。而登州所属的乳山浦、邵村浦、赤山浦、旦山浦、长淮浦诸港口,都是张保皋国际贸易船队在唐驻泊和启程回国及日本的港口。圆仁或从港口所在的新罗人那里获知张保皋与国王关系的消息③,或在这些港口亲眼见到张保皋的交关船④。在唐朝经济都市——扬州,主动访见圆仁的新罗人王请,则"是本国弘仁十年流着出州国之唐人张觉济等同船之人也。问漂流之由,申云:'为交易诸物,离此过海。忽遇恶风,南流三月,流着出州国。'"⑤可见,他也曾经营过唐日之间的贸易。而圆仁在唐朝东部沿海数州的旅行,首次得到崔晕的帮助,末次又是崔晕朋友——楚州新罗坊刘慎言的安排,"刘译语(即刘慎言)有书状,付送登州以来路次乡人,所嘱安存与作主人等事"⑥。而圆仁来登州后,即得到登州文登县青

①　〔日〕释圆仁著、〔日〕小野胜年、白化文、李鼎霞、许德楠校注《入唐求法巡礼行记校注》卷1"开成四年四月一日"条,花山文艺出版社1992年,第134页。

②　〔日〕释圆仁著、〔日〕小野胜年、白化文、李鼎霞、许德楠校注《入唐求法巡礼行记校注》卷4"会昌六年六月十日"条,花山文艺出版社1992年,第511页。

③　胜按:据圆仁记载,开成四年四月"廿日,早朝,新罗人乘小船来,便闻:张宝高与新罗王子同心。罚(应为"伐"),得新罗国,便令其王子作新罗国王子"(《入唐求法巡礼行记校注》,第152页)。圆仁从唐朝新罗侨民处所获番的张保皋消息,与实际状况基本相符。文中所说的新罗王子,即新罗王室成员佑征。他在张保皋的支持下,击败已登王位的闵哀王,使佑征登上新罗王位。

④　〔日〕释圆仁著、〔日〕小野胜年、白化文、李鼎霞、许德楠校注《入唐求法巡礼行记校注》卷2"开成四年六月廿七日"条,花山文艺出版社1992年,第169页。按:所谓"交关",即指在两个以上国家之间的来往贸易。《后汉书·西羌传》中谓:"及武帝征伐四夷,开地广境,北却匈奴,西逐诸羌。乃度河湟,筑令居塞,初开河西,列置四郡,通道玉门,隔绝羌胡。使南北不得交关,于是障塞亭燧出长城外数千里。"

⑤　〔日〕释圆仁著、〔日〕小野胜年、白化文、李鼎霞、许德楠校注《入唐求法巡礼行记校注》卷1"开成四年正月八日"条,花山文艺出版社1992年,第95—96页。

⑥　〔日〕释圆仁著、〔日〕小野胜年、白化文、李鼎霞、许德楠校注《入唐求法巡礼行记校注》卷4"会昌五年七月八日"条,花山文艺出版社1992年,第483页。按:日本弘仁十年,即唐宪宗元和十四年,公元819年。

宁乡新罗侨民小区头领张咏（时任勾当新罗所押衙）的热心接待①。于此可见，张保皋生前已将唐朝沿海的新罗侨民力量组织成一个为海洋运输和国际贸易服务的人际关系网络。

根据圆仁的记载，新罗人张咏在日本天长元年（824）曾到日本国；而在张咏身边担任日本语通事的新罗人李信惠，曾在日本弘仁（810—823）末年到日本，并在大宰府居住八年，后与张咏一起回唐朝登州居住②。而张咏为何往来日本，圆仁虽未载明，我们可推测是为国际贸易事务而行。另据日本文献记载，大宰府自天长十年（833）后，"新罗商人频频而来，货赍铜鋺迭子等"③。9世纪30年代，正是张保皋海上贸易力量鼎盛之时。但从铜鋺等商品来看，应是新罗本国所产。这些商品是否为张保皋集团所输入，不得而知。但日本史籍中确有记载张保皋赴日本贸易之事。如《续日本后纪》中记载，日本承和七年（840）十二月廿七日：

> 大宰府言：藩外新罗臣张宝高遣使献方物。即从镇西追却焉，为人臣无境外之交也。④

翌年二月廿七日：

> 太政官仰大宰府云：新罗人张宝高，去年十二月进马鞍等。宝高是为他臣，敢辄致贡，稽之旧章，不合物宜，宜以礼防闲，早从反却。其随身物者，任听民间令得交关，但莫令人民违失沽价，竞倾家资，亦加优恤，给程

①〔日〕释圆仁著，〔日〕小野胜年、白化文、李鼎霞、许德楠校注《入唐求法巡礼行记校注》卷4"会昌五年八月廿四日"至"会昌五年十一月三日"诸条，花山文艺出版社1992年，第491—496页。

②〔日〕释圆仁著，〔日〕小野胜年、白化文、李鼎霞、许德楠校注《入唐求法巡礼行记校注》卷4"会昌五年九月廿二日"条，花山文艺出版社1992年，第495页。

③〔日〕《平安遗文》卷1惠运《安祥寺伽蓝缘起资财帐》，转引自〔韩〕权德永《在唐新罗人社会研究》韩国首尔一潮阁2005年，第181页。

④《续日本后纪》卷9"承和七年十二月己巳"条，东京吉川弘文馆1934年，第113页。

粮,并依承前之例。①

文中的张保皋向日本大宰府进献方物之事,显然是他为在博多港进行贸易的一种公关手段。大宰府虽然以人臣无外交为由拒绝了张保皋的"朝贡"行为,但还是允许他在博多进行贸易。

不过,张保皋一手构建的东亚海上国际贸易集团,在他被新罗朝廷所杀后即陷于瓦解。前已述及,张保皋的"大唐卖物使"崔晕逃至唐朝避难;而张保皋派往日本的"回易使"李忠、扬圆也自愿贸居日本,以避祸难。日本史籍中记载如下:

> 新罗人李少贞等卅人,到筑紫大津,大宰府遣使问来由。头首少贞申云,"张宝高死,其副将李昌珍等欲叛乱,武珍州列贺阎丈兴兵讨平,今已无虞,但恐贼徒漏网,忽到贵邦,忧乱黎庶,若有舟船到彼不执文符者,并请切命所在推勘收捉。又去年回易使李忠、扬圆等所赍货物,乃是部下官吏及故张宝高子弟所遗,请速发遣。仍赍阎丈上筑前国牒状参来"者。公卿议曰,"少贞曾是宝高之臣,今则阎丈之使,彼新罗人,其情不逊。所通消息,彼此不定。定知,商人欲许交通,巧言伪称。今覆解状云,'李少贞赍阎丈上筑前国牒状参来'者。而其牒状无进上宰府之词,无乃可谓合例,宜彼牒状早速进上,如牒旨无道,附少贞可返却"者。或曰:"少贞今既托于阎文,将掠先来李忠、扬圆等,谓:'去年回易使李忠等所赍货物,乃是故宝高子弟所遗,请速发遣。'今如所闻,令李忠等与少贞同行,其以迷兽投于饿虎,须问李忠等,若嫌与少贞共归,随彼所愿,任命迟速。"……是日,前筑前国守、文室朝臣宫田麻吕取李忠等所赍杂物。其词云:"宝高存日,为买唐国货物,以绢付赠,可报获物,其数不尠。正今宝高死,不由得物实,因取宝高使所赍物者,纵境外之人,为爱土毛,到来我境,须欣彼情令得其所,而夺回易之便,绝商贾之权,府司不加勘发,肆令并兼,非失贾客之资,深表无王宪之制。

---

① 《续日本后纪》卷9"承和八年二月戊辰"条,东京吉川弘文馆1934年,第117页。

仍命府吏,所取杂物,细碎勘录,且给且言,兼又支给粮食,放归本乡。"[①]

日本大宰府对于新罗朝廷派专使到筑紫追索张保皋赴日商贸人员及财物的要求,本着保护李忠等人生命安全和博多港的国际贸易长久利益的目的,采取了留人退物的应对措施,从而使到博多港进行贸易的外国商人有了安全保障。然而,东亚海上贸易的张保皋时代却终结了。而随着张保皋时代的结束,登州港在东亚海上贸易的地位也开始衰落。

四、从唐后期登州港的海上贸易 看东亚贸易圈形成的机制

上述考察表明,登州港在唐朝与东邻诸国之间关系方面所发挥的功能,安史之乱前后有些变化。安史之乱以前,登州港作为唐朝与东邻诸国进行政治往来的专门港口,主要发挥着"封贡体制"的政治功能;而在安史之乱后,由于淄青节度使的藩镇割据和李正已祖孙三代对于跨国贸易利益的追求,登州港除继续充当唐朝"封贡体制"的政治港口外,其在东亚海上贸易的作用开始凸现出来。不过,这时的登州国际贸易形态,基本上还处于地方官员的跨国走私贸易阶段。只是到了新罗人张保皋,依托登州港与朝鲜半岛海上交通的地理优势,在唐朝、新罗及日本政府对于国际贸易的开放政策下,才将东亚海域的民间国际贸易合法化。至此,东亚贸易圈开始形成。

我们认为,判断"东亚贸易圈"是否形成的基本要素,一是考察这些跨国往来者是否把"贸易"作为自己活动的主要目的,二是考察东亚诸国王朝是否认可这种国际贸易的合法存在,三是考察东亚地区是否形成比较固定的区间贸易港口和路线。以此观察汉唐王朝,尽管自汉代就已出现倭国人"岁时来献"的局面[②],但直至唐前期与朝鲜半岛及日本的往来还侧重于政治活动,基本表现

---

① 《续日本后纪》卷9 "承和九年春正月乙巳"条,东京吉川弘文馆1934年,第127—128页。

② 据《汉书》卷28下《地理志》记载:"乐浪海中有倭人,分为百余国,以岁时来献见云。"中华书局 "二十四史"简体字本,2000年,第1322页。

为政府间的册封与朝贡往来模式。同时,汉唐封建王朝虽然乐见域外胡商蕃客"朝贡"贸易,但对于本国臣民的出境贸易,则往往持排斥态度。如汉朝孝景中二年,宋子惠侯许瘛之孙就因托人在匈奴购买物品,即被免除官爵①。唐朝的《关市令》中也规定:"锦、绫、罗、縠、绸、绵、绢、丝、布、牦牛尾、真珠、金、银、铁,并不得度西边、北边诸关及至缘边诸州兴易。"对此,《唐律》中的相关刑罚则为:"从锦、绫以下,并是私家应有。若将度西边、北边诸关,计赃减坐赃罪三等。其私家不应有,虽未度关,亦没官。私家应有之物,禁约不合度关,已下过所,关司捉获者,其物没官;若已度关及越度被人纠获,三分其物,二分赏捉人,一分入官。"同时规定,"诸越度缘边关塞者,徒二年。共化外人私相交易,若取与者,一尺徒二年半,三匹加一等,十五匹加役流"②。由此可见,唐朝的这些律令条文并未给本国臣民提供出国贸易的合法空间③。

不过,随着安史之乱后藩镇割据局面的形成,割据山东地区的李正己家族即根据手中所握的淄青镇军政财大权和从朝廷那里获得的"海运押新罗、渤海两蕃使"的涉外权力,利用唐朝朝廷所交付的掌管新罗、渤海等国朝贡事务的机会,进行登州港与新罗国和渤海国间的走私贸易以获取自己的经济利益,使唐朝的相关律令条文成一纸具文。而当李氏割据势力被消灭后,出入登州港的跨国走私贸易却渐成风气,甚至当地掠卖新罗人口的走私贸易一时也难以取缔。正是在登州港走私贸易兴起的形势下,新罗人张保皋树起打击掠卖新罗人口的

---

① 《汉书》卷16《高惠高后文功臣表》,中华书局"二十四史"简体字本,2000年,第475页。并参见李方《张家山汉简〈二年律令〉有关汉代边防的法令》,载于《中国边疆史地研究》第19卷第2期(2009年6月),第1—13页;杨建《西汉初期津关制度研究》,上海古籍出版社2010年。

② 长孙无忌等修、刘俊文点校《唐律疏议》卷8《贲禁物私度关》《越度缘边关塞》,中华书局1983年,第177—179页。

③ 关于汉唐时期中国封建王朝是否从法律上允许本国商民出国贸易的问题,迄今未见有专门之研究。余英时先生在《汉代贸易与扩张》(邬文玲等译,上海古籍出版社2005年)一书中,虽然考察和讨论了汉朝关于禁止一些物品出口的法令和边关的符传制度,但并未明确指出汉朝是否禁止国内商人出境贸易。不过,余先生通过研究汉代的边境贸易,认为边境上的胡族充当了当时对外贸易的中间人。而在南海贸易方面,学者们早已发现汉唐时期的南海贸易由境外蕃客所独占的情况。可参见〔澳〕王赓武《南海贸易与南洋华人》,香港中华书局分局1988年;郑永常《从蕃客到唐人:中国远洋外商(618—1433)身份之转化》,载于汤熙勇主编《中国海洋发展史论文集》第十集,台北"中研院"海洋史研究专题中心2008年,第143—204页。

海盗势力的旗帜,积极利用在唐朝的新罗侨民势力,依靠登州港在与新罗和日本海上交通的地理优势经营东亚海域的国际贸易。而唐朝及登州等地方政府对于张保皋所经营的东亚海洋贸易,也采取了开放立场①。至此,在新罗张保皋势力的作用下,东亚地区形成了登州(唐朝)——清海镇(新罗)——博多(日本)的固定海上贸易航路,标志着东亚贸易圈由此形成。而从唐后期登州港促成东亚贸易网络形成的机制看,地方政府涉外权力的增强和追求经济利益的目的,促成了商人们进行东亚海域国际贸易的行为。

然而,唐后期登州港经新罗清海镇至日本博多港所维系的区域贸易网络,还只是东亚贸易圈初步形成阶段。这是因为:商人们在东亚海域内的跨国贸易行为只是个人以及地方政府追逐经济利益的结果,唐朝政府尚未对刚刚兴起的民间的东亚海域间跨国贸易进行法律上的肯定和管理制度上的构建。另外,从登州港腹地的经济情况看,它的资源不足和市场规模有限难以应对东亚海域贸易网络。具体来说,登州港虽有与新罗进行海上交通的地理优势,但在唐后期它却有着外贸资源与销售市场不足的劣势。为了克服这种劣势,张保皋在以登州港作为基地经营东亚海上贸易之时,他的购销人员(如"大唐卖物使"崔晕)以及运输船队不得不驻札到扬州及其周围地区(如楚州)。由此可见,登州港在这个刚刚形成的东亚贸易圈中功能的发挥,必须依赖于扬州这个经济都会。但随着五代十国分裂局面的出现和扬州在全国商业地位的下降,登州港在东亚海上贸易网络中地位的衰落也就不可避免了。

实际上,随着东亚贸易的张保皋时代的结束,登州港作为中国在东亚海域贸易中的主要港口就已让位于明州港,不仅晚唐的中国商人前往日本贸易多数选择从江南的明州直接出海航行;而且侨居在登州的新罗商人也在中国江南经商。相距张保皋时代以后六十年的一份金石材料显示,新罗人在唐朝经商的主要地点已是明州及其周围地区。这份金石材料为唐昭宗光华四年(901)三月十八日所立的牟平县昆嵛山无染院石碑碑文:

---

① 根据圆仁《入唐求法巡礼行记》的记载,日本朝贡使团以及圆仁个人在唐朝境内的旅行,皆须取得各地政府所发的"公验",但他未记载当时新罗人在唐朝的旅行是否也须申领"公验"。不过,无论唐朝是否颁发"公验"给新罗人,事实上新罗人在唐朝的贸易却是自由的。

鸡林金清押衙,家别扶桑,身来青社,货游鄞水,心向金田,舍青凫择郢匠
之工,凿白石竖竺干之塔……竞舍珍财,同修真像,信明湘汉,志重牟尼。①

按:文中的"鸡林",为唐朝人对新罗国的别称;"青社"指齐国所在的山东半
岛,《史记·三王世家》中有"齐在东方,故云青社"之句;"鄞水"发源于四明
山,汇入奉化江后再入甬江奔海,此指明州。据此可知,这位名为金清的新罗
人,因常住登州,故施财物于昆嵛山无染院。不过,他的贸易范围却是在明州与
登州间,甚至包括新罗。它表明,此时唐朝境内的东亚海域贸易主要港口已从
登州向明州转移。究其原因,张保皋海上势力的崩溃,以及新罗海盗对九州岛
的袭击而造成日本对于新罗海商的不信任,应是两项直接因素。而随着唐货东
运日本过程中新罗中介作用的消失,登州港的地理优势已不复存在。另外,早
在张保皋进行东亚区间贸易过程中,唐朝商人便开始参与到这一跨国贸易行列
中②。这样,一旦他们独立进行国际运输和贸易,就会根据自身的人文环境和市
场条件,来就便选择自己出海港口及其航线。据前人研究,唐朝商船于841年开
始进入日本九州博多港,至893年为止的五十二年间,唐船往返数目达三十余
次③。其中,往返于明州港的唐船就占一半以上④。

从晚唐的经济及技术背景来看,经济重心的南移和江南地区的经济发展,
明州港腹地周围的丰富物资和相对有利的市场,无疑是从事东亚地区海洋贸易
商人们选择往返明州港而放弃登州的首要因素;而造船技术与航海技术的进
步,尤其是日本遣唐使团早先已经探索出的南海航路⑤,也为从明州港出发直接
航海至博多提供了技术保障。另外,新罗的内政混乱和其沿海局势的不稳定,

---

① 宋宪章修(民国)《牟平县志》卷9《文献志·金石类》,1925年石印本。
② 参见〔韩〕车垠和《明州出海唐商的兴起与东亚贸易格局》,载于《社会科学辑刊》2008年第5期,
第139—143页。
③ 参见〔日〕木宫泰彦著,胡锡年译《日中文化交流史》,商务印书馆1980年,第109—116页。
④ 参见〔韩〕车垠和《明州出海唐商的兴起与东亚贸易格局》,《社会科学辑刊》2008年第5期,第
139—143页。
⑤ 关于南海航路,可参见〔日〕木宫泰彦著、胡锡年译《日中文化交流史》,商务印书馆1980年,第
82—86页。

也在一定程度上祸及从登州至博多的海上航线安全,从而使登州港口在东亚海域贸易中的地理优势难以发挥作用。它说明:决定一个港口的兴衰,从外部要素来看取决于海上航线的安全通畅,从内部要素来看则取决于港口腹地周围的经济状况。

五、后论:宋元清时期的互市模式
##　　与东亚贸易圈的成长

降至五代十国,钱镠所建的吴越政权,以其所据江浙地区的经济优势和明州港口的海外交通优势,积极经营对高丽和日本的海上贸易[①]。对此,后来的宋神宗曾对发运使薛向说到:

> 东南利国之大,舶商亦居其一焉。若钱、刘窃据浙、广,内足自富,外足抗中国(按:此处"中国"指中原地区的五代政权)者,亦由笼海商得术也。卿宜创法讲求,不惟岁获厚利,兼使外藩辐辏中国,亦壮观一事也。[②]

事实上,宋朝正是在接纳吴越之地后,即在杭州、明州等地设立市舶司机构,用以管理中外商人海洋贸易事务,并对进出港货物进行抽解征税[③]。漆侠先生认为,宋朝在一些主要海港推行市舶司制度,表明"朝贡"贸易开始让位于"互市"贸易[④]。

互市贸易,最初出现于汉朝与匈奴的边境地区,汉匈双方在边境地区指定固定地点进行定期交易。它本是双方在平等关系条件下的经济互惠行为,但后

---

① 参见〔日〕木宫泰彦《日中文化交流史》,商务印书馆1980年,第222—230页;李东华《五代吴越的对外关系》,载于张彬村、刘石吉主编《中国海洋发展史论文集》第五辑,台北"中研院"中山人文社会科学研究所1993年,第17—59页。
② 黄以周等辑《续资治通鉴长编拾补》卷五,"熙宁二年壬午条例司言"条,中华书局2004年,第239页。
③ 参见陈高华、吴泰《宋元时期的海外贸易》,天津人民出版社1981年;黄纯艳《宋代海外贸易》,社会科学文献出版社2001年。
④ 漆侠《宋代市舶抽解制度》,载于《河南大学学报》1985年第1期,第19—22页。

来也作为中原封建王朝与周边少数民族之间在封贡关系形态下的附属内容,以助边民生计而稳定边疆地区①。互市贸易在宋代为何作为华夷关系的主要模式而兴起? 清朝乾隆时期官修《续通典》的作者们认为:

> 宋辽金疆宇分错,敌国所产,各居其有,物滞而不流,人艰于所匮。于是特重互市之法,和则许之,战则绝之。既以通货,兼用善邻,所立榷场,皆设场官,严厉禁,广屋宇,以易二国之所无。而权其税入,亦有资于国用焉。②

在他们看来,主要由于宋辽以及宋金的分立而客观上必须开展互市以促进物流,从而弥补因政治分裂所带来的物质匮乏局面。不过,战争纠葛不断的宋辽或宋金统治者都同意以两国之所有来“易二国之所无”,还在于当时经济的发展和市场交换的客观要求。因此,宋朝统治者才将“互市”贸易作为华夷关系的主要模式。而传统的“朝贡”贸易模式,在面对宋辽以及宋金间的“兄弟关系”而非“君臣关系”时已难以为继,其至朝鲜半岛的高丽也放弃宋朝而朝贡辽朝及金朝,日本天皇和控制朝政的藤原氏也对宋朝皇帝的“回赐”以不合“名分”而断然拒绝③。面对着“华夷”关系巨变与经济高度发展需要市场交换的新形势,宋朝统治者充分吸收吴越统治者的成功经验,将“互市”模式从边关地区扩大到海外世界,这样既可以使华夷经济互惠,又不涉及华夷之间政治尊严的敏感问题;既可以给政府带来税收利益,又便利于民生从而减少社会矛盾。所以,宋朝不仅与辽朝、西夏、金朝的榷场贸易(包括官方和民间贸易)规模巨大④,而且与

---

① 参见清高宗敕撰《钦定续通典》卷16《食货典·互市》,“万有文库”本第二集,“十通第二种”,商务印书馆1935年,第1202页。

② 清高宗敕撰《钦定续通典》卷16《食货典·互市》,“万有文库”本第二集,“十通第二种”,商务印书馆1935年,第1202页。

③ 参见蒋菲非、王小甫《中韩关系史》,社会科学文献出版社1998年,第155—206页;张声振、郭洪茂《中日关系史(第一卷)》,社会科学出版社2006年,第225—231页。

④ 参见漆侠《宋代经济史》下册第二十八章第一节“宋与周边各族之间的贸易与交换”,《漆侠全集》第四卷,河北大学出版社2008年,第994—1009页。

日本和高丽等国的贸易也极为频繁。据前人研究,仅在北宋时期的一百六十余年间,宋朝商船赴日本贸易的次数就有70次[①];而在1012年—1192年间,宋朝商船前往高丽贸易的次数就达117次,仅其中记载具体人数的77次,共计商人就达4548人[②]。显然,民间商人已成为东亚贸易圈的主体。

元承宋制。至元十三年(1276)初元军兵征南宋时,统帅伯颜就专门遣人"招泉州蒲寿庚、寿宬兄弟"[③],因"寿庚提举泉州舶司,擅蕃舶之利"[④]。蒲寿庚降元后,被元朝任命为福建行中书省中书左丞,元世祖下诏书于寿庚:"诸蕃国列居东南岛屿者,皆有慕义之心,可因蕃舶诸人宣布朕意。诚能来朝,朕将宠礼之。其往来互市,各从所欲。"[⑤]诏书中的"慕义""来朝",即指海外诸国对元朝的"朝贡"活动;而"往来互市",则是指单纯的贸易活动。据一位对元代海外贸易史研究有素的学者分析,元代基本不存在外国使节来华的"朝贡贸易",而主要是由市舶司管理的中外商人之间互市贸易。元朝曾先后于泉州、庆元、上海、澉浦、福州、杭州、广州等地设立市舶司机构,通过实施进出口条令和颁发进出口公文、并对贸易品进行抽解和征税以管理海外贸易[⑥]。根据日本学者木宫泰彦的考察,元日间的贸易,主要是日本私商前来中国,几乎每年不断,是日本各个时代中商船驶往中国最盛的时代[⑦]。另一位日本学者藤家礼之助曾根据元日商船贸易的盛况而认为:"在整个镰仓时代(按:是指1185年至1333年间以镰仓为政治中心的日本武家政权统治时期),我国与中国王朝没有一次官方的邦

① 〔日〕木宫泰彦著、胡锡年译《日中文化交流史》,商务印书馆1980年,第238—243页。

② 朴真奭《中朝经济文化交流史研究》,辽宁人民出版社1984年,第35页。

③ 《元史》卷9《世祖本纪》"至元十三年二月辛酉"条,中华书局"二十四史"简字本,2000年,第122页。按:蒲寿庚为阿拉伯人后裔,其先辈因经商先移居到占城(今越南中部),后迁至广州,南宋嘉定年间又从广州迁居到泉州。关于蒲寿庚事迹,可参考〔日〕桑原隲藏著、陈裕菁译《蒲寿庚考》,中华书局1929年初版,2009年再版。该书另一译本为冯攸翻译,书名为《唐宋元时期中西通商史》,商务印书馆1930年。

④ 《宋史》卷47《瀛国公本纪二王附》"景炎元年十一月"条,中华书局"二十四史"简体字本,2000年,第633页。

⑤ 《元史》卷10《世祖本纪》"至元十五年八月辛巳"条,中华书局"二十四史"简体字本,2000年,第138页。

⑥ 参高荣盛《元代海外贸易研究》,四川人民出版社1998年,第106—126页、第156—168页。

⑦ 〔日〕木宫泰彦著、胡锡年译《日中文化交流史》,商务印书馆1980年,第394页。

交往来,但是在经济上却可以说几乎完全纳入了中国的经济体制之中。"①如果说这个时期日本确被纳入到中国的经济体制之中,那么这个体制决不是"朝贡体制"而是"互市体制"。而元朝与高丽之间的经济联系,除了高丽对元朝的官方"朝贡"外,更主要的渠道则是民间经济交往。现存成书于元代高丽的汉语教科书《老乞大》和《朴通事》,皆以高丽商人来中国经商为线索,介绍中国沿途见闻以及社会生活各方面日常用语,也反映了当时高丽商人进入元朝贸易的盛况②。而元朝商人前往高丽的贸易则以海上交通渠道为主,北方由山东半岛所属港口出发前往高丽,南方则由庆元港和太仓港起航③。1975年夏在韩国全罗南道新安郡道德岛海域所发现的元朝沉船,也印证了元代东亚海洋贸易的盛况。经韩国考古学家10次大规模水下探察和打捞,除了发现一条残长为21.8米的木制结构沉船外,还发现有大量船货,包括陶瓷器、金属器、香料等船货和船员用品二万三千多件(其中陶瓷器达20664件),以及二十八吨多的中国铜钱(包括唐、宋、辽、金、元、西夏等各朝铜钱)④。根据对沉船残货遗物的考察分析,学者认为新安沉船为一艘元代福船,是在至治三年(1323)从宁波驶向日本博多港途口沉没的⑤。如此巨量中国铜钱的外运,不仅显示了中国铜钱在当时日本及高丽社会经济生活中的重要影响,也说明了民间"互市贸易"模式对于东亚经济体系的重要作用。

　　然而,明朝建立之初,就采取了禁止中国商民出海贸易的"海禁"政策,并采取"勘合"制度将海外诸国与明朝的往来严格限定在"朝贡"贸易范围内,从而

① 〔日〕藤家礼之助著、张俊彦、卞立强译《日中交流二千年》,北京大学出版社1982年,第138页。
② 陈高华《从〈老乞大〉、〈朴通事〉看元与高丽的经济文化交流》,原载于《历史研究》1995年第1期,收载于《陈高华文集》,上海辞书出版社2005年,第384—406页。
③ 陈高华《元朝与高丽的海上交通》,原载于韩国《震檀学报》第71、72合号(1991年),收载于《陈高华文集》,上海辞书出版社2005年,第368—383页。
④ 参见〔韩〕崔光南著,郑仁甲、金宪镛译《东方最大的古代贸易船舶的发掘——新安海底沉船》,载于《海交史研究》1989年第1期,第83—88页。王妹英《关于新安海底沉船及其遗物》,载于华夏收藏网(http://mycollect.net/blog/52406.html)。
⑤ 〔韩〕崔峘洵、姚瑞恒《韩国"新安沉船"的性能分析》,载于江苏省纪念郑和下西洋600周年筹备领导小组编《纪念郑和下西洋600周年国际学术论坛论文集》,社会科学文献出版社2005年,第528—536页。

使东亚地区的国际贸易转变为"朝贡贸易"的性质①。明朝并且规定,日本十年一贡,每次始为二百人后改为三百人,由宁波登陆入境;琉球每二年一贡,每次百人至一百五十人,始由泉州后改在福州登陆入境;朝鲜则从陆路凤凰城入境,每岁三贡②。外国朝贡使团除在入境口岸与中国商民贸易外,还可在京师会同馆进行交易③。只是到明后期由于欧洲人的东来和世界市场的初步形成,中国东南沿海地区的走私贸易逐渐规模化并酿成"嘉靖倭患",明朝才终止了日本使团的"朝贡贸易"④。虽然明朝在隆庆元年(1567)于福建月港开放中国商民的出海贸易,但对于本国商民前往日本的海上贸易活动却严格禁止⑤。不过,明朝的禁令却适得其反,中国商民违禁前往日本贸易者却日益增多⑥。他们多藉口到琉球、鸡笼、淡水、暹罗等地贸易而申请出海船引,却在出海后而转往日本贸易⑦。究其原因,则在于到日本贸易的利润高于其他地区⑧。显然,晚明时期中日贸易的兴盛,决不是"朝贡体系"的结果。

与明朝前期相比,清朝除在入关前就已开始朝贡贸易和边境地区定点的互市贸易外⑨,入关后的顺治十年(1653)琉球国也与清朝有了"朝贡"贸易,而日本的江户幕府则一直未奉清朝"正朔"⑩。相反,即使是清初"海禁"期间,无论是

① 万明《中国融入世界的步履:明与清前期海外政策比较研究》,社会科学文献出版社2000年,第73页。
② 参见申时行《明会典》卷105、卷106《礼部·朝贡》,中华书局1988年影印本。
③ 陈尚胜《论明代市舶司制度的演变》,载于《文史哲》1986年第2期,第55—61页;李庆新《明代海外贸易制度》,社会科学文献出版社2007年,第140—141页。
④ 陈尚胜《"怀夷"与"抑商":明代海洋力量兴衰研究》,山东人民出版社1997年,第108—126页。
⑤ 李金明《明代海外贸易史》,中国社会科学出版社1990年,第65—67页。
⑥ 据林仁川研究,早在"嘉靖时期中国商人到日本经商已经蔚然成风";至隆庆万历时期,"中国商人更加络绎不绝地前往日本"。见林氏《明末清初私人海上贸易》,华东师范大学出版社1987年,第176—177页,第179页。
⑦ 万历中期曾任福建巡抚的许孚远在奏折中陈述:"同安、海澄、龙溪、漳浦、诏安等处奸徒,每年四、五月间告给文引,驾使鸟船称往福宁御载,北港捕鱼,及贩鸡笼、淡水者,往往私装铅硝等货潜去倭国,徂秋及冬,或来春方回。亦有藉言潮、惠、广、高等处籴买粮食,径从大洋入倭,无通番之名,有通倭之实。"参见许孚远《疏通海禁疏》,载于陈子龙等辑《明经世文编》卷400,中华书局1962年。
⑧ 据《明神宗实录》卷476"万历三十八年十月丙戌"条记载:"近奸民以贩日本之利倍于是吕宋,寅缘所在官司擅给票引,任意开洋,高桅巨舶,络绎倭国。"台北"中研院"历史语言研究所1965年。
⑨ 关于清朝与朝鲜之间的贸易,可参见张存武《清韩宗藩贸易》,台北"中研院"近代史研究所专刊第39种,1985年。
⑩ 陈尚胜《试论清朝前期封贡体系的基本特征》,载于《清史研究》2010年第2期,第86—94页。

郑成功等反清势力所控制的东南沿海地区,还是清朝所控制的地区,中国商民前往日本长崎港的贸易则一直存在①。康熙二十三年(1684),清朝正式解除"海禁"政策并设立江、浙、闽、粤四海关,使本国商民出海贸易的政策环境有了根本的改善。仅以中国商船赴日贸易而论,1684年至1722年间的年均航日贸易船约在七十艘左右②。此后,即使受日本限制中国商船赴日数量的影响,每年驶往日本长崎的中国商船也未间断,并时有超过所限数量③。一位中国学者在对16世纪至19世纪的东亚海域贸易进行考察后认为,中国海商在16世纪至18世纪的东亚贸易上占有优势,但进入19世纪以后华商的优势已不复存在④。而中国商人能够在16世纪至18世纪的东亚海域贸易占据优势,具体因素则有:中国与周邻国家之间不平衡的市场需求倾向(周邻国家依赖中国的生产品,中国依赖周邻国家的原料品);中国市场的封闭性也使中国海商长期享受这个市场的独占利润;华人的散居网络又为中国海商创造了外部贸易条件;而江户幕府对日本商人的锁国政策以及欧洲人的大规模经营不能发挥效率也成就了中国海商的优势。但进入19世纪以后,除了华人的散居网络因素继续存在外,其他三项因素消失,中国商人在东亚海域贸易的优势已不复存在了⑤。它也表明,16世纪至18世纪的东亚贸易网络中,占主导地位的是中国商人所进行的"互市贸易",而不是由清王朝所主导的"朝贡贸易"。

---

① 关于郑成功反清势力所主导的中日贸易,可参见陈东有《郑氏集团在中国海洋社会经济发展史上的地位》,载于《江西师范大学学报》1997年第4期,第50—53页;关于清朝海禁期间的对日本贸易问题,可参见朱德兰《清初迁界令时中国船舶海上贸易之研究》,载于《中国海洋发展史论文集》第二辑,台北"中研院"三民主义研究所1986年,第105—159页;陈尚胜《清初"海禁"政策期间(1646—1683)海外贸易政策考》,载于《文史》2004年第3辑,第135—147页。

② 朱德兰《清开海令后的中日长崎贸易商与国内沿岸贸易(1684—1722)》,载于张宪炎主编《中国海洋发展史论文集》第三辑,台北"中研院"中山人文社会科学研究所1989年,第369—415页。

③ 刘序枫《清代的乍浦港与中日贸易》,载于张彬村、刘石吉主编《中国海洋发展史论文集》第五辑,台北"中研院"中山人文社会科学研究所1993年,第187—244页。

④ 张彬村《十六至十八世纪华人在东亚水域的贸易优势》,载于张宪炎主编《中国海洋发展史论文集》第三辑,台北"中研院"中山人文社会科学研究所1989年,第345—368页。

⑤ 本文认同张彬村在《十六至十八世纪华人在东亚水域的贸易优势》一文中所做的分析,并补充了周邻国家的相关因素。

六、结　论

概而言之,从中国古代海外贸易史的长时段观察,东亚贸易圈(东亚地区海洋贸易网络)肇始于唐后期的登州港,缘于安史之乱后唐朝中央控制能力的下降和山东沿海地方藩镇势力的扩张,根基于跨海贸易商人与地方政府及官员的经济利益需求。也就是说,它的最初形成恰恰是唐朝封贡体制衰落的结果。而宋、元、清诸王朝所持允许本国商人出海贸易政策和由市舶司制度为主导的互市贸易体制,则支撑了东亚贸易圈的不断成长。因此,以"朝贡贸易"或"朝贡体系"论来说明东亚贸易圈形成的机制,或者以它作为东亚经济圈的表征,从中国海外贸易史的角度来说难以成立。其实,即使是日本对于宋朝、元朝以及清朝政权,也没有"朝贡"的史实,遑论"朝贡贸易"。而明清时期琉球王国对于中国的"朝贡贸易"以及它所带动的琉日贸易和琉鲜贸易甚至琉球与东南亚地区贸易,如果从当时东亚海洋贸易总量角度考虑,它在这个结构中也不够成主体。或许,"朝贡贸易"论过于放大了"朝贡"行为对于东亚经济圈的作用。

(原文载于《清华大学学报(哲学社会科学版)》2012年第4期,发表时题为《东亚贸易体系形成与封贡体制衰落——以唐后期登州港为中心》,现改为今题)

中国传统文化与郑和下西洋

1405年至1433年间明朝所开展的声势浩大的郑和七下西洋活动，不仅是中国航海史和世界航海史上的重大事件，也是中国传统外交史上空前绝后的活动。最近一百年来，人们对郑和下西洋的出使目的、出使宝船、航海技术、具体航行区域、结果及意义等问题，进行了许多有益且非常深入的研究，廓清了不少学术问题。不过，这些研究多是结合元明之际海外交通历史和明朝永乐一朝历史进行的，而这段历史与此前的历史传统有何关联，并未得到人们的充分注意。具体来说，无论是派遣郑和出使西洋的明成祖，还是执行出使西洋任务的郑和本人，他们的决策行为和交往特征，必受一定的价值观念的支配和影响，而他们的价值观念又是在中国传统文化的背景下形成的。因此，从中国传统文化资源角度探讨明成祖"遣使四出招徕"的外交决策行为和郑和在东西洋诸国的外交行为特征，也是推进对郑和下西洋研究所应采取的一条新的路径。

一、"真命天子"与"四海来归"
——从政治权威角度看待明成祖派遣郑和下西洋

明成祖为何派遣郑和频繁出使西洋？《明史》的作者们在《郑和传》中曾写

有如下意见："成祖疑惠帝亡海外,欲踪迹之,且欲耀兵异域,示中国富强。永乐三年六月,命(郑)和及其侪王景宏等通使西洋。"①对于上述两种原因,当代学者们通过研究已经提出了质疑。

就寻找建文帝的目的而论,有的学者认为:"郑和下西洋历时二十八年,耗竭巨资,遍历亚非三十余国,其长年累月、不惜代价而又漫无涯际搜寻,如果说仅仅为了一个'仁弱'的建文帝的失踪,显然是不合情理的。"②而且,"纵然建文有出亡之可能,胡濙出访有踪迹之嫌疑,胡濙连夜被召见,漏下四鼓乃出。推而论之,则郑和至少在下西洋归国后也要叩见永乐帝才对,又为何六次下西洋连一次也未进见? 甚至第二次尚未返回,便有第三次下西洋之诏,岂有不闻不问,不得确讯而再令出使之理。而且,即使是密敕,当也不能光靠郑和亲自察访,其随员也应知道一二,为何费信、马欢、巩珍辈却只字不提,更不用说朱棣是否会一而再、再而三直至六次地派郑和大张旗鼓地在同一地区寻找建文帝"③。

就"欲耀兵异域"的目的而看,已有学者指出,郑和在下西洋过程中,并没有要侵吞他邦的行为。虽然郑和在下西洋过程中曾三次使用军事力量,但都是被迫的自卫反击行动,本无用兵攻伐的意图。因此,"郑和在海外的所谓'耀兵',应当是一种纯粹的以兵自炫,并通过'体势巍然'的远洋船队,众多的人员和不计其数的钱财,为造成明政府这一名义上'宗主'的虚假声势所作的铺张显耀罢了。其目的,是在于使海外国家'知尊中国',常怀'敬畏'之心"④。这一解释,与《明史》作者在《西域传》所持的看法也极为相近:"自成祖以武定天下,欲威制万方,遣使四出招徕。"⑤那么,明成祖为何要采取"威制万方"并"遣使四出招徕"的对外政策呢?

我们认为,明成祖之所以积极推行"遣使四出招徕"的对外政策,是与他缺

---

① 《明史》卷304《郑和传》,中华书局2000年横排标点本,第5200页。
② 朱晨光《郑和下西洋目的辨析》,载于《郑和下西洋论文集》(第一集),人民交通出版社1985年,第1—13页。
③ 范金民《郑和下西洋动因初探》,载于《郑和下西洋论文集》(第二集),南京大学出版社1985年,第274—291页。
④ 朱晨光《郑和下西洋目的辨析》。
⑤ 《明史》卷322《西域传》,第5782页。

乏政治权威相关的。我们知道，朱棣是以一个领有北边军权的藩王身份通过武力而登基成为明朝皇帝的。在当时的社会环境下，他的登基完全不合封建正统、法统和皇统。按照封建社会的正统观念，他的起兵"靖难"行为纯属犯上作乱；按照其父皇亲自制订的《大明律》，他的行为又完全属于"十恶不赦"的犯罪行为；而依据其父皇遗诏所写："皇太孙允炆仁明孝友，天下归心，宜登大位。内外文武臣僚同心辅政，以安吾民……诸王临国中，毋至京师。诸不在令中者，推此令行事。"①朱棣却举兵南下，也属弥天之罪②。因此，当朱棣至京师称帝后，有继续"练兵勤王"者，有登朝行刺者，有被缚后却以浩然之气对他责骂者，更有殉节而不肯与他合作者。我们从朱棣本人在永乐元年六月对全国文武官员军民人等的敕谕中，也可以发现他称帝之初所遭遇的尴尬处境。他在这封敕谕中说：

> 朕惟天生一代之君，必成一代之治。自古以来，莫不皆然。而其间治有隆污，政有得失，亦由人君善用人与不善用人所致也。且以唐、宋言之，唐太宗有拨乱反正之材，抱济世安民之德，克致贞观之治，斗料三钱，外户不闭，四方肃靖，蛮夷率服，近古鲜比……朕以高皇帝嫡子奉藩于燕。高皇帝以燕地与胡虏接境，屡属以边事。后懿文太子薨，高皇帝以朕堪属大事，欲正位东宫，永固基本。不幸高皇帝宾天，允炆矫遗诏嗣位，戕害诸王骨肉，怀衅之意已甚，疑朕之心实深。即位未几，遒遣奸臣围逼，如釜鱼置兔，决无生理。朕实不得已，起兵自救，初岂有心于天下哉！竟以一隅之众，敌天下之兵，三、四年间，大战数十，小战无算，制胜克捷，卒平祸乱，此岂人力所能为也。赖天地宗社之灵，父皇母后之祐，天命所集，人心所归，是以至此。朕自即位之初，不敢用一毫之私，思天下者父皇之天下，军民官员皆父皇之赤子，除更改父皇成宪、浊乱父皇天下之奸恶，悉已诛戮，其余文武官员，用旧用之无疑。升赏黜罚，一从至当而已。夫以唐太宗、宋太祖尚用

---

① 《明史》卷3《太祖本纪》，第37页。

② 参见罗仑《论朱棣赋予郑和的外交任务》，载于《郑和下西洋论文集》第二集，第174—187页。

异代之臣，况朕父皇之臣，素非雠怨他人之比。近者间有无知小人，尚怀疑心，不思朕推赤心委任之意，居闲则妄生异议，处事则不肯尽心，此徒盖不达天命故也。人君代天理物，故曰天子；奉行天命，故曰天吏。若不有天命，凡有力者皆得之。且以近代论之，元有天下，海宇之广，生齿之繁，国用之富，兵甲之盛，孰得而胜之？及天命已去，群雄并起，我太祖高皇帝不阶寸土一民，卒平祸乱而有天下，盖亦用才于异代，释憾于怨仇，所以创业垂统，制体作乐，身致太平，余四十年。由是观之，亦不越乎用人之所致也。我父皇积功累仁，圣德格天，天命眷顾之隆，垂裕无疆，故福被朕躬，以承大统。朕岂敢违天命与父皇之德，以为治乎！思朕往者亲当锋镝之际，所获将士，不杀一人。于此之时，尚不杀之，矧今既为天子，而肯私以怨恶加于人耶！故用人之际，无分彼此，视为一体。若尽忠于国者，虽雠必赏；若心怀异谋者，虽亲必诛。且以奉天征讨将士论之，从朕征战，身当矢石，万死一生，以报朕父皇之恩，其有犯法者，朕亦不宥。何则？法度本父皇法度，朕岂敢私！今天下一家，四海一统，军民相乐，共享太平。敢有不思太祖之恩，妄兴异议，自分彼此，心怀疑忌，志有不足，讪毁怨谤，不安其职者，必有天灾人祸。事发到官，族灭其家。朕仰遵成宪，俯察舆情，推至公之心，广仁厚之化，嘉惠海内，子育元元，欲比隆前规，以臻至治。尔天下文武官员军民人等，遵守朕训，各尽乃心，毋妄怀疑以速咎戾，则可以皆保富贵于无穷矣。故此敕谕，宜体至怀。①

从上引敕谕中的"朕自即位之初，不敢用一毫之私，思天下者父皇之天下，军民官员皆父皇之赤子，除更改父皇成宪、浊乱父皇天下之奸恶，悉已诛戮，其余文武官员，用旧用之无疑。升赏黜罚，一从至当而已。夫以唐太宗、宋太祖尚用异

---

① 吴晗辑《朝鲜李朝实录中的中国史料》第一册，中华书局1980年，第187—189页。按：此封"敕谕"，在《明太宗实录》中所载甚略。其中的关键处有："朕太祖高皇帝嫡子奉藩于燕，荷天地宗社之灵，肃清奸宄，遂正大统。莅阼以来，思惟文武群臣皆皇考旧人，惟诚用之，纤细无间。比闻群臣犹有心怀危疑不安于职者，此盖不达天命，不明朕心故也。"（《明太宗实录》卷19"永乐元年四月戊申"条）比较明、鲜两实录，可见《朝鲜李朝实录》更为详实，当最接近原始"敕谕"内容。

代之臣,况朕父皇之臣,素非雠怨他人之比。近者间有无知小人,尚怀疑心,不思朕推赤心委任之意,居闲则妄生异议,处事则不肯尽心,此徒盖不达天命故也"一段陈述可见,当时政府的留用官员中仍有不少人对朱棣不甚恭敬,不仅办事敷衍,甚至背后还对他进行非议。显然,朱棣称帝后在官员队伍中还缺乏应有的政治权威。

因此,朱棣的当务之急就是要通过各种措施来树立自己在国内的政治权威。而朱棣要树立自己的政治权威,首先就必须解决自己皇权合法化的基本问题。为此,他在敕谕中特别强调,"朕以高皇帝嫡子奉藩于燕。高皇帝以燕地与胡虏接境,屡属以边事。后懿文太子薨,高皇帝以朕堪属大事,欲正位东宫,永固基本。不幸高皇帝宾天,允炆矫遗诏嗣位"。同时,他在即位之初即安排专人重修建文帝时期已经修纂的《明太祖实录》,将不利于自己的史实删除,并把自己描写成父皇最中意的皇位继承人。对此,清初人夏燮在编写《明通鉴》时曾指出:"明成祖于建文所修《太祖实录》,一改再改,其用意在嫡出一事。"① 所谓"嫡出"问题,即朱棣将生母硕妃易为高皇后之事,使自己有了以太祖嫡子身份登上皇位的合法理由。另外,他在敕谕中还特别强调自己起兵靖难,是遭建文帝身边的"奸臣围逼,如釜鱼置兔,决无生理。朕实不得已,起兵自救"。为此,他曾令臣僚编写《奉天靖难记》,以父皇重病不予通报为由指责建文帝不让他尽人子之礼,来论证自己发动"靖难之役"的合法性。

同时,他还必须借助"天命观"来改变自己在人们心目中的"篡逆者"形象。因为根据先秦以来的基本说法,君主是天之子。他受天之命,执政天下。他在敕谕中也特别提示官员,"人君代天理物,故曰天子;奉行天命,故曰天吏"。并宣称自己"初岂有心于天下哉!竟以一隅之众,敌天下之兵,三、四年间,大战数十,小战无算,制胜克捷,卒平祸乱,此岂人力所能为也。赖天地宗社之灵,父皇母后之祐,天命所集,人心所归,是以至此"。正是由于"天命眷顾之隆,垂裕无疆,故福被朕躬,以承大统"。就是说,他之所以能够在三四年间取得胜利,完全是"天命所集"的结果。而那些对他即位仍有不同意见的官员,是

---

① 夏燮《明通鉴》卷首《义例》。

"盖不达天命故也"。

然而,要想让那些带有封建正统观念的官员们完全信服自己,他深知除了在文治武功方面取得显著成就外(他在军事上曾连续五征"漠北"的元朝残余势力,南灭安南国而设交趾布政使司,大力巩固和开拓疆土;文化上组织大臣编写《五经四书大全》《古今烈女传》《永乐大典》等书籍),还必须通过其他手段制造一些"天命所集"的证据,从而来提高自己的政治权威。

根据传统儒家经书的描述,"真命天子"由于具有崇高的道德规范[①],通常吸引了"外夷"的归附。《尚书》中就曾称,君王"德日新,万邦维怀"[②];"明王慎德,四夷咸宾。无有远迩,毕献方物"[③]。《尚书大传》中还特别记载,周公辅助成王时有越裳国"重译而献白雉"。周公问来使曰:"德不加焉,则君子不飨其质;政不施焉,则君子不臣其人,吾何以获此赐也?"越裳使臣回答:"吾受命吾国之黄耇曰,久矣。天之无烈风淫雨,意者中国有圣人乎?有则盍往朝之。"[④]因此,人们认为:外国派遣使节前来中国朝贡,应是中国天子有"德"的表现。如汉儒董仲舒就曾认为五帝三王之治天下之时,因为有王道,"四夷传译而朝"[⑤]。甚至明初日本人在在写给明朝的国书中也认为,"尧、舜有德,四海来宾;汤、武施仁,八方奉贡"[⑥]。所以,对于朱棣来说,使用外交手段也可以丰富自己的"真命天子"形象。

朱棣在即皇帝位的当年(他于1402年7月17日登极),就开始了大范围的派遣外交使节活动。当年8月29日,他就向东邻朝鲜派出了第一个使团,"遣使以即位诏谕朝鲜"[⑦];9月23日,他又"以即位遣使赍诏谕和林瓦剌等诸部酋

①　参见刘泽华《中国的王权主义》,上海人民出版社2000年,第116—117页;黄丽生《儒家"天下"思想的内涵及其当代意义》,载于黄俊杰编《传统中华文化与现代价值的激荡》,社会科学文献出版社2002年,第230—259页。

②　《尚书·仲虺之诰》,岳麓书社2001年"国学基本丛书"本,第60页。

③　《尚书·旅獒》,第130页。

④　引自《太平御览》卷785《四夷部·南蛮一》"越裳国"条,河北教育出版社1994年,第七册,第293页。

⑤　董仲舒《春秋繁露》卷四《王道》,"诸子百家丛书",上海古籍出版社1989年,第25页。

⑥　《明史》卷322《日本传》,第5782页。

⑦　《明太宗实录》卷11"洪武三十五年八月壬子朔"条。

长"①；10月3日，他又"遣使以即位诏谕安南、暹南、爪哇、琉球、日本、西洋苏门答剌、占城诸国。上谕礼部臣曰：'太祖高皇帝时，诸番国遣使来朝，一皆遇之以诚，以其土物来市易者，悉听其便；或有不知避忌而误干宪条，皆宽宥之，以怀远人。今四海一家，正当广示无外，诸国有输诚来贡者听。'"②12月29日，他又向中亚的撒马尔罕等国派出了外交使团，通报自己即位的消息③。在短短的四个月时间内，他所派出的外交使团已遍及东亚、东南亚诸国和北邻、西邻诸部落酋长。而进入他的永乐纪元（1403年为永乐元年）后，域外诸国也纷纷派遣使团予以回应。他"遣使四出招徕"的政策取得了明显效果。

明成祖为什么在即位之初就特别重视外交活动？他的外交意图是什么？永乐九年七月间他与吏部尚书夏骞义的一段对话，为我们提供了一份"供词"。一天，"上御奉天门。群臣皆侍，语及四夷。上曰：'朕初即位，恒虑德不及远，今四方夷狄，皆归中心，更自警惕。盖虑志得则骄，骄则生患。朕与卿等虽隐微之际，皆当慎之。古人有言，不见是图。'吏部尚书夏骞义进曰：'四夷慕圣德而率来陛下，笃恭不已，华夏貊家有所赖。'"④所谓"德"，即"道德声望"。明成祖在即位之初"恒虑德不及远"，既说明朱棣当时对自己声望的焦虑，也表明他已有在"四方夷狄皆归中心"方面树立自己声望的意图。由此可见，郑和下西洋正是明成祖为了创造"四海来归"，以树立自己的"真命天子"形象所采取的一项重要措施。

二、"以德服人"与"以力服人"
——郑和下西洋的外交行为分析

从明成祖在第二次派遣郑和下西洋时所下的"敕谕"中，我们也可以了解明

---

① 《明太宗实录》卷11"洪武三十五年八月丁丑"条。
② 《明太宗实录》卷12"洪武三十五年九月丁亥"条。
③ 《明太宗实录》卷15"洪武三十五年十二月甲寅"条。
④ 《明太宗实录》卷117"永乐九年七月丙戌"条。

成祖对郑和西洋之行所布置的"施恩布德"的具体任务。该"敕谕"曰："皇帝敕谕四方海外诸番王及头目人等：朕奉天命，君主天下，一体上帝之心，施恩布德。凡覆载之内，日月所照，霜露所濡之处，其人民老少，皆欲使之遂其生业，不致失所。今特遣郑和赍敕，普谕朕意：尔等祗顺天道，恪遵朕言，循理安分，勿得违越，不可欺寡，不可凌弱，庶几共享太平之福。若有撝诚来朝，咸锡皆赏，故兹敕谕，悉使闻知。永乐七年三月。"①由这份"敕谕"可见，明成祖为了树立他本人已"奉天命"并"君主天下"的权威，要求郑和一行在海外诸国"施恩布德"。为了证明自己确实"君主天下"，他对郑和等人的西洋之行的具体要求是：一是使海外诸国"恪遵朕言"、"勿得违越"，二是使海外诸国派遣使团入明朝贡，最终目的都是为了建立以他为政治核心的天下秩序。

要使海外诸国普遍认同明成祖的政治权威，"恪遵"明成祖之言并"勿得违越"，郑和的西洋使团必须充分显示明朝的实力。从永乐二年初明成祖下令有关机构大量建造海船以通西洋的情况看②，明成祖已有派遣大规模船队通使西洋诸国的打算。同时，明成祖最初就有选择郑和作为正使的打算。据当时人记载："永乐欲通东南夷。上问：'以三保领兵何如？'忠彻对曰：'三保姿貌才智，内侍中无与比者。臣察其气色，诚可任。'遂令统督以往，所至畏服焉。"③可见，郑和正是由于他的军事才能而被明成祖委以重任。而明成祖决定由郑和统兵二万余人出使西洋，显然有显示明朝实力而使西洋诸国"畏服"的意图。那么，明成祖派遣郑和下西洋，究竟是要"以力服人"还是要"以德服人"呢？我们可以从郑和等人在出使过程中的相关事件中进行分析。

郑和等人在第一次出航西洋途经爪哇岛时，该岛的西王在与东王的争战中曾误杀明朝使团成员一百七十人。据史记载："时朝廷遣使往诸番国，经过东王治所，官军登市易，为西王兵所杀者一百七十人。西王闻之，惧。"于是，他立

<hr />

① 《郑和家世资料》，人民交通出版社1985年，第2页。胜按：由于永乐三年明成祖第一次派遣郑和下西洋的"敕谕"没有流传下来，我们在此就将明成祖在第二次派遣郑和下西洋时下达的"敕谕"录此观察。应该说，郑和历次下西洋的具体任务没有大的变化。所以，这份"敕谕"可作为我们考察的文献样本。

② 参见《明太宗实录》卷27"永乐二年正月壬戌"、"永乐二年正月癸亥"条。

③ 袁忠彻《古今识鉴》卷8。引自郑鹤声、郑一钧《郑和下西洋资料汇编》上册，齐鲁书社1980年，第49页。

即遣使到明朝谢罪。明成祖也宽大为怀："朕以尔能悔过,姑止兵不进。但念百七十人者死于无辜,岂可已也? 即输黄金六万两偿死者之命,且赎尔罪。"①次年,爪哇西王即遣使送来黄金万两以示谢罪之意,明朝礼部官员认为这与当初所要求的六万两还差五万两,奏议将爪哇使节予以治罪。明成祖明确表示反对并指出:"朕于远人,欲其畏罪而已,岂利其金耶? 今既能知过,所负金悉免之。"②显然,郑和使团在面对爪哇西王误杀明朝使团成员事件上,并没有依恃武力而讨伐爪哇西王;而明成祖在处理这一事件时,鉴于爪哇西王已主动承担责任,也采取了宽大为怀的方针。

　　在第三次西洋之行的回国途中,郑和使团于锡兰国也曾展开过一次军事行动。据史记载:"(郑)和等初使诸番,至锡兰山,亚烈苦奈儿侮慢不敬,欲害和,和觉而去。亚烈苦奈儿又不辑睦邻国,屡邀劫其往来使臣,诸番皆苦之。及和归,复经锡兰山,遂诱和至国中,令其子纳言索金银宝物,不与,潜发番兵五万余劫和舟,而伐木拒险绝和归路,使不得相援。和等觉之,即拥众回船,路已阻绝。和语其下曰:'贼大众既出,国中必虚,且谓我客军孤怯不能有为,出其不意攻之,可以得志。'乃潜令人由他道至船,俾官军尽死力拒之,而躬率所领兵二千余由间道急攻王城,破之,生擒亚烈苦奈儿并家属、头目。番军复围城,交战数合,和大败之,遂以归。群臣请诛之,上悯其愚无知,命姑释之,给与衣食,命礼部择其属之贤者立为王,以承国祀。"③对于侮慢不恭并且从事海盗活动的锡兰山国王亚烈苦奈儿,郑和等人最初采取了回避冲突的态度,只是第二次因自身生存出现危险局面才被迫予以应战。尽管如此,明成祖对于这位从事海盗活动的锡兰国王,还是给以生路,并在次年予以赦免并派人护送回国。同时,明朝虽然剥夺了亚烈苦奈儿的王位,但还是根据锡兰山国人的意见选择了一位"修德好善"的新国王④。从郑和以至明成祖处理此事所表现出来的思想行为倾向看,明朝

　　①《明太宗实录》卷71"永乐五年九月癸酉"条。

　　②《明太宗实录》卷86"永乐六年十二月庚辰"条。

　　③《明太宗实录》卷116"永乐九年六月乙巳"条。

　　④ 据《明太宗实录》卷130"永乐十年七月丙申"条记载:"其国人咸谓耶巴乃那贤。"于是,明成祖"封耶巴乃那为锡兰山国王"。他在谕文中说:"尔耶巴乃那修德好善,为众所推,今特封尔为锡兰山国王。"

君臣并没有依恃自身武力而控制对方,而是强调以"德"来协调两国之间关系。

另外,从郑和使团在锡兰山国所树立的一块宗教石碑情况看,明朝也有与锡兰山国内各种宗教势力建立良好关系的愿望。1911年,锡兰岛上的加勒曾发现一块当年郑和在锡兰山佛寺布施所刻的石碑。根据当时参加西洋之行的费信记载,这块石碑是在郑和第三次下西洋时预先在国内刻制的,并运至锡兰佛堂山(位于距加勒四十英里的德旺德拉)树立。不知何因,这块石碑竟被发现于加勒。在加勒发现的这块石碑的所署日期正好为永乐七年二月初一日,其碑文用汉文、泰米尔文和波斯文三种文字书写。十分令人惊奇的是,这块石碑上三种文字所书写的内容虽与供物名单大致相同,但所颂扬的神祇却不一样。汉文中书写有"大明皇帝遣太监郑和、王贵通等,昭告于佛世尊曰:仰惟慈尊,园明广大……深赖慈佑,人舟安利,来往无虞。永惟大德,礼用报施,谨以金银、织金苎丝宝幡、香炉、花瓶、表里、灯烛等物,布施佛寺,以充供养,惟世尊鉴之"①。而泰米尔文则是说,明朝皇帝听说特那瓦莱、那亚尼耶尔等印度教神祇的名望,为了表示对其赞扬而建立了石碑;另外,波斯文则写着对阿拉和伊斯兰教圣人们的颂扬②。这一碑文上的三种文字及其内容有别的情况表明,郑和使团不希望因为各种宗教的对立而影响在西洋的航行。郑和使团的这种做法,也反映了中国传统文化中的"和而不同"思想。而这种对"和"的追求,在本质上与"以德服人"的主旨相近。

郑和使团在第四次出使西洋的回国途中,还曾在苏门答剌国遇到一次挑战。"初,(郑)和奉使至苏门答剌,赐其王宰奴里阿必丁采币等物。苏干剌乃前伪王弟③,方谋弑宰奴里阿必丁以夺其位,且怒使臣赐不及已,领兵数万邀杀(明

---

① 引自郑鹤声、郑一钧合编《郑和下西洋资料汇编》中册(下),齐鲁书社1983年,第1957页。

② 据〔日〕寺田隆信著、庄景辉译《郑和——联结中国与伊斯兰世界的航海家》,海洋出版社1988年,第64—65页。

③ 按:据当时出使西洋的巩珍等人的记载,苏干剌为前王子,而非王弟。该国内部的王位之争,缘自外国入侵。"先是苏门答剌国王被那孤儿王侵掠,中药箭死,其子幼小不能复仇。王妻下令曰:'有能复夫仇保全此土者,吾愿与为妻,共主国事。'有一渔翁奋前曰:'我能克之。'遂杀败那孤儿王,其众退伏不敢动。王妻遂嫁渔翁称为老国王,政事地赋悉听老王裁制。永乐七年,老王入贡中国,十年还。前王子长成,阴与部属合谋,杀老王而取其国。老王子苏干剌挈家逃入山,立寨以居,时率众复父仇。永乐十三年太监正使到,为发兵擒获苏干剌送京。王子位始固,以此感恩义,常贡方物。"见《西洋番国志·苏门答剌国》。

朝）官军。（郑）和率众及其国兵与战,苏干剌败走,（明军）追至喃渤利国,并其妻子俘以归。"苏干剌被郑和带回中国后,明朝兵部尚书方宾认为:"苏干剌大逆不道,宜付法司正其罪。"于是,明成祖"遂命刑部按法诛之"①。值得注意的是,明成祖对苏门答剌国苏干剌的处置与他对锡兰山国王亚烈苦奈儿的处置极不相同,是否意味着他要放弃"德"而要杀戮海外的挑战者呢?从明朝文献中所显示出来的苏干剌的罪行看,包含着两个方面的内容:一是他要"谋弑"苏门答剌国现任国王宰奴里阿必丁,二是"领兵数万邀杀"郑和使团。其中,苏干剌所犯的后一种罪行与锡兰山国王亚烈苦奈儿所犯的罪行相同。因此,明朝认定苏干剌犯有"大逆不道"罪并予以诛杀,更多缘于他"谋弑"苏门答剌国王宰奴里阿必丁的行为。在相当程度上,明朝诛杀苏干剌也是为了苏门答剌国政局的稳定,从而来谋取明朝与苏门答剌国宗藩秩序的顺利发展。

从处理爪哇和锡兰两王的事例看,明成祖对他们采取了"以德服人"的方针。实际上,郑和使团在出使海外诸国的过程中,也基本表现了上述外交行为特征。诚如郑和在《"天妃之神灵应记"碑》碑文中所表述的:"和等统率官军校旗军数万人,乘巨舶百余艘,赍币往赉之,所以宣德化而柔远人也。"②所谓"宣德化而柔远人",具体则是通过郑和率"中国宝船到（海外诸国）,（对其国王）开读诏书,并赏赐劳"③。然而,"宣德化"并不仅仅只是对海外诸国国王的"赏赐"行为。据明成祖在御制《南京弘仁普济天妃宫碑》文中所说:"恒遣使敷宣教化于海外诸番国,导以礼义,变其夷习。"④要承担传播中国礼义文化的重任,也决定了郑和等人在出使海外诸国过程中采取友好交往的行为。另外,"以德服人"还在于明成祖对海外诸国所采取的"使远邦异域各得其所"的交往方针。明成祖在郑和第五次下西洋时赐给柯枝国王的御制碑文中曾说:"朕君临天下,

①　《明太宗实录》卷168"永乐十三年九月壬寅"条。
②　引自郑鹤声、郑一钧《郑和下西洋资料汇编》上册,齐鲁书社1980年,第42页。
③　巩珍著,向达校注《西洋番国志》,"祖法儿国"条,中华书局1961年版。引自郑鹤声、郑一钧《郑和下西洋资料汇编》中册,齐鲁书社1983年,第1000页。按:据随郑和出使西洋的马欢在《瀛涯胜览》和费信在《星槎胜览》等书中所记,郑和在其他国家如暹罗、满剌加、古里、阿丹等国也是采取"开读赏赐"方式进行外交的。
④　引自郑鹤声、郑一钧《郑和下西洋资料汇编》上册,第39页。

抚治华夷,一视同仁,无间彼此,推古圣帝明王之道,以合乎天地之心。远邦异域,咸欲使之各得其所。"①于此可见,"使远邦异域各得其所"是明成祖模仿古代"圣帝明王""以德服人"的外交行为,也是郑和等使节在海外"宣德化"的一个重要内容。郑和以及当时明朝其他使节在出使海外过程中,对一些国家之间关系的调解立场和敦促他们相互睦邻的行为,即本于这种"一视同仁"的道德外交②。

不过,要"使远邦异域各得其所",还必须对那些恃强凌弱的国家示之以"力"。明成祖就曾在郑和第二次下西洋之际,对谋求东南亚地区霸权的暹罗国王进行了严厉警告:"占城、苏门答剌、满剌加与尔均受朝命,比肩而立,尔安得独恃强,拘其朝使,夺其诰印? 天显有道,福善祸淫,安南黎贼父子覆辙在前,可以鉴矣! 其即还占城使者,及苏门答剌、满剌加所受印诰,自今安分守礼,睦邻保境,庶几永享太平。"③而郑和率兵出使,无疑也有明成祖显示"力"的意图。郑和本人就曾承认:"及临外邦,……其寇兵之肆暴掠者,殄灭之,海道由是清宁。"④必须指出,郑和使团的这种"以力服人"行为,只是他们坚持"以德服人"的一种辅助性行为。

事实上,"德"与"力"之间的关系,一直是中国古代思想家和政治家们在对外关系指导思想方面有所争议的一个问题。本来,《尚书》中就提出,"明王慎德,四夷咸宾"⑤;《国语》中也有"耀德不观兵"⑥。但汉朝在面对用和亲等手段不能制止匈奴的侵扰时,晁错、王恢、王舜、刘歆等人就先后提出"以力服匈奴"的思想⑦。不过,汉人萧望之却反对向"外夷"施用兵力,认为那样会"生事

---

① 《明太宗实录》卷183"永乐十四年十二月丁卯"条。
② 在郑和第五次下西洋期间,榜葛剌国王曾遣使向明朝通报该国与邻国沼纳朴尔之间的边境冲突据。明朝即于永乐十八年九月派遣侯显专门出访榜葛剌等国,要求他们"俾相辑睦,各保境土"(《明太宗实录》卷229"永乐十八年九月乙亥"条)。
③ 《明太宗实录》卷72"永乐五年九月辛亥"条。
④ 引自郑鹤声、郑一钧《郑和下西洋资料汇编》上册,第40页。
⑤ 《尚书·旅獒》,第130页。
⑥ 《国语》卷1《周语上》,《祭公谏穆王征犬戎》,上海古籍出版社1994年译注本。
⑦ 参见《汉书》卷49《晁错传》、卷52《韩安国传》、卷73《韦贤传》。

于夷狄"；而主张"宜待以客礼，让而不臣"①。东汉人班固在总结汉朝与匈奴关系时，也重申了应向"外夷"昭示"文德"而反对施用"兵力"的思想。他认为向"外夷"施之以兵，"攻之则劳师而招寇。其地不可耕而食也，其民不可臣而畜也，是以外而不内，疏而不戚，政教不及其人，正朔不加其国；来则惩而御之，去则备而守之。其慕义而贡献，则接之以礼让，羁縻不绝，使曲在彼，盖圣王制御蛮夷之常道也"②。然而，南朝人范晔在总结两汉经营西域的经验时，却看到了"力"比"德"的作用更为重要。他说："汉时张骞怀致远之略，班超奋封侯之志，终能立功西遐，羁服外域。自兵威之所肃服，财赂之所怀诱，莫不献方奇，纳爱质，露顶肘行，东向而朝天子。"③如此一来，先儒们所强调的"以德服人"在此却被修正为"以力（兵威）服人"和"以财赂人"了。不过，"以财赂人"与"以德服人"却有相通之处，甚至"以财赂人"就是"以德服人"的一个具体内容。实际上，中国古代思想家和政治家们并不仅仅是把"德"视为一种单纯精神层面的"道德"，而且也把"德"视为"恩德"甚至是"好处"。《国语》中就曾说，"君其何德之布以怀柔之"④；《礼记》中也说："柔远人，则四方归之；怀诸侯，则天下畏之。"⑤"德"在此就表现为"怀柔远人"，即招抚外夷。如何"怀柔远人"？通常的办法是"厚往薄来"。明太祖就曾嘱咐主管外交事务的礼部官员，"诸蛮夷酋长来朝，涉履山海，动经数万里，彼既慕义来归，则赏予之物宜厚，以示怀柔之意"⑥。由此可见，厚往薄来正是为了体现中国"天子""怀柔远人"的博大胸怀。

三、余　论

上述考察表明，明成祖派遣郑和下西洋以及其他使节频繁出使海外诸国，是与他通过靖难之役登上帝位后缺乏政治威望相关的。他从中国传统文化中，

---

① 参见《汉书》卷79《冯奉世传》、卷94下《匈奴传》。
② 《汉书》卷94下《匈奴传》。
③ 《后汉书》卷88《西域传》。
④ 《国语》卷2《周语，"阳人不服晋侯"》条，上海古籍出版社1994年，第46页。
⑤ 《礼记·中庸》，岳麓书社2000年"国学基本丛书"本，第705页。
⑥ 《明太祖实录》卷154"洪武十六年五月戊申"条。

发掘出"真命天子"与"四夷来朝"的相关资源,并将这种因果关系命题进行逻辑重构,从而有了一次接一次的轰轰烈烈的郑和下西洋的盛况,并形成了数十个国家前来向他"朝贡"的局面,由此树立起了他的"真命天子"形象和政治权威。明成祖以及郑和在推行大规模外交过程中,也不是单纯拘泥于"以德服人"与"以力服人"的片面一端,而是确立了"以德服人"为主、"以力服人"为辅的外交行为模式,从而使下西洋的事业获得了一时的成功。不过,中国传统文化资源中的"德"和"力",所展现的基本上是封建君主的个人欲望,在很大程度上忽略了国家利益的存在。这也是我们在重新审视郑和下西洋这段历史时,应该有所反思的一个问题。

(原文刊载于《文史哲》2005年第3期)

郑和下西洋与东南亚华夷秩序的构建

——兼论郑和下西洋是否是明朝向东南亚扩张问题

中国传统的对外关系形态,通常被称为"华夷秩序"[1]。华夷秩序的基本原则是以中国封建君主为核心,四夷君王接受中国封建君王的册封并向他"朝贡",从而在双方君王之间结成准君臣关系,并由此形成中外国家之间的册封与朝贡关系(简称封贡关系)。从汉朝开始,中国封建王朝在与周边邻国交往过程中,逐渐把与它们的关系纳入到华夷秩序的建构中。而对于海外诸国,中国封建王朝在它们中间构筑华夷秩序则是一个艰难而又缓慢的过程,而且收效甚微。

以海外诸国中与中国最为邻近的东南亚地区来说,虽然早在孙吴时代就曾派遣朱应、康泰一行"南宣国化",隋炀帝也曾派遣常骏、王君政等人出使赤土国,但并未形成真正的封贡关系[2]。即使是唐朝贞观、开元之盛,在南海诸国的华夷秩序上也未有作为[3]。忽必烈凭恃着游牧民族的强悍战斗力,企图在海外诸蕃国中形成自己的"天下共主"地位,但也没有效果[4]。只是明成祖通过郑和下西洋等频繁而又大范围的外交行动,明朝才在东南亚地区全面建立起华夷秩序。

---

[1] 参见〔日〕信夫清三郎《日本外交史》上册,商务印书馆1992年,第10—13页;何芳川《"华夷秩序"论》,载于《北京大学学报》1998年第6期。

[2] 参见陈高华、陈尚胜《中国海外交通史》,台北文津出版社1997年,第22—47页。

[3] 参见《旧唐书》卷197《南蛮列传》,中华书局2000年;《新唐书》卷222下《南蛮列传下》,中华书局2000年。

[4] 参见《元史》卷210《外夷列传三》,中华书局2000年。

如何看待郑和下西洋对明朝与东南亚诸国之间关系的影响？国内外学者之间曾有不同看法。不少国内学者认为，郑和下西洋把中国与东南亚各国的政治往来和经济交流推向了新的高潮①。甚至还有中国学者认为，郑和下西洋推动了华人向东南亚地区的移民②。而一些西方学者则把郑和下西洋"说成是中国的扩张主义和帝国主义"，"时常把这些远航比做以后几个世纪的西方海上帝国主义。这样，就存在着把郑和的远航不祥地解释为中国在过去和未来对东南亚怀有不良企图的倾向"③。

不过，就国内学者的第一种看法而论，他们的关注点是郑和下西洋时期明朝与东南亚地区关系的繁荣表象，却相对缺乏对明朝与东南亚诸国关系形态的探讨。而就国内学者的第二种看法而论，在某种程度上模糊地认可了西方学者所提出的郑和下西洋是明朝向东南亚地区扩张的观点，只不过扩张的形式不是官方力量而是民间移民而已。而郑和下西洋是否如西方学者所说，它表明了明朝向东南亚地区的扩张？我认为，这不仅涉及到明成祖的海外交通政策问题，而且也涉及中国传统的对外关系形态——"华夷秩序"的问题。同时，从长时段角度考虑，明成祖在东南亚地区所构筑的"华夷秩序"，是否形成了明朝与东南亚地区关系的长效机制？或许也是我们今天所应思考的一个问题。

一、郑和使团与明朝和东南亚地区的政治关系

明成祖在其统治的1402年至1424年间，曾向东南亚国家频繁地派遣使团。其中，向占城（位于今越南中部）派遣使团14次、向真腊（今柬埔寨）派遣

① 参见芦苇《论郑和下西洋与东西方交往及东南亚地区的繁荣稳定》，载于南京郑和研究会编《郑和研究论文集》（第一辑），大连海运学院出版社1993年，第64—72页；芦苇《郑和下西洋与东南亚贸易圈》，载于南京郑和研究会编《走向海洋的中国人》，海潮出版社1996年，第237—250页；而比较全面的研究则推郑一钧《论郑和下西洋》，海洋出版社1985年。

② 林金枝《郑和下西洋与福建华侨》，载于《南洋问题》1985年第2期，第75—85页；翁国珍《浅谈费信及其〈星槎胜览〉》，载于《福建师范大学学报》1986年第1期。

③ 西方学者的上述观点，可参见王赓武《中国与东南亚（1402—1424）》，载于王氏著、姚楠编《东南亚与华人——王赓武教授论文选集》，中国友谊出版公司1986年，第45页。

使团3次、向暹罗（今泰国）派遣使团11次、向爪哇（位于今印度尼西亚的爪哇岛）派遣使团9次、向浡泥（位于今加里曼丹岛北部及文莱苏丹国一带）派遣使团3次、向满剌加（位于今马来西亚马六甲州一带）派遣使团11次、向苏门答剌（位于今印度尼西亚苏门答腊岛西北部的亚齐一带）派遣使团11次[1]。按照明初人对海外的地理划分，爪哇、浡泥等国属于"东洋"国家（东洋范围包括自今菲律宾群岛至爪哇岛的广大海域），而占城、暹罗、满剌加等国则属于"西洋"国家（"西洋"范围则包括自今中南半岛至马来半岛、苏门答腊岛以及印度洋区域）[2]。而在明成祖派遣到东南亚以及整个海外国家的所有使团中，郑和使团则最为突出，一是规模大到二万七千八百余人[3]，二是次数多达六次（另外，明宣宗也曾派遣郑和下西洋一次），三是所访问国家众达三十余个[4]。

仅就永乐时期（1403—1424）郑和六下西洋过程中所访问的东南亚国家来看，第一次（永乐三年六月至永乐五年九月间）所访问的东南亚国家主要有占城、满剌加、爪哇、苏门答剌等；第二次（永乐五年冬至永乐七年夏）所访问的东南亚国家主要有占城、暹罗、满剌加、爪哇等；第三次（永乐七年九月至永乐九年六月间）所访问的东南亚国家主要有占城、真腊、暹罗、满剌加、爪哇、苏门答剌等；第四次（永乐十一年十一月至永乐十三年七月间）所访问的东南亚国家主要有占城、满剌加、爪哇、苏门答剌、彭亨（今马来西亚的彭亨州一带）、急兰丹（今马来西亚的吉兰丹州一带）等；第五次（永乐十五年十月至永乐十七年七月间）所访问的东南亚国家主要有占城、满剌加、爪哇、苏门答剌、彭亨等；第六次（永乐十九年至永乐二十年间）所访问的东南亚国家主要有占城、暹罗、满剌加等国。

占城是郑和下西洋的首站和必到之国。明成祖登基之初，占城人正与北邻安南人围绕领土而发生战争。永乐元年，占城国王占巴的赖就派遣使臣前来明

---

① 据〔澳〕王赓武《东南亚与华人——王赓武教授论文选集》，中国友谊出版公司1986年，第34页。
② 参见刘迎胜《"东洋"与"西洋"的由来》，海潮出版社1996年，第120—135页；陈佳荣《郑和航行时期的东西洋》，载于南京关和研究会编《走向海洋的中国人》，第136—147页。
③ 据《明史》卷304《郑和传》，中华书局2000年。
④ 据《明史》卷304《郑和传》，中华书局2000年。

朝通报安南人的扩张行径,期望得到明成祖的干预①。于是,明成祖于当年就派遣蒋宾兴、杨渤等人分别前往占城和安南劝和。明成祖从"天子"的立场对安南当权者提出了警告:"夫两国土地传自先世而主于天子,何得恃强逾越为恶受祸? ……自今宜保境安民,息兵修好,则两国并受其福。"②永乐二年,占巴的赖又遣使来告安南侵略占城之事,并提出自己"恐不能自存,愿纳国土,请吏治之"③。但明成祖还是很明智地拒绝了占城国王的请求。不过,他对于安南的扩张行径还是派遣使节给予了警告④。永乐四年三月,安南当权者胡氏以迎请逃难到中国的原陈朝后裔陈天平回国继承王位为名,却于边境地区在明朝护送人员面前明目张胆地杀害陈天平,恣意向明成祖的权威挑衅,从而激起明成祖的征安南战争。在明成祖征讨安南胡氏的檄文中,第十四条至第十六条所列的理由就是安南对占城的三次武装侵略⑤。可是,当明成祖将原安南领土直接纳为明朝版图并设交阯布政使司进行管理时,占城国王也甚感恐惧,即在暗中支持安南黎季犛集团的反明活动。为此,明朝兵部尚书陈洽建议对占城用兵,但遭到明成祖拒绝。他只是派遣使节前往占城对占巴的赖予以警告⑥。不过,郑和使团前往占城,仍然是向占城国王传达明成祖的好意并向他转交"赏赐"品,同时补充船队的给养。

明成祖在即位当年和永乐元年,曾三度遣使暹罗,并赐予暹罗国王驼纽镀金银印,且把暹罗视为明朝开展与其他海外国家交往的桥梁⑦。然而,当明成祖了解到暹罗阿瑜陀耶王朝在东南亚地区谋求霸权并对明朝发展与东南亚其他国家关系构成障碍时,他于永乐五年十月专门以"敕谕"警告暹罗国王昭禄群膺哆罗谛:

---

① 《明太宗实录》卷21"永乐元年七月丁酉"条,台北"中研院"历史语言研究所1962年校印本。
② 《明太宗实录》卷22"永乐元年八月癸丑"条。
③ 《明太宗实录》卷33"永乐二年八月庚午"条。
④ 参见《明太宗实录》卷33"永乐二年八月壬申"条。
⑤ 参见《明太宗实录》卷60"永乐四年十月乙未"条。
⑥ 《明太宗实录》卷170"永乐十三年十一月辛酉"条。
⑦ 参见《明太宗实录》卷17"永乐元年二月甲寅"条、卷24"永乐元年十月辛亥"条、卷34"永乐二年九月壬寅"条。

占城、苏门答剌、满剌加与尔均受朝命,比肩而立。尔安得独恃强拘
其朝使,夺其诰印? 天有显道,福善祸淫,安南黎贼父子覆辙在前,可以鉴
矣。其即还占城使者及苏门答剌、满剌加所受印诰,自今安分守礼,睦邻
境,庶几永享太平。①

为了使这种警告更具效果,永乐六年,明成祖还专门让"郑和使其国。其王遣使
贡方物,谢前罪"②。昭禄群膺哆罗谛去世后,其子三赖波波磨剌札的赖继承暹罗王
位,又对满剌加国进行侵略扩张。消息传来,明成祖再次派遣使节到暹罗进行交涉:

满剌加既已内属,则为朝廷之臣。彼如有过,当申理于朝廷,不务出
此而辄加兵,是不有朝廷矣! ……辑睦邻国,无相侵越,并受其福,岂有
穷哉? 王其留意焉。③

而暹罗王朝从维护对明朝贸易利益的立场,也主动派遣使节来明朝"谢侵满剌
加之罪"④。

统治爪哇的麻喏巴歇王朝在14世纪后期曾极为强盛,周邻的苏门答腊岛、
小巽他群岛、苏拉威西岛、马鲁古群岛、加里曼丹岛甚至马来半岛上的诸国都成
为它的属国。但在15世纪伊始,麻喏巴歇王朝由于内战已开始走向衰落。明成
祖对于爪哇对立两方的东王(威拉布弥)和西王(威格拉玛跋达拿)采取了中
立立场,并且与他们都有使节往来。不过,郑和使团下西洋途中经过爪哇国时,
正值"爪哇国西王与东王相攻杀,遂灭东王。时朝廷遣使往诸番国,经过东王治
所,官军登岸市易,为西王兵所杀者一百七十人。西王闻之惧"⑤。于是,他派遣
使节专程来明朝谢罪。明成祖也宽大为怀,要求爪哇西王赔偿六万两黄金。永

---

① 《明太宗实录》卷72"永乐五年十月辛丑"条。
② 《明史》卷324《暹罗传》,中华书局2000年。
③ 《明太宗实录》卷217"永乐十七年十月癸未"条。
④ 《明太宗实录》卷236"永乐十九年四月辛亥"条。
⑤ 《明太宗实录》卷71"永乐五年九月癸酉"条。

乐六年,爪哇国西王使臣送来一万两赔偿金,明朝礼部官员认为违约,建议将爪哇使臣治罪。但明成祖认为:"朕于远人,欲其畏罪而已,岂利其金耶?今既能知过,所负金悉免之。"①明朝收取这种象征性的赔款,更加促进了爪哇麻喏巴歇王朝与明朝的交往,麻喏巴歇王朝甚至开始借助于明朝的影响来保护自己在巴林邦地区(位于苏门答腊岛的东部)的利益。当时,满剌加国王企图借明成祖权威从爪哇人手中骗夺对巴林邦地区的控制权。爪哇国王立即遣使向明朝报告,明成祖因而知道了真相并阻止了满剌加国王的企图②。

作为一个由于受到麻喏巴歇王朝和暹罗王朝双重扩张而逃亡到马六甲地区的巴林邦王子拜里迷苏剌所建立的新兴王国,满剌加国能在建立之初就进入明成祖的视野,据研究可能与来明朝贸易的南印度穆斯林商人的介绍有关③。于是,明成祖在永乐元年十月就立即安排内官尹庆前往招谕,"宣示威德及招徕之意"④。拜里迷苏剌也感到这是一个借明朝力量来化解强邻对满剌加国威胁的大好机会,随即遣使回访,并向明成祖表示"愿同中国属郡,岁效职贡"⑤。此后,满剌加国的前三位国王拜里迷苏剌、母干撒于的儿沙、西里麻哈剌还曾四次朝觐明成祖,另外还有王室成员的三次来访,力图表示满剌加王室对明朝的忠诚。明成祖也全力维护满剌加王国的安全,曾派遣使节专门制止暹罗对满剌加国的扩张。明成祖对于满剌加国的全力支持,不仅在于满剌加国王的四次朝觐,也在于该国在"下西洋"活动中所独具的重要战略价值。从郑和第二次下西洋开始,满剌加国就已成为庞大的郑和使团的海外基地。明朝不仅帮助满剌加国王修建起防御外敌入侵的城堡,使"暹罗莫敢侵扰"⑥,而且"郑和至此,乃为城栅鼓角,立府藏仓廪,停贮百物,然后分使通于列夷,归则仍会萃焉"⑦。就是说,郑和使团在到达满剌加国后即被划分成若干分团分别前往其他国家,然后各分团又

---

① 《明太宗实录》卷86 "永乐六年十二月庚辰"条。
② 参见《明太宗实录》卷143 "永乐十一年九月癸未"条。
③ 参见〔澳〕王赓武《东南亚与华人——王赓武教授论文选集》,中国友谊出版公司1986年,第72—91页。
④ 《明史》卷325《满剌加传》,中华书局2000年。
⑤ 《明太宗实录》卷47 "永乐三年十月壬午"条。
⑥ 马欢著、冯承钧校注《瀛涯胜览校注》"满剌加国"条,中华书局1955年。
⑦ 黄省曾著、谢方校注《西洋朝贡黄录校注》,卷上"满剌加国"条,中华书局2000年。

回到该国以集合返回国内。

苏门答剌国由于面向印度洋,也是庞大的郑和使团的重要海外基地。郑和从首次西洋之行就来到该国,并在该国设立有"官厂"(仓库)。郑和在第四次下西洋期间,还曾在该国被迫卷入一场战斗。当时,苏门答剌国王宰奴里阿必丁有位政敌苏干剌,一直觊觎王位。他不满郑和"(赏)赐不及已,领兵数万邀杀官军"①。郑和指挥明朝水军,在宰奴里阿必丁方面的军队协助下,最终打败并俘获苏干剌。双方的这次合作,更加深了苏门答剌王室与明朝的关系。

位于东洋的浡泥等国也利用爪哇麻喏巴歇王朝走向衰落的有利形势,有意摆脱对爪哇的臣属而加强与明朝的往来。永乐六年,浡泥国王麻那惹加那乃甚至亲自率王室成员朝觐明成祖②。不料,麻那惹加那乃却在明朝病逝,随同访问的王子遐旺继承王位。遐旺在回国前夕请求明成祖"敕"令爪哇国王,让浡泥停止对爪哇的"进贡";同时,他还请求明成祖派遣官兵护送他回国并在浡泥镇守一年,"以慰国人之望"③。明成祖满足了遐旺的所有要求,派遣中官张谦率官兵护送遐旺回国并在浡泥留守④,直到永乐八年九月张谦一行才返回国内。永乐九年,张谦再次受命前往浡泥访问,而浡泥国王遐旺也于永乐十年率领庞大使团随张谦一行再次来明朝朝觐明成祖⑤。此后,苏禄(位于今菲律宾的苏禄群岛)东王、西王、峒王也仿效浡泥国王,于永乐十五年结伴一起来明朝朝拜明成祖⑥。而通过苏禄的外交桥梁,明朝使臣张谦又叩开了古麻剌朗(位于今菲律宾的棉兰老岛)的交往之门。永乐十八年,古麻剌朗国王也随张谦等人来中国朝觐明成祖⑦。至此,在张谦的努力下,明朝的东洋交通也取得了重大成就。

正是在郑和与张谦等明朝使节的积极推动下,东南亚诸国也对明朝做出

① 《明太宗实录》卷168"永乐十三年九月壬寅"条。

② 参见《明太宗实录》卷82"永乐六年八月乙未"条。

③ 《明太宗实录》卷85"永乐六年十一月戊申"条。

④ 参见《明太宗实录》卷86"永乐六年十二月丁丑"条。

⑤ 参见《明太宗实录》卷131"永乐十年八月辛酉"条、卷132"永乐十年九月丁未"条、卷134"永乐十年十一月庚寅"条和"永乐十年十一月辛丑"条,卷137"永乐十一年二月癸亥"条。

⑥ 参见《明太宗实录》卷192"永乐十五年八月甲申"条、"永乐十五年八月辛卯"条。

⑦ 参见《明太宗实录》卷230"永乐十八年十月乙巳"条。

了积极的外交回应。据统计,永乐时期来自东南亚地区主要国家的使团情况如下:占城18次,真腊7次,暹罗21次,爪哇17次,满剌加12次,苏门答剌11次,浡泥9次①。显然,永乐时期明朝与东南亚地区之间的政治关系,达到了历史上从未有过的高潮。

二、明成祖在东南亚地区所构建的华夷秩序

明成祖为何要大规模地向东南亚国家以及其他国家派遣使团?他在永乐九年七月间与吏部尚书夏骞义的一次谈话中,曾涉及到与四夷的交往问题:"朕初即位,恒虑德不及远。今四方夷狄,皆归中心。"②所谓"德",自先秦以来就是一个涵盖十分宽泛的综合概念,包括有信仰、道德、政策等方面的内容,甚至"一切美好的东西都可包括在德之中"③,而"招携以礼,怀远以德"④,也是先秦时期管仲提出的政治思想,并为后代儒家学者们所看重。明成祖在即位之初就考虑向四夷布"德",显然是要通过主动的外交行动在四夷中树立自己的美好形象。而隐藏在对这一美好形象追求背后的现实因素,则是他通过靖难之役夺得皇帝宝位后在国内所面临的政治权威缺乏⑤。为此,他要全面地开展明朝与四夷诸国的交往,通过构建华夷秩序来树立他作为"天下共主"的至高无上权威。

对于东南亚地区,他在夺得帝位七十余天后就向安南(位于今越南北部)、占城、暹罗、爪哇等国送去了自己即位消息的诏书。他在这封诏书中宣布:

> 太祖高皇帝时,诸番国遣使来朝,一皆遇之以诚,其以土物来市易者,悉听其便。或有不知避忌而误干宪条,皆宽宥之,以怀远人。今四海一家,正当广示无外。⑥

① 据〔澳〕王赓武《东南亚与华人——王赓武教授论文选集》,中国友谊出版公司1986年,第34页。
② 《明太宗实录》卷117"永乐九年七月丙戌"条。
③ 刘泽华《先秦政治思想史》,南开大学出版社1984年,第38页。
④ 《左传·僖公七年》,"十三经注疏"本,北京大学出版社1999年。
⑤ 参见陈尚胜《中国传统文化与郑和下西洋》,载于《文史哲》2005年第3期。
⑥ 《明太宗实录》卷12"洪武三十五年九月丁亥"条。

他的这份诏书表明了两点立场,一是对于早先明朝在与这些东南亚国家交往过程中所发生的不愉快事件,他要采取既往不咎的立场;二是他要从"四海一家广示无外"的立场出发,来建立明朝与上述国家之间关系的新秩序。

所谓"四海一家广示无外",正是《春秋公羊传》中所宣传的"王者无外"思想的具体体现,它构成了明成祖在东南亚推行华夷秩序的理论基础。而"王者"所以"无外",则是由于"溥天之下,莫非王土。率土之滨,莫非王臣"[①]。所以,圣王的理想和奋斗目标是"合天下为一家,进世界于大同"[②]。明成祖正是从"广示无外"的立场出发,在永乐元年十月专门要求礼部官员做好抚绥"远人"工作:

> 帝王居中抚驭万国,当如天地之大,无不覆载。远人来归者悉抚绥之,俾各遂所欲。[③]

永乐七年,他在派遣郑和出使海外诸国并由郑和带交给海外诸国王等人的《皇帝敕谕》中,则明确表达了他的"天下共主"理想:

> 皇帝敕谕四方及海外诸番王及头目人等:
> 朕奉天命君主天下,一体上帝之心,施恩布德。凡覆载之内日月所照、霜露所濡之处,其人民老少,皆欲使之遂其生业,不致失所。今遣郑和赍敕谱谕朕意。尔等祗顺天道,恪守朕言,循理安分,勿得违越,不可欺寡,不可凌弱,庶几共享太平之福。若有撍诚来朝,咸锡皆赏。故兹敕谕,悉使闻知![④]

---

① 《诗经·小雅·谷风之什·北山》,"十三经注疏"本,北京大学出版社1999年。
② 参见邢义田《天下一家——中国人的天下观》,载于邢义田主编《中国文化新论·根源篇:永恒的巨流》,台北联经出版事业公司1983年,第455页。
③ 《明太宗实录》卷24"永乐元年十月辛亥"条。
④ 《郑和家谱》,引自郑鹤声、郑一钧《郑和下西洋资料汇编》中册(下),齐鲁书社1983年,第851—852页。

由此可见,他交给郑和向海外诸国宣布的这份"敕谕",是一份描述他要构建的华夷秩序的宏伟蓝图。我们从这份华夷秩序蓝图中可以发现,明成祖所要构建的华夷秩序,其核心是他本人而并非明朝。

然而,他作为"天下共主"来"抚驭万国",并不意味着他要直接统治四夷国家,"圣王"对于"夷狄之邦,则以不治治之"①。不过,"圣王"却承担着"协和万邦"的神圣职责,即"圣王之治,协和万邦"②。明成祖在永乐六年所写的封淳泥镇国之山的御制碑文中,即就他调解淳泥与爪哇关系一事有感而发,"朕嗣守鸿图,率由典式,严恭祗畏,协和所统,无间内外,均视一体,遐迩绥宁,亦革承予意"③。就是说,他是遵循圣王之道,来做"协和所统"诸邦工作的。永乐二年,他还针对暹罗使节在前往琉球国途中遭遇海难而需要福建地方救助一事指示礼部尚书李至刚:"暹罗与琉球修好,是番邦美事。不幸船为风漂至此,正宜嘉恤,岂可利其物而籍之?!乡有善人,犹能援人于危,助人于善,况朝廷统御天下哉!"④这种鼓励番邦之间修好和对遭遇海难的番邦人士施以求助,不仅是"圣王有德"的直接表现,也是他为构筑东南亚地区华夷秩序所做的努力。

在明成祖的诏书中,"一视同仁"是他"协和万邦"的基本准则。就是说,他会本着一种中立的原则来处理外邦之间的相互纠纷和冲突。事实上,我们通过他调解满剌加国与周邻国家关系即可发现他基本上遵守着这种承诺。他曾在永乐五年和永乐十七年两次应满剌加国王的要求,分别用"敕谕"对暹罗两位国王予以警告,要求暹罗不可恃强凌弱、侵越他国,而应安分守礼、辑睦邻国,共享太平。但对于满剌加国在巴林邦地区的领土要求,明成祖却没有给予支持,而是站在爪哇的立场上予以阻止,充分地尊重了麻喏巴歇王朝久已存在的宗主国权力。

这种"一视同仁"原则在处置占城与邻国事务中也得到体现。永乐元年至永乐三年间,占城国王多次派遣使臣向明成祖报告该国遭受安南侵略之苦,明

---

① 费信著、冯承钧校注《星槎胜览》"序",中华书局1954年。
② 《明太宗实录》卷439"永乐二年二月壬辰"条。
③ 《明太宗实录》卷86"永乐六年十二月丁丑"条。
④ 《明太宗实录》卷34"永乐二年九月壬寅"条。

成祖也多次派遣使节到安南和占城两国调解,并要求安南国王"保境安分,惇修邻好"①。可是,当永乐十二年真腊使节向他报告占城对该国进行侵掠时,他又以"敕谕"告诫占城国王,"安分循理,保境睦邻"②。由此可见,明成祖在处理东南亚地区国际关系问题上,基本是根据事件性质而不是偏颇于某一个国家。

而对于中国与海外诸国之间关系的处理,中国古代贤哲一直强调"招携以礼,怀远以德"③、"圣王之制,施德行礼"④。所以,"礼"在构建华夷秩序过程中具有特别重要的意义,它不仅规定着华夷关系的结构和秩序,而且也标明了华夷关系的最终目标。因此,有的学者曾将中国古代的华夷秩序称为"天朝礼治体系"⑤。

"朝贡"和"册封"不仅是重要的礼仪,也是构建华夷秩序的最基本和最主要的形式。实际上,频频而出的郑和使团以及其他被明成祖派往域外的使团,使命就是创造"万国来朝"的局面。所以,每次"郑和还,西洋诸国皆遣使者随(郑)和入朝"⑥,从而形成海外诸国使臣相率而来的"朝贡"活动。而从册封情况看,占城、真腊、暹罗、满剌加、爪哇、苏门答剌、浡泥、古麻剌朗、苏禄诸国国王,都接受了明成祖的"册封"以及印诰、冠带等。这表明,上述诸国都加入了明成祖所构筑的华夷秩序。明成祖甚至在其中的满剌加和浡泥两国,进行封山奠典,并亲制碑文对两国国王予以褒奖,从礼仪上使双方的封贡关系更为密切。

华夷秩序的最终目标是"合天下为一家,进世界于大同"。而在"合"的途径上,中国古代先贤一直强调"德化天下"、"用夏变夷",主张用文化的手段来推动四海的合一。明成祖也曾有过用华夏的礼义来改变四夷习俗的理想。他在御制《南京弘仁普济天妃宫碑》文中曾说:"恒遣使敷宣教化于海外诸番国,

---

①　《明太宗实录》卷32"永乐二年六月戊子"条。

②　《明太宗实录》卷149"永乐十二年三月甲申"条。

③　《左传·僖公七年》,"十三经注疏"本,北京大学出版社1999年。

④　《汉书》卷78《萧望之传》,中华书局2000年。

⑤　参见黄枝连《天朝礼治体系研究》(上、中、下三卷),中国人民大学出版社1992、1994、1995年。

⑥　夏燮《明通鉴》卷15,引自郑鹤声、郑一钧《郑和下西洋资料汇编》中册(下),齐鲁书社1983年,第1566页。

导以礼义,变其夷习。"①然而,我们在他的对外行动上却发现他在这方面所做的工作却极其有限,除了向所有受册封的国家颁发明朝的《大统历》和冠服外,则只曾向暹罗等少数国家颁赠过《列女传》和度量衡。或许,他已经意识到,面对这样一个非汉字文化的区域,"用夏变夷"的工作将是一个艰巨而又长期的过程。或许,"敷宣教化于海外诸番国"仅仅是一种理想,而他的"用夏变夷"工作主要在于培训蕃王使臣们的"朝贡"礼仪以"变其夷习"。不过,明成祖却从海外诸国使臣们的朝贡礼仪中感受到很大满足。正如永乐十八年制定的一首朝廷宴飨乐舞歌词中所写的:"四夷率土归王命,都来仰大明。万邦千国皆归正,现帝庭,朝仁圣。天阶班列众公卿,齐声歌太平。"②

三、郑和下西洋与东南亚华人

郑和下西洋,对于明朝与东南亚地区之间的民间关系有何影响? 具体地说,它对于中国人前往东南亚的贸易往来和侨居有何直接影响? 是不是如同有些学者所认为的郑和下西洋推动了中国人前往东南亚地区的贸易和移民? 我们认为,要考察郑和下西洋对于华人前往东南亚经商和侨居有无直接影响,首先还应考察派遣郑和下西洋的明成祖对于华人前往海外进行贸易活动和到海外侨居的基本态度和政策。

曾有一位前辈学者提出,"在永乐朝的文献当中,很少有颁布海禁禁令的记载"。因此,他认为"永乐宣德间对于海禁的执行,已较洪武建文间大大地放宽了尺度。"就是说,永乐年间"海禁政策的执行"已"宽弛"了③。其实,征诸永乐朝的最重要文献——《明太宗实录》(又称《明成祖实录》),我们看到的不是"海禁"政策执行的宽弛而是严厉。譬如,明成祖在最初的登基诏书中就曾宣布:"缘(沿)海军民人等,近年以来,往往私自下番,交通外国。今后不许,所司

---

① 引自郑鹤声、郑一钧《郑和下西洋资料汇编》上册,齐鲁书社1980年,第39页。

② 《明史》卷63《乐志三》,中华书局2000年。

③ 参见张维华《明代海外贸易简论》第三章第二节,载于张维华《晚学斋论文集》,齐鲁书社1986年,第351至352页。

以遵洪武事例禁治。"①这里所说的"洪武事例禁治",是指他要坚持洪武初年即已开始实行的禁止中国民众出海谋生和贸易的"海禁"政策。永乐二年初,明成祖了解到福建沿海地区仍有人出海贸易,于是他要求地方政府官员要严格"禁民下海",同时又采取了进一步的"海禁"措施,"下令禁民间海船,原有海船悉改为平头船,所在有司防其出入"②。根据这项禁令,所有民间海船都要砍去可以悬挂风帆的桅杆。这样一来,沿海民众由于海船无法悬挂风帆也就无法航行到海外进行贸易活动。永乐五年,明成祖在《平定安南诏》中,针对安南各地民众也有进行海外贸易活动的传统专门强调,"亦不许军民人等私通外境、私自下海贩鬻番货,违者依律治罪"③。由此可见,平定安南后在新设置的交阯布政使司范围内,明朝也同样实行了"海禁"政策。因此,有关"永乐至宣德间海禁政策执行的宽弛"的观点并不能成立。

既然明成祖即位之后加强了"海禁"政策,那么他对于在先前就已潜逃到沿海岛屿甚至国外的中国流民又采取了什么政策呢?根据史家的记载,"国初(按:指明朝洪武时期)……两广漳州等郡不逞之徒,逃海为生者万计"④。其中,一部分人就逃居到已被明朝强令迁徙出居民的海岛。为此,明成祖在即位后不久就专门派人前往各海岛招抚逃民:"中国之人逃匿在彼者,咸赦前过,俾复本业,永为良民。若仍恃险远,执迷不悛,则命将发兵,悉行剿戮,悔将无及。"⑤明成祖要求这些逃民"俾复本业",即回故乡从事农业。第二年,明朝水军即在沿海岛屿展开军事搜索行动,一些逃民即被俘获。明成祖为了促成更多逃民回归故乡,对这些被俘的逃民"悉宥其罪"。正是在他的这种政策感召下,其他的逃民也"相率来归矣"⑥。

对于已逃往海外的中国逃民,明成祖一方面通过与东南亚一些国家的外交,要求对方不要接纳中国逋逃人员。如永乐七年,"奸民何八观等逃入暹罗,

---

① 《明太宗实录》卷10"洪武三十五年七月壬午"条。
② 《明太宗实录》卷27"永乐二年正月辛酉"条。
③ 《明太宗实录》卷68"永乐五年六月癸未"条。
④ 张萱《西园闻见录》卷56《防倭》,全国图书馆文献缩微复制中心1995年影印本。
⑤ 《明太宗实录》卷12"洪武三十五年九月丁亥"条。
⑥ 参见《明太宗实录》卷21"永乐元年六月丁卯"条。

帝（按：指明成祖）命使者还告其主（按：指暹罗国王），毋纳逋逃。其王即奉命遣使贡马及方物，并送（何）八观等还"①。永乐八年，"爪哇国王都马板遣使亚烈速木儿……送中国流人还"②。另一方面，明成祖还派遣政府官员前往东南亚的一些华人规模比较大的聚居区进行招抚工作。据明朝所得到的信息，在与爪哇相邻的旧港（位于苏门答腊岛，为三佛齐国故地），就形成了一个以广东人梁道明为首的具有数千人规模的中国逃民聚居区。"道明，广东人，挈家窜居于彼者累年。广东、福建军民从之者至数千人，推道明为首。"于是，明成祖于永乐三年春派遣"行人谭胜受、千户杨信等往旧港招抚逃民梁道明等"③。当年，梁道明与另一位华人领袖郑伯可就随谭胜受返回明朝接受了招抚，并在得到明成祖赏赐后回到旧港。

　　郑和在下西洋过程中也兼行对海外华人的招抚使命。《明实录》记载，郑和在第一次下西洋期间路过旧港，遇到旧港的另一华人领袖陈祖义。郑和"遣人招谕之。祖义等诈降而潜谋要劫官军。（郑）和等觉之，整兵提备，祖义率众来劫，和出兵与战，祖义大败，杀贼党五千余人，烧贼船十艘，获其七艘，及伪铜印二颗，生擒祖义等三人。既至京师，悉命斩之"④。根据上述记载，郑和本是为了招抚陈祖义等人，但陈祖义却采取"诈降"手段并在暗中准备实施抢劫活动。不过，根据《明实录》的一条早期史料，陈祖义已于永乐四年七月主动派遣儿子陈士良随同梁道明亲侄梁观政一起回国内朝贡明成祖，也得到明成祖的赏赐⑤。那么，他既然已是归顺者，在永乐五年为何还有必要向郑和一行"诈降"呢？因此，围绕着陈祖义事件的背景值得探究。

　　据史料的记载，郑和所以能够识破陈祖义的诈降阴谋，"有施进卿者，告于（郑）和"⑥。施进卿也是一位逃居旧港的华人，是梁道明的一位副手。由他来告发陈祖义，表明在旧港华人社区已出现两个集团的矛盾和对立，施进卿等人要

---

①　《明史》卷324《暹罗传》。
②　《明太宗实录》卷111"永乐八年十二月戊戌"条。
③　《明太宗实录》卷38"永乐三年正月戊午"条。
④　《明太宗实录》卷71"永乐五年九月壬子"条。
⑤　参见《明太宗实录》卷56"永乐四年七月丙辰"条。
⑥　《明史》卷324《三佛齐传》，中华书局2000年。

借郑和之手来消灭陈祖义集团。而从郑和使团一役就"杀贼党五千余人"的规模看,说明他还肩负有对海外华人中的叛明势力采取镇压的任务。正如明成祖在即位之初就已宣布的,海外逃民,"若仍恃险远,执迷不悛,则命将发兵,悉行剿戮"。如果主要是解决陈祖义问题,为何郑和要滥杀五千余众呢? 而且,明成祖对于郑和一行的这种杀戮旧港五千余名华人的行为,在当月就对相关人员进行了大范围的论功行赏:"赏使西洋官军旧港擒贼有功者,指挥钞一百锭、彩币四表里,千户钞八十锭、彩币三表里,百户所镇抚钞六十锭、彩币二表里,医士番火长钞五十锭、彩币一表里,校尉钞五十锭、绵布三匹,旗军通事军伴以下钞布有差。"① 另外,外逃华人陈祖义等人因为对郑和船队采取打劫活动而在被抓捕运送回国后即被斩首,但永乐九年同样对郑和船队采取打劫活动而被抓捕运送到中国的锡兰山国王亚烈苦奈儿,却被明成祖释放并"给与衣食"②。显然,明成祖对于海外华人中的异己势力采取了特别严厉的杀戮政策,而郑和则是这种政策的坚定执行者。一百年后的一位明朝官员对于郑和在旧港剿灭陈祖义的行为曾如此评论:"然则(郑)和岂贸易珍宝之使哉! 除异域之患,为天子光,和亦贤矣。"③ 所谓"除异域之患"和"为天子光",也点明了明成祖和郑和对于海外的中国逃民势力的本来面目。

明朝在斩杀陈祖义的同时,决定设立旧港宣慰使司,并任命施进卿担任宣慰使④。宣慰使司本为明朝在西南少族民族地区所设立的政府机构。作为宣慰使司的主官宣慰使,是由朝廷任命该族部落酋长担任,并且实行世袭制。明成祖在海外的华人聚居区设立宣慰使司机构,在很大程度上是对施进卿帮助郑和消灭陈祖义逃民集团行为的奖赏。因此,明朝对于爪哇控制旧港与"(施)进卿虽受朝命犹服属爪哇"的情况并不在意,既没有像保护满剌加王国那样通过"敕谕"向爪哇麻喏巴歇王朝提出警告,也没有派兵保护旧港宣慰使司,只是听其自生自灭。

---

① 《明太宗实录》卷71"永乐五年九月己卯"条。
② 参见《明太宗实录》卷116"永乐九年六月乙巳"条。
③ 黄省曾著、谢方校注《西洋朝贡典录校注》,卷上"三佛齐国"条,中华书局2000年。
④ 参见《明太宗实录》卷71"永乐五年九月戊午"条。

上述考察表明,明成祖登基后采取了更为严厉的"海禁"政策,根本就不允许中国民众前往东南亚地区进行贸易往来活动;而郑和在下西洋过程中对于已经移居到海外的华人则采取了招抚和镇压的两种政策。而这种招抚政策仅限于要求他们效忠明王朝,但明朝并没有为他们提供具体的保护措施。因此,有些学者所认定的"郑和下西洋推动了中国人前往东南亚地区的贸易和移民"的观点,并不符合历史实际。

另外,据范金民先生对侨乡族谱资料的考察,发现华人大规模移居东南亚地区的时间段,是在明朝嘉靖(1522—1566)、隆庆(1567—1572)、万历(1573—1620)时期,所占比例高达90%以上①。这与有关历史文献记载也颇为一致。清朝人徐继畬曾记载:"南洋,万岛环列,星罗棋布……明初遣太监郑和等航海招致之,来者益众。迨中叶以后,欧罗巴诸国东来,据各岛口岸,建立埠头,流通百货,于是诸岛之物产,充溢中华。而闽、广之民,造舟涉海,趋之如鹜,或竟有买来娶妇留而不归者。如吕宋、噶罗巴诸岛,闽、广流寓,殆不下数十万人。"②由此可见,华人大量移居东南亚地区,是在欧洲人东来以后,即16世纪以后,而与郑和下西洋并没有直接的关系。

然而,为何在东南亚的一些地区却有很多关于郑和的遗迹和传说呢?譬如,由于郑和下西洋通常又被人们称为三宝太监下西洋,所以在爪哇就有三宝垄、三宝港、三宝洞、三宝井,在马六甲也有三宝山、三宝城、三宝井,在暹罗也有三宝港、三宝庙、三宝宫、三宝禅寺,在苏门答腊也有三宝庙等。据当地华人相传,这些遗迹都与郑和下西洋有关③。甚至在郑和并没有到过的加里曼丹岛,也有关于郑和的传说。晚明时期人张燮曾记载文莱国,"俗传今国王为闽人,随郑和征此,留镇其地,故王府旁旧有中国碑"④。其实,永乐时期受命前往浡泥(即明后期的文莱)访问的明朝使节是中官张谦而并非郑和。而张谦两次前往浡泥都

① 参见范金民《郑和下西洋与南洋华侨》,载于南京郑和研究会编《郑和研究论文集》第一辑,大连海运大学出版社1993年,第80—95页。

② 徐继畬《瀛环志略》卷2《南洋各岛》,清道光三十年刊本。

③ 参见郑鹤声、郑一钧《郑和下西洋资料汇编》下册,齐鲁书社1989年,第70—87页。

④ 张燮《东西洋考》卷5《东洋列国考》"文莱"条,中华书局2000年。

与浡泥嗣王遐旺有关,一次为护送他回国即位①,一次为护送他入明访问②,并没有发生所谓"征"浡泥的事实,相反却是为了保护浡泥免受爪哇的征服。

晚明时期海外华人之所以盛传郑和故事,我们认为,一是受国内环境影响。因为"自(郑)和后,凡将命海表者,莫不盛称(郑)和以夸外番"③。尤其是明后期,东南沿海地区人们饱受倭寇之患,当时就有罗懋登根据郑和故事写成《三宝太监西洋记通俗演义》,借以"寓思古伤今之意,抒忧时感事之忧"。二是东南亚地区华人身处西方殖民主义者欺凌压迫环境,也需要从祖国的文化资源中来寻求一种心理诉求和寄托。于是,具有航海壮举的郑和在某种程度上就成了他们的保护神。不过,这种"委巷流传甚广"的盛世故事,一旦传播开来,"皆俗语流为丹青耳"④。然而,这种特殊语境中的"俗语"毕竟不是真实的历史,我们理应把这种"俗语"从"丹青"中剥离出来。

四、结　语

上述考察表明,不仅郑和下西洋没有直接推动中国民间力量向东南亚地区的移民和扩张,而且明成祖在东南亚地区所构建的华夷秩序,强调的是"怀远以德"和"协和万邦",追求的是"共享太平之福",决无任何不良企图;虽然东南亚诸国国王在礼仪上接受明成祖的册封,但明成祖以及明朝并没有干预这些国家的内政事务,也没有占领这些国家的一寸土地。相反,明成祖还以明朝的强大实力所带来的影响力,在调解东南亚诸国之间的矛盾和纠纷上发挥着显著的积极作用,并在一定程度上产生了东南亚诸国对于他的向心力。

然而,如果从整个15世纪甚至包括16世纪的长时段角度考虑,明朝在东南亚地区的政治影响力却在迅速下降。其中最主要的因素,当然是明朝国力的衰退。尤其是1449年明朝军队在土木堡(位于今河北怀来)遭受蒙古军队的伏击

---

① 参见《明太宗实录》卷86 "永乐六年十二月丁丑"条。
② 参见《明太宗实录》卷113 "永乐九年二月癸巳"条、卷131 "永乐十年八月辛酉"条。
③ 《明史》卷304《郑和传》,中华书局2000年。
④ 钱曾《读书敏求记》。引自郑鹤声、郑一钧《郑和下西洋资料汇编》下册,齐鲁书社1989年,第101页。

并导致明英宗被俘,明朝统治者需要将更多的财力和精力投入到北防建设,既无心思也无力量投入海外。不过,明成祖所构建的东南亚地区华夷秩序,也存在着自身缺陷并对明朝与东南亚之间关系产生了不利影响。由于明成祖在构建华夷秩序过程中,强烈追求的是他个人的权威而忽略了明朝的利益,因此缺乏国家的利益机制。相反,"郑和奉命出海……以重利诱诸番,故相率而来"①,却损害了明朝的经济利益。永乐十九年翰林院侍读李时勉、侍讲邹辑等人就曾上奏称,"连年四方蛮夷朝贡之使,相望于道,实罢中国。宜明诏海外诸国,近者三年,远者五年一来朝贡,庶几官民两便"②。从"实罢中国"一语可见,明成祖所构建的这种华夷秩序对明朝财政经济消极影响之大。而且,明成祖完全排斥中国商民参与东南亚的国际贸易活动,使明朝与东南亚的关系又失去了民间交流的基础。另外,在永乐时期与东南亚关系的内容结构中,又缺乏必要的文化交流,更难以在东南亚诸国培育人们的文化认同意识。因此,明成祖所构建的东南亚华夷秩序,并没有形成明朝与东南亚地区关系的长效机制。

（原文载于《山东大学学报（哲学社会科学版）》2005年第4期）

---

① 赵翼《廿二史劄记》卷33"永乐中海外诸番来朝"条,中华书局1984年。
② 《明太宗实录》卷236"永乐十九年四月甲辰"条。

海外穆斯林商人与明朝海外交通政策

中国文明与世界其他文明之间的交流,大体上经过三个阶段。第一阶段自公元前2世纪至公元7世纪,主要表现为中国文明与印度文明的交流,同时还兼有中国文明与伊朗文明的交流;第二个阶段自公元8世纪至15世纪,主要表现为中国文明与伊斯兰文明的交流;第三阶段自16世纪至20世纪,主要表现为中国文明与基督教文明的交流。而就中国文明与世界其他文明交流的历史进程而论,中国文明与印度佛教文明、伊朗文明以及伊斯兰文明的交流完全是在和平的状态下实现的,只有中国文明与欧洲基督教文明的交流伴随着西方殖民主义和帝国主义对华扩张的暴力进程。

仅就中国文明与伊斯兰文明的交流而论,其交流的途径包括中亚陆路和东南亚的海路。通过中亚陆路的交流,主要通过西北地区皈依伊斯兰教的突厥诸语族、中亚及西亚地区的穆斯林移民等媒介进行的。而通过东南亚海路的交流,则是通过海外穆斯林商人的媒介而得以实现的。而中国封建王朝主动参与到和伊斯兰文明交流的进程,主要是在明朝前期,具体则是通过郑和下西洋而得以实现的。可以说,郑和下西洋正是中国文明与伊斯兰文明交流进程中的一个高潮。

关于郑和下西洋与伊斯兰世界的关系,中国前辈学者曾提出过两种意见。一种意见以李士厚、刘铭恕为代表,他们认为郑和下西洋是为了帮助以满剌国为首的伊斯兰教国家来反抗爪哇麻喏巴歇王朝的统治①。可是,作为派遣郑和下西洋的明成祖并不是一位伊斯兰教徒,他自然不会发动西洋地区的伊斯兰国家开展一场对爪哇麻喏巴歇王朝的"圣战"。而且,永乐朝与麻喏巴歇王朝的交往也比较密切。另一种意见以向达、尚钺、罗香林、赵令扬为代表,他们认为郑和下西洋有着联络海外诸国以牵制西域的帖木儿帝国后方的目的,以预防和制约帖木儿帝国对明朝的扩张②。不过,明成祖在当时虽然得悉帖木儿可能对明朝进行战争的消息,但他却判断,"彼必未敢肆志如此"③。而从永乐初年明朝对于帖木儿帝国的相关了解来看,也极为模糊,并不知道帖木儿帝国的后方在哪里。同时,明朝却十分清楚帖木儿政权的"回回"性质,那么明成祖会让一位同是穆斯林身份的郑和统兵前往穆斯林世界的西洋来实施对帖木儿帝国的包围吗?退一步说,郑和首次下西洋若是带有这种战略意图,但在永乐五年六月明成祖已经得悉帖木儿已经死亡的消息并且派遣白阿儿忻台作为专使前往撒马尔罕吊祭帖木儿时④,他还有必要在当年冬天再次派遣郑和下西洋吗? 显然,此说也不足以令人信服。

值得重视的是,国外学者对于郑和下西洋与伊斯兰世界关系的研究却做出了极其深入的研究。澳大利亚籍华人学者王赓武在《中国与马六甲关系的开端 1403—1405 年》一文中,曾非常深入地研究了永乐元年的西洋穆斯林商人与宦官尹庆作为明朝使节访问满剌加国之间的关系,由此拉开了郑和下西洋的序幕⑤。日本学者家岛彦一曾经从伊斯兰史料中,搜集到不少与郑和下西洋相关的

---

① 李士厚《西洋诸国回教汇览》,载于《郑和家谱考释》,昆明自刊本 1937 年,第 51 页;刘铭恕《郑和航海事迹之再探》,载于《中国文化研究汇刊》1943 年第 3 期,第 131—170 页。

② 参见向达《三保太监下西洋》,载于《旅行家》1955 年第 12 期;尚钺《中国历史纲要》,人民出版社 1954 年,第 310—311 页;罗香林《中国民族史》,台北中华文化出版事业委员会 1966 年,第 174—175 页;赵令扬《明初世界观及郑和下西洋之时代意义》,王天有、徐凯、万明编《郑和远航与世界文明——纪念郑和下西洋 600 周年论文集》,北京大学出版社 2005 年,第 150—163 页。

③ 《明太宗实录》,卷 39 "永乐三年二月庚寅"条,台北"中研院"历史语言研究所 1962 年校印本。

④ 《明太宗实录》,卷 68 "永乐五年六月癸卯"条。

⑤ 〔澳〕王赓武《中国与马六甲关系的开端 1403—1405 年》,载于王赓武著《东南亚与华人——王赓武教授论文选集》,中国友谊出版公司 1987 年,第 72—91 页。

资料,并具体阐述了郑和下西洋与印度洋地区伊斯兰势力的关系①。另一位日本学者寺田隆信,也著有《郑和——联结中国与伊斯兰世界的航海家》一书,简明扼要地叙述了郑和下西洋与太平洋以及印度洋地区伊斯兰世界的关系②。然而,他们对于海外穆斯林商人与明朝海外交通政策之间的互动及相互影响问题却关注不够。为此,本文特以明朝前期(洪武至弘治时期,1368—1505)海外交通政策与海外穆斯林商人的互动为视角,具体探讨海外穆斯林商人与明朝前期海外交通政策之间的相互影响问题。

一、洪武时期的南海交通与海外穆斯林使节

早在唐朝、宋朝和元朝时期,就有不少穆斯林商人通过海路前来中国东南沿海地区经商并且在中国侨居③。1368年明朝建立,海外穆斯林商人仍在所在国家与明朝的交往中发挥着重要的媒介作用。

明太祖朱元璋在明朝建国的当年(洪武元年,1368),就开始向邻国高丽和安南派遣外交使团;翌年,他又向日本、占城、爪哇以及西洋诸国派遣出自己的使节。明太祖所派遣的这些使团的目的,在于向这些国家通报明朝已取代元朝统治中国,同时还有表达自己要重建华夷秩序并与这些国家和平相处的愿望④。明太祖的这种通交愿望,得到了东南亚地区的穆斯林政权以及穆斯林商人的积极回应。

据《明太祖实录》记载,洪武三年八月,明太祖曾派遣监察御史张敬之、福

---

① 参见〔日〕家岛彦一《イステーム史料中にみる郑和远征纪事について》,载于《史学》1966年第4期;〔日〕家岛彦一《イステーム史料中にみる郑和の远征》,载于《アミア・アアリカ言语文化研究》1968年第2期;〔日〕家岛彦一《十五世纪におけるイソド洋通商史の一齣——郑和远征分队のイソド洋访问について》,载于《アミア・アアリカ言语文化研究》1974年第9期。
② 本书名据庄景辉中文译本,海洋出版社1988年。
③ 参见〔日〕桑原隲藏著、冯攸译《中国阿拉伯海上交通史》,商务印书馆1934年;江淳、郭应德《中阿关系史》,经济日报出版社2001年,第27—102页。
④ 《明太祖实录》卷37“洪武元年十二月壬辰”条;卷39“洪武二年二月辛未”条,台北“中研院”历史语言研究所1962年校印本。

建行省都事沈秩等人作为使节前往浡泥通交①。翌年八月,浡泥国王马合谟沙就派遣亦思麻逸随明朝使团回访明朝。这位浡泥国王"马合谟沙",其中的"马合谟"即穆斯林之名Mahnmud,为"穆罕默德"的汉字异译;"沙"即Shah,"国王"之意。在文莱国王向明太祖赠送的礼物中,除当地出产的鹤顶生、玳瑁、孔雀、梅花、龙脑、米脑、糠脑等物品外,还有西洋白布等。而且,该国"番书字体,仿佛回鹘"②,显然在文字上也受到西亚文字的影响。

位于苏门答腊岛南部的室利佛逝虽然早在11世纪就已衰落,并在14世纪初成为爪哇麻喏巴歇王朝(1292年在抗击元朝军队侵略过程中兴起的帝国)的藩属,但其优越的地理位置仍然吸引着大量穆斯林商人③。明初,人们称这个国家为三佛齐。洪武三年八月,明太祖派遣赵述前往三佛齐通交④。第二年九月,三佛齐国王马哈札八剌卜派遣大臣玉的力马罕亦里牙思作为使节回访明朝⑤,随同使团而来的还有贸易商船⑥。三佛齐国王在派遣政府使团时却又安排商队前来贸易,可能受到穆斯林商人的影响。洪武八年,有一位叫做谈蒙马哈麻的三佛齐国使节,随同明朝出访拂林国的使团来华⑦。而"马哈麻"之名即Mahnmud的节译,则显示了他的穆斯林身份。洪武十年,三佛齐国因老国王去世而新王麻那者巫里即位。他派遣了阿烈·足谏作为使节前来明朝,并请求明朝授予他印绶⑧。"阿烈"即阿拉伯文Ali的音译,为"崇高"之意,显然这位使节具有穆斯林的身份。当年十月,明太祖则向三佛齐国派遣了册封新国王的使团,并带去银质的三佛齐国王之印⑨。不过,明朝与三佛齐国缔结封贡关系的行

---

① 《明太祖实录》卷55"洪武三年八月戊寅"条。

② 《明太祖实录》卷67"洪武四年八月癸巳"条。

③ 宋人赵汝适在《诸蕃志》中曾说:"大食诸番所产萃于本国。"见杨博文校释《诸蕃志校释》卷上"三佛齐"条,中华书局2000年。

④ 《明太祖实录》卷55"洪武三年八月戊寅"条。

⑤ 《明太祖实录》卷68"洪武四年九月庚申"条。

⑥ 据《明太祖实录》卷68"洪武四年九月丁丑"条记载,当日户部官员向明太祖报告,"三佛齐海舶至泉州海口,并请征其货"。明太祖下诏:"勿征。"

⑦ 《明太祖实录》,卷101"洪武八年九月丙戌"条。

⑧ 《明太祖实录》,卷114"洪武十年八月丁巳"条。

⑨ 《明太祖实录》,卷115"洪武十年十月甲戌"条。

为,挑战了爪哇麻喏巴歇王朝的宗主权,麻喏巴歇王朝遂将明朝使团从三佛齐诱骗至该国而加以杀害。

爪哇麻喏巴歇王朝在杀害明朝使节事件发生后,东王曾派遣阿烈·苏阿那,西王曾派遣阿烈·占璧来华。从他们的姓名可见,这两位使节也是穆斯林[①]。据《明太祖实录》记载,明朝在接待工作中发现他们"礼意不诚",将他们囚禁起来,直到洪武十二年九月才将他们释放[②]。这两位穆斯林使节为何遭受明朝囚禁,史载不详。但从当时两国关系的背景来看,极可能是围绕着对三佛齐国的宗主权问题发生争执。不过,明朝在这时尚未得悉自己的使节遭爪哇方面杀害的消息。直到洪武十三年,爪哇国王派遣阿烈·彝烈时作为使节来华时才被明朝了解。明太祖在获悉爪哇杀害自己派往三佛齐使节的消息后,虽然十分愤怒,但对于这位爪哇国使节却没有进行报复,只是委托这位穆斯林带回一封警告麻喏巴歇国王的诏书:

> 朕君主华夷,抚御之道,远迩无间。尔邦僻居海岛,顷尝遣使中国,虽云修贡,实则慕利,朕皆推诚以礼待焉。前者,三佛齐国王遣使奉表,来请印绶。朕嘉其慕义,遣使赐之,所以怀柔远人。尔奈何设为奸计,诱使者而杀害之。岂尔恃险远,故敢肆侮如是欤? 今使者来,本欲拘留,以其父母妻子之恋,夷夏则一。朕推此心,特令归国。尔二王当省已自修,端秉诚敬,毋蹈前非,干怒中国,则可以守富贵。其或不然,自致殃咎,悔将无及矣。[③]

明太祖对爪哇国王的这种挑衅行为之所以能够容忍和宽容,主要原因还是他不愿卷入与海外国家的战争。而爪哇麻喏巴歇王朝却在因杀害明朝使节而使双方关系面临严峻考验的时刻,派遣穆斯林前来明朝通交,可能带有穆斯林商人

---

① 　明人茅瑞征在《皇明象胥录》卷4中认为,"阿烈"为爪哇国官名。近人陈学霖先生也持此看法,见《记明代外番入贡中国之华籍使事》,载于《大陆杂志》第二十四卷第四期,1962年。但从前引三佛齐国也有使节姓名为"阿烈"的情况看,"阿烈"也可能为伊斯兰教徒之名Ali的音译。

② 　《明太祖实录》卷126"洪武十二年九月壬戌"条。

③ 　《明太祖实录》卷134"洪武十三年十月丁丑"条。

需要对华通商的背景。正因为如此,在明朝与爪哇双方关系面临困难的年代,爪哇的使节皆由穆斯林担任。据《明太祖实录》记载,洪武十四年爪哇国的入明使节仍为阿烈·彝烈时①。而洪武十五年来到明朝的爪哇使节为僧阿烈·阿儿②,按"僧"可能为"番僧"的遗漏。如果属实,则这次爪哇使节是由伊斯兰教神职人员来担任的。另外,洪武二十六年二月入明的爪哇使节为番僧阿烈均禄③,十一月入明的爪哇使节为僧阿烈④,都是伊斯兰教神职人员。同一年五月,还有爪哇国民阿里等八人,在随同该国使团来华途中,因遭遇海难而被明朝卫所巡逻军士所救⑤。作为普通民众的阿里等八人参加政府使团前往中国,极可能是商人,而"阿里"之名,为阿拉伯文Ali的另一种音译,也显示了他们的穆斯林背景。

事实上,早在洪武六年,就曾有海外的穆斯林商人以个人身份前来明朝贸易。据史记载,洪武六年二月,"海贾回回以番香阿剌吉为献。阿剌吉者,华言蔷薇露也,言此香可以疗人以疾,及调粉为妇人容饰。上曰:'中国药物可疗疾者甚多,此特为容饰之资徒启奢靡耳。'却,不受"⑥。当时明太祖拒绝接受这位海外穆斯林商人的礼品,虽然基于他的反对奢靡的思想,但他在国内所采取的"海禁"政策,也不鼓励海外商人以个人身份来华贸易。所以,爪哇国民阿里等人参与到该国的朝贡使团行列,也是根据明朝对外政策现实所采取的一种应对之举。

明太祖为了把海外交通限定在海外国家对明朝的朝贡往来上,在洪武十六年又进一步采取了勘合制度。即通过授予勘合给海外国家王室,并由所在港口官员于海外国家朝贡使节入境时检验他们的勘合以确认他们身份的真伪,从而来决定是否允许他们入境并接待⑦。同时,明太祖还下令提高对海外国家朝贡活

---

① 《明太祖实录》卷139 "洪武十四年十月"末条。
② 《明太祖实录》卷141 "洪武十五年正月乙未"条。
③ 《明太祖实录》卷225 "洪武二十六年二月丙申"条。
④ 《明太祖实录》卷230 "洪武二十六年十一月丁卯"。
⑤ 《明太祖实录》卷227 "洪武二十六年五月癸丑"。
⑥ 《明太祖实录》卷79 "洪武六年二月庚申"条。
⑦ 陈尚胜《闭关与开放:中国封建晚期对外关系研究》,山东人民出版社1993年,第128—131页。

动的待遇①,并对外国朝贡使团所顺带的贸易货物予以免税②。恰在同一年,就有苏门答剌岛北部的须文达那国王殊旦麻勒兀达盼派遣节俺八儿前来明朝通交③。据《马来纪年》记载,须文达那王国在13世纪即皈依伊斯兰教④。而据14世纪40年代曾到该国游历的摩洛哥人伊本·白图泰的记载,须文达那国王就是一位穆斯林,信奉沙非尔教派⑤。须文达那国在此前一直未与明朝通交,明朝也未曾派遣使节前往招谕。此时,该国国王为何派遣使节前来明朝通交?《明太祖实录》相关记载不详。但须文达那使节"俺八儿"之名,却是阿拉伯文Anbar的译音,为"龙涎香"之意。那么,该使节是否本身就是一位经营香料贸易的穆斯林商人呢? 由于他来明朝时正值开始采取勘合制度,而这位叫做俺八儿的穆斯林,只有称自己为须文达那国的使节,才能得到允许入境。而在此后,在明朝的相关文献中也没有"须文达那"国与明朝继续通交的记录(后人认为此即永乐时期通交的"苏门答剌"国)。因此,这位俺八儿就有可能是一位普通商人而非通交的穆斯林。确实,明太祖所推行的勘合制度,对于海外穆斯林商人以个人身份的来华经商,造成了很大的困难。而爪哇麻喏巴歇王朝与明朝在对三佛齐国宗主权问题上的斗争,也影响了洪武后期南海交通的发展。

二、郑和下西洋与海外穆斯林商人

1402年7月17日,明太祖四子朱棣通过靖难之役夺得皇帝之位,是为明成祖。明成祖于当年10月3日就向日本、琉球、安南、占城、暹罗、爪哇、苏门答剌等国派遣使节告知自己的通交政策:

---

① 《明太祖实录》卷154 "洪武十六年五月戊申"条记载 :"上谓礼部臣曰 :诸番夷酋长来朝,涉履山海,动经数万里。彼既慕义来归,则赍予之物宜厚,以示怀柔之意。"

② 《明太祖实录》卷159 "洪武十七年正月丁巳"条记载,明太祖"命有司凡海外诸国入贡,有附私物者,悉蠲其税"。

③ 《明太祖实录》卷158 "洪武十六年十二月"末条。

④ 李一平《试论伊斯兰教在东南亚岛屿地区的传播》,载于《南洋问题研究》2005年第2期,第70—75页。

⑤ 〔阿拉伯〕伊本·白图泰著、马金鹏译《伊本·白图泰游记》,宁夏人民出版社2000年,第531页。

太祖高皇帝时,诸番国遣使来朝,一皆遇之以诚,其以土物来市易者,悉听其便。或有不知避忌而误干宪条,皆宽宥之,以怀远人。今四海一家,正当广示无外。①

翌年,他又派遣使节前往占城、暹罗、爪哇、西洋、苏门答剌诸国,并下令恢复已被裁革的市舶司机构,以主持海外国家朝贡使团的来华贸易事务②。

明成祖所实行的"广示无外"的海外交通政策,对于西洋地区的穆斯林商人也有积极影响。永乐元年(1403),有"西洋回回哈只等,在暹罗闻朝使(按:即明朝派往暹罗的使节)至,即随来朝"。明成祖对于远处西洋的穆斯林主动来华的行为,感到非常高兴。他专门指示礼部官员,"远夷知尊中国,亦可嘉也。今遣之归,尔礼部给文为验,经过官司毋阻。自今诸番国人愿入中国者听"③。由此可见,西洋地区穆斯林主动朝贡的事件,使明成祖放宽了勘合制度对海外国家民间人士来华的限制。同时,明成祖对于这些来自西洋地区穆斯林商人在华销售胡椒的贸易活动,明确阻止有关机构征收关税。他还专门诏令,"商税者,国家以抑逐末之民,岂以为利。今夷人慕义远来,乃欲侵其利,所得几何,而亏辱大体万万矣"④。

根据这条《明实录》史料所示,这些来自西洋地区的穆斯林为西洋剌泥国回回哈只、马哈没奇剌尼。据研究,剌泥国当为奇剌泥国之漏,对音是 Jilani,即今伊朗西北部位于里海之滨的吉兰省⑤。当时,穆斯林商人已经控制了南印度至东南亚地区的贸易。正是通过这些穆斯林商人的介绍,新兴之国马六甲(明朝文献中称为"满剌加")和印度南部的柯枝遂进入了明成祖的通交范围,这就导致

① 《明太宗实录》卷12"洪武三十五年九月丁亥"条,台北"中研院"历史语言研究所校印本,1962年。
② 《明太宗实录》卷22"永乐元年八月丁巳"条。
③ 《明太宗实录》卷24"永乐元年十月辛亥"条。
④ 《明太宗实录》卷24"永乐元年十月甲戌"条。
⑤ 〔马来西亚〕赛亦迪·那吉柏·阿尔阿达斯(Syed Naguib Al-Attas)《关于中国与马六甲关系开端(1403—05)的注释》(Note on the opening of relations between China and Malaca ,1403—05)》,载于《皇家亚洲学会马来西亚分会学报》(JMBRAS)第38卷第1号,1965年。转引自〔澳〕王赓武《东南亚与华人》,中国友谊出版公司1986年,第80页。

了明朝中官尹庆作为使节对满剌加和柯枝的出使①。也是在这些"西洋回回"充当向导的情况下,尹庆等人开始了西洋外交的航行。

也正是由于永乐元年这些穆斯林商人的介绍,明成祖对于西洋地区有了一些了解,可能感到在西洋区域可以加强自己作为"真命天子"来"君主华夷"秩序的政治影响。于是,他在永乐二年正月即做出了派遣使节大规模通西洋诸国的计划,开始命令福建等地打造海船②。永乐三年五月,明成祖又下令浙江等都司造海舟一千一百八十艘③。永乐三年六月,明成祖正式下令派遣"中官郑和等赍敕往谕西洋诸国,并赐诸国王金织文绮彩绢各有差"④。不过,在这项命令中,郑和所要出访的西洋诸国计划并不清晰。而当随明朝尹庆使团一道来明朝访问的苏门答剌、满剌加、古里三国使节于该年九月来华时⑤,郑和下西洋使团的访问任务就包括有上述三国,还包括自永乐元年以来每年都有使节前来通交的爪哇国⑥。而此行的最终目标,据《娄东刘家港天妃宫石刻通番事迹碑》和《长乐天妃之神灵应记碑》的记载,则是西洋古里国⑦。因此,尹庆从古里访问的顺利归来及其对古里等国的了解,以及受爪哇国王之命来明朝通使的华人穆斯林阿烈于都万等人对海外情况的介绍⑧,都直接影响了郑和初次下西洋的具体目标。

永乐五年九月,郑和率二万七千余人的庞大船队从西洋航行归来,他们还带来了苏门答剌、古里、满剌加、小葛兰、阿鲁等国的使团⑨。而郑和首次西洋航行的成功,也使明成祖感到继续派遣郑和进行西洋航行的可能。三日后,明成

---

① 《明太宗实录》卷24"永乐元年十月丁巳"条。

② 《明太宗实录》卷24"永乐二年正月癸亥"条。

③ 《明太宗实录》卷42"永乐三年五月丙戌"条。

④ 《明太宗实录》卷43"永乐三年六月己卯"条。

⑤ 《明太宗实录》卷46"永乐三年九月癸卯"条。

⑥ 《明太宗实录》卷23"永乐元年九月乙酉"条;卷33"永乐二年七月丁卯"条;卷34"永乐二年九月乙酉"条、"永乐二年九月甲寅"条;卷35"永乐二年十月己卯"条;卷46"永乐三年九月癸卯"条。

⑦ 两碑碑文内容,见郑鹤声、郑一钧《郑和下西洋史料汇编》上册,齐鲁书社1980年,第40页—44页。

⑧ 按:《明太宗实录》卷34"永乐二年九月己酉"条记载了阿烈于都万作为爪哇使节的入明朝贡,而"永乐二年九月甲寅"条中又专门记载了明成祖专门对阿烈于都万的赐宴。显然,阿烈于都万的来华朝贡,受到了明成祖的特别重视。或许,他利用华人的便利条件,向明朝介绍了他所了解的海外情况。

⑨ 《明太宗实录》卷71"永乐五年九月壬子"条。

祖即指示都指挥王浩负责"改造海运船二百四十九艘,备使西洋诸国"①。十一月,他再次下令让浙江、湖广和江西官府负责改造"海运船十六艘"②。就在永乐五年底,明成祖又派遣郑和进行第二次西洋航行。此后,明成祖又四次令郑和率领庞大船队进行西洋航行。另外,明宣宗也曾令郑和率队进行一次西洋航行。那么,郑和率领庞大船队七下西洋的目的何在? 我们认为,它不是《明史》中笼统说的"成祖疑惠帝亡海外,欲踪迹之"③,因为明成祖和明宣宗爷孙不会在自永乐三年到宣德八年(1433)前后近三十年的时间里,到海外大规模地寻找一个早已没有东山再起政治资本的建文帝。同时,《明史》中所说的郑和下西洋是"欲耀兵异域,示中国富强",如果单从军事上向外扩张的角度看这一观点也不能成立,因为郑和在海外并没有凭靠强大的海上武装去占领诸国一寸领土。郑和前后七次下西洋,最初的主要目的在于通过发动海外国家的"四夷来朝",以便为明成祖本人制造"万国归附"和"真命天子"的标志,从而改变自己因使用武力夺取皇位后政治权威极度缺乏的尴尬局面④。同时,也在于改善海外诸国自洪武中期以来华夷秩序混乱的政治局面,加强明王朝的政治影响力。而要加强明朝在海外诸国的政治影响力,除了要有必要的海上军事实力外,更需要展示明朝在经济上的富强和政治上的天朝"怀柔远人"的风范。其中最主要的手段,则是郑和在海外诸国王公中例行宣读皇帝诏书和"赏赐",并大量采购海外诸国的香药宝物,以满足明朝王公贵族的消费需求和改善国内因"海禁"政策实施所造成的舶来品货源不足的局面。

事实上,郑和在下西洋过程中,正是凭借了海外穆斯林的商业网络开展贸易和交流活动。

第一,郑和等人积极支持满刺加和苏门答刺的两个穆斯林政权,并在这两个国家设立航海贸易基地。作为一个因受麻喏巴歇王朝和暹罗王朝双重扩张压力的新兴穆斯林王国,满刺加国王拜里迷苏刺在尹庆访问后即派遣使臣回访

① 《明太宗实录》卷71"永乐五年九月己卯"条。
② 《明太宗实录》卷73"永乐五年十一月丁巳"条。
③ 《明史》卷304《郑和传》,中华书局2000年。
④ 陈尚胜《中国传统文化与郑和下西洋》,载于《文史哲》2005年第3期,第71—77页。

明朝,并表示"愿同中国属郡,岁效职贡"①。但明成祖并未将其列为属郡,而在外交上全力维护满剌加王国的安全,多次制止暹罗对满剌加国的扩张②。明成祖对于满剌加王国的这种特殊保护,是与该国在郑和下西洋活动中的重要性相关的。满剌加国不仅是明朝船队从东洋进入西洋的中继站,而且自该国建国开埠以来就云集了大量穆斯林商人。郑和在下西洋的过程中,于满剌加国王城附近设立"官场"(仓库)。"中国宝船到彼,则立排栅,城垣设四门更鼓楼,夜则提铃巡警。内又立重栅小城,盖造库藏仓廒,一应钱粮顿放在内。去各国船只俱回到此取齐,打整番货,装载停当,等候南风正顺于五月中旬开洋回还。"③另外,郑和船队在另外一个穆斯林商人云集的苏门答剌国也设有类似的"官场"④。为了支持苏门答剌国王宰奴里阿必丁,郑和还曾被迫卷入与宰奴里阿必丁的政敌苏干剌的冲突⑤,此举不仅维护了宰奴里阿必丁在苏门答剌国的统治,而且也维护了明朝在苏门答剌国的航海基地利益。

　　第二,郑和一行在西洋诸国的贸易活动,主要是依靠当地穆斯林商人进行的。据当时参加下西洋活动的马欢记载,他们在西洋大国——古里国的贸易活动,完全是由该国的两位回回大头目负责的。"王有大头目二人,掌管国事,俱是回回人。国中大半皆奉回回教门,礼拜寺有二三十处,七日一次行礼拜,至日举家斋浴,诸事不理。巳午时,大小男子到礼拜寺,至未时方散回家。只做买卖,交易等事,人甚诚信,状貌济楚标致。其二大头目受中国朝廷陞赏,若宝船到彼,全凭二人主为买卖。王差头目并哲地、未讷几即书算手,官牙人等,会领綜大人议择某日打价。至日,先将来去锦绮等货,逐一议价已定,随写合同价数,彼此收执。其头目哲地即与内官大人众手相拿,其牙人则言某月某日于众手中拍一掌已定,或贵或贱,再不悔改。然后哲地富户才将宝石、珍珠、珊瑚等物来看

────────

① 《明太宗实录》卷47"永乐三年十月壬午"条。
② 陈尚胜《郑和下西洋与东南亚华夷秩序的构建——兼论郑和下西洋是否是明朝向东南亚扩张的问题》,载于《山东大学学报》2005年第4期,第53—59页。
③ 万明《明钞本〈瀛涯胜览〉校注》,海洋出版社2005年,第41页。
④ 按:关于苏门答剌国的国际贸易市场的繁荣状况,马欢在《瀛涯胜览》的纪行诗中,就有"苏门答剌峙中流,海舶番商经此聚"之句。见万明《明钞本〈瀛涯胜览〉校注》,第2—3页。
⑤ 《明太宗实录》卷168"永乐十三年九月壬寅"条。

议价,非一日能定,快则一月,缓则二三月。若价钱较议已定,如买一主珍珠等物,该价若干,是原经手头目、未讷几计算,该还纻丝等物若干,照原打手之货交还,毫厘未改。"①

而在一些纯粹的伊斯兰国家,明朝使团则是依靠该国国王的帮助进行贸易。如在祖法儿国,"中国宝船到彼开读赏赐毕,其王差头目遍谕国人,皆将乳香、血竭、芦荟、没药、安息香、苏合油、木鳖子之类来换易纻丝、磁器等物"②。又如明朝使团在阿丹国,"咸伏开读毕,王即谕其国人,但有珍宝许令贸易。其时在彼买到重二钱许大块猫睛石,各钯雅姑等异宝,大颗珍珠,珊瑚树高二尺者数珠、其珊瑚枝株五柜、金珀、蔷薇露、狮子、麒麟、花福鹿、金钱豹、驼鸡、白鸠之类"③。

第三,郑和使团下西洋活动从古里国向阿拉伯半岛地区的不断发展,也是在穆斯林的帮助下完成的。根据相关史料的记载,郑和使团前三次的西洋之行,最终目的地是南印度的国际贸易中心古里国。从第四次下西洋开始,郑和使团的主要目的地为忽鲁谟厮国以及阿拉伯半岛等地④。忽鲁谟厮国为霍尔木兹海峡北岸的一个重要城邦,在当时为一个重要的国际贸易都市。郑和使团在前往忽鲁谟厮之前,一定是在古里国通过当地穆斯林商人了解到忽鲁谟厮国商业繁荣等情况,才将他们的活动范围向西推进。在郑和使团担任通事的马欢也记载,当时明朝使团前往忽鲁谟厮国,"自古里国开船投西北,好风二十五日可到"⑤。而前往祖法儿国,"自古里国开船,好风投西北,行十昼夜可到"⑥。前往阿丹国,"自古里国开船,投正西兑位,行一月可到"⑦。前往天方国,"自古里国开船投西北申位,船行三个月方到本国马头,番名秩达"⑧。当时,在古里的明朝"内官太监洪等见本国差人往天方国,就选差通事等七人,赍带麝香、磁器等物,附

---

① 万明《明钞本〈瀛涯胜览〉校注》,第65—66页。
② 万明《明钞本〈瀛涯胜览〉校注》,第77页。
③ 万明《明钞本〈瀛涯胜览〉校注》,第80—81页。
④ 据江苏太仓《娄东刘家港天妃宫石刻通番事迹碑》和福建长乐《天妃之神灵应记碑》碑文,见郑鹤声、郑一钧《郑和下西洋资料汇编》上册,齐鲁书社1980年,第40—44页。
⑤ 万明《明钞本〈瀛涯胜览〉校注》,第91页。
⑥ 万明《明钞本〈瀛涯胜览〉校注》,第76页。
⑦ 万明《明钞本〈瀛涯胜览〉校注》,第80页。
⑧ 万明《明钞本〈瀛涯胜览〉校注》,第99页。

本国船只到彼,往回一年,买到各色奇货异宝、麒麟、狮子、驼鸡等物,并画天堂图真本回京"[①]。于此可见,明朝使团前往天方国,是在古里国穆斯林商人的引导下而前往的。

正是为了便于与西洋地区穆斯林诸国的交往,明成祖以及明宣宗在使团正使人选问题上才选择了由郑和这样一位具有穆斯林身份的人士担任。另外,还有马欢、费信、郭崇礼、西安羊市大清真净寺掌教哈三等中国伊斯兰教徒在使团中担任通事工作;在参与航海的人员中有指挥同知哈只、泉州卫镇抚蒲日和、副千户沙班、总旗官夏文南、百户蒲马奴等中国穆斯林[②]。

三、正统至弘治时期的海外交通与海外华人穆斯林

宣德十年正月初三(1435 年 1 月 31 日),明宣宗去世。其长子朱祁镇即位,定年号为正统,即后人所称的明英宗。此前,随郑和第七次下西洋来华访问的苏门答剌国、古里国、柯枝国、锡兰山国、佐法儿国(即马欢所记载的祖法儿国)、阿丹国、甘巴里国、忽鲁谟斯国、加异勒国、天方国等国使节,一直滞留在中国。这是由于这些使节都是搭乘郑和第七次下西洋船队来华的,而明宣宗在去世之前,并没有部署新一轮的派遣使节进行大规模的下西洋行动。明英宗即位后,即放弃了主动派遣使节大规模下西洋的海外交通政策。但如何送还这些国家使节回国,却成了明朝的一项必须处理的事情。

当年四月初一,明英宗决定将这些国家的使节委托给即将从明朝回国的满剌加国国王西哩麻哈剌一行。为此,明英宗还专门"敕谕满剌加国王西哩麻哈剌":"王在先朝躬来朝贡,已悉尔诚。朕嗣承大统,大小庶务悉遵祖宗成宪。今已敕广东都司、布政使司厚具廪饩,驾大八橹船送王还国,并遣古里、真腊等十一国使臣附载同回。王宜加意抚恤,差人分送各国,不致失所,庶副朕柔远之

① 万明《明钞本〈瀛涯胜览〉校注》,第 103—104 页。
② 魏德新《跟随郑和下西洋的回族穆斯林》,载于《传承文明 走向世界 和平发展 —— 纪念郑和下西洋 600 周年国际学术论坛论文集》,社会科学文献出版社 2005 年,第 784—792 页。

意。"①按：满剌加国王西哩麻哈剌者是在宣德九年率领王室成员入明的,比苏门答剌等十个国家使节来华晚一年②。满剌加国王一行可能也是搭乘明朝使团船只来华的,所以明朝要广东地方政府为他安排大八橹船送他们一行回国。而明朝决定将这些使节委托给满剌加国王并让他转送各国,可能考虑到当时满剌加已是重要的国际贸易港口,吸引着很多印度洋诸国的穆斯林商人等原因。

不过,满剌加国王回国时,古里等十一国使节却没有随行③。正统元年(1436),当爪哇使节亚烈·郭信前来明朝访问时,明朝即把护送古里等十一国使节回国的难事托付于他。为此,明英宗还专门用"敕谕"通告爪哇国王："王自我先朝修职弗怠,朕今即位,王复遣使朝贡,诚意具悉。宣德时,有古里及真腊等十一国各遣使朝贡未回。今王使回,特赐海船与各使同还。王其加意抚恤,分遣还各国,庶副朕怀远之心。"④明英宗即位后决定把护送印度洋诸国使节回国任务委托给来自爪哇的穆斯林华人使节,显然考虑到伊斯兰诸国之间的相互联系。同时,也显示出明朝大规模派遣使团大规模通交西洋政策的终止。因此,从正统至弘治时期(1436—1505)明朝与伊斯兰诸国海上交通的局面,主要是通过伊斯兰国家派遣使节来明朝访问而形成的。

作为信奉伊斯兰教的满剌加王国,曾于正统四年⑤、正统九年⑥、正统十年⑦、景泰六年(1455)⑧、景泰七年⑨、天顺三年(1459)⑩、成化四年(1468)⑪、成化五

---

① 《明英宗实录》卷4"宣德十年四月壬寅"条。
② 据《明宣宗实录》卷105记载,苏门答剌等十国使节来华是在宣德八年,见"宣德八年八月辛亥"条。
③ 据《明史·满剌加传》记载,宣德十年满剌加国王西里麻哈剌从广东乘船回国时,"古里、真腊等十一国使臣,附载偕还"(中华书局2000年,第5639页)。不过,从古里等十一国使节葛卜满都鲁牙(古里使节)的姓名,再一次在正统元年明朝委托爪哇使节郭信一行搭载他们回国的情况看,他们在宣德十年并没有随满剌加国王离开中国。
④ 《明英宗实录》卷19"正统元年闰六月癸巳"条。
⑤ 《明英宗实录》卷53"正统四年三月戊午"条。
⑥ 《明英宗实录》卷123"正统九年十一月乙丑"条。
⑦ 《明英宗实录》卷126"正统十年二月甲子"条。
⑧ 《明英宗实录》卷253"景泰六年五月己未"条;卷256,"景泰六年七月丙申"条。
⑨ 《明英宗实录》卷266"景泰七年五月己丑"条。
⑩ 《明英宗实录》卷304"天顺三年六月戊午"条。
⑪ 《明宪宗实录》卷59"成化四年十月甲申"条。

年①、成化十一年②、成化十七年③、正德三年(1508)④、正德十六年⑤等年间,先后派遣使节与明朝通交。而明朝也曾于天顺三年⑥、成化十七年⑦两次派遣使节前往满剌加国,履行新的国王册封仪式,但却一波三折。其中,陈嘉猷在接受明英宗派遣作为正使前往满剌加国的途中,因遭受风难漂流到海南岛获救,他在调换因水渍损坏的礼品后又继续前往该国履行使命⑧。而明宪宗开始派遣给事中林荣作为正使,但该使团也因遭受风难使林荣遇难⑨。成化二十年,明宪宗再派给事中张晟作为正使前往满剌加国,但张晟却在南下赣州途中病故⑩。于是,明宪宗又改派行人左辅作为正使前往满剌加国履命⑪。

对于另一个当年的西洋航海基地同时也是一个信奉伊斯兰教的国家——苏门答剌国,明宣宗在宣德九年还曾派遣中官王景弘前往该国。翌年,苏门答剌国王即派遣使臣随王景弘前来明朝,并以自己耄年不能视事为由,请求明朝准予其嗣继承王位,得到明朝认可⑫。正统元年,苏门答剌国派遣叔宋允作为使节前来明朝通交,结果在途中却被爪哇人谋害⑬。天顺七年,苏门答剌国派遣麻力都然达剌蛮作为使节来华⑭。成化十六年,该国又有马力麻物作为正使的使团前来明朝⑮。马力麻物曾向明朝请求赠予冠带,被明朝所拒绝,自后该国再无信使往来。

相对而言,爪哇国与明朝的海上通交却通过华人使团仍很频繁。其中,不

① 《明宪宗实录》卷65"成化五年三月庚辰"条。
② 《明宪宗实录》卷141"成化十一年五月甲寅"条。
③ 《明宪宗实录》卷217"成化十七年八月乙巳"条。
④ 《明武宗实录》卷45"正德三年十二月庚午"条。
⑤ 《明世宗实录》卷3"正德十六年六月壬寅"条。
⑥ 《明英宗实录》卷306"天顺三年八月丙寅"条。
⑦ 《明宪宗实录》卷217"成化十七年七月辛丑"条。
⑧ 《明英宗实录》卷326"天顺五年三月戊午"条。
⑨ 《明宪宗实录》卷247"成化十九年十二月乙丑"条。
⑩ 《明宪宗实录》卷269"成化二十一年八月丁未"条。
⑪ 《明宪宗实录》卷288"成化二十三年三月癸亥"条。
⑫ 《明英宗实录》卷4"宣德十年四月癸卯"条。
⑬ 《明英宗实录》卷141"正统十一年五月己巳"条。
⑭ 《明英宗实录》卷355"天顺七年七月癸亥"条。
⑮ 《明宪宗实录》卷206"成化十六年八月乙亥"条。

少华人从其姓名来看,已具有穆斯林身份。正统元年,爪哇向明朝派来的使团中,有华人亚烈·马用良、亚烈·高乃生、财富八致满荣(汉名洪茂仔)等人为使臣①;正统二年,该国派遣亚烈·张显文作为正使来华②;正统三年,该国派遣有正使亚烈·麻咻、正使亚烈·马用良、通事良殷、南文旦等人来华③;正统五年,该国派遣的使臣曾奇等人在来华途中遭遇海难而亡④;正统七年,亚烈·马用良再次作为正使来华⑤;正统八年,则是亚烈·李添福作为正使⑥;正统十一年、正统十二年,马用良又一次作为爪哇使团正使来华⑦;同年年底,率另一爪哇使团来华的正使陈麻勿将智("麻勿"应是伊斯兰教名,将智是其汉文名)、通事李斌⑧,也都是华人;景泰三年(1452),爪哇国王派遣使臣亚烈·参尚耿等人来华⑨;景泰四年,华人林旋以通事身份率使团入明⑩;景泰五年,有曾端养、亚烈·龚麻率爪哇使团入明⑪;天顺四年,亚烈·郭信再次以正使的身份率爪哇使团来华⑫;成化元年,则有梁文宣(又作亚烈·梁文宣)为正使的爪哇使团入明⑬。不过,这次梁文宣的中国之行,却给明朝礼部官员留下了极坏印象。据礼部官员向宪宗的上奏:"爪哇国使臣梁文宣等来朝,沿途恣肆偌贪暴,骚扰驿递,为有司所奏,已蒙皇上宽贷其罪。今文宣等回,乞降敕谕其国王,自后遣使必择,无若梁文宣者。"此奏得到明宪宗的批准⑭。此后,爪哇国王在弘治八年(1495)、弘治十二年

---

① 《明英宗实录》卷19"正统元年闰六月戊寅"条、"正统元年闰六月己丑"条、"正统元年闰六月壬辰"条。

② 《明英宗实录》卷32"正统二年七月癸巳"条。

③ 《明英宗实录》卷42"正统三年五月己亥"条;卷43"正统三年六月戊午"条。

④ 《明英宗实录》卷70"正统五年八月己卯"条。

⑤ 《明英宗实录》卷99"正统七年十二月己丑"条。

⑥ 《明英宗实录》卷106"正统八年七月戊戌"条。

⑦ 《明英宗实录》卷141"正统十一年五月己巳"条;卷157"正统十二年八月癸亥"条。

⑧ 《明英宗实录》卷148"正统十一年十二月戊申"条;卷149"正统十二年正月丙子"条;卷154"正统十二年五月丙申"条。

⑨ 《明英宗实录》卷216"景泰三年五月癸巳"条。

⑩ 《明英宗实录》卷229"景泰四年五月辛未"条。

⑪ 《明英宗实录》卷244"景泰五年八月壬辰"条。

⑫ 《明英宗实录》卷318"天顺四年八月辛亥"条。

⑬ 《明宪宗实录》卷19"成化元年七月戊申"条。

⑭ 《明宪宗实录》卷21"成化元年十月壬寅"条。

所派遣的两次使团,皆在来华途中遭遇海难,仅有部分成员漂流到广东①。而一些内地商人,为了获取海外贸易利益,开始与爪哇贵族串通,利用明朝发放的勘合底簿旧纸填写进贡物品。明朝广东市舶司官员在检查时发现因他们所填写的纸张,并非明朝要求的号簿纸张而是仅供爪哇国收藏的底簿纸张,于是通过调查发现了真相②。这一情况表明,明朝与爪哇麻喏巴歇王朝所维系的官方海上交通,已经走向尽头,必将被民间海上交通所取代。

　而在包括古里等国在内的西洋诸国,自明朝停止了主动派遣使节通交后,除榜葛剌国和忽鲁谟斯国外,其他国家也与明朝停止了派遣使节往来。正统三年,榜葛剌国王派遣下儿耶眉为正使来到明朝,并有华人陈得清担任通事。他在南京曾向礼部官员请求:"去家年远,囊橐萧索,乞赐绵衣以御寒。"明英宗认为:"远人当厚抚之,即命行在礼部勿拘常例,赐与绵衣及御寒之具。"③第二年,榜葛剌国又派遣了包括华人宋允担任左副使的使团来华。宋允还向明英宗上奏:"旧来番船遇险冲碎,乞造与新船并赐敕护持。"明英宗也认为:"(宋)允中国人,能招致外国,俱从之。"④不过,榜葛剌国使团自后也从明朝礼部通交记录中消失。正统六年,忽鲁谟斯国王速鲁檀·兰沙也派遣哈只阿里作为使节前来明朝通交,并请求明朝"仍与旧遣使以通道路",但明英宗除了颁赐采缎以谢其"向化之意"外,指示礼部官员拒绝了派遣使节通交的要求⑤。明朝文献中还记载,天方国、米昔儿国也曾派遣使节前来通交,但因他们取道陆路,已与海上交通无关⑥。

四、余　论

　以上从三个阶段分别考察了明朝前期海外交通与海外穆斯林之间的关

---

① 《明世宗实录》卷104"弘治八年九月癸巳"条;卷155"弘治十二年十月丙辰"条。
② 《明世宗实录》卷172"弘治十四年三月壬子"条。
③ 《明英宗实录》卷47"正统三年十月丁卯"条。
④ 《明英宗实录》卷54"正统四年四月甲辰"条。
⑤ 《明英宗实录》卷87"正统六年十二月辛酉"条。
⑥ 《明英宗实录》卷84"正统六年十月甲子"条。

系。就明初洪武时期的情况看,明太祖的南海交通政策,曾得到包括海外伊斯兰政权的积极回应,如浡泥、三佛齐、须文达那三国。但上述三国恰恰属于爪哇麻喏巴歇王朝的藩属国家。明朝与三佛齐王国缔结封贡关系的行为,激起了爪哇麻喏巴歇王朝的强烈排斥,并对明朝派往三佛齐的使节进行诱杀。而明朝使节在爪哇被害的事件,使明太祖开始认为海外诸夷"多诈"①。于是,明朝从洪武十六年开始在海外诸国来华交通政策上推行勘合制度,以识别海外国家官方使团的真伪。但明朝在海外交通政策上实行勘合制度,使海外普通商人尤其是穆斯林商人难以进行对华贸易活动。

明成祖即位后,出于增强自己政治权威的需要,开始采取了积极"通四夷"的海外交通政策。而恰在此时,一批通过暹罗辗转而来的西洋穆斯林,把明成祖海外交通政策的兴奋点引向西洋,从而有了郑和七次大规模下西洋的空前壮举。郑和所率领的明朝使团,除了与海外诸国进行政治交往外,还依托穆斯林的商业网络进行大规模的贸易活动。

通过郑和下西洋所推动的中国与伊斯兰世界之间的政治经济交流,进一步加深了中国人对于伊斯兰世界的认识。元代人汪大渊所写的《岛夷志略》书中,虽然比起宋代人赵汝适所写的《诸蕃志》有了直接的关于伊斯兰世界的信息,但汪在书中所记载的仍然局限于伊斯兰国家的物产以及贸易情况。而参加郑和下西洋活动的明朝人马欢在回国后所写的《瀛涯胜览》书中,却更多地记载了伊斯兰文明版图以及伊斯兰教在当地人们社会生活中的积极作用。譬如,他在"天方国"条记载:"其回回祖师始于此国阐扬教法,至今国人悉遵教规行事,不敢有违。"②在祖法儿国,"如遇礼拜日,上半日市绝交易。长幼男女皆沐浴毕,即将蔷薇露或沉香香水搽面及体,才穿齐整新净衣服。又以小土炉烧沉、檀、俺八儿等香,立于其上,熏其衣体,才到礼拜寺。……婚丧之礼,悉遵回回教规而行"③。在忽鲁谟斯国,"其国王、国人皆奉回回教门,尊敬诚信,每日五次礼拜,沐浴斋戒,必尽其诚。国中风俗淳厚,无贫苦之家。若有一家遭祸致贫者,众皆

---

① 《明太祖实录》卷134"洪武十三年十月丁丑"条;卷232"洪武二十七年正月甲寅"条。
② 万明《明钞本〈瀛涯胜览〉校注》,第99页。
③ 万明《明钞本〈瀛涯胜览〉校注》,第77页。

赠以衣食、钱本而救济之"①。而满剌加国、哑噜国、苏门答剌国、榜葛剌国等国也因"国王、国人皆依回回教门,持斋受戒",所以"风俗淳朴"②。在爪哇国的三等人中,回回人非常讲究卫生清洁,"衣食诸般皆精致"③。显然,马欢向人们所介绍的伊斯兰世界是一个诚信守规、扶贫济苦、清洁卫生的社会。

　　而当明朝主动停止向西洋地区派遣大规模使节活动后,爪哇国的华人穆斯林则在中外海上交通方面扮演了主要角色。它表明,伊斯兰教在爪哇岛已经得到更深入的传播,同时也反映了15世纪亚洲内部商业网络的明显特征,即穆斯林商人在海洋贸易活动中扮演了主要角色。亚洲诸国虽然宗教信仰不同,但穆斯林商人与非穆斯林商人之间却充满着合作与交流。而就伊斯兰的商业网络来看,它本身也带有区域性特征,即印度半岛的穆斯林商人主要活动于东南亚以及西亚地区的西洋区域,而在东洋区域,则是华人穆斯林商人的主要舞台。

（原载《文史哲》2007年第1期）

---

① 万明《明钞本〈瀛涯胜览〉校注》,第92页。
② 万明《明钞本〈瀛涯胜览〉校注》,第38、42、47、86页。
③ 万明《明钞本〈瀛涯胜览〉校注》,第23页。

"夷官"与"逃民"：明朝对海外国家华人使节的反应

　　海外华人以外国使团成员身份前来明朝通交,已成为明代中外关系史的一个不算普遍但也并非个别的现象。关于这一现象,已引起史学家们的关注。清人赵翼在《廿二史札记》中,曾专门写有"海外诸番多内地人为通事"一条①。不过,海外华人以外国使团成员身份前来明朝访问,又不仅仅限于通事,还包括正使等要员,此点已由当代史学家陈学霖教授所揭示②。然而,明代海外国家以华人充当朝贡使团成员的国家,除了陈学霖教授已经揭明的日本、琉球、暹罗、爪哇诸国外,还应包括高丽(朝鲜)、占城、苏门答剌和榜葛剌。而海外国家华人使节在明代中外关系上的作用,也并非"实无一利可言"。当然,他们在居住国与明朝的政治关系中发挥作用与否,也是与明朝对他们的认识及其政策定位相关的。本文拟在对海外国家派遣华人使节情况进行补充考察的基础上,就明朝政府对海外华人使节的反应及其政策定位问题做一初步探讨,以此分析明朝对外政策的本质倾向和海外华人使节在明代中外关系史上所发挥的作用。

---

① 赵翼《廿二史札记》卷34,中华书局1984年。
② 陈学霖《记明代外番入贡中国之华籍使事》,载于《大陆杂志》第二十四卷第四期(1962年)。

一、高丽、朝鲜的华人使节

以华人作为正使身份前来明朝通交的外国首见于高丽。1373年,高丽决定派遣偰长寿作为进贺秋千节(即祝贺明朝皇太子生日)正使前往明朝,但由于遭到日本海盗骚扰而未能成行[①]。偰长寿,字天民,偰逊(百僚)长子。偰逊,高昌畏兀儿人,曾任元朝翰林院学士,后为躲避红巾军而于1358年移居高丽,得到高丽恭愍王的厚遇,其子长寿、庆寿、眉寿也先后在高丽赴试入仕。偰长寿作为高丽使节正式来明朝访问,是在明洪武二十年(高丽辛禑王十三年,1387)二月,具体使命是协商处理困绕两国关系中的移民问题[②]。在偰长寿进入明朝之时,高丽与明朝的政治关系已陷入僵局。由于高丽王朝的外交政策曾发生是与明朝往来还是与北元交往的波动,并且计划利用中国政权鼎革之际实施占领辽东的北进政策。所以,双方首先即围绕着流入高丽的辽东移民而发生争执。据高丽文献记载,偰长寿由于具有语言优势,在这次明朝之行中他与明太祖的交谈甚为顺利。明太祖曾亲自对偰长寿说:"先番(高丽)几个通事小厮每(们)来,那里说得明白!你却是故家子孙,不比别个来的宰相每(们),你的言语我知道,我的言语你知道。以此说与你,把你我这意思,与管事宰相每(们)说,大概则要至诚,倒不要许多小计量。"为此,明太祖专门就增强双方的相互信任问题对偰长

---

① 参见《高丽史》卷44"恭愍王二十三年二月甲子"条,东京国书刊行会1909年。

② 据《高丽史》卷136"辛禑王十三年二月"条记载,该年二月,辛禑王遣知密直事偰长寿如京师陈情。表曰:"窃念小邦遭逢盛代,时罔愆于职贡,地已入于版图,既无退迤之殊,均是抚绥之内。洪武十八年六月间,有辽东都指挥使司据草河千户焦得原告务文取发李朵里不歹等四十七名,将金原贵、银得显等连家小发回去讫。洪武十九年十二月日准左军都督府咨,据前沈阳路达鲁花赤咬住等告,已亥年间(1359),本路军民四万余户,前去高丽避兵,除金原贵等家小取回外,有李朵里不歹等未曾复业。奏奉圣旨节该:'教指挥金事高家奴、徐质取去,钦此。'切详前元当已亥、辛丑(1361)之岁,贼兵入辽东,沈阳之间俘掠一空,分离四散,或有一二万者来寄,安能四万之得多? 见有李朵里不歹等前来寄居,除将本人等连家小三百五十八名钦依发遣外,惟土人之还归,实旧业之是复。臣会验到圣朝户律内一款节该:'凡民户逃往邻境州县躲避差役者,其在洪武七年十月以前流移他郡曾经附籍当差者勿论,钦此。'又会到洪武十八年九月十六日钦奉诏书为臣袭爵事节该:'一视同仁,不分化外,钦此。'幸赛缘得沾声教,虽流徙亦在范围。况彼所陈,过于其实。伏望明垂日月,度扩乾坤,察迫切之情,降宽大之泽,遂令远俗得安其生。臣谨当常怀一视之仁,倍祝万年之寿。"这份高丽国书,是否出自偰长寿之手,不得而知。但对于明朝辽东都指挥使司要求遣返元朝末年因战争而迁移到高丽的中国民户问题,高丽王朝却要求按《大明律》中的户律条文解决,可见他们对于明朝法律了解之细和外交手段之高明。

寿说,只要高丽不生边衅,明朝决不发动战争打它。"征伐之事,盖出于不得已。你回去叠叠的说与他,交至诚保守那一方之地,休哭侮我。这中国有甚话说。若不至诚,不爱百姓,生边衅,这等所为呵,我却难饶你。"同时,明太祖还要求偰长寿转告高丽主要执政官员,广筑城池和多造军船,以便防止倭寇。从明太祖与偰长寿谈话内容的记录看,明太祖再未向偰长寿提及要求高丽遣返辽东的流民问题,想必明朝已经接受了这些移民定居高丽的事实。最后,偰长寿又向明太祖提出高丽希望引进明朝服制问题,也得到明太祖的应允①。

由于首次出使明朝的成功,偰长寿又在当年闰六月受命作为高丽使节前来向明太祖祝寿。偰长寿一行于当年九月到达明朝京师(南京),并得到明太祖关于解决两国领土纠纷的意见:"命户部咨高丽国王,以铁岭北、东、西之地,归属开元,其土著军民女直、鞑靼、高丽人等,辽东统之;铁岭之南,归属高丽,人民悉听本国管属。境疆既正,各安其守,不得复有侵越。"②但高丽辛禑王决定拒绝这种领土划分的意见,调集大军进攻辽东,任命主战的崔莹为八道都统使、曹敏修为左军都统使、李成桂为右军都统使统率大兵进攻明朝。李成桂等人因为反对战争,发动军事政变并掌握了高丽军政大权。为了得到明朝的认可,偰长寿又被选为作为出使明朝的使节。明太祖虽然对李成桂等人有所怀疑,但他对偰长寿却给以较高评价③。

1392年,李成桂正式废除了高丽傀偏国王而即国王位,成为朝鲜王朝的太祖。朝鲜王朝建立后,作为朝鲜开国功臣之一的偰长寿又曾多次受命出使明朝。朝鲜太祖王五年(1396)十一月,偰长寿受朝鲜太祖王派遣前来明朝,以解决困绕两国关系的外交文书问题。此前,明太祖曾以朝鲜王朝对明朝的朝贡表笺中有对自己不敬之语为由,要求朝鲜王朝将这封外交文书人撰稿人以及校正

①《高丽史》卷136"辛禑王十三年五月"条。

②《明太祖实录》卷187"洪武二十年十二月壬申"条,台北"中研院"历史语言研究所校印本,1962年。

③ 据《高丽史》卷112《偰长寿传》记载:"贲(辛)禑逊位,表如京师。我太祖(即李成桂)定策,立恭让,长寿参议。王赐中兴功臣铁券封忠义君,下教褒奖曰:乃者,伪主辛禑,顽凶狂悖,伤败彝伦,妄兴师旅,潜图启夏,尚赖祖宗之灵,启迪于上;忠义之臣,愤激于下,举义旋师。当此之时,人情汹惧,国论纷纭。卿入觐天庭,敷奏详明,天子嘉之,授以丁宁之训。"

人员全部押到明朝。不久,明朝又将部分人员放还回国。正是在这种背景下,朝鲜太祖王派遣有着语言优势和与明太祖有着良好人际关系的偰长寿来明谢恩,期望进一步改善和加强朝鲜与明朝的政治关系。不料,明朝内官却在偰长寿进贡的马鞍中,发现有倒写的"天"字。此事又引起明太祖对朝鲜王朝的不快,偰长寿即忙向明太祖请罪并解释:"臣闻先进鞍子里拆出字号。臣领这鞍子时,再三问管造人,他说并无,臣放心将来。管造人例著字号,以识品第。既装了,便行括去。今管造人忘不括去,其罪何量! 臣到高丽,今四十年。恭愍王不必说了,中间两三介王,臣不敢保其至诚。如今王一心敬上,不敢怠慢。"明太祖说:"你这说不肯背主则是。和我这里一介至意,如何敢做亲! 不敢做,不争做。我实实的做亲,他却这般不停当,怎的成! ……你谢恩马,亲事既不成,难留,带回去。鞍子著御马监烧了。金子五十七两将去。你说王休生衅,听小人拨弄……李旦(即李成桂)发你来了,这意思好,我不问你,放还。今后小心,休生事。"①可见,这次偰长寿的明朝之行,并没有完成预定外交目的,但偰长寿因得明太祖的信任,在所进马鞍又查出不敬之处时却未遭到拘留。与当时其他朝鲜使节相比,除了失败之处又有他的成功之处。

此后,偰长寿在1398年10月间又曾接受出使明朝的使命,由于明太祖的去世消息传来而未能成行。当年年底,偰长寿再次受命为朝贡明朝的使节,但在进入辽东后,明朝辽东都司即根据明太祖生前确定的"朝鲜国进贡三年一来"的规定而拒绝朝鲜使团进京,偰长寿一行返回朝鲜境内的义州,并将此情况通报朝鲜王朝主政要员。不久,朝鲜王朝又以进香使的名义派遣偰长寿前来中国,明朝辽东都司只好准其入京。朝鲜定宗王元年(明朝建文元年,1399)六月,偰长寿一行从明朝回到朝鲜王京(汉城),带回建文帝的"今后彼国事务,亦听自为"的"圣旨"②。明朝默许李芳果继承朝鲜国王王位的事实表明,偰长寿的这次明朝之行仍然取得了成功。然而就在当年十月,偰长寿病逝。据朝鲜官方文献

---

① 《朝鲜王朝实录·太祖实录》卷11"六年四月己亥"条,韩国国史编纂委员会网络版,网址:http://sillok. history. go.kr/
② 《朝鲜王朝实录·定宗实录》卷1"元年六月丙寅"条。

记载,偰长寿"卒年五十九,谥文贞。自事皇明,朝京师者八,屡蒙嘉赏"①。

偰长寿去世后,其四弟偰眉寿(字天用)也参加了朝鲜对明朝的外交工作。偰眉寿最初是以通事(翻译)的身分出现于对明外交的舞台上,曾在太宗王元年(明建文三年,1401)担任了朝鲜国王与明朝来朝鲜使团之间的翻译工作。此后,偰眉寿又多次担任翻译②。偰眉寿作为朝鲜使节首次进入明朝,见诸文献者是在朝鲜太宗王三年(明永乐元年,1403)③。该年六月,偰眉寿以兵曹典书身份押送军马前往明朝京师。不过,偰眉寿来明的任务并不仅仅是押送军马,还担负有了解靖难之役后明朝内政情况的使命④。朝鲜太宗王六年(1406),偰眉寿又作为朝鲜太宗王向明成祖祝寿的专使受命入华。但在偰眉寿的实际使命中,还有一项谋求明朝同意朝鲜入贡使团增加一名专职医官以便朝鲜从中国采购药材的任务⑤。可能也是由于偰眉寿汉语表达的优势和善于外交的才能,明朝也同意了朝鲜派遣专门医官随其使团来华并在京采购中药的请求。此后,偰眉寿又曾于1407年、1408年、1409年连续三次受命出使明朝⑥。

此外,偰长寿之子偰耐和偰振也曾作为朝鲜押运牛马以及遣返逃人的专使,多次前来明朝⑦。与其父叔辈来华的重要政治使命相比较,他们在朝鲜对明朝的交涉中则承担了一行具体的琐事。显然,他们作为华人移民家族的后裔,在朝鲜对明朝关系中的作用已经明显下降了。

---

① 《朝鲜王朝实录·定宗实录》卷1"元年十月乙卯"条。

② 《朝鲜王朝实录·太宗实录》卷1"元年二月癸卯"条;"二年二月乙卯"条、卷3"二年四月戊辰"条、卷5"三年正月辛卯"条、"九年十一月戊寅"条等。

③ 《朝鲜王朝实录·太宗实录》卷6"三年闰十一月丙午"条记载,偰眉寿在回到汉城后,曾得到朝鲜太宗王的专门赏赐:"赐兵曹典书偰眉寿、前户曹典书李玄内厩马各一匹。上曰:'眉寿等能汉语,故往来中国数矣。且使臣相接之际,勤劳亦多。'"从这一记载看,偰眉寿此前曾经数次出使明朝了,可惜文献失载而无考。

④ 据《朝鲜王朝实录·太宗实录》卷6"三年十月甲子"条记载,"兵曹典书偰眉寿回自京师,上召问中国安危"。

⑤ 参见《朝鲜王朝实录·太宗实录》卷11"六年正月己未"条。

⑥ 参见《朝鲜王朝实录·太宗实录》卷14"七年九月庚申"条、卷15"八年四月壬寅"条、卷15"八年四月庚辰"条、卷17"九年正月甲子"条。《明太宗实录》卷75"永乐六年正月丙寅"条、卷75"永乐六年正月丙子"条。

⑦ 参见陈尚胜《偰氏家族与明初的中韩关系》,载于陈尚胜著《中韩关系史论》,齐鲁书社1997年,第135—第170页。

二、日本与琉球的华人使节

日本以华人作为与明朝通交使者，始于宣德七年（日本永享四年，1432）。当年，日本室町幕府将军足利义教曾派遣天龙寺僧人龙室道渊作为正使率使团入贡明朝。道渊，宁波府人，三十岁时到日本，从博多圣福寺的宏书记出家，曾历住长门的安国寺和圣福寺①。在道渊受命出使明朝之前，日本与明朝的政治关系自1408年足利义持继承幕府将军后即遭中断。足利义教在1428年继承已故的足利义持成为幕府将军后，即希望恢复对明朝的通交关系，并请朝鲜国王从中斡旋，但朝鲜君臣并未将此通报明朝。另一方面，明宣宗于1425年登基后，也期望恢复对日本的通交关系，以便解决倭寇对沿海地区的侵扰问题。就在明宣宗派人到琉球请该国向日本转达明朝通交意向时，日本派遣的五艘朝贡船队却来到了中国。龙室道渊一行在北京朝见了明宣宗，并得到明宣宗的多次赐宴②，明朝还派遣鸿胪少卿潘赐等人回访日本③，从此恢复了两国间的政治关系。不幸的是，道渊在回国途中路经杭州时病逝于仁和县中馆驿。在宣德年间来明的日本使团中，还由一位华人曲祥担任通事。曲祥原为永平人，14岁时随其父来到金山百户所，后被倭寇掳至日本，出卖为奴。曲祥偶因机遇被室町幕府将军足利义满召去成为通事，更名元贵，在日本娶妻生子。1432年以通事身份随日本使团入明，并向明朝政府上表陈情，回金山探母。不久，曲祥再次以通事角色随日本使团来华，得到明宣宗诏许，归故里侍养老母④。

宣德以后，日本继续向明朝派遣使团，但华人在使团中已不再担任正使要职，而多是充任通事之差。如《允澎入唐记》中所记载的1453年来华的以东洋允澎为正使的日本使团中，就有卢圆、道某等；《戊子入明记》中所记载的1468年来华的以天与清启为正使的日本使团中，也有华人柴江、沈运、薛某、张某、

---

① 参见〔日〕木宫泰彦著、胡锡年译《日中文化交流史》，商务印书馆1980年，第535页。
② 参见《明宣宗实录》卷102"宣德八年五月甲寅"条。
③ 据《明宣宗实录》卷103"宣德八年六月壬辰"条。
④ 《苍霞草》卷112《曲祥传》。转引自张声振《中日关系史（卷一）》，吉林文史出版社1986年，第241—242页。

林某、院某等;《申壬入明记》中所记载的1512年来华的以了庵桂梧为正使的日本使团中,仍有华人沈运、郑某等,皆在使团中担任通事之职①。惟有宋素卿,在1509年曾充任细川氏(控制日本幕府实权的大武士)的纲司(掌管航行和船务),率一艘日本船只先于日本正使了庵桂梧的使团到达明朝。据《明史》记载,"素卿,鄞县朱氏子,名缟,幼习歌唱。倭使见,悦之,而缟叔澄负其直,因以缟偿"②。朱缟来到日本后,遂服务于细川氏,并改名宋素卿。由于日本两个最大的武士豪族大内氏与细川氏已就对明朝通交与贸易而展开竞争,所以细川氏任用宋素卿担任纲司这一要职,意在利用华人的语言之便和人际交往的优势来谋取最大利益。宋素卿虽然未得到幕府正式表文而来华,但却由于他善于贿结明朝权贵而得以进京朝见明武宗,并意外地得到飞鱼冠服的赏赐③。

不过,宋素卿在第二次作为日本细川氏使节来华时,却因其向明朝有关官员的行贿行为而酿成"争贡事件"。1523年,日本大内氏派遣以宗设谦道为首的朝贡船队前来明朝。细川氏闻知后,即忙派遣以鸾冈瑞佐和宋素卿为首的朝贡船队兼程赶往中国,其船队终于在比大内氏的船队晚数日后抵达宁波。大内氏的船队虽然先到,但明朝市舶司官员却尚未检验勘合(明朝发放给海外国家的朝贡贸易凭证)。待检验开始后,明朝官员却发现大内氏船队所携带的为正德勘合,而细川氏船队所携带的弘治勘合。于是,日本两个方面的代表互相争论起使团的真伪问题。作为华人的宋素卿深谙明朝的交际之道。他通过暗中向市舶太监赖恩行贿,得以使细川氏的船队先于大内氏的船队进港检验,并且还使细川氏的正使鸾冈瑞佐在明朝政府的欢迎宴会上坐于大内氏的正使宗设谦道之首。此举激怒了大内氏方面的来华人员。他们在宴会后抢夺已经收藏的武器,不仅刺杀了鸾冈瑞佐,而且从宁波至绍兴一路追杀宋素卿。虽然未能杀得宋素卿,但他们却在沿途肆意杀掠无辜,最后从宁波夺船而逃。争贡事件发

①　据〔日〕木宫泰彦《日中文化交流史》,第553页;陈学霖《记明代外番入贡中国之华籍使事》。
②　《明史》卷322《日本传》,中华书局"二十四史"简体字本,2000年。
③　据《明武宗实录》卷58记载,正德四年十二月乙卯,"礼部奏:'日本国进贡方物,例三船。今止一船,所赏银币宜节为三之一。且无表文,只咨本部。赐敕与否,请上裁。'得旨:'勿写敕,所司移文答之……'"又据《明武宗实录》卷60记载:"日本国王源义澄遣使臣宋素卿来贡,赐宴给赏有差。素卿私馈(刘)瑾黄金千两,得赐飞鱼服。陪臣赐飞鱼服,前所未有也。"

生后,宁波府将宋素卿囚系于狱。后来,宋素卿也瘐死于明朝狱中。

　　争贡事件发生后,日本还曾先后两次向明朝派遣朝贡使团。一次由湖心硕鼎为正使、策彦周良为副使的日本使团于1539年来到明朝,一次由策彦周良为正使的日本使团于1547年来到明朝。在湖心硕鼎的日本使团中,有华人吴荣、钱询担任通事。钱询祖父钱得,原为浙江定海人,后因倭寇掳入日本。据日本《策彦和尚初渡集》记载:"钱得保官人原上国定海县人也。百余年之先,吾国边海贼船破定海关,惊扰群黎之顷,擒数个人而还,钱得亦其一也,遂侨居于敝邦冷泉之津。事达京师,吾国王垂悯,遇待隆盛,贵异邦人物也。兹有冈部室住者,谓人云:保官人虽之停囚,非其罪也,以其亲族之子妻之,无几年产宗黄。官人弃世之后,国王俾宗黄通支倭两国之事,盖以其便言语也。两观上国之光,勤为入贡之事。宗询乃宗黄之令子也。正德六年,宗询亦从专使入上国,今后居通事之职而来。"[1]由此可见,钱宗黄、钱询父子,皆是在日本出生的华人,他们都因其语言优势在日本通明使团中担任过通事。

　　在海东的另一个邻国琉球,华人作为该国入明使团成员,在整个明朝则成为普遍现象。明太祖曾"嘉其修职勤,赐闽中舟工三十六户,以便贡使往来"[2]。因此,琉球王国的入明使团成员构成,多是移居到该国的华人。而且,华人在该国来明使团中多担任正使、副使、通事等要职。徐玉虎教授在《明代与琉球王国关系之研究》和谢必震教授在《中国与琉球》的著作中,都曾对琉球王国派遣的入明使节情况进行过详细的研究。本文因限于篇幅,特此节略。

三、东南亚诸国的华人使节

　　东南亚国家以华人作为使节者,始于暹罗。据有关文献记载,洪武五年(1372),暹罗来明使团中曾有华人李清兴担任通事[3];六年曾有华人陈举应担

任使团副使①；十四年曾有华人陈子仁担任使团正使②；永乐三年（1405）及八年，华人曾寿贤曾两次充任暹罗正使来明朝贡。在永乐八年的通交活动中，曾寿贤还担任了押送暹罗遣返中国流民的任务。明朝文献记载："永乐八年十二月戊戌，暹罗国王昭禄群膺哆罗谛剌遣使曾寿贤贡马及方物，并送中国流移人还。"③此后，宣德元年有陈宝提任暹罗正使来明④；宣德二年有黄子顺担任暹罗贡使⑤；成化十三年（1477）有谢文彬（暹罗名奈英必美亚）充任暹罗副使⑥；弘治十年（1500）有奈罗（又作"秦罗"）、轨商（又作"万轨商"）作为使团通事来华⑦。

　　根据陈学霖教授的考察，谢文彬在充任暹罗使团副使来华期间，还曾闹出一宗与明朝的普通商民的通交走私案。谢文彬，本姓杜，福建汀州人，一向在沿海贩运私盐。正统十三年（1448）间，遭风漂过海至暹罗。谢文彬遂在暹罗踏上仕途，并有幸获得暹罗国王垂青，晋升为"岳坤"（又作"握坤"，四品）等官。由于其华人背景，谢文彬被任命为入明使团副使。他们一行于成化十二年四月由暹罗国王差来中国，其任务除向明朝进贡外，国王还令其带来银两以在中国购买织金纻丝段匹。不料他们在来华途中遭遇海难，于当年八月二日漂到雷州海岸，但所带银两已因船破而沉入大海，所带进贡礼品因雷州地方官员及时组织求援而打捞上来，但其中的一些礼品损坏严重，被明朝广东市舶司官员检出准备焚化。谢文彬以无资购买御寒衣物为词，将这些不堪作为礼品进贡的水泡苏木和破碎象牙领回并招商变卖。后来，暹罗使团用这些变卖所得的金银在南京通过经纪人订购原来国王托付购买的织金纻丝段匹。当暹罗使团从北京返回南京后，经纪人周璋却一再用各种借口而不肯偿付暹罗使团所订丝货。暹罗使团急需启程离华回国，遂向南京官府控告周璋诈骗暹罗国王银两。明朝政府经

　　① 据《明太祖实录》卷86"洪武六年十二月乙丑"条。
　　② 明朝文献有记载，见《明太祖实录》卷135"洪武十四年二月丙寅"条。
　　③ 《明太宗实录》卷111"永乐八年十二月戊戌"条；并参见卷44"永乐三年七月丙午"条。
　　④ 据《明宣宗实录》卷23"宣德元年十二月戊辰"条。
　　⑤ 见《明宣宗实录》卷28"宣德二年五月乙巳"条。
　　⑥ 详细研究见陈学霖《暹罗贡使〈谢文彬〉事件剖析》，载于香港中文大学历史系《史薮》第二期，1996年9月。
　　⑦ 有关奈罗事迹见《明孝宗实录》卷129"弘治十年九月辛丑"条；有关轨商事迹见该卷"弘治十年九月乙巳"条。

过调查后,裁定周璋等人触犯私通外国使臣交易番货罪。同时,谢文彬早年也违犯擅自出海而与外国互市的律令。不过,谢文彬因有外国贡使的身份,最后获得明朝赦免并由明朝免费提供船只回国[①]。

爪哇国也屡遣华人使节入明朝贡。永乐二年(1404),爪哇西王曾遣阿烈于都万作为正使入明[②]。关于"阿烈",也译作"亚烈",前人曾认为此为爪哇国官名[③];但个人意见认为,此也可视作为回教徒之名 Ali 的异译。无论这两种意见哪种正确,爪哇使节"阿烈于都春"的真正姓名必为"于都春",其为华人无疑。永乐三年,爪哇国西王又派遣使节八智陈惟达等人来华[④]。关于"八智陈惟达",在永乐四年爪哇国西王使节的名单中为"陈惟达"[⑤],或许为同一人,此也为华人姓名。同年,爪哇国东王也遣使马礼占等人入明[⑥]。此后,爪哇国于洪熙元年(1425)派遣亚烈·黄扶信作为使节来华[⑦];宣德元年(1426)派遣亚烈·郭信为正使[⑧];宣德三年派遣有通事亚烈·张显文作为正使[⑨];宣德四年在爪哇派出的四批来华使团中,则分别有李添养为副使、亚烈·龚以善为正使、亚烈·郭信为正使、亚烈龚用才为正使[⑩];在正统元年(1436)爪哇向明朝派来的使团中,也有华人马用良、高乃生、财富八致满荣(汉名洪茂仔)等人为使臣[⑪];正统二年派遣亚烈·张显文为正使来华[⑫];正统三年派遣有正使马用良、通事良殷、南文

①　陈学霖《暹罗贡使〈谢文彬〉事件剖析》,载于香港中文大学历史系《史薮》第二期, 1996 年 9 月。
②　《明太宗实录》卷 34 "永乐二年九月己酉"条。
③　参见茅瑞征《皇明象胥录》卷 4 ;陈学霖先生也持此看法,见《记明代外番入贡中国之华籍使事》,载于《大陆杂志》第二十四卷第四期, 1962 年。
④　《明太宗实录》卷 46 "永乐三年九月乙卯"条。
⑤　《明太宗实录》卷 50 "永乐四年正月癸卯"条。
⑥　《明太宗实录》卷 50 "永乐四年正月乙未"条。
⑦　《明仁宗实录》卷 9 "洪熙元年四月壬寅"条。
⑧　《明宣宗实录》卷 22 "宣德元年十一月壬寅"条。
⑨　《明宣宗实录》卷 35 "宣德三年正月甲寅"条。
⑩　《明宣宗实录》卷 56 "宣德四年七月丁巳"条;卷 57 "宣德四年八月辛巳"条;卷 58 "宣德四年九月癸亥"条;卷 59 "宣德四年十一月甲辰"条。
⑪　《明英宗实录》卷 19 "正统元年闰六月戊寅"条;"正统元年闰六月己丑"条;"正统元年闰六月壬辰"条。
⑫　《明英宗实录》卷 32 "正统二年七月癸巳"条。

旦等人来华^①；正统五年派遣的使臣曾奇等人在来华途中遭遇海难而亡^②；正统七年马用良再次作为正使来华^③；正统八年则是李添福作为正使^④；正统十一年、正统十二年马用良再一次作为爪哇使团正使来华^⑤；同年年底率另一爪哇使团来华的正使陈麻勿将智（麻勿应是回教名，将智是其汉文名）、通事李斌^⑥，也都是华人；景泰四年（1453）林旋担任通事率使团来明^⑦；景泰五年有曾端养、亚烈·龚麻率爪哇使团入明^⑧；天顺四年（1460）亚烈·郭信再次以正使的身份率爪哇使团来华^⑨；成化元年（1465）则有梁文宣（又作亚烈·梁文宣）为正使的爪哇使团入明^⑩。不过，这次梁文宣的中国之行，却给明朝礼部官员留下了极坏印象。据礼部官员向宪宗的上奏："爪哇国使臣梁文宣等来朝，沿途恣肆偌贪暴，骚扰驿递，为有司所奏，已蒙皇上宽贷其罪。今文宣等回，乞降敕谕其国王，自后必遣使必择，无若梁文宣者。"此奏得到明宪宗的批准^⑪。可是，此后爪哇国也基本上停止了与明朝的通交往来。

与爪哇比邻的苏门答剌也曾派遣华人作为使节来华。宣德元年（1426），该国曾派遣通事冯哈撒率团来明朝贡（从"冯哈撒"的姓名看，此位通事应是华人；而从"哈撒"之名看，这位通事也是位穆斯林）^⑫；正统元年（1436），该国又曾派遣宋允前来明朝，但在途中被爪哇国人谋害；正统十一年，其侄霭淹又作为苏门答剌国使者来华，并向明朝政府告发此事^⑬。

---

① 《明英宗实录》卷43 "正统三年六月戊午"条。
② 《明英宗实录》卷70 "正统五年八月己卯"条。
③ 《明英宗实录》卷99 "正统七年十二月己丑"条。
④ 《明英宗实录》卷106 "正统八年七月戊戌"条。
⑤ 《明英宗实录》卷141 "正统十一年五月己巳"条；卷157 "正统十二年八月癸亥"条。
⑥ 《明英宗实录》卷148 "正统十一年十二月戊申"条；卷149 "正统十二年正月丙子"条；卷154 "正统十二年五月丙申"条。
⑦ 《明英宗实录》卷229 "景泰四年五月辛未"条。
⑧ 《明英宗实录》卷244 "景泰五年八月壬辰"条。
⑨ 《明英宗实录》卷318 "天顺四年八月辛亥"条。
⑩ 《明宪宗实录》卷19 "成化元年七月戊申"条；卷20 "成化元年九月丙辰"条。
⑪ 《明宪宗实录》卷21 "成化元年十月壬寅"条。
⑫ 《明宣宗实录》卷19 "宣德元年七月辛丑"条。
⑬ 《明英宗实录》卷141 "正统十一年五月己巳"条。

　　占城国也多次任用华人作为入明使团成员来华。如正统八年（1443）该国
入明使团中曾有华人罗荣担任通事①；景泰四年（1453）占城国王派遣华人通事
陈真率团入明②；成化五年（1469）来华使团中则有华人周公保担任通事③；成化
十四年来华使团中有华人罗四为使臣，其访明的一个重要结果则是明朝派遣礼
科给事中冯义前往占城往封占城国王④；成化二十年的使团中则有华人梅者亮
担任通事⑤；弘治元年（1488）占城国王则派华人通事梅晏化率团来贡⑥。

　　满剌加国也曾派遣华人作为使团成员来到明朝通交。据《明武宗实录》记
载，正德三年（1508）满剌加王国曾派端亚智率使团入明，其中有华人亚刘担任
通事⑦。不过，亚刘后来却在中国谋杀端亚智，因而遭受调查，得知其原为江西逃
犯。据《明武宗实录》记载："满剌加国王所遣使者亚刘者，本江西万安人萧明
举也，以罪叛入其国，为通事。至是，与国人端亚智等来朝，并受厚赏。因略大
通事王永、序班张宇，谋往渤泥国索宝。而礼部吏侯永等亦受略，伪造符印，扰
害驿递。（亚刘）后与亚智等二十一人相忿争，遂谋诸同事彭万春等，共劫杀之，
尽得其财物。事觉，逮至京，明举拟凌迟，万春等处斩，各枭首示众。"⑧从这条资
料可见，在满剌加国派往明朝的这个使团中，还有华人彭万春。

　　此外，远在西洋（即印度洋）范围的榜葛剌国也有派遣华人作为入华使节的
记录。正统三年（1438），在榜葛剌派遣的以下儿耶眉为正使的入明使团中，即
有华人陈得清为通事。他在南京曾向礼部官员请求："去家年远，囊橐萧索，乞
赐绵衣以御寒。"明英宗认为"远人当厚抚之，即命行在礼部勿拘常例，赐与绵衣
及御寒之具"⑨。第二年，又有以华人宋允为左副使的榜葛剌使团来华。宋允
还向明英宗上奏："旧来番船遇险冲碎，乞造与新船并赐敕护持。"明英宗也认

---

① 《明英宗实录》卷103"正统八年四月己丑"条。
② 《明英宗实录》卷232"景泰四年八月乙未"条。
③ 《明宪宗实录》卷73"成化五年十一月丁未"条。
④ 《明宪宗实录》卷180"成化十四年七月乙丑"条；并参见卷181"成化十四年八月乙未"条。
⑤ 《明宪宗实录》卷255"成化二十年八月己未"条。
⑥ 《明孝宗实录》卷13"弘治元年四月丁未"条。
⑦ 见《明武宗实录》卷45"正德三年十二月庚午"条；"正德三年十二月乙亥"条。
⑧ 《明武宗实录》卷59"正德五年正月己卯"条。
⑨ 《明英宗实录》卷47"正统三年十月丁卯"条。

为,"(宋)允中国人,能招致外国,俱从之"①。

四、"夷官"与"逃民":明朝对于海外国家华人使节的身份认定之变化

前文的考察表明,以华人作为使节与明朝通交的国家,以琉球最为突出,是自始至终的普遍现象。日本、暹罗、爪哇、占城诸国派遣华人使节与明朝往来的情况也经常出现。相对来说,高丽和朝鲜派遣华人使节来华仅限于明朝初期,并且局限于一个特殊的家族。而满刺加、苏门答刺、榜葛刺国诸国派遣华人使节入明的次数则比较少。那么,这些海外国家为何任用当地华人作为与明朝通交的使节呢? 陈学霖教授曾概括为三点,"一为籍此表示彼等之仰慕中华文化,二为方便言语以利交涉,三为冀得中国乐许其以华人为贡使而多获赐赉与贸易之优遇"②。若就上述三项原因的层次性来看,其中第二项和第三项是最主要的。此外,还有少数国家则是通过派遣华人使节来期望改善和增进双方政治关系的发展。

现在的问题在于,海外诸国通过派遣华人使节进入明朝通交是否就实现了他们的期望呢? 也就是说,明朝政府是否给予这些派遣华人使节的海外国家更多的利惠或其他利益呢? 从前文的考察中我们可以看到,各国的情形不完全相同。就明初与高丽及朝鲜的关系来看,通过偰氏兄弟的来明访问,曾多次缓和或化解了两国政治关系危机。从中日关系来看,最初龙室道渊的入明复交也得到明宣宗的积极反应,明宣宗不仅派遣使团回访日本,而且还曾对龙室道渊本人给予极高评价。据日本史籍记载:"皇帝敕谕日本国使道渊。尔究通佛氏之旨,晓达君臣之义。在彼境内,超于群伦。比者,以其王事大之心,远涉海波,来修朝贡;达其王敬天之恳,敷其王事大之心。言词有章,进止有礼,从容恭谨,朕甚嘉之。今特授僧录司右觉义之职,俾归本国,住持天龙寺。尔其益精善道,以

---

① 《明英宗实录》卷54"正统四年四月甲辰"条。
② 陈学霖《记明代外番入贡中国之华籍使事》,载于《大陆杂志》第二十四卷第四期,1962年。

阐宗风；益坚至诚，用副嘉奖。钦哉。故谕。宣德八年六月初六日。"①不过，后来宋素卿来华却对中日关系的发展产生了十分消极的作用。从明朝与琉球政治关系的发展进程看，琉球的华人更是发挥了主要作用。然而，由于琉球华人使节在停留福建期间曾多次发生违禁或违法行为，所以从1475年开始明朝对于琉球的朝贡从"一年一贡"改定为"二年一贡"以限制，同时对琉球华人使节的一些额外的个人要求也常加以拒绝②。就明朝与东南亚诸国关系的发展进程看，华人使节也发挥了一定的作用，他们也常常获得明朝优厚的赐赍。可是，自15世纪末以后，由于先后发生一些东南亚国家华人使节的犯罪事件，明朝政府对海外华人使节的身份认定和政策定位也发生了变化。

　　本来，明朝自建立后对于海外国家的政策虽然先后有一些变化，但"怀柔远人"的基本方针却始终未变③。在具体执行上，明朝则是把海外国家的官方往来纳入到朝贡制度体系内，具体规定其朝贡的时间（或两年一贡、或三年一贡、或五年一贡、或十年一贡）、路线和仪式，厚赏其贡品并以高价收买其附带货物，同时对其使臣也厚礼款待，但对其在华的贸易活动却有严格的地点和时间限制，一般是在入境港口所在地和京师会同馆中，明朝严禁外国使节在其他场合与中国商民交易。另一方面，明初出于海防安全因素和维护朝贡贸易垄断地位的考虑，对民间海外贸易活动采取了严格的禁止政策。自明太祖开始施行"海禁"政策后，其后的明朝统治者也将"海禁"政策视为基本国策并屡屡重申。"海禁"政策的核心是禁止明朝百姓出海与外国往来。为此，《大明律》中还专门规定："凡将马、牛、军需铁货、铜钱、段匹、绸绢、丝绵，私出外境货卖及下海者，杖一百；挑担驮载之人，减一等；物货、船车并入官；于内以十分为率，三分付告人充赏。若将人口军器出境及下海者，绞；因而走泄事情者，斩。"④因此，在这种政策和法律制度下，任何逃往海外的中国人都是"罪民"。

---

①　瑞溪周凤《善邻国宝记》。转引自汪向荣编《〈明史·日本传〉笺正》，巴蜀书社1987年，第210页。
②　参见徐玉虎《明代与琉球王国关系之研究》，台北自刊本1980年，第157页。
③　关于明朝对外政策的演变，可详见陈尚胜《闭关与开放：中国封建晚期对外关系研究》卷一，《明朝对外政策述论》，山东人民出版社1993年。
④　《大明律附例》卷15《兵律》"私出外境及违禁下海"条，"玄览堂丛书"三集，南京图书馆1955年影印本。

不过,从明朝政府对于来华的海外国家华人使节反应过程看,明朝在早期并未把他们视作"逃民"和"罪民"。相反,他们作为"夷官"身份来华,明朝君臣还有一种特别的亲近感,如明太祖将偰长寿视为"故家子弟",明宣宗对龙室道渊的表扬。其中的原因,一是由于他们中的部分人是在明朝建立之前就已移居到海外;二是由于他们较有修养,来华后表现出应有的礼节之故。而后来由于一些华人使节在明朝行为不检,贿赂官吏,索要重赏,违禁与中国商民交往,甚至杀人放火,明朝政府对他们的身份认定也发生变化,从"夷官"始变为"逃民"甚至"罪民"。

从现存文献看,明朝于正统时期已开始对个别国家的华人使节感到不满。正统八年(1443)爪哇派遣李添福率数百人的使团来华后,明英宗即敕谕该国国王:"三年一次遣人来廷,其使者须择谨厚纯实者,量带从人。"[1] 由此可见,明朝已对李添福来华后的表现感到不满。天顺四年(1460),明朝礼部官员又接到安庆府的报告,谓以郭信为正使的爪哇使团在该府同安驿酗酒后与河西番僧斗殴,导致六名河西番僧被杀。礼部官员即上奏英宗:"其爪哇使臣,在法宜治,但远夷入贡,既已回还,难拘常致,宜敕其国王惩治。"此奏得到英宗同意[2]。成化元年(1465),由于爪哇正使梁文宣入境后恣肆贪暴,并且与中国奸商进行走私贸易,明朝政府再一次通告其国王:"自后遣使必择,无若梁文宣者。"[3] 成化十年,福州发生琉球入华通事蔡璋部下杀人劫财的案件,明朝即在翌年要求琉球国王,"宜责问璋等故纵其下之罪,并追究肆恶之徒,依法惩治"[4]。成化十三年,又有暹罗使节谢文彬等人与中国商民违禁交易并受到中国奸商诓骗的案件发生,通过查办此案明朝得以了解谢文彬早年犯禁出海的背景,使一些明朝官员开始将这些华人使节与"逃民"、"罪民"的身份联系起来。成化十四年,明朝礼部官员就曾援引都御史奏章中的观点说:"其(按:指琉球王国)使臣多系福建逋逃

---

① 《明英宗实录》卷106"正统八年七月戊戌"条。
② 《明英宗实录》卷322"天顺四年闰十一月丙寅"条。
③ 《明宪宗实录》卷19"成化元年七月戊申"条。
④ 《明宪宗实录》卷140"成化十一年四月戊子"条。

之徒,狡诈百端,杀人放火。亦欲贸中国之货,以专外夷之利。"①此后,由于正德时期满剌加使节萧明举在华杀人事件和嘉靖初年日本使节宋素卿因行贿而导致宁波争贡事件的发生,使明朝朝野上下更加深了对海外华人使节的"逃民"和"罪民"印象。

例如,明朝嘉靖年间曾任行人司行人的严从简,在其所著的《殊域周咨录》(从作者自序写于万历二年的情况看,该书应当写于此前)中就谢文彬事件而发表意见认为:"四夷使臣多非本国人,皆我华无耻之士,易名窜身,窃其禄位者。盖因中国路远,无从稽考,朝廷又惮失远人之心,故凡贡使至必厚待其人,私货来皆倍赏其价,不暇问其真伪。射利奸氓,叛从外国益众,如日本之宋素卿,暹罗之谢文彬,佛郎机之火者亚三②,凡此不知其几也。遂使窜视京师,不独经商细务,凡中国之盛衰,居民之丰欠,军储之虚实,与夫北虏之强弱,莫不周知以去。故诸番轻玩,稍有凭陵之意,皆此辈为之耳。为职方者,可不慎其讥察也哉。"③如此而观,严氏不仅将这些华人使节视为"无耻之士",而且还将他们视为潜在的"汉奸"和"卖国贼"。

再如,万历三十五年(1607)琉球国王来使请求按明初赐闽人三十六姓之例,再选拨华人前往琉球,以便充当两国往来之使节。但明朝当政官员认为"良民必不乐行,奸徒或至窜入"④,当即予以拒绝。由此可见,明朝后期对于海外华人的不良印象已经形成。

曾有学者认为:"'逃民'、'罪民'和'潜在的汉奸'这些形象,与对商贾的传统偏见一起,构成了明代对海外华人敌视的基础。凡返回中国的海外华人,都受到拘捕和惩处。"⑤不过,从我们所接触到的华人使节的相关史料看,明朝政

---

① 《明宪宗实录》卷177"成化十四年四月己酉"条。

② 据《明史》卷325《佛郎机传》记载,火者亚三"自言华人,为番人所使"。但经后人研究分析,火者亚三则是葡萄牙使者 Tome Pires 的代用名。详见张天泽(Tien-tse Chang):"满剌加与葡萄牙首位入华使节的失败。" Malacca and Failure of the First Portuguese Embassy to Peking,载于《东南亚历史杂志》(Journal of Southeast Asian History)三卷二期, 1962年9月。

③ 《殊域周咨录》卷8《暹罗》。

④ 引自徐玉虎《明代与琉球王国关系之研究》,第392页。

⑤ 颜清湟《出国华工与清朝官员：晚清时期中国对海外华人的保护(1851—1911)》,中国友谊出版公司1990年,第14页。

府并未对他们进行随意拘捕和惩处。如：正统三年（1438）爪哇国使臣马用良，通事良殷、南文旦奏："臣等本皆福建漳州府龙溪县人，因渔于海，飘堕其国。今殷欲与家属同来者还其乡；用良、文旦欲归祭祖，造祠堂，仍回本国。"明英宗一一应允，"命殷还乡，冠带闲住；用良、文旦许祭祖，有司给口粮脚力"①。可见明朝政府非未但对他们进行拘捕，而且还分别给以"冠带"荣誉和口粮脚力的物质支持，表现了来去自由的政策。成化四年（1468）日本使团通事林从杰上奏："原系浙江宁波等府卫人，幼被倭贼掠卖与日本，为通事。今随本国使臣入贡将还，乞容便道省祭。"这一请求也当即得到明朝政府的批准，但要求"其勿同使臣至家，及私引中国人下番。如违，听有司治罪"②。成化五年，日本朝贡使团中桂庵玄树一船因遭遇海难而损失贡品，却上奏要求明朝照常赏赐。礼部官员认为这种要求是通事关宗达教唆的缘故，请求宪宗治宗达之罪。"宗达，本浙江奉化人，先年负义逃入岛，今随使来朝。"但明宪宗却批示："宗达不必究治。若再反复，族其原籍亲属。"③成化十三年暹罗副使谢文彬，在违禁与中国商民进行走私交易的案件发生和出逃暹罗的背景被揭穿后，明朝政府最后对他还是宽大处理并放他返回暹罗。弘治十年，暹罗国使团通事秦罗陈告："（自）为福建清流县人，因渡海飘风，流寓暹罗国，今使回便道，乞展墓，依期归国。"也得到明朝政府批准④。

在明代真正遭到拘捕和惩处的华人使节，实际上也只有正德五年（1510）的萧明举和嘉靖二年（1523）的宋素卿两例。萧明举最后之所以被处以极刑，一是因为他杀害了与其同行的满剌加副使，不杀不足以向满剌加国王交待；二是由于他早年在中国时就已犯罪并且潜逃，需要从重惩处。而宋素卿最后之所以被处死，则是因为他的贿赂行为酿成了这场导致明朝很多官员和士兵被杀的惨案，而且他的违禁出逃外国和违反规定带日本船队入贡也刺激了明朝政府对他的愤恨之情。其实，对于宋素卿潜逃日本的违禁行为，在他于1510年首次作为

① 《明英宗实录》卷43"正统三年六月戊午"条。
② 《明宪宗实录》卷55"成化四年六月戊戌"条。
③ 《明宪宗实录》卷63"成化五年二月甲午"条。
④ 《明孝宗实录》卷129"弘治十年九月辛丑"条。

日本使节来华时就已发现。据《明武宗实录》记载："日本国使臣宋素卿，本名宋缟，浙江鄞县人。弘治间，潜随日本使臣汤四五郎逃去，国王宠爱之，纳为婿，官至纲司，易今名。至是，充正使来贡。族人尚识其状貌，每伺隙以私通语，素卿辄以金银馈之。乡人发其事，守臣以闻，下礼部议：'素卿以中国之民，潜从外夷，法当究治；但既为使臣，若拘留禁制，恐失外夷来贡之心，致生他隙，宜宣谕德威，遣之还国。若素卿在彼反复生事，当族诛之。仍行镇巡等官，以后进贡夷使，宜详加译审，毋致前弊。'从之。"① 这一典型事例说明，明朝政府虽然已经认识到这些海外华人使节多是王朝的"逃民"，但并未对他们执行有关下海和勾通外夷的法令而予以拘捕，至多是加强对他们的防范和限制。明朝政府之所以未对他们采取拘捕措施，就是因为这些华人都有一个海外国家"使臣"的身份。如若对他们实行拘捕，那么就会影响到这些海外国家与明朝的往来，还有可能使这些海外国家对中国挑起边衅事端。所以，只要不引起大的血案或冲突，明朝政策对于这些"逃民"出身的海外国家华人使节们，仍然以"夷官"的待遇对他们予以积极接待。这也使得他们与那些普通的海外华人因故回到国内，在境遇上有着很大的差别。而形成这种差别的主要原因，在于明朝对于与外国往来政策的片面"怀柔"方针。

（原文载于南开大学《中国社会历史评论》第四辑）

---

① 《明武宗实录》卷62"正德五年四月庚子"条。

“字小”与国家利益：对于明朝就朝鲜壬辰倭乱所做反应的透视

　　朝鲜史上的“壬辰倭乱”，是指日本关白丰臣秀吉于壬辰年(1592)派遣大军入侵朝鲜的战争。由于日本直到1598年因丰臣秀吉死亡才完全从朝鲜半岛撤兵，所以人们通常又将“壬辰倭乱”泛指从1592至1598年间日本侵略朝鲜战争的整个过程。韩国、日本以及中国学术界对于壬辰倭乱课题，都极为关注，相关论著甚多。大家普遍关注的问题，莫过于围绕着“壬辰倭乱”所产生的明鲜关系、鲜日关系和明日关系发展变化情况及其影响。其中，明朝在壬辰倭乱中所持的立场及其行为研究，在韩国与中国的学术界之间则是一个尚存在认识分歧的问题[①]。韩国学者普遍认为，明朝意识到丰臣秀吉的侵略目标是中国，救朝鲜就是将倭寇挡在中国本土之外。而中国学者多将明朝援救朝鲜的行为视为上国对藩邦的“字小”表现。甚至从事于中国近代史研究的王尔敏先生也认为：“明代万历二十一年(1593)及二十五年(1597)日本大举进攻朝鲜，中国两度遣

---

　　① 韩国学术界对于这一问题的研究主要有：刘九成《壬乱时明兵来援考——以朝鲜受害为中心》，高丽大学史学会主办《史丛》第20辑，1976年；崔韶子《壬乱时明派兵论考》，载于韩国东洋史学会主办《东洋史学研究》，1977年；崔韶子《壬辰倭乱与明朝》，载于翰林大学亚洲文化研究所主办《亚洲文化》第8辑，1992年；柳承宙《倭乱后明军留兵案撤兵案》，载于《千宽宇回甲论丛》，正音文化社1985年；崔孝轼《明的壬辰倭乱参与动机和实际》，载于《白山学报》第51辑，1998年。中国学术界的相关研究主要有：李光涛《朝鲜〈壬辰倭祸〉研究》，台北“中研院”历史语言研究所1972年；胡碟芬《十六世纪末日本侵略朝鲜与明朝的参战》，台湾师范大学历史研究所硕士论文，1981年；孙文良《明代“援朝逐倭”探微》，载于《社科学辑刊》1994年第3期。

兵援救，二十六年(1598)因丰臣秀吉之死，日军始行败退。而中国亦撤兵回华，丝毫不贪朝鲜土地财货之利。朝鲜君民因此设大报坛以为纪念。此在西方学者不明渊源究竟，反作鄙恶之曲解，以厚诬中国，真是无知。中国屡屡用兵平朝鲜、越南之乱，实本宗主国之道义，毫不贪其土地，实渊源于一种古老思想，且深受此一思想所支配。余十数年前曾言之，命为'存祀主义'，其实质史例，为周武王克商之后，竟不灭商反封于宋，并存夏禹之后封于祀，存舜之后封于陈。而上古史乘若《春秋》三传及《国语》《史记》并再三倡议'兴灭国、继绝世'、'起绝祀、举废国'以为上古王政之要典。后世秉此观念而入于封贡宗藩制度之中。盖出兵救援朝鲜，纯为救其危亡，乃存祀主义有以使之。"[1]

不过，王先生在上述论述中，以周武克商而不灭商来论证中国古代封贡宗藩制度中的存祀主义，非但不确切，还极易使人引起对封贡制度的误解。其实，封贡制度的基本要义在于"事大"与"字小"，即藩国应服侍上国，上国则要爱护藩属国。而明朝出兵援救朝鲜的行动，是否纯然为"字小"的行为？还是实施救朝鲜就是救自己的战略？尚需检索原始史料尤其是明朝方面的史料进行深入的讨论。而对这个问题的深入讨论，不仅关乎明朝援朝御倭战争的研究，而且关系到对明朝的朝贡制度和明鲜之间封贡关系的性质之认识。因此，本文拟就明朝对于朝鲜壬辰倭乱的反应过程做一详细考察。具体而言，一则探讨明朝在获悉日本入侵朝鲜的消息后，为何做出援军朝鲜的决定；二则考察在战争进入相持阶段后，明朝对于援朝御倭的立场是否发生变化；又是什么因素促使明朝克服兵饷的巨大困难，继续坚持在朝鲜驱逐日本军队的战斗；三则观察在1598年日本军队撤出朝鲜后，明朝又是如何处理自己与朝鲜之间关系的，它又是如何面对朝鲜要与日本建立交邻关系的？另外，我们拟对明朝在其他朝贡藩属国家面临国家存亡之际所做的反应，与明朝对朝鲜在壬辰倭乱时所做的反应做一比较，以便揭示明朝出兵援救朝鲜的具体因素。

---

[1]　王尔敏《十九世纪中国国际观念之演变》，原载于香港中文大学《中国文化研究所学报》第十一期。此引自中华文化复兴运动推行委员会主编《中国近代现代史论集》第七编，台湾商务印书馆1986年，第25—99页。按：王尔敏先生文中所言万历二十一年有误，丰臣秀吉侵略朝鲜的战争首发于万历二十年。由于万历二十年为东亚传统干支纪年的"壬辰"年，所以才被称为"壬辰倭乱"。

一、明朝在壬辰倭乱爆发前后的相关反应

16世纪末,日本关白丰臣秀吉在削平战国群雄后,即开始向朝鲜和明朝做扩张战争的准备①。1587年7月5日,丰臣秀吉在给其妻的复信中写道:"高丽(按:即朝鲜)方面也遣快船前往,使之服属日本。如不服属,则于明年加以征讨。就连唐国(按:指明朝)也使之成为我之一。"②经过多年准备,丰臣秀吉于壬辰年四月十四日发动了侵略朝鲜的战争。《明史》记载:"(万历)二十年四月,遣其将清正、行长、义智,僧玄苏、宗逸等,将舟师数百艘,由对马岛渡海陷朝鲜之釜山,乘胜长驱。"③当鲜军兵败尚州后,朝鲜王朝即决定迁都平壤,宣祖王甚至主张"渡辽内附"④。由于遭到朝臣的反对,内附之议未决。同时,朝鲜内部又开始讨论是否应该向明朝请求派兵援救。"时或有请兵天朝,大臣以为辽、广之人,性甚顽暴,若天兵渡江,蹂躏我国,则浿江以西未陷诸郡,尽为赤地。"⑤就在朝鲜内部对于是否向明朝请援问题争议不决的情况下,明朝却主动派遣崔世臣、林世禄至平壤了解情况⑥。那么,明朝为何在朝鲜尚未请求援兵的情况下而派遣崔世臣等人前往朝鲜了解情况呢? 实际上,明朝在壬辰战争爆发前夕,曾通过在日本的华人以及琉球、朝鲜两国使节的渠道,得到日本即将入侵中国的

① 关于丰臣秀吉侵略朝鲜及明朝的目的,学术界有诸种看法:或认为他是通过对外战争以削弱日本国内各大领主的势力;或认为是由于日本的通商要求被明朝所拒绝;或认为向海外发展已经成为当时的风气,而丰臣秀吉迅速统一国内也刺激了他的向外征服欲望;或认为缘于自古以来朝鲜与日本的密切关系。可参见郑樑生《明日关系史の研究》,日本东京雄山阁1995年,第464—469页。

② 《丰公遗文》,转引自汪向荣、汪皓《中世纪的中日关系》,中国青年出版社2001年,第296页。

③ 《明史》卷322《日本传》,中华书局2000年,第5598页。

④ 据《朝鲜王朝实录·宣祖修正实录》卷26"二十五年五月"条记载:"上(按:此为朝鲜宣祖王)顾问李恒福曰:'承旨意如何?'对曰:'可且驻驾义州。若势穷力屈,八路俱陷,则便可赴诉天朝。'(尹)斗寿曰:'北道士马精强,咸兴镜城皆天险之峙,可逾岭北行。'上曰:'承旨言如何?'(柳)成龙曰:'不可。大驾离东土一步,则朝鲜非我有也。'上曰:'内附本予意也。'成龙曰:'不可。'"《朝鲜王朝实录》版本据韩国国史编纂委员会网站http://sillok.history.go.kr/inspection/inspection.jsp?mTree=0,以后诸条皆相同。

⑤ 《朝鲜王朝实录·宣祖实录》卷26"二十五年五月戊子"条。

⑥ 《朝鲜王朝实录·宣祖实录》卷26"二十五年五月戊子"条记载:"流言闻于上国。朝廷疑信相半,兵部尚书石星密谕辽东,遣崔世臣、林世禄等以探审贼情为名,实欲驰至平壤,请与国王相会,审其真伪而归。"

情报，由此有了一定的思想准备。

早在壬辰战争爆发的前一年，当时于日本萨摩藩行医的中国人许仪俊，在获知丰臣秀吉即将入侵明朝的消息后，即把有关情况告知在日经商的江西临川人朱均旺，由其转告于浙江地方政府。许仪俊的情报中不仅列出了丰臣秀吉率兵入侵明朝的具体计划，而且还涉及到丰臣秀吉招诱琉球和朝鲜两国协助入侵明朝的内幕。"琉球遣僧入贡（日本），（丰臣秀吉）赐金四百两，嘱之曰：'吾欲远征大唐（按：即明朝），以汝琉球为导。'……（万历十九年）五月，高丽国（按：即朝鲜）贡，驱入京，亦以嘱琉球之言嘱之，赐金四百两。"①明朝在得到许仪俊的倭寇情报后曾将信将疑，所以在万历十九年八月通过辽东都司向朝鲜发送咨文以了解相关情况。《朝鲜王朝实录》记载，宣祖二十四年（即万历十九年）八月，"辽东都司移咨我国，具报倭情，盖因许仪后（俊）诬奏也"。②按：许仪俊所转来的倭寇情报，据《中外经纬传》卷四所记是在万历二十年初所写，但从《宣祖实录》的记载来看，显然许仪俊在万历十九年八月以前已把丰臣秀吉即将入侵中国的消息通报给明朝了。

琉球国也曾派遣使节在万历十九年八月以前向明朝通报了倭寇即将入侵中国的情报。所以，万历十九年八月福建巡抚赵参鲁专门上奏："琉球贡使预报倭警，法当御之于水，勿使登岸。奸徒勾引，法当防之于内，勿使乘间。岁解济边银两乞为存留，推补水寨将领宜为慎选。至于增战舰，募水军，齐式郭，添陆营，皆为制胜之机，足为先事之备。"显然，赵参鲁从琉球使节处得到相关情报后，判断倭寇即将入侵福建，因此有意加强了福建的防倭工作，而兵部官员也正式同意了赵参鲁的防倭计划。

相对来说，朝鲜对于日本威胁利诱他们入侵明朝的情况最初却讳莫如深，遮遮掩掩。这是由于朝鲜政府内部一直围绕着要不要向明朝通报日本的侵略意图而发生激烈争论，大提学柳成龙主张及时将日本的侵略意图通告给明朝，而左相李山海则担心明朝指责朝鲜私通日本而主张隐瞒此事。在"汉人许仪俊

---

① 《中外经纬传》卷4。转引自郑樑生《明日关系史の研究》，日本东京雄山阁1995年，第480页。
② 《朝鲜王朝实录·宣祖修正实录》卷25"二十四年八月癸巳"条。按：此版本记载"许仪俊"为"许仪后"，但明朝文献以及朝鲜文献《惩毖录》等书皆记载为许仪俊，故以许仪俊为准。

在日本密报倭情,琉球国也遣使特奏"的情况下,朝鲜方面也感到很大压力,于是在宣祖二十四年(万历十九年)五月决定,"于贺节使金应南之行,略具倭情,称以传闻为咨文于礼部"。而朝鲜"备边司更密戒(金)应南,行到辽东地界刺探消息,皇朝若专无听知,则便宜停止咨文,切勿宣泄"①。但金应南在进入辽东地界后,却听到朝鲜人为倭寇入侵当向导的传闻,所以他只好宣称是专为报奏倭情而来。明朝在接待金应南的倭寇情报后,"礼部题朝鲜供报倭奴声息,与琉球所报相同,宜奖赏激劝,(明神宗)从之"②。

朝鲜在当年八月收到明朝辽东都司向其了解倭寇情报的咨文后,感到自己与日本有通信使往来的情况再也不能隐瞒,于是专门派遣韩应寅作为"陈奏使暴白其曲折"③。据明朝方面记载,韩应寅通报的倭寇情报为:"本年五月内,有倭人僧俗相杂,称关白平秀吉吞六十余州,琉球南蛮皆服,明年三月间要来侵犯,必许和方解。"④据《朝鲜王朝实录》记载,明朝对于韩应寅通报倭情之举极其重视。"应寅等入北京,帝出御皇极殿,引使慰谕勤恳,赏赐加厚,降敕奖谕。皇帝久不御朝,外国使臣亲承临问,前所未有也。"⑤韩应寅除了在万历十九年十一月初四日得到明神宗的亲自接见外,并在万历二十年三月初七日又得到明神宗赐宴,并在宴后回国,前后居北京的时间达四个月之久⑥。明神宗对于朝鲜使节韩应寅通报的倭情也专门下旨:"著兵部申饬沿海提防。该国侦报,其见忠顺,加赏以示激励。"⑦

史载明神宗"晏处深宫",不理朝政,"纲纪废弛"⑧,缘何他对于朝鲜使节如此重视呢?我们认为,明神宗对于朝鲜使节的重视,缘于明朝对于防止日本入侵的高度重视。四十年前发生于东南沿海数省迁延七八载的"倭乱"(1552—

---

① 《朝鲜王朝实录·宣祖修正实录》"二十四年五月乙丑"条。

② 《明神宗实录》卷239 "万历十九年八月癸卯"条。

③ 《朝鲜王朝实录·宣祖实录》卷25 "二十四年十月丙辰"条。

④ 《明神宗实录》卷242 "万历十九年十一月丙寅"条。

⑤ 《朝鲜王朝实录·宣祖修正实录》"二十四年十月"条。

⑥ 据《明神宗实录》卷246 "万历二十年三月丁卯"条记载:"朝鲜陪臣韩应寅等赴奏倭情贡毕,赐宴遣还。"

⑦ 《明神宗实录》卷242 "万历十九年十一月丙寅"条。

⑧ 《明史》卷21《神宗本纪》"赞曰"条。中华书局2000年,第195页。

1564），在他心目中应该有所记忆。同时，我们也不可忽视一些内阁成员的建议。其中，万历十九年九月才从内阁致仕回家的许国尤其值得关注。可惜，由于明朝相关资料的缺失，我们无从了解当时明朝内部对于接待朝鲜通报倭情使节的细节。但朝鲜大提学柳承龙所写的《惩毖录》中却记载："天朝疑我（按：即朝鲜）贰于倭，论议藉藉，阁老许国曾使我国，独言朝鲜至诚事大，必不与倭叛。"① 显然，许国所发表的关于朝鲜不可能跟从日本而背叛明朝的意见，在消除人们对朝鲜立场疑虑方面起了极大作用。由于许国曾在隆庆元年亲历朝鲜②，他现在作为内阁次辅而关于朝鲜的良好评价不能不影响到明神宗。

正是由于明神宗君臣在壬辰战争前夕对于日本的高度警惕，以及朝鲜自开国之初就成为明朝最密切的藩属国家，再有明朝重臣对于朝鲜的良好印象与对朝鲜的友好情怀，在丰臣秀吉入侵朝鲜釜山不久，明朝兵部于五月就做出了加强山东、辽东防务的决定③。六月，明神宗又根据兵部的奏请敕令，"令辽东抚镇发精兵二枝，应援朝鲜，仍发银二万解赴彼国犒军，赐国王大红纻丝二表里慰劳之。仍发年例银二十万两，给辽镇备用。从兵部奏也"④。明朝所发的援朝先遣部队将领，为戴朝弁、史儒。七月，明朝又派遣辽东副总兵官祖承训率兵三千进入朝鲜保卫宣祖王。

对于派遣军队援助朝鲜抗击倭寇之事，明朝内部曾有两种不同意见。反对援救朝鲜的意见以兵部给事中许弘纲为代表。他认为："夫边鄙中国门庭也，四夷则藩辅耳。闻守在四夷，不闻为四夷守。朝鲜虽忠顺，然被兵则慰谕，献俘则颁赏，尽所以待属国矣。望风溃逃，弃国授人，渠自土崩，我欲一苇障乎？"⑤ 而主张派兵援救朝鲜的意见则以兵部官员（当时兵部尚书为石星）为代表。他们

---

① 柳承龙《惩毖录》卷1。收于"朝鲜史料丛编"下册，全国图书馆文献缩微复制中心影印本，1990年，第271—281页。

② 参见陈尚胜《许国出使朝鲜与东国士庶交谊》，载于《中国与韩国——崔韶子教授停年纪念论文集》，第87—97页，韩国书海出版社2005年。

③ 《明神宗实录》卷248 "万历二十年五月己巳"条记载："朝鲜国王咨称倭船数百，直犯釜山，焚烧房屋，势甚猖獗。兵部以闻。诏辽东、山东沿海省直督抚道镇官，严加整练防御，无致疏虞。"

④ 《明神宗实录》卷249 "万历二十年六月庚寅"条。

⑤ 《明神宗实录》卷250 "万历二十年七月庚申"条。

认为："朝鲜倘险，螫必中辽。则固我藩篱，壮彼声势，亦势不可已。"①尤其重要的是，明神宗也坚决主张援救朝鲜，"上念朝鲜被陷，国王请兵甚急，既经会议，宜速救援，无贻他日边疆之患"②。因此，一些反对援救朝鲜的声音也因明神宗的明确意见而停止下来。

不过，朝鲜宣祖王面对日寇的步步进逼却缺乏抗日意志，准备逃居明朝境内安顿，并派人"以内附之意移咨中朝"。此请遭到明朝兵部的否决③。明神宗还专门用圣旨安慰宣祖王，希望他坚定抗日决心："倭贼陷没朝鲜，国王逃避，朕心悯恻。援兵既遣，还差人宣谕彼国大臣，著他尽心护国，督集各处兵马，固守城池，扼控险隘，力图恢复，岂得坐视丧亡！"④由此可见，明朝在壬辰倭乱爆发后，不仅及时派遣援兵进入朝鲜保卫宣祖王的安全，而且援朝抗日的立场也十分坚定，由此揭开了明朝援朝御倭战争的序幕。

二、明朝在壬辰倭乱战争期间的相关反应

《明史》记载："祖承训赴援（朝鲜），与倭战于平壤城外，大败，承训仅以身免。八月，中朝乃以兵部侍郎宋应昌为经略，都督李如松为提督，统兵讨之。"⑤明神宗还专门叮嘱宋应昌，对于入侵朝鲜的倭寇，要"相机剿除，以绝后患"⑥。万历二十一年正月初八日，明朝军队在平壤重创日本军队，取得平壤大捷。但提督李如松却由此产生轻敌思想，终于酿成碧蹄馆战役之败。明朝军队在碧蹄馆战役失利后，朝鲜经略宋应昌遂有与日本议和以促成日本撤军的思想。

本来，在明朝派遣军队援救朝鲜之初，兵部尚书石星曾招募浙江平民沈惟

---

① 《明神宗实录》卷250 "万历二十年七月癸酉"条。
② 《明神宗实录》卷250 "万历二十年七月癸未"条。
③ 《朝鲜王朝实录·宣祖实录》卷25 "二十五年七月戊辰"条。
④ 《朝鲜王朝实录·宣祖实录》卷25 "二十五年七月戊辰"条。另外，《明神宗实录》卷249 "万历二十年六月壬寅"条也记载："兵部言，朝鲜陪臣闻倭夷荼毒，声息哭泣，乞归。命即遣还。先已发兵救援，仍慰谕国王毋诿倭强弱不敌，务战剿贼，以副朝廷怀远之意。"
⑤ 《明史》卷322《日本传》。中华书局2000年，第5598页。
⑥ 《明神宗实录》卷255 "万历二十年十二月己亥"条。

敬前往朝鲜的日本军营以议和为名，作为缓兵弭患之计。但宋应昌在明军受挫后，即开始任用沈惟敬作为使节与日军前线将领小西行长进行和谈。万历二十一年四月，沈惟敬被宋应昌派遣前往日军营中议和。临行前，宋应昌向沈惟敬交待："此间和议，汝既专主，我不当欺朝鲜，亦不敢诬朝廷，你须率策士五人，领倭众归日本，受关白降书以来。我得此，然后转奏，请旨封关白为王，使之进贡，勿令误事。"①由此可见，宋应昌在军事上没有把握取胜的情况下，却主观上把日军撤离朝鲜的目标寄希望于和谈，甚至要求沈惟敬通过和谈使丰臣秀吉向明朝送来投降书。明朝回报的条件，则是册封丰臣秀吉为日本国王，同时准许日本向明朝进行朝贡贸易（嘉靖年间日本对明朝的朝贡贸易被断绝）。

宋应昌的这种借封贡退日军的主意，也被明朝兵部尚书石星所认同，甚至还影响到内阁要员赵志皋（万历二十年至万历二十二年为内阁次辅，万历二十三年至万历二十九年为内阁首辅）。《明史》记载，"初，日本封贡议起，石星力主之。志皋亦冀无事，相与应和"②。

同时，明朝内部原来反对出兵援助朝鲜的的声音，随着碧蹄馆之战的失利，也开始有了新的言论环境，他们也赞同对日议和。如万历二十一年五月内阁首辅王锡爵就在一份题奏中称，在朝鲜的明朝士兵若是猛追穷打日本军队，"抑恐远追穷寇，全胜难期"③。即对明朝能否取得胜利没有把握，言下之意还是主张对日议和。万历二十一年六月初一，兵科给事中侯庆远也在题奏中提出了弃战议和的主张："我师出境，无敢谓百全必克者。暨平壤一捷，开城再捷，颇以倭为易与。于是有碧蹄之败，因败而惩持重自保，于是乎有许和之议，倭奉约而南。又见谓师老气竭，情归可乘，于是乎有尾击之说。窃怪我与倭何仇也？诚不忍属国之剪覆，特为勤数道之师，拿两都而手授之。朝鲜存亡兴灭，义声赫于海表，我之为朝鲜者亦足矣。而复为之，若战以横挑已讲和之倭，恐非完策也。朝鲜谊不与倭共戴天，则五合六聚而挠之，以贸首为快，不惜其他势也。倭欲归费得计，大创追兵，未可平行无虞，则蒙死不逃，顾亦势也。今我助朝鲜以闻假，朝鲜

---

① 《朝鲜王朝实录·宣祖实录》卷37"二十六年四月乙酉"条。
② 《明史》卷219《赵志皋传》。中华书局2000年，第3852页。
③ 《明神宗实录》卷260"万历二十一年五月丙子"条。

推大国以为锋，而我又欲先用朝鲜之众，以为尝两军争便。倭得张疑，以持我而并锐以走朝鲜。朝鲜不支，我师亦难独立矣。恚怒求战，致毒必深，何可不虑害也？王者之师，不趋小利，不徼小胜。我以德植，朝鲜以信闻，倭奴全归而归所获实多。若旋结言而旋倍之，是谓不祥。即馘数千百级，不足以称武；而厮舆有一不备，适足以损重而贻羞，乌容不审权也。伏念倭不能殄之，而除本则莫若以比值之以成信。朝鲜不可轻动，亦不可中弃，则莫若少留锐师，以为之声援。宜亟救兵部谕东征文武诸臣，毋狃敌，毋信降，毋妄希奇捷，毋不虑隐患，朝廷以完师为功，不以深入多杀为右，要以早休士马，速纾东顾已而。"①在他看来，若是与已经南撤的日军较量，明朝军队未必就能取得胜利，不若与日军讲和，通过和平谈判与道德力量使其撤出朝鲜，朝廷不能期望速战速决，只需要在朝鲜驻留少量精锐部队，通过军事上的震慑力和外交手段，最终逼迫日本从朝鲜撤军，从而避免明朝军队在朝鲜的重大伤亡。明神宗对于侯庆远的这一建议表示赞同，并敕令"朝鲜王还都王京，整兵自守。我各镇兵久疲海外，以次撤归"②。不过，明神宗开始并不同意对日本进行封贡。万历二十一年十二月，明朝撤回朝鲜经略宋应昌和提督李如松，并任用蓟辽总督顾养谦兼理朝鲜军务。

对于撤军的敕令，宋应昌上奏提出了异议。他在万历二十一年十二月初八日所上的《慎留撤酌经权疏》中指出：日本丰臣秀吉派兵攻破朝鲜，"已知朝鲜形胜接近中国……欲据之以睥睨内地耳"。所以，丰臣秀吉侵略朝鲜实为准备侵略中国。"盖朝鲜与中国势同唇齿，非若琉球诸国泛泛可比。唇亡齿寒，自古言之休戚与共，是朝鲜为我中国必不可失之藩篱也。故臣尝谓朝鲜为蓟辽保东吃紧屏翰，全罗庆尚系朝鲜一国吃紧门户……守全庆则朝鲜可保无事，失全庆则朝鲜危矣；守朝鲜则四镇可保无事，失朝鲜则四镇危矣。今日御倭之计，惟守朝鲜为至要，守朝鲜之全罗庆尚则尤要也。"而一旦从朝鲜撤兵，"是谓半途而废，尽弃前功，倭且得以乘其后矣"。因此，他认为应至少保留一万六千士兵驻防朝鲜，与朝鲜军队协守，"复借封贡羁縻日本"。对于朝内不少人指责他与日

---

① 《明神宗实录》卷261"万历二十一年六月甲申"条。
② 谷应泰《明史纪事本末》卷62"援朝鲜"，中华书局1977年，第967页。

本议和时开出封贡条件均属失策的意见，他在疏中辩解：自议和以来，请封倭众已南撤甚至过海回国。而封贡之事，只是羁縻之术。"彼止欲请封即与之封，封后二三年无事，可与贡。"在他看来，"留守（按：指不从朝鲜撤军）经也，封贡权也，守经方可行权，无经则无权矣"①。就是说，他认为只有明朝在朝鲜保持军队给日本以压力的情况下，日本方面才有可能接受和谈与受封。从后来的实际情况看，明神宗基本接受了宋应昌的部分建议，在朝鲜继续保留驻军。

顾养谦从宋应昌手中接管经略朝鲜事务后，也坚持对日本采取议和与封贡政策，并具体提出封日本关白丰臣秀吉为日本国王，日本进贡贡道为宁波的主张。但封贡之说立即招致明朝内部不少官员的反对，如御史杨绍程、礼部郎中何乔远、科道赵完璧、王德元、徐观澜、顾龙、陈维芝、唐一鹏等人交章反对封贡②。时任吏部左侍郎的赵参鲁还著有《东封三议》，以自已对日本情况的熟悉而辩驳对日本封贡的失策③。对此，顾养谦上奏特别强调，有些官员主张对日议和只许册封丰臣秀吉而不许日本通贡，并不可能。"今惟有许则并许，绝则并绝而已。""如用臣议而并许之，则择才辩武臣为正使，惟敬赍诏册随至大丘，令惟敬先谕诸酋，率兵渡海，然后使臣入国。封贡既成，可保十年无事。如用诸臣议而并绝之，则弃置朝鲜，自鸭绿江以西为守。倘既绝封贡，而欲保朝鲜，臣必不能任也。"④为了在自己任上实现与日本议和的目标，顾养谦还曾建议朝鲜国王遣使入明为日本请贡，由此影响到明神宗对于日本封贡问题的态度变化。万历二十二年"九月，朝鲜国王李昖疏请许贡保国。上乃切责群臣阴挠封贡，追褫御史郭实等，诏小西飞入朝。时改总督侍郎孙新受事，倭使抵京，石星优遇如王公。小西飞等殊扬扬，过阙不下。既集多官面译，要以三事：一勒倭尽归东；一既封不与贡；一誓无犯朝鲜。倭俱听从，以闻"。在日本使节小西飞接受明朝提出的条件后，明朝即决定向日本派遣册封使团。"十二月，封议定，命临淮侯李

①　宋应昌《经略复国要编》卷13。收于"朝鲜史料丛编"上册，全国图书馆文献缩微复制中心1990年影印本，第1022—1042页。

②　谷应泰《明史纪事本末》卷62"援朝鲜"，中华书局1977年，第969—970页。

③　《明史》卷221《赵参鲁传》。中华书局2000年，第3884页。

④　《明神宗实录》卷272"万历二十二年四月甲寅"条。

宗城充正使,以都指挥杨方亨副之,同沈惟敬往日本。"①不料,明朝册封正使李宗城却于万历二十四年四月三日从釜山微服潜逃②,迫使明朝改任杨方亨为正使、沈惟敬为副使前往日本以完成册封使命。万历二十四年八月,明朝册封使团与朝鲜通信正副使一道前往日本。九月二日,丰臣秀吉接见明朝使团,杨方亨、沈惟敬即把明神宗的册封诰命、敕谕以及金印、冕服转授给秀吉。次日,秀吉宴待明使,并令人译读明朝的诰命和谕书。当译读至"特封尔为日本王"时,秀吉即面红耳赤,极其愤怒:"大明封我为日本国王,岂有此理! 我自然是日本王,何由明之来许。"③于是,丰臣秀吉下令驱逐明朝、朝鲜两国使节,并且命令各将领率兵再伐朝鲜,由此丁酉倭乱又起,明日议和完全失败。

面对日军的转土重来和朝鲜使节的再次求援,明神宗于万历二十五年二月间专门召集廷臣会议倭情。在会议上,大小九卿科道官员多数认为,"欲安中国须亟救朝鲜,欲救朝鲜须亟更枢管,石星前事多误,方寸已灰,军国机宜,岂堪再误"④。兵部尚书石星因此不得不为明朝与日本议和的失败而承担责任,明神宗

① 《明史纪事本末》卷62《援朝鲜》。中华书局1977年,第970页。并参见《明史》卷320《朝鲜传》。中华书局2000年,第5553页。

② 关于李宗城从釜山逃跑的原因,明朝和朝鲜文献自来有多种说法。如《明神宗实录》卷296"万历二十四年四月壬戌、乙丑"等条记载,李宗城因听信谣言,担心被日本扣留。同书卷297"万历二十四年五月壬申"条记载,李宗城回国后揭告:"关白执沈惟敬要求七事,原不为封。"《明史纪事本末》卷62《援朝鲜》记载,李宗城潜逃则是缘于与谢隆的矛盾,担心谢隆雇日本人对其行刺。《明史》卷320《朝鲜传》中则记载,"李宗城以贪淫为倭守臣所逐,弃玺书夜遁"。朝鲜《宣祖实录》卷74"二十九年四月乙巳"条记载,据正使管家李恕云,"前月二十二日倭通事浙江人自日本出来,言倭情不好,又军门及察院皆以为封事若未易成,趁速出来,故正使以此动心,决意出来"。而据同月"丙午"条记载,是由于"册使到营而四件(指纳质、通商、割地、通婚)之事不成"之故。据同月"戊申"条记载,"正使向庆州云,其间事情难测"。同月"辛亥"条记载,"正使之心固已疑危,细作之言入耳,心骇志动,乘夜挺出"。据同月"癸丑"条记载,副使杨方亨的谕帖也称,"正府因感讹言,妄有举动"。据同月"丙辰"条记载,朝鲜宣祖会见李宗城,李宗城告诉他:"关白绑缚责以七件事,奴才(指惟敬也)弄其油嘴,无所不至,俺闻来惊惧,俺之一死有不足惜,恐辱国命,决意跳出,罪合万死。"上述诸书,我以为尤应重视《明实录》和《朝鲜王朝实录》。我认为,造成李宗城出逃的主要原因,应是他到釜山后得悉丰臣秀吉还有讲和的七个条件,使他感到难以完成册封的使命,于是采取出逃的下策。

③ 堀可庵《朝鲜征伐记》。转引自张庆洲《抗倭援朝战争中的明日和谈内幕》。另外,关于明朝与日本议和失败的原因,历来说法不一。有丰臣秀吉怒朝鲜不派王子之说,有加藤清正揭露小西行长欺骗之说。此处从张庆洲的考证结论,即明朝册封他为"日本王"而不是他原先所听说的"大明王",是造成议和完全破裂的关键。

④ 《明神宗实录》卷307"万历二十五年二月丙子"条。

改任邢玠为兵部尚书，并令邢玠总督援朝御倭全局军务，麻贵为备倭大将军统率在鲜诸路军兵，杨镐为经略朝鲜军务。为了确保援朝御倭战争的胜利大局，明神宗专门向邢玠承诺："朕以东事专付于卿，决不中制，亦不为浮言所惑。中外各该衙门都要协心共济，以图成功。"①

在明朝大多数官员一心主张援朝御倭的政治舆论氛围下，此时个别反对援救朝鲜的官员，也被科道官员论罪。万历二十五年八月，吏科左给事中杨廷兰、兵科给事中白谕、刑科右给事中罗栋就上奏神宗，要求处罚倡议弃救朝鲜的侍郎周思敬②。而原来认同石星观点坚持和议的内阁首辅赵志皋，此时则转变了立场。他在万历二十五年九月所上的一份奏疏中提出："倭之不能北犯中国者，惟恃朝鲜全、庆二道为我卫耳。全、庆亡，朝鲜必亡。朝鲜一亡，则倭不能从陆犯辽，必从东汉、临津、晴川、大定、大同、鸭绿诸江分兵四出，凡东南沿海皆有切近之忧，此目今一大患也。故全、庆必当屯兵，以至沿海边卫均当预防。"③不过，赵志皋也认为本朝已经"兵疲饷竭，结局无期"，不能期望速战速决。而要"坚守要害，互为声援"④。

此前，内阁大学士张位（次辅）和沈一贯也在题奏中认为援朝御倭战争不会速战速决，他们还提出了援救朝鲜的具体方略："欲为自固之谋，先择要害适中处所以立根基。使进可以战，退可以守。始为万全之计，莫若于开城、平壤二处开府立镇，西接鸭绿、旅顺，东援王京、乌岭。势便则遣轻兵以趋利，不便则虎踞此处以压其邪心；练兵屯田，用汉法以教朝鲜之人；通商惠工，开利源以佐军与之费；选贤用能，立长师以分署朝鲜八道之土。开、平既定，次第庆尚、忠清、黄海等处；日通月削，倭可立尽。既定此策，即当通登莱入辽之海路，从此转饷以资军与，渡军以讲水战，使往来之人不疲于陆，宜令二镇联络可以相援，又可以通朝鲜之黄城岛，陟釜山而窥对马，此为长策。"⑤不过，张位、沈一贯在开城、平

---

①　《明神宗实录》卷310"万历二十五年五月甲寅"条。
②　《明神宗实录》卷313"万历二十五年八月丙戌"条。
③　《明神宗实录》卷314"万历二十五年九月壬辰"条。
④　《明神宗实录》卷328"万历二十六年十一月壬辰"条。
⑤　《明神宗实录》卷307"万历二十五年五月乙亥"条。

壤两地屯田养兵的建议,由于朝鲜担心自己国家被明朝吞并而反对终遭放弃。但朝鲜方面却提出:"小邦形势,全、庆二道为重。庆尚门户,全罗府藏也。斯倭所必争,我所必守。倭若据全罗,远则西海一带,近之珍岛济州,皆为窟穴纵横,无所不通。"因此,朝鲜方面建议,"若于庆尚要害设险屯积兵饷,时以轻兵相机攻剿,从陆路以蹙其势,而又以利舰锐卒出没海上,邀截其后,庶几有济"①。从后来明朝在朝鲜的军事行动来看,总督邢玠、朝鲜经略杨镐基本采纳了朝鲜方面的建议。他们正是从解除朝鲜王京之危开始用兵,明朝军队于万历二十五年九月取得稷山大捷。然后明朝援军兵分四路:麻贵统率骑兵东攻庆尚道所属的蔚山等城、刘綎统率四川步兵主攻西路的全罗道、董一元领兵中路主攻庆尚道的泗川,陈璘则统率广东水军专从海路截击日军,从而形成四路相互犄角的攻守平衡之势。在万历二十六年底因丰臣秀吉死亡而日军撤离朝鲜之际,入侵朝鲜的日军已被明朝援军钳制在朝鲜南端的沿海狭窄地带,援救朝鲜的明朝军队已经胜利在望。

三、明朝在壬辰倭乱战争结束后 对明鲜、鲜日关系的反应

万历二十六年十一月十二日,福建巡抚金学曾向神宗上奏:"关酉平秀吉死,内乱将作……倘水陆交攻,灭此鲸鲵,或其时也。"②万历二十六年十二月十五日,总督朝鲜军务邢玠以飞骑向朝廷报告,"倭将清正从朝鲜遁归"③。至此,首尾七载的明朝援朝御倭战争正式结束。

战争结束后,如何处理战后的明朝与朝鲜之间的关系? 具体来说,要不要及时从朝鲜撤军? 早在战争期间的明日议和过程中,朝鲜君臣就一直担心明朝与日本瓜分朝鲜。而当明朝第二次兴师援救朝鲜时,朝鲜对于明朝方面在平壤、开城两地屯田以就地解决军饷的建议也十分担忧,害怕明朝就此吞并朝

---

① 《明神宗实录》卷307"万历二十五年五月乙亥"条。
② 《明神宗实录》卷328"万历二十六年十一月癸巳"条。
③ 《明神宗实录》卷329"万历二十六年十二月丙寅"条。

鲜。对此,明神宗在万历二十五年就设朝鲜经略一事,曾明确告知朝鲜国王,"设官经理朝鲜,原为保全属国,目前战守进止,此为长策。待彼力能自立,官兵当即撤还。天朝不利一民一土"①。就在明朝与朝鲜上下庆祝倭寇荡平之时,明朝兵科给事中徐观澜即上奏:"乞敕兵部亟咨督抚二臣,速议班师及留兵善后长策,永杜后艰,庶不负抚危字小之仁矣。"②于是,明神宗将奏章交兵部官员讨论并提出具体善后方案。

万历二十七年五月,御倭经略邢玠向明神宗条陈朝鲜善后事宜十事:一、留戍兵。议留副总兵茅国器等,步兵一万五千;游击季金等,水兵一万;副总兵解生等,马兵五千;而抚臣标下选兵三千,及巡抚杂流共计三万四千一百人,马三千匹,分戍朝鲜。二、定月饷。官兵盐菜及新造火炮,每年共该银九十一万八千九百六十余两。三、定本色。合用米豆分派辽东、天津、山东等处除起运及见贮者尽数催发外,另每年分派米豆十三万石,俟朝鲜收成之后,徐议停运。四、留司府。议裁东西二监军,独留中路海防道。五、裁饷司。兵额既定,出纳有经,督饷司官相应议裁。六、重将领。参将俞尚德宜复副总,守备姜良栋、左聪量加游击,以隆责任,且示鼓舞。七、添巡抚。自鸭绿至王京、至釜山,地方寥远,寇盗充斥。前议留兵六百名,即以把总李开先、杨拱二人统之,分地巡警。八、分汛地。朝鲜要害首釜山,次巨济,次竹岛及闲山,南海应以水步兵分驻扼要,以马兵居中驰援。九、议操练。屯种择于宽便之处,设立教场,天兵、丽兵相兼操练,以教师将官试为小操,镇道季临为大操,抚臣春秋二汛为合格,酌定赏格。内有荒芜屯土者,责问垦屯,种出于朝鲜,牛珍给于官府,庶足兵足食两得之矣。十、责成朝鲜中国之兵不可久戍。乞天语叮咛彼国君臣,亟图绸缪,一二年后殚力自完,使东征士卒早慰室家之思③。

应该说,邢玠关于朝鲜倭患平定后的善后策是一份比较全面地维护藩邦安全和自主权的方案。明朝在朝鲜留兵戍守,目的是为了避免倭寇卷土重来;而第二至第六、第八、第九诸条,也是为了朝鲜国防;第七条添巡抚,则是为了维护

---

① 《明神宗实录》卷307"万历二十五年二月乙亥"条。
② 《明神宗实录》卷329"万历二十六年十二月庚午"条。
③ 节据《明神宗实录》卷335"万历二十七年五月壬戌"条。

朝鲜在倭患战后的社会秩序;第十条不仅是向朝鲜君臣表明明朝对于朝鲜自主权的尊重,更是期待朝鲜早日自强。然而,要在朝鲜驻札三万四千余人的守军防备倭军卷土重来,军饷供应却成了明朝在战后所面临的一个难题。户科给事中李应策在疏中论驳:"据拟留兵三万余,岁费饷银几百万,米豆十三万石,马三千,此在全盛之时尚不能尽给,而况今日匮乏之际乎?"①户部官员则提出:"查得朝鲜当壬辰倭患之始,请兵不过一万,此时倭正在平壤也。及癸巳倭败之后,留兵不过五千,此时倭未去釜山也。盖该国兵荒之后,不独苦倭之扰,而亦苦我之扰。……臣等以为今日善后之事,仍当与彼国商之。彼主也,我宾也,故宜量彼饷之赢绌而后可酌我兵之去留。"②显然,户部官员完全是从财政角度来考虑明朝在朝鲜留兵问题,他们甚至希望留朝守备士兵的军饷由朝鲜方面提供。不过,明神宗却考虑到朝鲜的困难局面,先后向户部官员指出:"东氛既净,本宜振旅悉还。念该国凋残,留兵协守,宜简实精确。"③"留兵非难,处饷为难。该国若能供给,多留亦所不惜,必资朝廷,只可量助,还行与该国君臣奏请定夺。"④由此可见,明神宗对于在朝鲜留兵问题首先考虑到要听取朝鲜王朝的意见,指示由兵部与朝鲜协商定夺。十月,朝鲜通知明朝,"请留水兵八千以资戍守,其撤回官兵乞驻扎辽阳,有警听调"⑤。万历二十八年二月,兵部考虑到在朝鲜驻军"兵多则虞糜费,兵少不敷分防"的两难处境,又担心明朝军队在"尽撤之后,变起不虞,调援何及"的危险局面,决定在朝鲜短期内留守兵一万六千人。这一方案得到明神宗的批准并执行⑥。

为了使朝鲜能尽快增强国防自卫能力,也使自己能尽快从朝鲜撤出驻守军队,邢玠、万世德于万历二十九年二月再陈《朝鲜善后事宜》,内容包括选拔朝鲜将帅人才,系统训练朝鲜士兵伍法,重点防守朝鲜釜山、巨济、蔚山、南海等要冲

---

① 《明神宗实录》卷335 "万历二十七年五月丙子"条。
② 《明神宗实录》卷335 "万历二十七年五月丙子"条。
③ 《明神宗实录》卷335 "万历二十七年五月丙子"条。
④ 《明神宗实录》卷337 "万历二十七年七月辛酉"条。
⑤ 《明神宗实录》卷340 "万历二十七年十月戊子"条。
⑥ 《明神宗实录》卷344 "万历二十八年二月乙酉"条。

之地，因地设险修隘，建造城池，添造军事器械等①。至万历三十年二月，在明朝把总萧靖国的具体操练下，训练朝鲜士兵的工作基本告成，明朝也从朝鲜陆续撤出留守军队②。另外，明朝对于朝鲜备倭所需的军用物资器械如弓箭、硝黄、火药等，也准许他们从中国适量购买③。

援朝御倭战争结束后，明朝在处理朝鲜事务方面还面临一个重要问题，即如何面对朝鲜与日本之间的关系问题。战争结束后，明朝对于日本数次派使议和与通交的要求，由于近五十年中先后两次经历倭乱的巨大灾难，曾坚决予以拒绝。在这样一种社会氛围下，人们不免对于与日本沾边的事情极其敏感。个别动机不良的官员甚至借此议题来作为打击自己政敌的手段。如明朝兵部赞画主事丁应泰就曾出于打击邢玠的目的，指责邢玠等人"贿倭卖国"，并指责"朝鲜阴结日本，援《海东记》与争洲事为证"④。为此，朝鲜国王还曾专门向明朝通报："《海东记》乃正统年间因其（按：指日本）来使，遣内陪臣申叔舟往日本，通谕验察彼中情形，得其国风俗、世系、地图，遂因其本稿附以小邦款待事例作为一册，以为异国奇闻。而今乃以覆瓿之断简，作为陷人之奇货，捃摭流闻，捏造虚辞，亦已甚矣。"⑤万历二十七年二月由兵部召集廷臣会议朝鲜事务，官员们一致认为："朝鲜世为忠贞，无背国通倭之理。"⑥

事实上，在战争结束之初日本的议和使节就接踵来到朝鲜，他们期望与朝鲜恢复交往⑦。朝鲜则从睦邻和索回被掳人口的实际利益需求出发，也有意于与日本恢复和谈和交往，但却由于事涉明鲜军防合作而需要得到明朝的理解和应准。于是，他们首先将日本通使与朝鲜议和问题通报给明朝朝鲜经理万世德，期望得到他的明确答复。万世德则向他们表示，"至于和好一事，既未有皇上命

---

①　《明神宗实录》卷356"万历二十九年二月辛卯"条。

②　《明神宗实录》卷368"万历三十年二月辛未"条。

③　参见《明神宗实录》卷373"万历三十年六月丙申"条，《明神宗实录》卷414"万历三十三年十月庚午"条。

④　《明神宗实录》卷330"万历二十七年正月丙午"条。

⑤　《明神宗实录》卷331"万历二十七年二月壬子"条。

⑥　《明神宗实录》卷331"万历二十七年二月戊午"条。

⑦　参见陈文寿《日朝议和交涉使者一览表（一五九八至一六○六年）》，《近世初期日本与华夷秩序研究》，香港社会科学出版社有限公司2002年，第217页。

令,两国擅以己意相通,非徒大乖于事理,抑亦分义之所不敢为也"①。鉴于万世德的表态,朝鲜国王于是在万历三十年十一月便将朝鲜与日本议和问题,借通报防倭事务巧妙地通知明朝政府,"倭使之来至再至三,觇我国之虚实,探天兵之去留,阴假送还人口,潜行掳掠,且要协和款,渐露兵端"②。朝鲜的目的,是想明朝能对自己与日本的议和有一个明确的态度。但明朝误以为朝鲜向明朝请兵请将而予以拒绝:"遣将一员,调兵数百,以战则寡,以守则弱,亦何济之?"希望朝鲜国王"大修耕战"之策,对"国内沿海地方逐一料理。某处寇可登犯,某处险隘难入,某处应筑城堡,某处应设墩台,某处应哨防,某处应戍守,一如天朝昔日留官训练之法",时时加强训练③。

然而,随着朝鲜与日本从议和走向通交,朝鲜感到应该得到明朝方面的明确意见。万历三十五年初,朝鲜王朝将自己与日本德川幕府通交情况通报明朝。据明朝兵部转述的朝鲜通报为:"倭自庚子而后物力渐绌,平秀吉死,源家康擅政,……数遣使往来对马、釜山间,六七年间,赍书相望,所刷还人口不绝。朝鲜犹未与市。往岁冬,家康复遣使朝鲜,自言已代秀吉为王,尽反秀吉所为,缚送癸巳时所发王京丘墓贼,朝鲜亦茫然无辩之者。而鲜僧松云自倭中归,传家康语云:'曩自平秀吉要挟朝鲜,犹以割地、求婚、质子为词,我则不然,愿两国通好而已。往者壬辰构衅时,吾在关东,不与兵事。师入王京,关东将卒无一人渡海者,而相视若雠,岂不谬哉?又刷还人口。自肥前归,多称倭距关都三百里筑城,诸岛均役。唯对马一岛以寻和独镯。言和事不成则分六十六州,趣半筑城,趣半战朝鲜,朝鲜亦微恫之也。'然家康实自以老故萨摩州,而对马主义智、调信、景直等犹为平氏。故独以和事责义智,心急朝鲜,恐一日失朝鲜欢。而朝鲜懦实无衅报意。"万历三十五年四月明朝兵部就朝鲜与日本通交一事正式回复该国,"相机以御,及时自固,审利害,察情实,在尔国自计,(明朝)难为遥度而已"④。明朝虽然自己拒绝与日本通交,但却向朝鲜明确表示不干预朝鲜与日

---

① 《朝鲜王朝实录·宣祖实录》卷124 "三十三年四月己丑"条。
② 《明神宗实录》卷378 "万历三十年十一月乙亥"条。
③ 《明神宗实录》卷378 "万历三十年十一月辛丑"条。
④ 《明神宗实录》卷432 "万历三十五年四月庚午"条。

本的通交问题，从而为朝鲜和日本两国实现正常的交邻关系提供了宽松的政治空间。

四、余论：封贡关系中的上国利益和属国内政自主问题

　　以上考察揭明，朝鲜在面临日本大规模入侵之后，明朝立即从保护藩属的"字小"立场做出了出兵援救朝鲜的决策。关于此点，《朝鲜王朝实录》中也有记载，当时，明朝"礼部以为：'倭患剥肤，亟请援朝鲜，以树藩蓠，发军饷以济危急。'天子以为，'朝鲜素效恭顺，为我属国，有寇岂宜从视？'令辽东即发精兵二只应援；因发银二万两，解赴彼国犒军；大红纻丝二表里，慰劳国王，令其督率官兵，悉力截堵。如或势力不支，不妨请兵策应，刻期歼贼，作我藩蓠"①。由此可见，明神宗君臣做出援救朝鲜的最初出发点是为了保护藩属。同时，我们也应当看到，明朝出兵援救朝鲜的决策，也是出于自身的边疆安全考虑。正如当时人所讨论的："倭有朝鲜，则为门庭之寇；我无朝鲜，则失藩蓠之国。"②"欲安中国，须亟救朝鲜。"③实际上，明神宗正是出于"念朝鲜被陷，国王请兵甚急，既经会议，宜速救援，无贻他日边疆之患"④的考虑而坚持援朝御倭的方针。也就是说，明朝援救朝鲜有着维护自身的边疆安全利益的目的。

　　那么，在"字小"和上国的国家利益之间，究竟哪种因素是最重要的因素呢？如果说"字小"在明朝与藩国关系中带有普遍性，那么明朝在处理其他藩属国家遭受外敌入侵时也应有所表现。如果在明朝处理其他国家危亡问题时并没有直接的援救行动，那么国家利益则是明朝援救朝鲜行动的首要因素。

　　就在日本入侵朝鲜的战争结束不久，日本萨摩藩主以琉球对于德川幕府救助遭受海难难民并送还而不谢恩为借口，于1609年3月派兵入侵琉球王国，将

---

① 《朝鲜王朝实录·宣祖实录》卷27"二十五年六月甲寅"条。
② 邢侗《东事策》，载于陈子龙等编《明经世文编》卷468，中华书局1962年影印本，第5134页。
③ 《明神宗实录》卷307"万历二十五年二月丙子"条。
④ 《明神宗实录》卷250"万历二十年七月癸未"条。

琉球国中山王以及主要官员带回日本,并于次年8月强行将琉球国中山王带到江户城拜见德川将军。在琉球国中山王返回国内后,萨摩藩却将部分琉球岛屿纳入到自己的领地,并限定琉球国中山王的直辖领地为五万石①。明朝在万历四十年(1612)才得悉相关事态,兵部即下令"福建军门,应遣熟知夷情者入海询探中山王归国否。如中山王仍有其国,则二百年之封贡犹知戴我;如制其国者倭也,则闽乃与浙东之宁波、定海、舟山、昌国等耳,我之备倭当又有处也"②。不久,福建巡抚丁继嗣上报朝廷,言琉球入贡使团已至福建,其中成员夹杂有日本人。并认为"琉球情形叵测,宜绝之便。但彼名为进贡,而我遽阻回,则彼得为辞,恐非柔远之体。请谕彼国,新经残破当厚自缮聚,候十年之后物力稍充,然后复修职贡未晚"③。此请得到明神宗的同意,礼部于是将琉球从原来的二年一贡改为十年一贡④。虽然当时就有言官提出反对意见,认为将琉球改为十年一贡,是将琉球推向日本,但明朝政府并未修改对琉球的限贡政策⑤。

由此可见,明朝对于琉球同遭日本入侵之事,并没有象对待朝鲜那样做出援救的计划和行动。究其原因,在于琉球地处海外,"以海外仓促不及救援之故"⑥。也就是说,琉球国不似朝鲜那样与明朝陆地直接毗邻,故无法出兵海外展开救援行动。诚然,出兵海外救援,必须具备充分的海上武装能力。而自嘉靖时期(1522—1566)以来,明朝在海防上就已经自顾不暇。不过,从明朝对于琉球危亡的反应看,也缺乏类似朝鲜那样的道义支持。显然,琉球与朝鲜的不同地理位置,对于明朝国家安全的不同程度影响,决定了明朝对于他们在遭遇国家存亡时的基本立场。虽然琉球的危亡也影响到福建等沿海地区的安全,但它毕竟不及朝鲜的危亡直接影响到辽东进而影响到京师的安全。因此,我们认为国家利益尤其是王朝的安全利益是决定明朝对藩属国家危亡是否援救的首要

---

① 何慈毅《明清时期琉球日本关系史》,江苏古籍出版社2002年,第52—57页。
② 《明神宗实录》卷498"万历四十年八月丁卯"条。
③ 《明神宗实录》卷502"万历四十年十一月乙巳"条。
④ 《明史》卷323《琉球传》。
⑤ 据《明神宗实录》卷539"万历四十三年十一月己亥"条记载,当时刑科给事中姜性由于自福建出差回京,即对朝廷的限琉球朝贡政策提出了异议。
⑥ 《明神宗实录》卷502"万历四十年十一月乙亥"条。

因素。这一规律，在19世纪末清朝处置周邻国家的存亡危机时再次得以凸现。当朝鲜、越南、琉球等国都曾遭遇国家存亡危机时，清朝却在外交上和军事上全力援救朝鲜，也在外交上和军事上支援越南，却仅在外交上声援琉球。上述国家对于中国安全利益影响的不同程度，直接决定了明清封建王朝对于他们援救的方式和程度。

在国内有关中国传统对外关系的论著中，人们对于"朝贡"制度和封贡关系的分析，多偏重于"朝贡"和"赏赐"行为本身及其经济上的比较，因而认定朝贡制度及其封贡关系对于中国封建王朝本身而言毫无经济利益可言。然而，如果对"朝贡"制度及其封贡关系进行政治上的观察，我们在上述的考察中已经揭示，朝贡制度以及封贡关系虽然也主张"字小"之道，但也蕴含着中国封建统治者所追求的国家安全利益。尤其是当外患出现时，朝贡制度以及封贡关系也就成为明清王朝的安全防御系统。

前面的考察已经揭示，明朝在出兵援救朝鲜过程中就曾明确通知朝鲜，"设官经理朝鲜，原为保全属国，目前战守进止，此为长策。待彼力能自立，官兵当即撤还。天朝不利一民一土"①。而在倭乱战争结束不久，明朝就及时做出了从朝鲜撤军的决定，"庶不负抚危字小之仁矣"②。所谓"事大字小"，正是中国传统封贡关系所持的基本要义。《左传》中谓："小所以事大，信也；大所以保小，仁也。背大国，不信；伐小国，不仁。"③

正是基于这种"字小"立场和自身的安全利益，明朝在战争结束后，还曾应允朝鲜方面关于派遣军官前往该国训练士兵的请救。但明神宗也深恐所派遣的军官会介入朝鲜内政，所以专门叮嘱兵部官员："朝鲜兵计原宜该国君臣自强。若朝廷遣官训练，必有生端掣肘之弊，彼此皆为不便。尔部其行文移咨王及时修政，以图保国。果有重大声息，星驰奏来，以凭处置。"④这里所说的"处置"，仅是指在朝鲜遇到重大困难时提供帮助。我们由此认为，明朝与朝鲜之间

---

① 《明神宗实录》卷307"万历二十五年二月乙亥"条。
② 《明神宗实录》卷329"万历二十六年十二月庚午"条。
③ 《左传·哀公七年》。
④ 《明神宗实录》卷395"万历三十二年四月甲申"条。

的封贡关系,与近代帝国主义列强与附属国以及殖民地之间弱肉强食的关系有着本质的不同。

诚然,明朝与朝鲜之间的封贡关系是一种以小事大的关系,决不是平等的国家或者王朝之间的关系。不过,我们也应当看到,明朝与朝鲜之间的封贡关系主要地体现于礼仪上的不平等。而就实质内容来看,明朝虽然对于朝鲜国王及其世子(王位继承人)实行册封,但明朝对于朝鲜国王的继承等内政问题并不干预。壬辰倭乱结束不久,明朝就曾面临朝鲜宣祖王的世子册封问题。当时朝鲜宣祖王李昖有两子,长子临海君李珒,次子光海君李珲。宣祖王在李珲生母的作用下,曾派遣使节要求明朝册封次子李珲为世子。明朝虽然认为"立长为古今常经"①,但仍主张由宣祖王本人再加缜密思考。宣祖王去世后,朝鲜报请册立李珲为国王。明朝并未利用自己"再造藩邦"的政治影响力,而是决定听从朝鲜自理,"朝鲜嗣位,事在彼国,难以遥断"②。由此可见,明朝并没有干涉朝鲜内政。

不过,在现有的研究明朝援救朝鲜壬辰倭乱的论著中,也有学者从批判事大主义的立场出发,对明朝军队在朝鲜的军纪不严问题以及明朝军队在朝鲜的长期驻扎加重了朝鲜人民的负担等问题进行了深入研究③,由此对明朝与朝鲜王朝之间的封贡关系持一定的否定性意见。我们并不讳言明朝军队在朝鲜战场上的军纪问题,尤其是构成当时明朝援军中的北军,《朝鲜王朝实录》中就有不少处记载了北军存在着军纪涣散和扰民的问题。然而,它毕竟是一些军官和士兵的个人修养与操守问题,不能与国家与国家或王朝与王朝之间关系的问题混为一谈。就是说,少数人的行为问题,并非国家关系上的行为问题,而明朝高

---

① 《明神宗实录》卷400"万历三十二年九月辛未"条。

② 《明神宗实录》卷446"万历三十六年五月丙戌"条。按:对于册封李珲为世子的问题,明朝礼部曾多次予以拒绝。其原因,完全是由于受明朝内部的国本之争问题的影响。当时,明神宗欲弃长子朱常洛而立次子朱常洵为太子,一直遭到廷臣尤其是言官的反对。所以,明朝礼部对朝鲜择立世子问题,也坚持了"立嫡以长"的标准。但在相持了十余年后,明朝仍然对李珲的王位继承人身份予以确认。

③ 参见〔韩〕韩明基《壬辰倭乱和韩中关系》,韩国首尔历史评论社1999年,第125页。

级官员也一直对军纪涣散和扰民问题采取措施予以制止①。

　　至若明朝军队在朝鲜的七年驻扎加重了朝鲜人民的米粮供应等负担问题，则在相当程度上显示了当代个别学者对于历史大局观的缺失。倘若明朝军队不进入和帮助朝鲜抵御倭寇，虽然不会产生后勤负担，但朝鲜王朝仅凭当时的国防能力，已经无法抵御倭寇的入侵。事实上，明朝为援救朝鲜，更是严重地消耗了自身的国力。据当时人王德完在一篇关于明朝财政的奏疏中所称，"朝鲜用兵，首尾七年，约费饷银五百八十二万二千余两。又地亩米豆援兵等饷，约费银二百余万两"②。另据曾亲身参加援朝御倭战争的明朝军官千万里所写《思庵笔记》的记载，明朝在援救朝鲜的战争过程中，曾出兵234000人，输送米粮540000石、金534000两、银159000两、帛298920段③。在明朝输往朝鲜的粮帛中，也有部分用于供应缺衣少粮的朝鲜军民。天启二年（1622），朝鲜领议政朴承宗在与明朝辽东都司官员就共同对付后金政权问题时还专门谈到，"壬（辰）丁（酉）年皇上发山东粮十万斛赈济小邦军兵，至今生齿不灭者，秋毫皆帝力也"④。正因为如此，明神宗也被时人讥讽为"高丽皇帝"⑤。由于明朝在援救朝鲜壬辰倭乱战争中严重地消耗了国力，从而成就了后金势力的兴起，明朝也很快因此而亡国。而朝鲜君臣出于对明神宗"再造藩邦"之恩的怀念，仍在清朝入主中原后建立"大报坛"而予以纪念。这在相当程度上，也充分显示了明神宗这次对朝鲜"字小"行为的深远影响。因此，我们对于历史上的朝贡制度及其封贡关系，也不能因为国家之间上下关系的不平等而做出简单的否定。

（原文载于《社会科学辑刊》2008年第1期）

---

　　① 如朝鲜经略宋应昌就曾颁布"军令三十条"，其中多条内容就是禁止军队侵扰朝鲜民众。见宋应昌《经略复国要编》，载于《壬辰之役史料汇编》上册，全国图书馆文献缩微复制中心1990年。

　　② 王德完《稽财用匮竭之源酌营造缓急之务以光圣德以济时艰疏》，载于陈子龙等编辑《明经世文编》卷444，中华书局1962年影印本，第4884页。

　　③ 转引自孙文良《明代"援朝逐倭"探微》，《社科学辑刊》1994年3期，第94—99页。

　　④ 《朝鲜王朝实录·光海君日记》卷177"光海君十四年五月丁酉"条。

　　⑤ 《朝鲜王朝实录·宣祖实录》卷109"宣祖三十二年二月丙子"条。

论清朝前期封贡体系的基本特征

    册封与朝贡是中国封建王朝处理与周邻国家之间政治关系的最基本行为模式。中国封建王朝通常要用册封周邻国家国王或部族首领的形式来认定对方身份并与之开展往来,而周邻国家国王或部族首领则应以携带土特产品进贡的形式向中国皇帝"朝贡",并获得中国皇帝的"赏赐"。这种中外交往模式,虽然在思想理论上渊源于先秦时期的天下观和服事观[①],但在实际行为模式的实践上却开始于汉朝。此后的中国封建王朝在处理与域外政权之间政治关系时,也基本继承了这种行为模式。清朝建立后,与大多数的周邻国家也先后建立了这种封贡关系。

    对于清朝与外国之间的封贡关系研究,早先美国学者费正清与华人学者邓嗣禹合著《论清代朝贡制度》一文,讨论了清朝朝贡制度的渊源以及功能。他们认为,从周代以后"朝贡"就从一种信念构建为一种制度,并不断扩充为一种体

---

    ① 参见陈尚胜《试论儒家文明中的涉外理念》,载于《儒家文明与中国传统对外关系》,山东大学出版社2008年,第1—20页。

系。所以，"朝贡体系"（Tributary System）不仅是中国传统对外关系的理念，而且也贯穿于中国传统对外关系的实践过程中。因此，运用"朝贡体系"的分析模式可以解释西方国家在与清朝交往过程中所面临到的各种问题①。此后，美国学者曼考尔（Mark Mancall）提出了清朝朝贡体系的两种类型——"西北新月型"（the northwestern crescent）和"东南新月型"（the southeastern crescent），将理藩院所管辖的非儒教、游牧民族并实行茶马贸易的国家朝贡归纳为"西北新月型"，而将礼部所管辖的儒教、农业型的国家朝贡归纳为"东南新月型"；并且认为清朝的对外通商与外交关系一律是在"朝贡体系"下展开的②。近年，中国学者张永江在《清代藩部研究——以政治变迁为中心》一书中，专门辟出"清代的属国"专节，概要探讨了清朝属国的发展变化状况和类型③。李云泉则在《朝贡制度史论》一书中，对于清代朝贡制度的具体内容进行了具体的考察，并对朝贡制度的礼仪原则对于早期中西关系所产生的问题做了深入的分析④，这是目前为止对明清两朝朝贡制度分析研究最为深入的著作。祁美琴《对清代朝贡体制地位的再认识》一文，则认为以往研究忽视了朝贡制度在明清两代的差别。她认为，清代虽然延续了明代的朝贡制度，但实质已经转化为一种处理与周边国家关系的政治方式，剔除了明代中原王朝与边疆民族之间、中国与西洋诸国之间关系的内容。而且，朝贡体制中的贸易性质也远远不同于明朝。她还认为，日本学者滨下武志关于朝贡关系结构图存在着错误⑤。

以前，滨下武志曾针对费正清"西方冲击论"的亚洲历史解释模式，而提出"朝贡体系论"来解释亚洲的构造。他认为，以中国为核心的"朝贡体系"，不仅是前近代亚洲的内在体制，而且是近代亚洲的发展契机。近代亚洲（尤其是东

---

① 〔美〕费正清（John King Fairbank）、邓嗣禹《论清代朝贡制度》（On the Ch'ing Tributary System），载于美国《哈佛亚洲研究期刊》（Harvard Journal of Asiatic Studies）1941年第6期。

② 曼考尔《清代朝贡制度：一种解释性杂文》（The Ch'ing Tribute System: An Interpretive Essay），载于费正清（J. K. Fairbank）编《中国的世界秩序：中国传统的对外关系》（The Chinese World Order: Traditional China's Foreign Relatiions）美国哈佛大学出版社（Harvard University Press）1968年，第63—89页。

③ 张永江《清代藩部研究——以政治变迁为中心》，黑龙江教育出版社2001年，第36—50页。

④ 李云泉《朝贡制度史论——中国古代对外关系体制研究》，新华出版社2004年，第134—313页。

⑤ 祁美琴《对清代朝贡体制地位的再认识》，载于《中国边疆史地研究》2006年第1期。

亚世界）的发展变化并非都是"西方冲击"的结果,传统的"朝贡体系"还在影响和规定着西方"进入"和"冲击"的内容①。由于他把"朝贡体系"扩大到互市以及华人贸易网络,也招致了诸多学者的批评。在日本国内,岩井茂树就认为,在以中国为中心的东亚外交通商关系中,朝贡制度所占比重从16世纪中叶以后就发生了划时代的变化,与朝贡无关的贸易得到了很大发展。因此,仅仅用"朝贡体系"或"朝贡贸易体制"来说明中国与外国的经济关系决非恰当。所以,岩井茂树根据《大清会典》中所用的"朝贡诸国"与"互市诸国"的概念,提出了"朝贡体制"之外还有"互市体制"的问题②。庄国土则对滨下武志将中国古代的朝贡制度视为东亚国际关系的主要模式而提出批评,认为中国古代朝贡制度只是一种虚幻的联结,更多时候是中国封建王朝的一厢情愿而已③。

由于学者们对于清朝的朝贡制度和封贡体系众说纷纭,我想仍有继续讨论的必要。在此,我想提出讨论的问题有:清朝在与周邻国家交往中构建封贡关系的最初目的是什么? 与前代相比,清朝的封贡体系究竟具有哪些特征? 并顺便探讨清代的封贡体系对于清朝与周边邻国的经济文化交流具有什么样的影响,从而来观察清朝的"朝贡制度"是否带有虚幻性等问题。

一、清朝前期与周邻国家之间
封贡关系的建立过程

成书于乾隆时期的《大清会典》中的礼部"朝贡"条云:"凡四夷朝贡之国,东曰朝鲜,东南曰琉球、苏禄,南曰安南、暹罗,西南曰西洋、缅甸、南掌,西北夷番见理藩院。皆遣陪臣为使,奉表纳贡来朝。"④文中的所谓"西洋国",晚清时已将该国排除在朝贡国之外,如光绪时期《大清会典》中记载,四裔朝贡之国,有朝

---

① 〔日〕滨下武志《近代中国的国际契机:朝贡贸易体系与近代亚洲经济圈》,中国社会科学出版社1999年。
② 〔日〕岩井茂树《十六世紀中国における交易秩序の摸索——互市の現実とその認識》,载于岩井茂树编《中国近世社会の秩序形成》,京都大学人文科学研究所2004年。
③ 庄国土《略论朝贡制度的虚幻:以古代中国与东南亚的朝贡关系为例》,载于《南洋问题研究》2005年第3期。
④ (乾隆)《大清会典》卷56《礼部·宾礼·朝贡》,乾隆二十八年武英殿刊本。

鲜、琉球、安南、暹罗、苏禄、南掌、缅甸七国①。而理藩院所管辖的外藩,据乾隆时期的《大清会典》记载:"凡外藩朝贡,哈萨克左、右部,布鲁特东、西部,安集延,玛尔噶朗,霍罕,那木干四城,塔什罕,拔达克山,博罗尔,爱乌罕,奇齐玉斯,乌尔根齐诸部落汗长,皆重译来朝,遣使入贡。"②此外,还有后来进入清朝朝贡国家行列的南亚国家廓尔喀。

清朝与周边邻国之间封贡关系的建立,肇始于朝鲜。天聪元年(1627)正月,皇太极"命大贝勒阿敏、贝勒济尔哈朗、阿济格、杜度、岳托、硕托统大军往征朝鲜。上谕曰:'朝鲜屡世获罪我国,理宜声讨。然此行非专伐朝鲜也。明毛文龙近彼海岛,倚恃披猖,纳我叛民,故整旅徂征。若朝鲜可取,则并取之。因授以方略,令两图之云。'"③显然,皇太极此次征朝鲜因他们支持明朝将领毛文龙而起。因战争相持不下,双方议和,约为兄弟之国。其誓文曰:"我两国已讲定和好,今后各遵约誓,各守封疆,毋竞争细故、非理征求。若我国与金国计仇,违背和好,兴兵侵伐,则亦皇天降灾。若金国仍起不良之心,违背和好,兴兵侵伐,则亦皇天降祸。两国君臣,各守信义,共享太平。皇天后土,岳渎神祇,监听此誓。"④战后,朝鲜被迫同意在中江和会宁开市贸易,金朝通过贸易获得了必需的粮食等生活物资。不过,朝鲜仍然与明朝保持着藩属关系,这对皇太极兴兵南征明朝仍是后患。

1636年,皇太极借称"皇帝"并改国号为"清"之机,要求朝鲜称臣,但被朝鲜拒绝。于是,皇太极再次发动征朝鲜战争,朝鲜仁祖王因清兵围困而不得不请和。皇太极则开出撤兵条件,要求朝鲜"去明国之年号,绝明国之交往,献纳明国所与之诰命册印;躬来朝谒,尔以长子并再令一子为质;诸大臣有子者以子、无子者以弟为质;尔有不讳,则朕立尔质子嗣位;从此一应文移,奉大清国之正朔;其万寿节及中宫千秋、皇太子千秋、冬至、元旦及庆吊等事,俱行贡献之礼,并遣大臣及内官奉表;其所进往来之表及朕降诏敕,或有事遣使传谕,尔与

①　(光绪)《大清会典》卷39《礼部·朝贡》,"近代中国史料丛刊"本,台湾文海出版社1987年。
②　(乾隆)《大清会典》卷80《理藩院·徕远清吏司》,乾隆二十八年武英殿刊本。
③　《清实录·太宗文皇帝实录》卷2"天聪元年正月丙子"条,中华书局1986年影印本。
④　《朝鲜王朝实录·仁祖实录》卷15"五年三月庚午"条。

使臣相见之礼,及尔陪臣谒见并迎送馈使之礼,毋违明国旧例;朕若征明国,降诏遣使,调尔步骑舟师,或数万或刻期会处,数日限期,不得有误……"[①]朝鲜最终迫于无奈,只得按皇太极所列条件出降。至此,清朝与朝鲜之间开始建立起封贡关系。由此观察,皇太极要求朝鲜称藩的直接目的,在于拆散明鲜之间封贡关系以集中兵力进攻明朝,从而来为自己对明朝的军事行动服务。

清朝与琉球、安南和吕宋三国的政治接触,缘于清兵进入福建之时。据《清实录》记载:"初,琉球、安南、吕宋三国,各遣使于明季进贡,留闽未还。大兵平闽,执送京师。命赐三国贡使李光耀等衣帽、缎布,仍各给敕谕,遣赴本国诏谕国王。谕琉球国王敕曰:'朕抚定中原,视天下为一家。念尔琉球自古以来世世臣事中国,遣使朝贡,业有往例,今故遣人敕谕尔国。若能顺天循理,可将故明所给封诰印敕,遣使赍送来京,朕亦照旧封锡。'谕安南、吕宋二国文同。"[②]清世祖的这封敕谕,在琉球的《历代宝案》中得到印证:"敕谕琉球国王,朕抚定中原,视天下为一家。念尔琉球自古以来,世世臣事中国,遣使朝贡,业有往例。今故遣人敕谕尔国,若能顺天循理,可将故明所给封诰印敕,遣使赍送来京,朕亦照旧封锡,特谕。"[③]由此而观,清朝对于琉球等国朝贡事务虽然依据于明朝传统,但却要求琉球等国缴回以前明朝对他们的封诰印敕,则是要求他们断绝与南明势力的政治联系。可以认为,这是清朝与这些邻国建立封贡关系的一个前提。由于海难事件,琉球直至顺治十年(1653)才有使节送回明朝敕印。据《清实录》记载:"琉球国中山王世子尚质遣使表贡方物、兼缴故明敕印。"[④]至此,清朝与琉球正式建立起政治上的封贡关系。

安南在清初仍处于分裂局面,其北方有黎朝(后世史家通常称"后黎朝")和割据高平一隅的莫氏政权,南方则有以广南为中心的阮氏政权。顺治十六年二月,莫氏趁清兵新进广西未稳之机,派兵入侵镇安府的归顺州,清军随即展开

---

① 《清实录·太宗文皇帝实录》卷33"崇德二年正月戊辰"条。
② 《清实录·世祖章皇帝实录》卷32"顺治四年六月丁丑"条。
③ 《历代宝案》第一册第一集卷三,台湾本第108页。
④ 《清实录·世祖章皇帝实录》卷76"顺治十年闰六月戊子"条。

反击并俘获莫氏高官贵戚多人①。九月,莫氏政权感到无力与清兵对抗,主动遣使谢罪,并向两广总督李栖凤表示向清朝称藩之意,"世世仰朝廷之德,年年沐朝廷之恩,愿与国家同其天地久长"②。清廷则要求莫氏政权送交逃入其境内的南明王室成员与文武官员。莫氏政权权衡再三,终将南明王室及其官员送交清朝③,开始向清朝称臣纳贡。安南的另一政权黎朝,见南明覆灭也决定遣使向清朝称臣。顺治十七年九月,安南国王黎维祺遣使"奉表投诚,附贡方物"。深得顺治帝嘉许,敕曰:"尔安南国王黎维祺,僻处炎荒,保有厥众。乃能被服声教,特先遣使来归。循览表文,忱恂具见。古称识时俊杰,王庶几有之。朕心深为嘉尚,用锡敕奖谕。……尔受兹宠命,其益励忠勤,永作屏藩,恪守职贡,丕承无斁。钦哉!"④由此可见,清朝与安南莫氏政权以及黎朝先后建立起封贡关系,则是安南政权的主动行为,而清廷也有通过这种政治关系来使安南"益励忠勤,永作屏藩"的目的。

清朝与暹罗之间封贡关系的建立,缘于清初对前明时代朝贡国家的招徕政策。顺治四年二月清朝以浙东、福建平定,颁诏天下:东南海外琉球、安南、暹罗、日本诸国,附近浙闽,有慕义投诚、纳款来朝者,地方官即为奏达,与朝鲜等国一体优待⑤。七月,因广东定,清廷又颁诏曰:"南海诸国,暹罗、安南附近广地,明初皆遣使朝贡,各国有能倾心向化、称臣入贡者,朝廷一矢不加,与朝鲜一体优待,贡使往来,悉从正道,直达京师,以示怀柔。"⑥九年十二月,广东巡抚李栖凤题,暹罗国请换给敕印勘合,以便入贡。帝命礼部官员从速议定,达成同意

---

① 《两广总督李栖凤揭帖》,《明清史料》(庚编)上册,中华书局1987年,第32—43页。参见孙宏年《清代中越宗藩关系研究》,黑龙江教育出版社2006年,第199—200页。

② 《两广总督李栖凤揭帖》,《明清史料》(庚编)上册,中华书局1987年,第32—43页。

③ 据徐鼒《小腆纪年附考》卷二十记载,顺治十七年(1660年),莫氏将德阳王朱至滂送出。次年八月,又将光泽王朱俨铁、总兵杨祥、杨进宾、陈二、饶仁素、陈奇凤、李联芳、张仕朝及原孙可望部将郭之奇等人连同其妻室家人共49口送出,其中南明官员大多于一年后遇害于广西南宁。见《伪光泽王朱俨铁等事关题请》残件,《明清史料》丙编第10册,第996页。

④ 《清实录·圣祖仁皇帝实录》卷2"顺治十八年四月癸卯"条。

⑤ 《清实录·世祖章皇帝实录》卷30"顺治四年二月癸未"条。

⑥ 《清实录·世祖章皇帝实录》卷33"顺治四年七月甲子"条。

意见。①至此,清暹之间封贡关系形成。显然,清朝与暹罗之间封贡关系的最初建立,清朝不仅在于因袭明朝的传统,而且也在于政治上的"化被天下"以增强自身的政治影响;而从暹罗以后多次在"贡船"之外再遣"探贡"船载物而来的情况看,暹罗则是基于贸易利益而主动缔结封贡关系。

苏禄、南掌等国与清朝之间政治关系的建立,则缘于他们的主动"进贡"。雍正四年(1726)十月,"浙闽总督高其倬疏报,苏禄国王遣使奉表贡献方物,已抵闽界,理合奏闻"。清世宗批复:"苏禄国远在海外,隔越重洋,从来未通职贡。今输诚向化,甚属可嘉。闽省起送来京之时,著沿途地方官护送照看;应用夫马食物,著从厚支给,以示朕加惠远人之至意。"②从此,苏禄国先后十次遣使入贡。雍正七年九月,"云贵广西总督鄂尔泰疏言,附近云南之南掌国王岛孙,向化天朝,输诚纳贡,备象二只,蒲编金字表文一道,转乞奏闻,情词恳切,相应具题请上旨。得上旨:南掌远在西南徼外,从来未通职贡,今输诚向化,甚属可嘉。滇省起送来京之时,著尚途地方官护送照看;应用夫马食物,著从厚支给,以示朕嘉惠远人之至意"③。南掌国的岛孙主动"入贡",意在寻求清朝的支持以对抗其叔父在万象另立的政权。而清世宗对于苏禄和南掌两国入贡事件的批文,基本相同。从清朝接纳苏禄和南掌两国"朝贡"的情况看,则基于自身的政治影响力。

清朝与缅甸之间政治关系的发展则比较曲折。顺治末,缅甸的东吁王朝(1531—1752)曾根据清廷要求,将逃入缅甸境内的南明永历帝拘送于清兵。但随即发生的吴三桂叛乱,使清朝与缅甸的东吁王朝之间的政治联系中断。雍正九年,云贵总督鄂尔泰向朝廷报告有关缅甸有意进贡的消息,雍正帝下旨:"宜听其自然,不必有意设法诱致。"④乾隆初期,缅甸东吁王朝仍表达入贡之意,亦被清廷拒绝。据学者研究,缅甸之所以屡屡要求"进贡",在于借助清朝影响来实施对北部掸族土司的控制;而清廷屡屡拒绝缅甸"进贡",也因为已了解缅

---

① 《清实录·世祖章皇帝实录》卷70"顺治九年十二月戊午"条。
② 《清实录·世宗宪皇帝实录》卷49"雍正四年十月"条。
③ 《清实录·世宗宪皇帝实录》卷86"雍正七年九月甲午"条。
④ 昭梿《啸亭杂录·缅甸归诚本末》,中华书局1990年,第113页。

甸内部失和,不愿因此而造成边疆不宁①。直到乾隆十六年,清朝才正式接受缅甸东吁王朝的"朝贡"。

清朝与南亚邻国政治关系的建立,是在清朝确立对西藏地区管理权后开始的。本来,五世达赖喇嘛阿旺罗桑嘉措(1617—1682)统治西藏期间,就曾出兵巴勒布(尼泊尔)、布鲁克巴(不丹)等国,力图恢复吐蕃时期的盛况,虽然使巴勒布等国开始对西藏朝贡,但对布鲁克巴却用兵失败。清朝在平定青海蒙古和硕特部贵族罗卜藏丹津的叛乱后,于雍正四年(1726)设立驻藏大臣,并于两年后又任命西藏贵族颇罗鼐(1689—1747)协助驻藏大臣总理西藏政务。在颇罗鼐治藏期间,布鲁克巴国因发生内乱而向西藏求援。于是,颇罗鼐派人带兵前往布鲁克巴予以调解,并于雍正八年确立了西藏与布鲁克巴之间的宗藩关系。事后,颇罗鼐将相关情况禀报清廷。而布鲁克巴国德布(掌管该国世俗事务者)也向驻藏大臣请求,"祈请将吾等所遣恭请大皇帝万安,进献方物,敬请印信封号之使尽速送京"②。清廷接受了布鲁克巴国德布的请求。1734年,布鲁克巴使节在颇罗鼐派人护送下进京朝贡,雍正帝赐给布鲁克巴国德布米旁旺布"额尔德尼第巴"的名号,并以此作为该国德布的专有封号。至此,清朝与布鲁克巴国之间的封贡关系也正式形成③。

而在布鲁克巴使节入清朝之前,巴勒布的马拉王朝也于雍正十年向清廷派遣使节入贡。不过,马拉王朝在清初即陷入三王鼎立的局面,清朝与马拉王朝之间的封贡关系并未得到延续。"巴勒布三罕(按:罕即汗),一曰布彦罕、住末作城;一曰叶楞罕,住莽哈巴城;一曰库库木罕,住吉拉鱼卜城。"④他们之间的相互混战,却为尼泊尔境内小邦廓尔喀的崛起创造了条件。1769年,廓尔喀王普里特维·纳沙杨·沙阿举兵征服巴勒布三部,迁都到加德满都,从而在尼泊

① 任燕翔《乾隆朝对缅政策述论》,载于陈尚胜主编《儒家文明与中国传统对外关系》,山东大学出版社2008年,第305—345页。

② 《布鲁克巴呼毕勒罕喇嘛等三人应赏印信封号单》,载于《历史档案》2006年第1期。

③ 参见周娟、高永久《试论清代中国西藏地方政府与不丹之间的封建宗藩关系》,载于《中国边疆史地研究》2007年第3期,第107—114页;黄华平、凌燕《论清王朝与布鲁克巴之间的宗藩关系》,载于《青海民族研究》2008年第1期,第92—95页。

④ 吴丰培整理《西藏志·卫藏通志》,西藏人民出版社1983年,第512页。

尔建立起廓尔喀王朝。然而,由于廓尔喀与后藏毗连,与西藏存在着界务和商务争端,廓尔喀遂于乾隆五十三年(1788)举兵抢占西藏的聂拉木等处,而西藏贵族却私与廓尔喀头人商议以银赎地。清廷指派理藩院侍郎巴忠以钦差大臣名义前往西藏处理此事。巴忠为完成任务,在入藏后即迁就和局。但西藏却未能向廓尔喀付清所许银两,廓尔喀遂兴兵侵藏,并大掠扎什伦布寺。乾隆帝感到不用兵严惩廓尔喀将来复为西藏之患,遂派福康安领兵对廓尔喀讨伐。乾隆五十七年五月至七月间,清兵进入廓尔喀境内作战,迫使廓尔喀谢罪求和,并于乾隆五十八年遣使节向清廷入贡。清朝见用兵目的已达到,遂班师回国,并规定廓尔喀"五年一贡"。至此,清朝与廓尔喀之间也建立起封贡关系。①显然,清朝同意与廓尔喀王朝之间建立起封贡关系,主要目的在于维护西藏地区的边境安全。

清朝与中亚浩罕等国之间的封贡关系,则是在平定新疆大、小和卓的过程中开始建立的。乾隆二十三年(1758年),清朝派兵征讨曾经参加阿睦尔撒纳叛乱的大、小和卓。由于大小和卓的圣裔身份及其在中亚穆斯林中的影响,清朝定边将军兆惠为顺利平叛,还专门派遣使臣前往中亚各地,"传檄霍罕(按:即浩罕)额尔德尼伯克、玛尔噶朗、安集延、纳木干等城,并布鲁特之额德格讷等部落"。此举得到浩罕汗等中亚王公的积极回应,"额德格讷阿济毕与霍罕额尔德尼伯克,俱同心归顺",并派使团随清使前来"朝贡"。乾隆帝也十分高兴,并向浩罕等国使团表示:"凡向化来归者,皆加以抚育,各顺其道,以安生理。尔等如愿入觐,即可前来。或遣子弟属人代行,亦一体加以恩赏。兹以路遥,不能多赍赐物,赏彩缎各二端、大小荷包各一对。尔等尚其约束所部,永享升平之福。特谕。"②至此,清朝与中亚浩罕等政权之间也建立起封贡关系。而从这一关系建立过程来看,清朝方面的基本目的在于维系新疆的和平稳定。正如乾隆帝在初定新疆时所说:"西域既定,兴屯于伊犁,簿赋于回部,若哈萨克、若布鲁特,俾为外围而羁縻之。若安集延,若巴达克山,益称远徼而概置之。"③

---

① 参见庄吉发《清代前期西藏与尼泊尔的历史关系》,载于《清史论集》第七册,台北文史哲出版社2000年,第97—132页。

② 《清实录·高宗纯皇帝实录》卷596"乾隆二十六年九月庚申"条。

③ 《清实录·高宗纯皇帝实录》卷892"乾隆三十六年九月乙巳"条。

二、清朝前期与周邻国家之间
　封贡关系的特征问题

上述考察揭明,清朝构建封贡体系的最初目的,在于自身的安全和边疆稳定。从最初在东北时通过武力迫使朝鲜解除与明朝的封贡关系并向自己称臣纳贡,到定都北京后要求琉球、安南等国断绝与南明势力的联系并缴回故明封诰印敕,清朝力图通过与周邻国家的封贡关系来迫使对方停止对明朝及其南明残余势力的支持,从而为自身的政治安全和新朝稳定创造外部条件;而从清兵反击廓尔喀入侵西藏并在其求和后准其朝贡;到清朝在追讨回疆叛乱头目时派遣使节到中亚诸国"宣谕威德",清朝发展封贡关系的主要目的则在于西部边疆的安全和稳定;即使是对于缅甸主动要求"朝贡"的行为,清朝也是以云南边疆地区的安全稳定问题为考量。前代著名清史学者萧一山先生对于清朝封贡体系曾有如下认识:"至朝贡受封之国:朝鲜、琉球旧属藩封,廓尔喀、缅甸、安南兵威所屈,若暹罗、阿富汗、敖罕(浩罕)、巴达克山则余威之所震,拱手内服者也。"[①]无独有偶,对清朝外交机关有深入研究的钱实甫先生也认为,清朝的属国,"有些是以武力强服的结果,如关外时代的朝鲜和乾隆时代的缅甸等等,有些则是继承明帝国原有的'朝贡'关系(同样是武力强服的结果)而来的,如琉球等国"[②]。结合本文的考察看,或许还有一些商讨的余地。清朝的藩属国除朝鲜和廓尔喀为武力征服之外,其他邻国最初向清朝"朝贡"却并未使用武力。同时,朝鲜、琉球虽然旧属明朝藩封,但清朝要求他们称藩的目的并非像明朝初年那样形式化,而包含着鲜明的政治安全利益追求。至若安南、缅甸、廓尔喀、浩罕等国,他们向清朝称藩虽然为兵威所震,但清朝把他们纳入到朝贡国家中,还是在于边疆安全和稳定的因素。

据此而观,清朝所构建的封贡体系,它的首要特征表现为国防安全的防御体系。从清初顺治帝敕谕安南"永作屏藩"一语中,以及乾隆帝要求中亚各部落

---

① 萧一山《清代通史》第三卷,华东师范大学出版社 2006 年,第 769 页。
② 钱实甫《清代的外交机关》,三联书店 1959 年,第 31 页。

王公,"约束所部,永守边界,不生事端"①,我们也不难发现清朝最高统治者希望通过与周邻诸国的封贡关系来建立自身的藩篱和屏障之意图。在一些重要的邻国,清朝就曾通过封贡关系的形态,与对方建立起比较灵活的两国边务协商机制。如朝鲜所设的"赍咨行",就是朝鲜派往清朝正式使团之外的一种不定期使团,它的任务是携带奏文或咨文报送清朝礼部,以通报和处理两国间的漂流民和民人越境等具体问题。由此可见,这种协商机制的目的也在于确保两国边境事务的顺利解决,以求边防安全。而19世纪末西方列强在对周邻诸国侵略扩张得势后清朝便出现边疆危机的历史也表明,清朝所构建的封贡体系实际上就是一个自身安全的防御体系。一旦封贡体系瓦解,边疆危机随之爆发。

也正是由清朝与域外政权开展封贡关系的目的所决定,使清朝的封贡体系又表现为周邻性的特征。这与明朝的封贡体系有显著的不同。明朝所构建的封贡体系,并不仅仅限于周边邻国。根据明代蓝格抄本《外夷朝贡考》②的记载,与明朝有着封贡关系的国家曾有:朝鲜、日本、琉球、安南、占城、真腊、暹罗、彭亨、急兰丹、南渤利、吕宋、合猫里、美洛居、麻叶瓮、古麻剌朗、冯嘉施兰、苏禄、婆罗、渤泥、爪哇、三佛齐、满剌加、苏门答剌、须文达那、百花、淡巴、览邦、那孤儿、阿鲁、溜山、锡兰山、沼纳朴儿、榜葛剌、古里、柯枝、葛兰、忽鲁谟斯、白葛达、祖法儿、阿丹、天方、加异勒、默德那、竹步、木骨都束、麻林、八达黑商、哈烈等③。在明朝所构建的封贡体系里,有属于东南亚海岛国家,如渤泥、爪哇、苏门答剌;有南亚临海和海岛国家,如锡兰山、榜葛剌、古里等;也有西亚国家,如阿丹、祖法儿等;甚至还有东非国家,如竹步、麻林。已有学者注意到:"与明朝相比,清朝在朝贡关系方面的变化主要体现在两个方面:一是将西洋诸国从朝贡范围内逐渐剔除,二是周边民族因内附而退出了朝贡行列。这种变化的原因,一方面在于清政府更加重视朝贡的政治依附关系,将朝贡与通市予以区分,明

---

① 《清实录·高宗纯皇帝实录》卷543"乾隆二十二年七月丁未"条、卷555"乾隆二十三年正月丙辰"条。

② 该抄本现藏于上海图书馆善本部。

③ 参见陈尚胜《从〈外夷朝贡考〉看明代的朝贡制度》,收载于《闭关与开放:中国封建晚期对外关系研究》,山东人民出版社1993年,第191—203页。

确藩属关系与通商关系的差异；另一方面,随着全国大一统的实现,历史上长期
以来与中原王朝保持藩属关系的民族和地区,不再以朝贡者的藩属身份僻处于
一方,而是直接纳入到清朝的直接统治,从而最终退出了朝贡、藩属的行列,成
为中国本土的一部分。"①关于前一个方面的变化,我认为还表明清朝康乾盛世
的君主已经摒弃了明朝早期太、成二祖那种在海外世界扮演"天下共主"的理
念,因此更加务实的在四周邻邦间来构建自己的朝贡事务平台。

　　从清朝对朝贡事务的管理机构来看,与明朝专门归于礼部管理不同,清朝
除沿袭明朝旧制以礼部主管封贡事务外,又设理藩院管理藩部及部分境外国家
的朝贡事务。清初,理藩院只管理漠南蒙古诸部事务,随着清朝统一过程的完
成,其管理职能日益扩大,康熙年间扩及到厄鲁特蒙古和西藏地区并负责对俄
邦交,乾隆朝中叶开始管理新疆回部及大小金川,兼涉廓尔喀(尼泊尔)封贡之
事。对此,康熙时期的《大清会典》谓："国家一统之盛超迈前古,东西朔南称藩
服、奉朝贡者不可胜数。凡蒙古部落专设理藩院以统之,他若各番土司并隶兵
部。其属于会同馆、主客司者,进贡之年有期,入朝之人有数,方物有额,颁赏有
等。"②显然,《大清会典》并没有解释清楚清朝为何与明朝不同,分别由礼部与
理藩院来管理不同方面的封贡事务。我们认为,清朝分别以礼部来管理外国朝
贡事务和以理藩院来管理藩部事务,反映了清朝统治者已充分认识到周邻国家
与藩部之间的本质差别,所以采取了不同的管理机制。礼者,礼也。清朝把与
朝鲜、琉球、安南、暹罗、苏禄、南掌、缅甸诸国关系事务归之于礼部,说明清朝统
治者认为可以用礼仪的手段来处理和调整相互之间的关系。而理藩院之"理",
治理之理也。而清朝之"藩部",主要是指西北方位各部落。或许,清朝统治者
认识到不能以"礼治"为主要手段来协调好与这些部落的关系。所以,必须施以
包括武力的治理手段,才能使这些部落成为受服于清朝并成为自己的"藩属"。
如此看来,清朝在构建封贡体系时,比明朝更具有对不同封贡对象的针对性。
曼考尔曾提出的"西北新月型"和"东南新月型"两种类型,已经揭示出清朝封

---

① 祁美琴《对清代朝贡体制地位的再认识》,载于《中国边疆史地研究》2006年第1期。
② (康熙)《大清会典》卷72《礼部·主客司》,《近代中国史料丛刊》三编第七十二辑,台湾文海出版社。

贡体系的第三个特征。

　　就清朝向朝贡国派遣使节的问题来看,乾隆时期的《大清会典》记载:"凡敕封国王,朝贡诸国遇有嗣位者,先遣使请命于朝廷。朝鲜、安南、琉球,钦命正副使奉敕往封;其他诸国,以敕授来使赍回,乃遣使纳贡谢恩。"①就是说,在清朝的封贡体系内,清朝只与朝鲜、安南和琉球三国保持着派遣使节前往册封访问的规定,而对于暹罗、苏禄、南掌、缅甸等国,清朝只接受该国的朝贡,却不向这些国家派遣使团。这与明朝的封贡体系又有很大的不同。明朝自太祖开国后,尤其是成祖即位后,更频繁地向周边及海外国家派遣使团,或往封国王,或宣扬德化。而细看清朝派遣使节前往册封的三个国家,又都是使用汉字的国家。因此,清朝封贡体系的第四个特征,是清朝派遣使团前往册封的国家只限于使用汉字文化的国家。

　　也正是基于这一条件,清代与朝鲜、安南(越南)、琉球三个国家之间文化交流的内容也极为丰富和深入。以现存文献为例,不仅有清朝官员访问上述三国后所写的游记等书,而且有朝鲜使节访问清朝后所写的《燕行录》、安南(越南)使节访问清朝所写的《北使录》,以及琉球使节向日本萨摩官员所通报的《琉客访谈》等详细的双方交流记录。而清朝书籍也正是凭借使团的载体在这些国家流通,甚至清朝的学术思想对这些国家也有不同程度的影响。

　　在人们对清代的封贡关系研究方面,朝贡贸易一直为学者们所关注。清初即已沿袭明朝旧制,规定"凡外国贡使来京,颁赏后,在会同馆开市,或三日或五日,惟朝鲜、琉球不拘期限。由(礼)部移文户部,先拨库使收买,咨复到部,方出示差官监视,令公平交易"②。除了这种在京师的会同馆贸易外,外国朝贡使团还可在往返过程中于沿途重要城市进行贸易,如朝鲜使团在凤凰城输入境相关手续时,可以在附近的边门进行栅门后市贸易,还可以在盛京进行团练使贸易③。安南使团可以在江宁进行贸易,他们常在前往京师经过江宁时预订绸缎等必需品,在从京师返回时再付银提货。后来由于地方大员担心安南使团的私相交易

---

①　《大清会典》卷56《礼部·宾礼·朝贡》,乾隆二十八年武英殿刊本。
②　(光绪)《清会典事例》卷510《礼部·朝贡·市易》。
③　参见张存武《清韩宗藩贸易1637—1894》,台北"中研院"近代史研究所专刊,1978年,第95—97页。

行为会酿成不良事端，又规定由江宁地方官员监督当地铺户履行商约①。琉球使团除部分人员进京外，其余入清人员可以在福州进行贸易②。而暹罗朝贡使团也可以在广州进行贸易，由本港行洋商进行管理③。苏禄国的朝贡使团也可以在闽浙沿海的厦门和宁波口岸进行贸易。乾隆三年还曾发生苏禄朝贡使团的货款被慈溪商人邵士奇侵吞的事件，最后清朝本着怀柔远人的优待政策，专门从浙江府库中支取三千七百三十两白银偿还给苏禄朝贡使团④。浩罕使团则在结束北京朝贡活动的返程途中，于哈密进行贸易⑤。

　　对于清朝与外国之间封贡关系中的京师贸易活动和沿途贸易活动，一些学者认为其经济性是十分有限的⑥。不过，如果我们结合清朝与周邻国家之间的边境贸易来理解，那么就会发现清代封贡体系的经济性比明朝突出。这是清朝封贡体系的第五个特征。清朝从最初迫使朝鲜称臣并开放边境互市（中江互市和会宁互市）⑦，到后来在中越边境地区开辟关口允许边民贸易⑧，尤其是在西藏和新疆地区将境外部落和国家的臣服作为边境互市贸易的重要条件⑨，都说明了封贡体系与边境贸易的相互依存性。从清朝统治者来说，是希望通过这种制度安排稳定边疆地区的周边环境。于是，边境贸易就在封贡体系范围内发展起来。

---

①　参见孙宏年《清代中越宗藩关系研究》，黑龙江教育出版社2006年，第155页。

②　参见谢必震《明清中琉航海贸易研究》，海洋出版社2004年，第43—49页。

③　梁廷楠《粤海关志》卷25，袁钟仁校注本，广东人民出版社2002年。

④　参见钱江《清代中国与苏禄的贸易》，载于《海交史研究》1988年第2期，第30页。

⑤　参见贾建飞《浅析清朝对中亚政策的一些问题》，载于陈尚胜主编《中国传统对外关系的思想、制度与政策》，山东大学出版社2007年，第336—356页。

⑥　参见〔韩〕全海宗《清代韩中朝贡关系考》，收载于全氏《中韩关系史论集》，中国社会科学出版社1997年，第187—242页；祁美琴《对清代朝贡体制地位的再认识》，载于《中国边疆史地研究》2006年第1期。

⑦　参见张存武《清韩宗藩贸易1637—1894》，台北"中研院"近代史研究所专刊，1978年，第201—216页。

⑧　参见孙宏年《清代中越宗藩关系研究》，黑龙江教育出版社2006年，第162—175页。

⑨　参见贾建飞《浅析清朝对中亚政策的一些问题》，载于陈尚胜主编《中国传统对外关系的思想、制度与政策》，山东大学出版社2007年，第336—356页。

三、结　论

综上所述,我们认为清朝的封贡体系,其基本目的是保障国防安全,它与明朝的封贡体系相比较已经有着不小的差异。清朝统治者在华夷事务中,实际上已经放弃了明朝二祖在海外世界扮演"天下共主"的不切实际之思想,而专注于自身的边疆稳定和安全。同时,清朝将外国的朝贡事务分别安排于礼部和理藩院两个不同机构进行管理,反映了清朝统治者对朝贡事务所做出的制度安排,一定程度上结合了相关国家和部落的民族特质。它体现了清人处理华夷事务的针对性和灵活性,并非完全是虚幻的假象。

清朝封贡体系对于中外文化交流所起的直接作用,主要表现在中国与朝鲜、安南(越南)和琉球这三个汉字文化国家之间。而清朝封贡体系对于中外经济交流所产生的影响,我们不仅要看到朝贡贸易本身的局限性,而且也要注意到它在边境贸易方面的进展。在相当程度上,边境贸易的发展对于边疆的稳定和中外经济交流都具有十分积极的意义。不过,清朝统治者在制订边境贸易政策时,主要是从边疆稳定大局着眼并带着"怀柔远人"的传统思维,采取了一些有利于外商而不利于本土商人的政策。如清朝所制订的新疆地区边境贸易政策,对于中亚入境贸易商人所征收的税率是三十分取一,而对本土维吾尔商人的税率则采取二十分取一[①]。这样的税率显然不利于本土商人,这就不可避免地制约着本土商人与境外商人所进行的贸易竞争。

（原文载于《清史研究》2010年第2期）

---

① 参见贾建飞《浅析清朝对中亚政策的一些问题》,载于陈尚胜主编《中国传统对外关系的思想、制度与政策》,山东大学出版社2007年,第336—356页。

"闭关"或"开放"类型分析的局限性

——近二十年清朝前期海外贸易政策研究述评

关于清朝前期海外贸易政策,自19世纪中期以来就为西方学者所关注。例如,马克思在评论中英鸦片战争的结果时曾说:"清王朝的声威一遇到不列颠的枪炮就扫地以尽,天朝帝国万世长存的迷信受到了致命的打击,野蛮的、闭关自守的、与文明世界隔绝的状态被打破了,开始建立起联系。"[1]而在20世纪40年代和50年代我国出版的一些清史论著中,也有学者将清朝前期海外贸易政策甚至整个对外政策视为闭关锁国政策,但学术界却缺乏专门的讨论。只是自20世纪70年代末以来,清朝前期海外贸易政策才成为我国学术界研究的一个热点问题,并形成为截然相反的两种观点,一种意见认为是闭关政策,另一种意见则认为是"开海设关"的开放政策。本文拟对近二十年我国学术界的相关研究做一述评,以探讨深化对清朝前期海外贸易政策问题研究的新路径。

一、清朝外贸政策闭关论的相关研究

1979年,戴逸以其敏锐的学术灵感,率先发表《闭关政策的历史教训》一

---

① 马克思《中国革命与欧洲革命》,载于《马克思恩格斯选集》第二卷,人民出版社1972年,第6—7页。

文。他认为,清朝统治者在与西方国家的早期接触中,曾经采取了闭关政策。"清政府的闭关政策,一方面限制中国人民出海贸易,或在外国侨居,禁止许多种货物出口;另一方面,对来华的外国人也作了种种苛细而不必要的限制和防范。"①由此可见,戴逸认为清朝前期的海外贸易政策是闭关政策。正是从戴逸的这篇论文发表开始,揭开了我国学术界近二十年研究清朝前期海外贸易政策的序幕。

从时近学术研究成果和知识界及社会界认同的情况看,认为清朝前期的海外贸易政策是闭关政策的观点已在学术界处于主流地位。然而,同样持闭关政策观点的学者,他们对清朝前期海外贸易政策的认识却不尽一致。具体表现在下面四个问题上:

一是关于清朝前期海外贸易政策在哪些内容上体现了闭关政策的问题。从戴逸的论文看,他认为无论是清朝对本国商民出海还是对外国商人来华的政策,都体现了闭关政策。但胡思庸在当时就发表论文认为:"人们把清政府对外国商人的严格限制当作闭关政策的主要内容,这是一种误解。如果是这样,那就可以说清朝基本上没有实行闭关政策,因为那些规定有些是合理的,即令有些过苛的规定,也只是一些具文,基本上没有付诸实现;再退一步说,即令实现了一小部分,那也只是闭关政策的一个侧面,而且并非主要的侧面。我们应该把西方资产阶级所极力宣传的那种观念改过来。闭关政策的主要内容,不是对外国商人的'防范'条例,而应该是它对国内所实行的一些商业的文化的政策。"具体包括:对国产货物出口的严格限制;严格限制中国商人制造海船;长时期的"禁海",海禁解除后又有一段时期禁止华人赴南洋等地贸易,以及种种对出国华商及海外华侨的刁难和迫害政策;绝大多数封建统治者对西方资本主义的科学文化,都采取不加分析的深闭固拒态度;对西方制造品,也不加分析地一概视为"奇技淫巧"而予以排斥;禁止中国史书流出国外;由行商垄断对外

---

① 戴逸《闭关政策的历史教训》,载于《人民日报》1979年3月13日。该文又收于宁靖主编《鸦片战争史论文专集·续编》,人民出版社1984年,第91—98页。

贸易。"上述那些工商业、文化上的政策,才是闭关政策的主要内容。"①不过,后来其他学者所发表的一些学术论文却显示,人们更加倾向于戴逸的意见,即清朝闭关政策包括有对本国人和对外国人的两方面内容。而且,他们在具体论证中更多强调的是对外国人来华贸易的政策。关于这一点,可从下文中得以观察。

二是清朝在海外贸易政策实施过程中何时采取闭关政策的问题。在戴逸和胡思庸的论文中,都将"海禁"作为闭关政策的具体内容,这就意味着清朝在顺治时期就已采取了闭关政策②。张光灿认为:"它的开始,应追溯到康熙五十六年(1717)的禁海令。"即"清朝前期的闭关政策,首先是从禁止大陆人民出海与西欧殖民者控制下的南洋进行贸易开始的"。而"闭关政策的一个重要方向,是限制和管制外国商人来华贸易。在这一点上,则是愈来愈严,最后限制在广州一口进行贸易","而关闭其他各口,则标志着清代闭关政策的最后形成"③。陈东林、李丹慧认为:"乾隆二十二年限令广州一口通商,是一个转折点,标志着清代闭关政策的制度化。"④朱雍也认为,乾隆二十四年(1759)清朝颁布《防范外夷规条》,开始全面管制外商来华贸易,从而实行限关自守政策,广州单口通商制度也得以确立⑤。虽然他在这里并未使用"闭关"政策的字眼,但所指的政策内容与上述学者相近。高翔也持相同意见,"清朝严格意义上的闭关政策开始于康熙后期,到乾隆中叶臻于完备"⑥。向玉成则认为,清初虽然实行海禁,但却非闭关锁国政策,此后清朝即开设海关允许海外贸易。1725年,雍正帝下令严禁天主教,并驱逐西方传教士,清朝对外政策开始一变。1744年,清政府

---

①　胡思庸《清朝的闭关政策和蒙昧主义》,载于《吉林师大学报》1979年第2期。该文又收于宁靖主编《鸦片战争史论文专集·续编》,人民出版社1984年,第99—124页。

②　持类似看法的还有,汪敬虞《论清朝前期的禁海闭关》,载于《中国社会经济史研究》1983年第2期,第4—16页;徐明德《明清时期闭关锁国政策及其历史教训》,载于中外关系史学会编《中外关系史论丛》第三辑,世界知识出版社1991年,第144—169页。等等。

③　张光灿《论清朝前期的闭关政策》,载于《宁夏大学学报》1985年第2期,第20—25页。

④　陈东林、李丹慧《乾隆限令广州一口通商政策及英商洪任辉事件述论》,载于《历史档案》1987年第1期。

⑤　朱雍《洪仁辉事件与乾隆的限关政策》,载于《故宫博物院院刊》1988年第4期,第10—16页。

⑥　高翔《康雍乾三帝统治思想研究》,中国人民大学出版社1995年,第444页。

制订《管理澳夷章程》,其实质是限制中外接触;1749年,清政府又制订了《管理澳门葡人善后事宜》,标志着清朝又向对外闭关政策迈进了一大步。1751年,清廷严禁番妇入广州,也是清朝对外限制政策的一部分;1759年,清朝制订《防范外夷规条》,体现了清朝一口通商制度的完善,标志着清朝闭关政策的最终形成①。

三是关于清朝实行闭关政策原因的探讨,大体上可归纳为宏观和微观的两种看法。戴逸认为:"从根本上说,闭关政策是落后的封建经济的产物。"而"清政府顽固地坚持闭关政策,还由于它和广大人民群众阶级矛盾的尖锐化"。他还引用马克思在《中国革命和欧洲革命》一文中所陈述的:"推动这个新的王朝实行这种政策的主要原因,是它害怕外国人会支持很多的中国人在中国被鞑靼人征服以后大约最初半个世纪里所怀抱的不满情绪。由于这种原因,外国人才被禁止同中国人有任何来往。"即认为清朝实行闭关政策是满洲贵族以少数民族统治中国的政治产物②。而胡思庸认为,清朝实行闭关政策,一是中国封建王朝重农抑商政策的延续,二是来自中国封建统治者妄自尊大的心理,三是通过隔绝人民与外界的联系,以利于专制统治③。张光灿则是从政治、经济和思想等三个方面来认识清朝实行闭关政策的原因,具体包括汉族人民长达半个多世纪的反清斗争,自给自足的封建自然经济、"天朝上国"的传统思想观念④。我从前发表文章认为:"闭关政策是中国封建社会晚期政治、经济、社会、军事和文化因素相互作用的混合物。""明清时期封建政治体制的高度垄断性,决定了它必然要尽可能地阻断中外之间的民间联系。而中国领土的幅员辽阔,使控制技术更成为一个中国封建王朝建立有效统治的关键。它不像邦国林立的欧洲,生存中充满着与外部世界的联系和竞争。同时,中国经济的自给自足性和国内市场的广阔,使中国可以不依赖于海外市场,又为封建统治者的闭关提供了客观物质

---

① 向玉成《清代华夷观念的变化与闭关政策的形成》,载于《四川师大学报》1996年第1期,第131—137页。

② 戴逸《闭关政策的历史教训》;又见于戴逸《乾隆帝及其时代》,中国人民大学出版社1992年,第408—409页。

③ 胡思庸《清朝的闭关政策和蒙昧主义》。

④ 张光灿《论清朝前期的闭关政策》。

基础；文化传统上的'华夷'观，也限制了他们对于海外世界的视野，妨碍了海权观念的形成；而北边边防的长期威胁，又制约着明清政府对于海防的建设；而这种海防的薄弱，更迫使他们本能地通过闭关政策来进行自我保护。"①

　　也有一些学者从微观事实具体探讨了清朝实行闭关政策的原因。汪敬虞认为，清朝在海外贸易政策中制订各种限制措施，充分地体现了禁海闭关的精神。而"西方殖民主义国家的侵略活动，这是清王朝在对外贸易方面采取限制政策的基本原因。随着侵略者活动的日益猖獗，清王朝的限制措施也日益频繁"。他还具体论述了西方殖民主义国家所进行的抢劫中国商船活动、掳掠中国人口活动、刺探中国情报活动、以及侵占中国土地破坏中国主权活动所带来的直接影响，即清朝在中外贸易活动中不断制订和补充各种限制和防范措施②。朱雍则认为，乾隆二十四年（1759）洪仁辉事件的发生，是清朝实行限关政策的直接原因。因为该年英国东印度公司派遣翻译洪任辉乘船从广州先后抵达宁波和天津大沽口，状告粤海关关政腐败，使清朝统治者感到必由"内地奸民教唆引诱，行商、通事不加管束、稽查所致"，出于"防范于未萌"的目的，清朝即颁布了《防范外夷规条》③。王先明则有不同意见。他认为，闭关政策的基本精神是乾隆帝所强调的"立中外之大防"，而"导致'闭关政策'产生的契机是西方人的'传教'而不是西洋人的贸易；它产生于雍正元年（1723）而不是乾隆二十二年（1757）"。明清之际，随着西方传教士活动范围的扩展，清王朝对于"猾夏之变"日趋警觉。雍正元年闽浙总督上奏严禁西方传教士在华传教，只许他们其中的一些人留京进行技术服务，将其余西方传教士遣送到澳门安置。雍正帝准如所请，下诏驱逐西方传教士至澳门。"实为清朝闭关政策之滥觞"④。

　　四是关于清朝实行闭关政策的作用问题。持闭关论者大多对它的作用持否定的看法，认为清朝前期的海外贸易政策阻碍了中外经济文化交流，窒杀了

---

　　① 陈尚胜《也论清前期的海外贸易——与黄启臣先生商榷》，载于《中国经济史研究》1993年第4期，第96—107页。

　　② 汪敬虞《论清朝前期的禁海闭关》，载于《中国社会经济史研究》1983年第2期，第4—16页。

　　③ 朱雍《洪仁辉事件与乾隆的限关政策》。

　　④ 王先明《论清代的"禁教"与"防夷"——"闭关主义"政策再认识》，载于《近代史研究》1993年第2期，第97—106页。

中国的生机和进取精神。例如,张光灿认为,"闭关政策的历史影响是严重的,它给中华民族带来了恶果。首先,清朝前期的闭关政策直接阻碍、摧残了资本主义萌芽的成长,从而使中国在社会制度方面落后了一整个时代";"其次,闭关政策还扼杀了科学技术的发展,使中国在科学技术方面,大大落后于西方";"最后,清代闭关政策造成了近代中国不断挨打、受辱,这是最集中的恶果"①。但高翔却认为,"闭关政策导致近代中国落后的说法是不准确的","18世纪欧洲产业革命爆发,中国在社会制度、科学技术、社会生产等重要领域全面落后于西方,只是历史长期演变的结果";而"以产业革命为代表的社会变革未能产生于中国,只是对数百年中国落后历史的一次总结罢了,把这个落后完全归罪于清朝以及由它推行的闭关政策显然是不公正的"②。李刚则认为,对于闭关政策的作用应分两个阶段来评价。第一阶段自15世纪至1780年,明清封建王朝的闭关政策在当时有一定程度的历史必然性,主要起了保护民族经济、反侵略、反掠夺的作用;自1780年至1840年为第二阶段,清朝的闭关政策对中国社会经济的发展,主要起了阻挠和破坏作用③。而对于闭关政策所产生的反侵略和自卫等作用,戴逸等人也提出了不同意见。他指出:"从表面上看,闭关政策似乎也限制了外国侵略者的活动,具有一点自卫作用。实际上,这种落后的、消极的政策只能束缚中国人民,而不可能限制住穷凶极恶的外国侵略者。资本主义的本性就是要侵略别国。越是落后国家、落后民族,遭受的侵略就越是严重。中国能不能抵抗住外来侵略,或者能不能减轻外来侵略的祸害,决定于中国能否急起直追,迅速进步,改变中国和外国的力量对比,而决不能依靠自我孤立、自我隔离的政策。因为这种政策既不能改变侵略者的本性,又不能妨碍侵略国家力量的增长,只能作茧自缚,阻碍中国的发展,扼杀中国的生机和进取精神,使得中国和西方国家的差距越来越大。闭关政策是慢性自杀政策,对国家和民族有百

---

① 张光灿《论清朝前期的闭关政策》。

② 高翔《康雍乾三帝统治思想研究》第455、457页。

③ 李刚《论鸦片战争前中西经济关系的发展阶段》,载于《西北大学学报》1994年第2期,第20—26页。

害而无一利。"①

二、清朝外贸政策开放论的相关研究

也有一些学者认为,清朝禁海、一口通商以及对外商来华贸易的种种限制措施,都不是闭关政策。在他们看来,清朝前期所实行的海外贸易政策,是开海设关、严格管理的政策。也就是说,清朝前期海外贸易政策在相当程度上带有开放性,而非闭关性。

郭蕴静于20世纪80年代初就对清朝实行闭关政策提出了质疑。她在《清代对外贸易政策的变化——兼谈清代是否闭关锁国》一文中指出,清朝统治者入关后,因忙于国内统一战争,无暇顾及对外贸易。1655年以后,为了对付郑成功的反清力量,清朝先后出台了"海禁"令和"迁海"令,推行闭关政策,但它也只是权宜之计,并非对外关系的既定国策。所以,清朝在消灭台湾郑氏势力后,即于康熙二十三年(1684)废除"海禁",设立粤、闽、浙、江四海关,采取了比较积极主动的海外贸易政策;自后从雍正至道光时期,清朝虽然在对外贸易上采取了严厉的限制政策,但并不能说这就是"闭关锁国"。她提出了四点理由:"一、历来任何主权国家的统治者,为了维护国家、民族的利益和自身的地位,在对外关系方面(无论政治或经济)制定的政策、措施,都带有限制性";"二、清政府制定的各种规章制度,无疑是严厉的,有些条文过于苛刻。然而,其内容和目的却没有超出'限制'与'防范'的界限,并不是从根本上断绝对外通商往来";"三、所谓'闭关锁国',并未见诸清代史籍、文献。而最早使用这一措词的却是西方列强,他们迫切希望扩大中国市场,愤于清政府的种种限制,而将之强加于清政府的。'闭关锁国'是关上国门,断绝与外国包括政治、经济等各方面的一切往来。但是,清政府并非如此";"四、(清朝)即使关闭一些口岸,但并没有影响

---

① 戴逸《闭关政策的历史教训》,又见于戴逸《乾隆帝及其时代》,第413—414页。另外,黄磊也曾发表了相同意见,见《"自卫作用":清政府闭关政策的一种虚幻表象》,载于《贵州大学学报》1987年第4期,第73—77页。

对外贸易的进行"①。后来,她于20世纪80年代末又专门著文论述清朝并非闭关锁国的问题。她在这篇文章中明确认为,不能把"海禁"政策与对外关系中的闭关锁国政策等同起来,而在乾隆时期对外商来华实行一口通商政策也未断绝他们的来华贸易。所以,禁海和一口通商都决不是闭关。她还特别论述,清朝在实行一口通商政策后对外商所规定的"防夷"条款,是为了约束外商在华的不法行为,完全出于自卫;其中一些条款是公允的和合理的。因此,这些"防夷"条款也不是锁国。而且,自康熙开海后对外贸易的发展,也证明清朝并未闭关锁国②。

严中平在20世纪80年代初给中国近代经济史专业研究生的授课过程中,曾就学术界主流学者所引以为据的马克思关于清朝实行闭关自守政策的观点,进行了专门的评述。他认为:"在明清两代,中国政府是针对外国海盗冒险家的行径,限制他们只许在少数港口进行贸易,并加以管束监督的,这是出于保障人民生命财产的安全和社会秩序的安宁所采取的国防措施。世界各国无不如此,中国当然也必须提高警惕。只要外国人在中国法律规章允许的范围之内,进行贸易,他们就受到保护和优待。"实际上,据英国下议院东方贸易情况调查小组在1830年的调查,"绝大多数在广州住过的作证人都一致声称广州的生意几乎比世界一切其他地方都更方便好做"。所以,他"不承认在历史上中国封建政府,曾经实行过什么'闭关自守'政策。更不承认,中国曾经出于地理上、人种上的原因,对外实行过'野蛮的''与文明世界隔绝的''闭关自守'政策。马克思对这个问题的提法是一个失误"。在他看来,马克思之所以在清朝对外政策问题上产生认识上的失误,是由于深受当时西方殖民主义者有关报道和议论的影响。当时,清朝面对西方人在华的诸多不法活动,"只许英商在广州一个口岸和政府特许的少数行商进行贸易,并对外国人的行动加以约束,禁止鸦片进口。于是在鸦片贩子的带头之下,向中国推销工业品的产业资本家,经营中英印贸易的商业资本家,从事欧亚航运的商船资本家,在英国内外市场上进行活

---

① 郭蕴静《清代对外贸易政策的变化》,载于《天津社会科学》1982年第3期。
② 郭蕴静《试论清代并非闭关锁国》,载于中外关系史学会编《中外关系史论丛》第三辑,世界知识出版社1991年,第182—195页。作者按:这篇文章虽出版于20世纪90年代初,却是郭氏参加1988年中外关系史会议时所提交的论文。

动的银行资本家群起鼓噪,一致叫喊中国仇外排外,贸易不自由。"于是,"闭关自守"就成为这些西方殖民者对清朝海外贸易政策进行诋毁和攻击之词。而事实上,清朝对外商来华贸易实行的是严格管理监督的政策[①]。

黄启臣认为:"在清代前期的一百九十六年中,只有顺治十二年(1655)至康熙二十二年(1683)实行比较严格的海禁,康熙五十六年(1717)至雍正五年(1727)实行了部分地区海禁,总计不过三十九年,其余一百五十七年的海外贸易基本上是开放的。即使在禁海期间,也没有完全断绝与外国的贸易往来。因此,不能笼统地说清朝前期的海外贸易是实行一条闭关锁国政策,它实行的乃是开海设关、严格管理贸易的政策。"对于一些学者认为清朝于1757年所采取的广州一口通商政策标志着清朝全面闭关锁国或闭关政策最后形成的观点,黄启臣认为:"第一,清政府规定海外贸易在当时中国最大的港口广州进行,本身就是一种开放,只不过是没有全面开放全国的港口而已。但作为一个主权国家的统治者,从国家、民族和他们自身的利益出发,根据海外贸易发展的趋势,决定开放多少港口和开放哪些港口,完全是一种正常现象。只要不是闭关所有的贸易港口和完全断绝与外国进行贸易就不能斥之为闭关锁国。""第二,当时所谓的'只许在广东收泊贸易',主要是对欧美各国而言,特别是英国和荷兰等国。至于南洋地区的欧洲殖民地国家,仍许到闽、浙、江海关贸易。""第三,中国商人不受所谓'只许在广东收泊贸易'之限,可从四海关出海贸易。""清政府不仅开海设关,还实行低税制优待外商贸易。当时对进口商品所征收的货税是很轻的,大约是货物价值的1—2%,最多是6%。……与此同时,清政府还不断实行减税制度,优待外商,招徕贸易。"而对于一些学者所举证的广州行商制度也体现了清朝闭关政策的观点,黄启臣也提出了不同意见:"首先,在当时外商对中国情况不熟悉、又不通中国语言的情况下,行商在外商与清政府之间提供联系,在外商与中国商人之间提供贸易方便,起了沟通的作用。其次,由于行商代洋商交纳关税,'外(商)人免了报关交税的麻烦',得以集中精力进行贸易

---

①　严中平《科学研究方法十讲——中国近代经济史专业硕士研究生参考讲义》,人民出版社1986年,第192、177—177、172、173页。作者按:这本著作虽出版于20世纪80年代中期,却是严先生给1982级研究生授课时的讲义。

活动。所以,清代前期,在中国仍然是一个独立主权国家的条件下,建立行商制度,是便利于海外贸易发展的。"总之,清朝实行的是开海设关、严格管理海外贸易的政策。在他看来,也正是由于清朝实行这种开放性的海外贸易政策,清代前期的海外贸易才获得不断的发展。主要表现为:一是贸易港口的扩大和贸易国的增多;二是商船的数量不断增加;三是进出口商品数量繁多;四是商品流通量值的增加。因此,清朝前期的海外贸易,无论是贸易规模还是贸易总值都超过了宋朝和明朝①。

夏秀瑞也认为,清朝前期实行的是有限制的开海贸易政策。她除了指出从顺治十二年(1655)清朝颁布禁海令是割断郑成功反清势力与大陆的联系外,也认为在鸦片战争前清朝的一百九十六年间,海禁和迁海仅占短暂的二十九年。"如果以此论断清代前期是闭关锁国的话,岂不是以点盖面,以偏概全吗?"而清朝由多口变一口通商的变化,"是由英人抵制清政府的保商制度并执意在宁波进行贸易而引起的,并非是清政府自开海以来对外贸易政策有了改变","退一步说,即使开一港通商是本意的话,也不能说是'闭关锁国'。开一港同开四港以及更多的港,在本质上是一致的"。她还特别指出,一些学者根据乾隆帝在给英国国王的"敕谕"中所说的"天朝物产丰盈,无所不有,原不藉外夷货物以通有无"等语,来论证清朝的闭关锁国,其实也是断章取义。因为紧接着的下句是:"特因天朝所产茶叶、瓷器、丝斤,为西洋各国及尔国必需之物,是以加恩体恤,在澳门开设洋行,俾得日用有资,并沾余润。"由此"足见清政府能够主动设行提供西方各国贸易之便,显然是支持和鼓励海外贸易的"②。

在持开海开放观点的学者看来,清朝前期海外贸易的开放政策,对内促进了经济文化的繁荣,对外则维护了领土主权的完整,有效地抵制了外国殖民主义和资本主义的侵略。如王永曾认为:"自康熙初年从东南沿海地区开始推行对外经济文化开放政策以来,当地人民生计问题基本得到解决,很快稳定了政治局面,和平安定的社会环境为生产的恢复与发展提供了良好条件。不仅这个

---

① 黄启臣《清代前期海外贸易的发展》,载于《历史研究》1986年第4期,第151—170页。

② 夏秀瑞《清代前期的海外贸易政策》,载于叶显恩主编《清代区域社会经济研究》下册,中华书局1992年,第1106—1119页。

地区的社会生产迅速追上中原地区,发展到新的高度,而且外贸的繁荣促使商品经济发展起来。""对外开放政策不仅为发展社会经济做出贡献,而且使清朝在较短时间内缓和民族矛盾,有力推动国内形势的发展。并且,经济文化的繁荣有力地支持了军事和外交上的对敌斗争,有效地抵御外侮,保卫了领土主权完整和社会的安定。"①

对于郭蕴静等学者所提到的清朝禁海时间甚短而海外贸易基本上是开放的问题,汪敬虞专门指出:"从形式上看,清王朝禁海闭关的时间并不长。比较严格的禁海闭关,只有1655年至1684年三十年的时间。还有一些是部分的或临时的禁闭。如1717年至1727年对南洋的一度禁海,1764至1784年间恰克图中俄贸易的三次停闭。除此以外,对外贸易基本上是开放的。尽管如此,禁海闭关的精神和根据这个精神制定各种贸易管理措施作为防止外国入侵的手段,却贯彻于鸦片战争前二百年的终始。"他认为,清朝禁海闭关政策的内容大体上包括三个方面,一是对本国商人出海贸易的限制,二是对通商口岸的停闭和限制,三是对出口商品的禁止和限制。同时,清朝在对外贸易的管理上,也体现了禁海闭关政策中的限制原则。具体表现在:在广州的外商来华贸易管理上,清朝规定只许外商船只停泊在距广州四十里的黄埔;船只入港,必须卸除军火炮位,方准贸易;外商在销货、购货之后,必须随船回国,不许逗留广州,如若有事滞留,也应前往澳门居住,事毕回国;而外商在广州居住期间,也必须寓歇在行商的商馆之内,并受行商管束稽查,不得自由行动;外商外出有定时,必须有通事相随;外商与清朝官方洽谈公事,也不能直接投递公文,还必须通过行商转递;而且,外商在华贸易,只能和清朝官方指定的行商进行贸易,而不能与中国内地的其他商人进行任何联系,也不得和中国商人发生资金上的借贷关系②。

---

① 王永曾《清代顺康雍时期对外政策论略》,载于《社会科学》1984年第5期,第100—106页。

② 汪敬虞《论清朝前期的禁海闭关》,载于《中国社会经济史研究》1983年第2期,第4—16页。汪敬虞在文中还认为,清朝对中俄贸易的管理也体现了限制原则。如前期在北京的互市规定,俄国商队每四年才能来北京通商一次,每次人数不得超过二百,在北京停留的时间至多八十天,不许超过。后来在边界城市恰克图的互市,则规定中俄双方互设市圈,俄方设在恰克图,中方设在买卖城。俄方商人购买中国货物必须前来买卖城,而中国商人购买俄国货物则必须往赴恰克图,各不相混。商人前往贸易,也必须由正道行走,不许绕道或往它处贸易。

　　我也曾对黄启臣关于清朝前期海外贸易发展完全是清朝开海贸易政策结果的观点提出过质疑,认为黄先生仅依清朝前期的海关关税额除以关税率来推算它的海外贸易总值,推算出的海外贸易总值数量并不可靠,因为清朝前期的关税率是一个变量而不是一个常量,实际上清朝前期关税率是在不断增长的。而清朝前期海外贸易的发展,主要是通过欧美等西方国家来华贸易的增长来实现的,中国商民的出海贸易却在不断萎缩。作为前者,显然它不能被视为完全是清朝海外贸易政策的作用,而应被视为主要是欧美等西方国家实行对华贸易扩张政策的结果[①]。

三、认识分歧根源与分析模式问题

　　人们之所以在对清朝前期海外贸易政策的认识上围绕着"闭关"或"开放"而争论不下,关键是由于对"闭关"概念内涵的理解分歧所引起的。一些学者认为,对中外贸易采取严格限制就是闭关政策。而在另一些学者看来,闭关政策是指完全禁止中外贸易的存在,而清朝前期并未停止海外贸易。因此,前者所强调的是对清朝前期海外贸易政策的性质分析,后者所关注的是对清朝前期海外贸易政策的内容概述。由此可见,"闭关"和"开放"作为一组分析类型,它是用于清朝前期海外贸易政策的性质分析,还是用于清朝前期海外贸易政策的内容概述,仍是十分模糊的。也就是说,它的应用范围尚缺乏必要的约定。

　　我认为,"闭关"或"开放"作为一组分析类型,它不能用于清朝前期海外贸易政策的内容概述。因为从清朝前期海外贸易政策的具体内容来看,其本身并没有"闭关"或"开放"等名称的政策。如果将"海禁"等同于"闭关",正如吴建雍所指出的,就会产生"凡是没有实行禁海的国家,便都是实行开放政策"的错误推理[②];如果将海关的设置理解成"开放",便会产生"凡是设置海关或类似海

---

　　① 陈尚胜《也论清前期的海外贸易——与黄启臣先生商榷》,载于《中国经济史研究》1993年第4期。
　　② 吴建雍《清前期对外政策的性质及其对社会发展的影响》,载于《北京社会科学》1989年第1期。

关机构的国家都实行了对外开放政策"的错误推理；同样，如果将国际贸易中的一些限制措施等同于"闭关锁国"政策，也会产生"凡是没有对国际贸易采取限制措施的国家都是实行对外开放政策"的错误推理。而实际上，没有一个主权国家不对国际贸易采取限制措施。

"闭关"或"开放"作为一组分析类型，它只能用来对一个主权国家对外政策的性质进行分析，即通过对这个主权国家政府所实施的对外政策的考察，来研究它与外部世界往来的本质倾向。专就海外贸易政策来说，则是要考察这个主权国家的政府在本质上是积极地利用国民与海外商人贸易的途径来谋取自身经济以及政治实力的发展，还是消极地采取防范海外贸易措施以仅仅维护自身的政治统治而置经济利益于不顾。如果忽略了这种本质与现象的差别，就像谢必震和黄国盛俩人曾感受到的："鸦片战争前清代对外经济交往的状态和特点，笼统地用'关闭'或'开放'加以概括和描述是不恰当的。""'闭关锁国'的观点，忽视了这一重要事实，即：在鸦片战争之前，中外经济交往已经经历了一个漫长发展的历史时期，而且其中还经历了一个主动向外部世界寻求交往的阶段，这种交往已经开始逐渐引导中国部分沿海地区社会经济由封闭向开放状态演变。同样，那种笼统地认为鸦片战争前清朝是处于'开放'状态的说法，也是值得商榷的。因为这种'开放'的观点，虽然看到了这个时期对外交往的程度和规模上发生的重要变化，但却忽略了这个时期对外交往格局（包括方式）的演变，忽略了这种格局的变化对中国社会所产生的重大影响。"①不过，谢、黄两人所关注的只是清朝前期中外经济交往现象，而忽略了大家所讨论的政策层面，更忽略了政策的性质层面。

而在对清朝前期海外贸易政策性质层面的理解上，前述汪敬虞所指出的"禁海闭关精神和根据这个精神制定的各种贸易管理措施"已经接触到它的实质。我以前也曾指出："我们虽不能以清政府允许外商进入的口岸多少来判定对外贸易政策的'闭关'或'开放'性质，但清政府之所以把外国来华贸易严格

---

① 谢必震、黄国盛《论清代前期对外经济交往的阶段性特点》，载于《福建论坛》（文史哲版）1992年第6期，第52—58页。

限定于广州,而不定在外贸易物资主要出要出产地的长江下游地区,其目的就是要最大程度地阻断外国商人与中国社会内部的联系。而在广州,清政府又通过洋行商人的垄断制度,基本阻断了外国商人与中国普通商人的贸易联系。因此,清政府这种畸形的外贸港口布局以及广州通商体制本身,又鲜明地体现了清政府的对外闭关的本质倾向。"[①]

然而,我们也应看到,"闭关"或"开放"作为一组分析类型,在用来研究清朝前期海外贸易政策时仍有诸多的局限性。

首先,"闭关"或"开放"等词汇充分地显示了西方工业化国家的话语霸权,用它作为标准来观察农业文明国家的国际贸易政策,在很大程度上有失公允性。从学术史的角度看,"闭关"、"锁国"、"开放"等词汇出现于18至19世纪之交[②],是在欧美国家通过工业革命奠立机器大工业生产的格局后才出现的话语系统。随着资本主义大工业的确立,欧美工业资产阶级不仅需要为其工业生产准备充足的原料,更需要为其大量的工业产品寻找市场。由此而出现的结果则体现为,他们不仅需要加强对已成为殖民地国家的控制,还需要对一些独立的仍是农业文明的主权国家进行贸易扩张,甚至进行更大规模的殖民侵略。于是,"闭关"和"锁国"就成为他们指责这些主权国家妨碍其贸易扩张的理论武器,"开放"也就成为他们企图打开这些国家市场的"文明"话语。而对于一些"后进的"农业文明国家来说,尤其是地大物博的中国(清朝前期),国民经济体系的高度自给自足性根本就缺乏这种"开放"政策的内部机制。所以,用这种工业化国家的标准强加于农业文明国家的外贸政策,本身就是生搬硬套。

其实,即使在当时算是标准的工业化先进国的英国,对其他国家也没有采取他们所要求的"开放"。众所周知,英国在17世纪以后曾连续制订和实行排他性的《航海条例》,禁止外国商人染指英国本土以及其殖民地的运输业和商业。而英国在工业革命以后,仍然存在着排他性的对外贸易政策。譬如,1785年英国与爱尔兰之间所草拟的通商条约,原是为两国工业品进入对方市场提供

---

① 陈尚胜《也论清前期的海外贸易——与黄启臣先生商榷》。
② 西方学者最初于18和19世纪之交用"锁国"一词来说明日本江户幕府前期的对外政策。参见〔日〕加藤荣一《幕藩国家的形成与对外贸易》,校仓书房1993年。

互惠待遇而订,就因为遭到英国制造商公会的反对而被抛弃[1]。由此可见,连当时形成"闭关"或"开放"话语标准的英国也没有绝对的开放。若用这一标准来范式清朝前期的海外贸易政策,就极失公允了。

其次,"闭关"或"开放"的类型分析,也难以处理清朝前期海外政策演变的复杂进程。从1644年到1840年,清朝前期几乎占有整整二百年的时间。在这期间,清朝统治者鉴于国内外形势的变化而对海外贸易政策也先后多次予以调整。而简单地以"闭关"或"开放"来判定清朝前期海外贸易政策的性质,都是将它视为一成不变的政治行为,因而无法揭示清朝前期海外贸易政策的演进的复杂轨迹。张彬村在考察明清两代海外贸易政策时就已注意到,明清两朝关于官方海外贸易的政策,无论是中国官方的出海活动还是外国官方的来华朝贡贸易,都是在走向消极退化的方向;而就民间贸易政策而言,则表现出积极进步的发展趋势。因此,用"闭关自守"来形容明清两朝的海外贸易政策,即使适用于官方贸易,也决不适用于民间贸易[2]。

再次,"闭关"论也无法从海外贸易层面揭示出清代中国何以落后挨打的原因。在闭关论的学者看来,清朝采取闭关政策,阻碍了中外经济文化交流的发展,特别妨碍了中国人民学习世界先进的思想文化和科学技术,从而使中国在科学技术、社会生产等方面完全落后于西方,由此造成了近代中国的挨打局面。我们认为,上述观点将中国落后挨打的原因过于简单化。关于这一失误,高翔在前引著作中已指出,中国落后于西方是历史长期演变的结果,它有着广泛的历史原因,而把落后完全归罪于清朝所推行的闭关政策是不公正的。同时,上述观点只是结论,而缺乏具体的事实论证。闭关论者所确认的"闭关",多是指清朝对外商来华贸易所采取的严密防范和严格限制的措施。既然外商在清朝普遍受到这种防范和限制,为何清朝海外贸易发展的最后结果却是:被动贸易(指外商的来华贸易,尤其是西方商人的来华贸易)的日益发展和主动贸

---

[1] 〔法〕保尔·芒图著、杨人楩等译《十八世纪产业革命》,商务印书馆1983年,第319页。

[2] 张彬村《明清两朝的海外贸易政策:闭关自守?》,载于吴剑雄主编《中国海洋发展史论文集》,第四辑,台北"中研院"中山人文社会科学研究所1991年,第45—59页。

易(指中国商人的出海贸易)的不断萎缩呢[①]? 显然,用这种"闭关"政策无法解释本国商人海外贸易不断萎缩和外商来华贸易日益发展的原因。因此,"闭关"论也就不能从海外贸易层面揭示出清代中国何以落后挨打的原因。

从世界历史发展进程看,也不乏闭关锁国并未导致落后挨打,而对外开放尚未缩小与发达国家差距的实例。例如,与清朝处于同一时段的日本江户幕府(1603—1867),在1639年至1854年间就采取了比清朝更为限制的海外贸易政策,它仅仅允许中国、荷兰、朝鲜和琉球四国商船前往日本贸易,而禁止日本商人的出海贸易。日本江户幕府的上述政策,已被学术界认定为"锁国"政策。但一些学者却认为,锁国政策是推动明治朝(1868—1911)日本近代经济发展的一个正面因素[②]。而依附论学者也看到,一些第三世界国家虽然采取了对外开放的政策,但其经济却一直处于不发达甚至落后的局面[③]。由此可见,简单地以"闭关"或"开放"作为分析一个国家落后和发达的模式,已难以说明上述国家现代化的不同结果。

鉴于"闭关"或"开放"类型分析的上述局限性,我感到今后开展对清朝前期海外贸易政策的研究,首先还是要加强微观实证性研究,即通过一些具体的个案研究,深入地考察清朝前期海外贸易政策的演变轨迹。在具体的个案研究方面,韦庆远的《论康熙时期从禁海到开海的政策演变》[④]、郭成康的《康乾之际禁南洋案探析》[⑤],都是成功之作。然而,就目前的情况来看,这种个案研究尚不丰富,更缺乏系统性。其次还应加强对清朝前期海外贸易政策的比较研究,具体包括对清朝前期海外政策体系内的本国商人出海政策和外商来华政策的比

---

① 陈尚胜《也论清前期的海外贸易——与黄启臣先生商榷》。

② 〔日〕北岛正元《江户时代》,东京波岩书店1971年,第34页;信夫清三郎《江户时代·锁国の构造》,东京新地书房1987年,第171—207页; Marius B. Jansen, "Tokugawa and Modern Japan", in John W. Hall and Marius B. Jansen, (eds.), Studies in the Intitutional History of Early Modern Japan, Princeton, Princeton Univ. Press, 1970, pp. 317—330。

③ 〔英〕安德鲁·韦伯斯特著、陈一筠译《发展社会学》,华夏出版社1987年,第55—61页。

④ 韦庆远《论康熙时期从禁海到开海的政策演变》,载于《中国人民大学学报》1989年第3期,第103—111页。

⑤ 郭成康《康乾之际禁南洋案探析——兼论地方利益对中央决策的影响》,载于《中国社会科学》1997年第1期,第184—197页。

较,清朝与其他中国封建王朝的海外政策的比较、清朝与同一时段内的世界其他国家海外贸易政策的比较。通过这种内部的分类比较和外部的纵横比较,更有助于揭示清朝前期海外贸易政策的结构、发展趋势和性质等特征,从而更易于阐明清朝前期海外贸易政策对于中国社会发展的作用。我们已高兴地看到,万明所著的《中国融入世界的步履——明与清前期海外政策比较研究》①,已开比较研究之风气。

（原文载于《文史哲》2002年第6期）

①　万明《中国融入世界的步履:明与清前期海外政策的比较研究》,社会科学文献出版社2000年,491页。

明朝与清朝前期海外贸易政策比较论

关于清前期海外贸易政策的研究,是近二十年学术界研究的一个热点问题。不过,在相当长的时间内,人们对于清前期海外贸易政策的研究却是独立进行的,而缺乏对清朝与其他中国封建王朝的海外贸易政策进行比较研究。最近,万明所著的《中国融入世界的步履——明与清前期海外政策比较研究》的出版①,开始了学术界对明朝与清朝前期的海外贸易政策进行比较研究的历程,尤其值得关注和参与。明清两代封建王朝,同属中国封建社会晚期。对明清两个封建王朝的海外贸易政策进行比较,不仅可以揭示出清朝前期海外贸易政策对明朝相关政策的传承,并通过这种传承来探讨中国封建社会晚期王朝涉外政策的一般特征,而且还可以观察出清朝前期海外贸易政策与明朝相关政策的变化,从而进一步加强对清朝前期涉外政治行为特殊性的研究。

一、学界关于明清海外贸易政策比较研究状况

自1979年戴逸率先著文并在《人民日报》上发表了《闭关政策的历史教

---

① 万明《中国融入世界的步履——明与清前期海外政策比较研究》,社会科学文献出版社2000年。

训》后①,中国学术界对于鸦片战争前清朝对外政策的研究更加深入,所发表的文章日益增多。从研究趋势上看,越来越多的学者开始把对清朝前期对外政策的研究更多地集中到海外贸易政策方面;从研究的焦点看,学者们争论的中心是清朝前期海外贸易政策是闭关政策还是开放政策②。而从学术界的争论情况看,多数意见认为清朝前期海外贸易政策是闭关锁国政策。而在对明朝海外贸易政策的研究方面,随着学术界对于郑和下西洋研究热的升温,人们多认为明前期采取了对外开放政策,并认为明中期以后才采取了对外闭关政策③。

　　最初将明朝与清朝前期的海外贸易政策结合起来进行考察,是中国台北学者张彬村。他的《明清两朝的海外贸易政策:闭关自守?》的论文④,从官方贸易和民间贸易两个方面对明清两代海外贸易政策进行了简略的考察。他认为,就明清两朝官方海外贸易政策而言,无论是中国官方的出海贸易活动还是外国官方的来华朝贡贸易,都是在走向消极退化的方向;而就民间贸易政策而言,则表现出积极进步的发展趋势。因此,他认为用"闭关自守"来形容明清两朝的海外贸易政策,即使适用于官方贸易,也决不适用于民间贸易。不过,正如他的论文题目所显示的那样,这篇论文的立意在于分析明清两朝海外贸易政策是否具有闭关自守性问题,而不在于对明清两朝海外贸易政策进行比较研究。

　　真正专注于对明朝与清朝前期的海外贸易政策进行比较研究的论著,是新近出版的万明专著《中国融入世界的步履——明与清前期海外政策比较研究》。本书所论述的海外政策,是指明清两朝在处理与海外国家的关系时所采取的政策。它包括政治上的外交政策,经济上的海外贸易政策,以及中外文化交流政策。其中,海外贸易政策仍是本书研究的重点。该书共分六章,除首章

---

① 戴逸《闭关政策的历史教训》,载于《人民日报》1979年3月13日。

② 参见陈尚胜《"闭关"或"开放"类型分析的局限性——近20年清朝前期海外贸易政策研究述评》,载于《文史哲》2002年第6期,第159—166页。

③ 参见南京郑和研究会编《郑和研究论文集》第一辑,大连海运学院出版社1993年;并参见中外关系史学会编《中外关系史论丛》第三辑,该辑文章集中探讨了明清时期对外政策的闭关与开放问题,世界知识出版社1991年。

④ 张彬村《明清两朝的海外贸易政策:闭关自守?》,载于吴剑雄主编《中国海洋发展史论文集》,第四辑,台北"中研院"中山人文社会科学研究所1991年,第45—59页。

《绪论》外,第二章和第三章从静态和动态两个方面考察了明朝海外政策,第四章和第五章则从静态和动态两个方面考察了鸦片战争前清朝海外政策。作者所做的静态研究,是对明清两朝海外政策内部结构的横面剖析。它包括对明清两朝海外政策出台的社会背景及其时代特征、海外政策的目标设置、海外政策类型、海外政策的决策机制、海外事务管理体制、外交礼仪等问题。作者所做的动态研究,则考察了明清两朝海外政策的演变轨迹。第六章为本书总结,它就两朝海外政策的现象、发展阶段、发展趋势、政策作用、政策结果等方面进行了专门比较。纵观全书娴熟地使用大量中外史料,静态解剖与动态分析相结合的研究架构,都表明该书是迄今为止研究明朝和清朝前期海外政策最见功力的论著;而她在对明清两朝海外政策进行分别考察基础上所做的综合比较研究,也开启了学术界对明清两朝海外政策进行比较研究的课题,学术意义显著。

根据万明的考察和分析,明朝的海外政策大致经历三个时期:官方海外开放时期(指从明朝建立到郑和下西洋之时)——转折时期(指从郑和下西洋结束到16世纪初年)——对海外民间社会开放时期(指从16世纪初年到明末),即经历了开放——封闭——开放的历程;而清朝前期的海外政策也大致经历了三个时期:封锁海疆时期(指从1644年清兵入关到1683年)——开海时期(从1684年1716年)——走向收缩封闭时期(从1716年的南洋贸易之禁到1840年的鸦片战争),则经历了封闭——开放——封闭的历程。所以,她认为,“就政策总体发展趋向而言,明代海外政策是开放的,而清代是封闭的”[①]。由此可见,她对明、清两朝海外政策进行比较的一个重要标准,就是两朝海外政策的发展趋势。不过,趋势仅仅是政策发展的动向,它不仅缺乏时间的定义,而且还模糊了内容的基础。如果仅就明清两朝海外政策的发展趋做一粗线条的比较,而不能深入地对两朝海外政策的实质内容进行逐一比较和分析,这种比较不但带有表面性而且带有片面性。

同时,她在比较研究过程中虽然一直使用“开放”、“封闭”和“闭关自守”等概念来区别明清两朝海外政策的不同类型,但却没有对这些概念的内涵做出

---

① 万明《中国融入世界的步履——明与清前期海外政策比较研究》,第470页。

应有的规范,而在实际论述中,书中对于"开放"与"封闭"的标准还有不统一之
处,也需斟酌和改进。如书中写道:"从实质上分析,明朝初年出于全面集权的
需要及对海外贸易利权在上的考虑,惟留朝贡贸易为对外贸易惟一孔道,积极
推行朝贡贸易这一官方海外贸易,海禁主要是与之配套出台的政策。郑和下西
洋便是推行官方海外贸易开放政策的突出实例。因此,明朝初年的海外政策是
开放的,而不是封闭的。明初的海禁,也不是完全意义上的海禁。而清初沿袭
前朝,不顾时代的演进,惟保留朝贡贸易,又如前所述,清初与清廷建立朝贡关
系的海外国家,寥寥无几,政策本身即是对明中叶以后民间对外贸易发展趋势
的逆向行为。总的说是采取了置海外贸易完全不顾的极为消极的海外政策。
这是一种封闭的海外政策,是完全意义上的海禁,是闭关自守的集中表现。"①
在这段论述中,从她对明朝所使用的实际情况来看,"开放"有着海外贸易合
法并包括朝贡贸易的政策内容,但她在对清前期的政策判定上却未能坚持这
一概念标准。因为"清初与清廷建立朝贡关系的海外国家寥寥无几"的情况,
只是朝贡贸易政策"执行"层面的问题,却不能排除清朝朝贡贸易政策的存在
(实际上,万明在书中第四章中也论述了清朝继承了明朝对海外国家朝贡贸易
政策的内容)。既然明清两朝都采取了朝贡贸易政策,我们如若根据这种"开
放"和"封闭"政策所包涵的内容,就不能认定前者是开放的,而后者却是封
闭的。

　　如何比较明清两朝海外政策作用和结果,也是非常值得探讨的问题。据该
书论述:"明后期的海外开放政策,造就了郑成功这一海上英雄人物,孕育了社
会政治经济结构新的发展变化。郑氏海商集团在明末的崛起,积极参与到正在
形成的世界市场的活动中,雄据远东海上,足以威慑西方国家,是中国直至明末
海上力量并不落后于西方的最好证明。然而,清初闭关政策出台,首先扼杀了
广大沿海地区的勃勃生机,并以残酷镇压明末新兴的海上力量为代价……"②
关于郑成功与明末海外政策之间的关系,一位资深的闽南海商研究专家却曾指

---

① 万明《中国融入世界的步履——明与清前期海外政策比较研究》,第380—381页。
② 万明《中国融入世界的步履——明与清前期海外政策比较研究》,第470—471页。

出："唯独中国人——我在此特指那些处于日益衰微的明帝国东南—隅沿海地区的闽南人——得不到官方的丝毫支持。郑芝龙(郑成功之父)之所以能将其庞大的海上势力统领在一道,靠的是军事上和外交上的技巧,靠的是成功的贸易活动,更重要的是依靠其大家族和忠实的闽南同乡的支持。"①也就是说,郑芝龙、郑成功这样海上实力人物的出现,决不是明朝末年海外开放政策的结果。既然郑氏海上武装贸易集团不是明朝末年海外开放政策作用的结果,那么有关对明清两朝海外政策作用的比较就该另下结论了。

对于明清两朝海外政策结果的比较,万明的论述如下："以政策结果而论,明朝开放的海外政策,促进了社会经济的发展和渐变,促进封建社会晚期政治经济结构发生松动,拉开了中国迈向近代的帷幕,同时也加速了封建王朝腐朽灭亡的过程。清朝封闭的海外政策,将明末中国海上力量扼杀殆尽,把已加入世界市场近代国际贸易竞争的中国海商置于死地,抑制了社会活力,成功地使中国明末的社会发展方向逆转,返回了封建的老路,建立了封建的盛世。换言之,清朝中断了中国社会发展的趋向型变化,代之以循环型的变化,使中国社会向近代转型的渐变发生断裂,与世界发展大势适相背离,南辕北辙,以致中国在封建旧轨道上缓慢前行,与发展迅速的西方差距越拉越大,说中国发展到近代的机遇在此时即已失去,应该说是不过分的。"②不过,我却感到作者在论述过程中,对它们的前提和结果之间都缺乏有效论证。而且,在具体逻辑方面也有问题,譬如"清朝封闭的海外政策,将明末中国海上力量扼杀殆尽"之说。我想,作者本是表述清初的海外政策,将自明末发展起来的郑氏海上集团扼杀殆尽,但在这里她却将清初的概念错误地扩大到整个清朝。如以整个清朝论,郑氏海上集团因为从事反清活动被扼杀了,但中国海商力量却未被扼杀殆尽,因为康熙二十三年(1684)以后中国海商就已大量地合法出海③。于此可见,比较研究作为一种综合研究方法,不仅需要围绕着比较主题来确立标准,而且需要可靠的和

① 〔澳〕王赓武著、钱江等译《没有帝国的商人 :侨居海外的闽南人》,《海交史研究》1993年第1期。

② 万明《中国融入世界的步履——明与清前期海外政策比较研究》,第471页。

③ 参见黄启臣《清代前期海外贸易的发展》,《历史研究》1986年第4期 ;陈尚胜《也论清前期的海外贸易》,《中国经济史研究》1993年第4期。

充分的史实依据。

　　鉴于学术界现有的比较研究在上述方面的不足,本文拟专门以明清两朝海外贸易政策的主题,具体就它们官方出海贸易政策、海外国家朝贡贸易政策、本国商民出海贸易政策、外国商民来华贸易政策、关税政策等五个方面进行初步的比较研究,以共同推进研究的深入。

二、关于明清王朝对于官方出海贸易政策的比较

　　从中国封建王朝海外贸易政策演变史角度观察,汉、宋、元三朝都曾实行过本国官方出海贸易的政策。汉武帝时期,曾派遣"译长,属黄门,与应募者俱入海,市明珠、璧琉璃、奇石异物,赍黄金杂缯而往"[1]。宋太宗时期,也曾"遣内侍八人,赍敕书、金帛,分四纲,各往海南诸蕃国,勾招进奉,博买香药、犀牙、真珠、龙脑"[2]。而在元朝,不仅一直派遣使臣前往包括东非和北非在内的海外国家采买奇货,而且政府还组织斡脱贸易和官本船贸易。所谓"斡脱贸易",指的是为蒙古贵族服务并依赖官方资本的色目商人所经营的海外贸易。而"官本船贸易",则是指政府出船出资招募商人经营的海外贸易[3]。但在明朝,这种政府出船出资招募商人经营海外贸易的政策并不存在,而只是派遣使节前往海外国家兼负采办珍奇异货的使命,郑和下西洋则是其中的典型。然而,我们又不能将郑和下西洋完全视为官方出海贸易的行为。因为郑和下西洋的主要使命在于发展明朝与海外国家的政治关系[4],而他们在海外所进行的贸易活动也是从属于政治活动,并且货物交换也执行了"厚往薄来"的原则。而且,从15世纪后期开始,

　　① 《汉书》卷28下《地理志》。

　　② 《宋会要辑稿》卷1124《职官》"雍熙四年五月"条,中华书局1957年影印本,第3364页。

　　③ 关于元朝的斡脱贸易和官本船贸易,可参见陈高华《元代的海外贸易》,《历史研究》1978年第3期;李金明、廖大可《中国古代海外贸易史》,广西人民出版社1995年,第186—193页。

　　④ 关于郑和下西洋的目的,学术界讨论较多,虽有不同意见,但大多数学者认定郑和下西洋的目的只在政治,而非经济。其实,明成祖本人在御制《南京弘仁普济天妃宫碑》碑文中,曾说"恒遣使敷宣教化于海外诸番国";郑和本人在福建长乐《天妃之神灵应记》碑文中,也称自己的使命是"宣德化而柔远人"。两块碑文载于郑鹤声、郑一钧编《郑和下西洋资料汇编》上册,齐鲁书社1980年,第39、42页。

明朝对海外国家使节的派遣也越来越少,最后仅保留对琉球一国派遣册封使节。因此,严格的说,明朝并不存在由官方经营的出海贸易政策。

然而,清朝则不然。清初鉴于制造铜钱的铜料不足,除了鼓励商人自已出资出海市铜外,还曾下令京师"崇文门、天津、临清、淮安四关,各动支税额银一万两,办铜解部"①,即由榷关动用税银作为采购铜料资本招募商人出海办铜。据后人记述,自"顺治迄嘉、道年间,常与(日本)通市,江浙设官商额船,每岁赴日本办铜数百万斤"②。虽然清朝为赴日本办铜提供资本的政府机构各不相同,顺治年间关差办铜,康熙年间为内务府办铜,雍正年间为江浙等省承办,乾隆初年则改为江、浙海关办铜,但赴日本采购铜料的方式则大致相同,即由上述机构动用关税或盐税银作为办铜资本,由官员在江、浙沿海诸省招募出海商人,预付铜价,使其前往日本采购铜料,回国后再交给出资的政府机构。乾隆三年,因为官商办铜屡屡发生亏空事件,清朝遂暂停官商办铜,而改招自本商人出海采办铜料(清初就曾实行招募商人用民间资本办铜),回国后由海关收买。至乾隆九年,因民商自本采购的洋铜供应不足,清朝又允许官商范氏出洋办铜。从此,清朝形成了官商、民商并存的出海办铜局面③。由此可见,清前期曾经实行过官方提供资本招募商人出海贸易的政策。

以上考察表明,与宋元王朝相比,明朝没有官方出资招募商人出海贸易的政策,只存在官方外交使团兼理海外贸易的实例。而清朝的官本商船虽然仅限于出海购铜的目的,但却比明朝使团出海采购珍货异物的目的,更加有利于国计民生。因此,通过明、清王朝对于本国官方出海贸易政策的比较,我们可以看出后者比前者更具务实性和经济利益性。

---

① (光绪)《大清会典事例》卷214《户部》"钱法"条,万有文库本。

② 宝鋆《同治朝筹办夷务始末》卷79《同治九年九月李鸿章奏折》,故宫博物院1930年影印本。

③ 刘序枫《清康熙~乾隆年间洋铜的进口与流通问题》,载于汤熙勇主编《中国海洋发展史论文集》第七辑上册,台北"中研院"中山人文社会科学研究所1999年,第93—144页。

三、关于明清王朝对于海外国家
朝贡贸易政策的比较

在对待海外国家来华的朝贡贸易政策方面,明朝自建立之初就将它与海外国家的政治关系密切结合在一起。为了加强它与海外国家的政治关系,明朝前期除积极向海外国家派遣使节招徕外国"朝贡"外,还把外国的来华贸易完全限定在朝贡贸易的范围内。明人王圻说:"凡外夷朝贡者,我朝皆设市舶司以领之,许带方物,官设牙行与民贸易,谓之互市。是有贡舶,即有互市。非入贡即不许其互市。"①海外国家派遣使团前来明朝进行朝贡贸易,除了要出具本国政府的"表文"(即外交国书)外,还要出示明朝颁发给海外国家的"勘合"以辨真伪。明朝对海外国家朝贡贸易使团规定有专门的入境港口,具体为:"宁波通日本,泉州通琉球,广州通占城、暹罗、西洋诸国。"②其中,广州一港要接纳包括东南亚以及印度洋地区国家的朝贡使团入境。海外国家朝贡使团除了可以在入境港口所在城市进行贸易外,还可利用进京朝贡的机会,由明朝指定在京师会同馆内开市三日或五日,与中国商人进行交易。明朝规定,外国朝贡使团除了通过进贡"贡品"得到明朝的丰厚"赏赐"品外,明朝对他们所运载来的"私货"(即贸易货物)则免除了关税,并且政府还优先高于市场价格对他们的"私货"进行收买,所余则听任他们与中国商人进行交易③。由于明朝采取"厚往薄来"的朝贡贸易原则使外国朝贡使团获利丰厚,外国便频繁派遣朝贡使团进入明朝,迫使明朝不得不对他们的朝贡规定"贡期"(即朝贡频率)。迫于朝贡贸易给财政所带来的巨大负担,明朝自正统时期(1436—1449)便停止了对海外国家朝贡使团的派团护送;到弘治时期(1488—1505)又开始对海外国家朝贡使团的"私货"实行征收实物税的政策④。但随着海外国家朝贡使团所获利益的减少,海外的朝贡国家也逐渐减少。到15世纪末,海外朝贡国家中只剩下暹罗、占

---

① 王圻《续文献通考》卷31《市籴考》,现代出版社1986年影印本。
② 《明史》卷75《职官志》"市舶司"条。
③ 陈尚胜《论明代市舶司制度的演变》,《文史哲》1986年第2期。
④ (正德)《大明会典》卷102《礼部》"朝贡·番货价值"条。

城、满剌加、琉球和日本；而到16世纪下半期，则只有琉球和暹罗两个海外国家的朝贡了。

　　清朝对于海外国家来华朝贡贸易的政策，完全继承了明朝的相关政策。顺治四年，清朝在发给曾滞留在福建的琉球、安南、吕宋三国的入明朝贡使团的诏书中，即要求琉球、安南、吕宋三国回缴以前明朝所给的封诰印敕方许朝贡，可见清朝也是通过朝贡贸易制度来开展与海外国家的政治关系。而清朝对海外国家朝贡贸易所采取的政策，也有对海外朝贡国家所做出的时间限制（如规定琉球二年一贡、暹罗、安南三年一贡、苏禄五年一贡等），入境地点限制（如规定琉球、苏禄道由福建福州、暹罗道由广东广州），人员规模的限制（清朝于顺治九年曾规定，外国"由海道入贡，不得过三船，每船不得过百人"①），并对海外国家的朝贡贸易也给予了免税待遇，这些都因袭了明朝的朝贡贸易政策。清朝与明朝所不同者，清初并没有派遣政府使团前往海外国家招徕外国的朝贡贸易。其中原因，一方面由于清朝自1644年在北京建立起对全国的统治后，面临到明朝残余势力长达四十年的抗清斗争，使其必须全力镇压抗清力量而无暇顾及如何在海外发挥政治影响等事务；另一方面也是由于清朝在17世纪中后期所面临的海外环境，已是西方国家在东南亚及印度洋进行殖民扩张的全盛时代，并非如明朝在14世纪后期和15世纪前期所面临过的东南亚及印度洋各国独立存在并且相对弱小的环境。在明代，这些东南亚甚至南亚小国往往需要从明朝方面获得政治和经济的支持，两者相得益彰。从政策结果来看，清前期海外国家的朝贡贸易之所以没有明前期那样彰明较著，除了上述两方面因素外，也由于清前期民间海外贸易渠道的开通。

　　总而言之，清朝与明朝在海外国家朝贡贸易政策方面，基本原则和具体规定几乎完全相同，但明前期政府对于海外国家的朝贡贸易具有强烈的推动力，而清前期政府则缺乏这种推动力。

---

①　（光绪）《大清会典事例》卷514《礼部》"朝贡·从人"条。

四、关于明清王朝对于本国海商
出海贸易政策的比较

从中国古代海外贸易史角度考察,五代十国时期的吴越、闽、南汉等割据政权和宋、元两朝,都曾采取了鼓励本国商民开展海外贸易的积极政策①。但明朝伊始,就颁布了严厉禁止本国商民出海贸易的"海禁"政策②,洪武时期制订的《大明律》中曾规定:"凡将马、牛、军需铁货、铜钱、段匹、绸绢、丝绵,私出外境货卖及下海者,杖一百。挑担驮载之人,减一等;物货、船车并入官,于内以十分为率,三分付告人充赏。若将人口、军器出境及下海者,绞。因而走泄事情者,斩;其拘该官司,及守把之人,通同夹带,或知而故纵者,与犯人同罪。失觉察者,减三等,罪止杖一百。军兵又减一等。"③此后,明朝在弘治时期又进一步规定:"官民人等擅造二桅以上违式大船,将带违禁货物下海,前往番国买卖,潜通海贼同谋结聚,及为向导,劫掠良民者,正犯处以极刑,全家发边卫充军。若止将大船雇与下海之人,分取番货,及虽不曾造有大船,但纠通下海之人,接买番货者,俱问发边卫充军。其探听下海之人,番货到来,私下收买贩卖,若苏木、胡椒至一千斤以上者,亦问发边卫充军,番货入官。"④由此可见,在"海禁"政策之下明朝完全禁止了本国商民的出海贸易。隆庆元年(1567),明朝鉴于1552年至1564年间在东南沿海地区所发生的大规模"倭乱"(实为中外武装走私集团所组织的海盗活动),决定在福建月港开放本国商民的出海贸易。至此,明朝的海禁政策一直维系了两个世纪。然而,月港的开放仅限于漳州和泉州两府范围内商人,其他地区商人仍不能通过月港出海贸易⑤。同时,明朝仍禁止本国商民前往日本贸易。万历二十年(1592)至二十一年间,因日本侵略朝鲜明朝再次恢

---

① 参见陈高华、吴泰《宋元时期的海外贸易》,天津人民出版社1981年。

② 《明太祖实录》卷70"洪武四年十二月丙戌"条记载,"仍禁濒海民不得私出海"。可知明朝在此前已经实行海禁政策。

③ 《大明律》卷15《兵律》"关津·私出外境及违禁下海"条。此据黄彰健《明代律例汇编》,台北"中研院"历史语言研究所1994年,下册,第687页。

④ 《大明律》卷15《兵律》"关津·私出外境及违禁下海"条。此据黄彰健《明代律例汇编》,第689页。

⑤ 参见陈尚胜《论明朝月港开放的局限性》,《海交史研究》1996年第1期。

复"海禁"政策①。在万历后期,又因荷兰殖民者侵据澎湖等事件的发生,"贩海之禁,屡经申饬"②。至天启年间(1621—1627),海上武装走私集团又大量兴起,使商民的合法出海贸易倍受冲击。到崇祯元年(1628),福建巡按赵荫昌又奏请"禁洋舡下海"③,从此直至明朝灭亡,"海禁"政策一直得到维持④。

相较之下,清朝所实行的"海禁"政策在时间上要短得多。清朝虽然于顺治三年在颁布的《大清律》中因袭了《大明律》中的有关"海禁"条文,自后又先后在顺治十二年、十三年,康熙四年、十一年、十四年五次强调"海禁"令,但在康熙二十三年即对本国商民采取了开海贸易的政策。从清兵入关至康熙二十三年,清初采取"海禁"政策的时间只有四十年。如若算上鸦片战争前夕的数年"海禁"时间,清朝"海禁"时间也仅占鸦片战争前清朝统治时间的25%左右;而明朝实行"海禁"政策的时间,即使不计算明末的"海禁"时间,明前期的"海禁"时间也要占整个明朝统治时间的72%左右。

万明曾对明朝与清朝的"海禁"政策进行比较并且认为,两朝之初都有海禁政策的出台,但在内容上和实质上都有根本不同。"从内容上分析,海禁政策包含有海防意义。明初遭遇来自海上外来势力侵扰是客观事实。明初海禁政策出台,遍设卫所于海岛,建起了万里海防,成为保卫国土的海上长城,是积极的海上防御。……而清初实行海禁政策只是针对海上抗清力量,没有外来势力自海上侵扰的问题,却实行了全面禁海,在沿海六省大规模禁海之外,又加迁海,将明代所设海上防御之所尽行废毁,迁入内地,将海外岛屿尽弃,实际上是有海无防。""从实质上分析,明朝初年出于全面集权的需要及对海外贸易利权在上

---

① 据《明神宗实录》卷240"万历十九年九月辛未"条记载,因日本侵略朝鲜,在大学士许国的奏请下,明神宗下令沿海各省"申严备御海汛之方",即又采取了"海禁"的对策。又据该书卷263"万历二十一年八月壬午"条记载,应福建巡按子贞等人的请求,明朝在福建恢复了商民出海贸易的政策。

② 《明神宗实录》卷513"万历四十一年十二月庚寅"条。

③ 《崇祯长编》卷7"崇祯元年三月丙寅"条。

④ 据《崇祯长编》卷41"崇祯三年十二月乙巳"条记载,兵部尚书梁廷栋上奏说:"自红夷(按:指荷兰殖民者)内据,海船不行,奸徒阑出,海禁益严。"可知"海禁"确已实行。据该书卷48"崇祯四年七月丙申"条记载,福建巡抚熊文灿上奏"请开漳、泉二府洋禁,以苏民困而足国用"。但结果不详。不过,据顾炎武《天下郡国利病书》卷96所载,崇祯十二年仍有给事中傅元初上奏《请开洋禁疏》,说明"海禁"政策仍在实施。

的考虑,惟留朝贡贸易为对外贸易惟一孔道,积极推行朝贡贸易这一官方海外贸易,海禁主要是与之配套出台的政策。郑和下西洋便是推行官方海外贸易开放政策的突出实例。因此,明朝初年的海外政策是开放的,而不是封闭的。明初的海禁,也不是完全意义上的海禁。而清初沿袭前朝,不顾时代的演进,惟保留朝贡贸易,但与清廷建立朝贡关系的海外国家却寥寥无几,政策本身即是对明中叶以后民间对外贸易发展趋势的逆向行为。总的来说,清前期采取了置海外贸易完全不顾的极为消极的海外政策。这是一种封闭的海外政策,是完全意义上的海禁,是闭关自守的集中表现。清初海禁政策乃至迁海政策的推行,致使四十年间正常对外贸易几乎处于停滞状态,特别是相对明朝后期对民间的开海政策,不能说不是一个大的倒退,尤其考虑到西方商业资本主义狂潮席卷世界,一个世界市场正在形成之时,其对中国社会发展进程的影响是相当深远的,可以说是延误了中国的发展。”[1]

　　我们很难同意这种分析和结论。首先,作为明清两朝的“海禁”政策,其基本内容都是禁止本国商民的海上谋生活动包括海外贸易活动,两者并未有什么不同。而且,顺治初所颁布的《大清律》中的有关“私出外境及违禁下海”条文,就直接来源于《大明律》中的有关条文。其次,如果说明朝在海禁之时,曾派遣郑和到海外进行贸易活动,不是完全意义上的海禁,那么,清初在海禁之时,曾采取官方出资组织商人出海市铜的举措,也不能视作完全意义上的海禁。其三,确如所论,清初海禁“政策本身即是对明中叶以后民间对外贸易发展趋势的逆向行为”,但如前所述,明末崇祯时期就已恢复了“海禁”,政策的逆向性行为自明末已经开始。依此而论,明前期的“海禁”政策更是对宋元以来发展民间海外贸易政策的逆向行为。其四,海禁政策作为明、清王朝布置海防的一种方略,由于它是以束缚本国出海商民的手脚来布置海防的措施,它只能是极端消极的政策,而不是积极的海上防御政策。我们不能说,明朝实行海禁政策是积极的海防,而清朝实行海禁政策则是消极的海防。其五,该书在实际上并没有证实

---

① 万明《中国融入世界的步履——明与清前期海外政策比较研究》,第380—381页。按:万明在论述中是将实质分析置前而将内容分析放后进行的,本文从逻辑性考虑而将两者位置对换。

清初四十年海禁对中国社会发展进程的相当深远影响,特别是如何延误了中国的发展。如果说清初四十年海禁对中国社会发展进程确实有相当深远的消极影响,那么明朝长达两个世纪的海禁对中国社会发展进程的消极影响则更是相当深远而又相当深远了。

不过,四十年与二百年的时间对比就足以说明,清朝对于本国商民海外贸易的态度要比明朝开明得多。而且,明朝在当时之所以要在月港开放漳、泉两府商民的出海贸易,用福建巡抚许孚远的话来说,是"于通之之中,寓禁之之法"①。可见,明朝统治者是想借助月港的局部开海来实现对全国其他地区的禁海,他们对本国商民出海贸易的排斥立场并未发生根本改变。而清朝在台湾郑氏集团归降之际,康熙帝就主动提出:"今海寇既已投诚,(开海)更何所待?"②为此,清朝一举设立了江、浙、闽、粤四个海关,全面准许本国商民出海贸易。至鸦片战争前夕,清朝再也未限制本国商民的出海贸易。更应值得注意的是,明朝允许的仅是漳、泉两府商人的出海贸易,对于其他沿海地区商人具有极大的不公平性;而清朝允许的则是江、浙、闽、粤四省海商出国贸易,几乎囊括了具有海外贸易条件的大多数省份。

就明、清两朝在实行本国商民出海贸易政策之时所附带的部分禁令看,明后期在实行准许漳、泉两府商人出海贸易政策时,一直坚持着禁止商人前往日本贸易的政策。但在实际上,明后期中国商人对日本的走私贸易却非常活跃。清朝也在康熙五十五年曾颁布过"禁贩南洋"的谕旨,但这次南洋之禁的时间甚短。当雍正四年福建巡抚高其倬提出解除南洋禁航令的奏折后,雍正帝即于五年取消了南洋禁令③。由此而观,清朝对于本国商民出海到敏感地区的态度也比明朝开明和务实得多。

再就明、清两朝对本国商民出海贸易所采取的管理措施看,明朝规定:"凡走东、西二洋者,制其船之多寡,严其往来之程限,定其贸易之货物,峻其夹带

---

① 许孚远《疏通海禁疏》,载于《明经世文编》卷400,中华书局1962年影印本,第4333—4334页。

② 《康熙起居注》第二册"康熙二十三年七月十一日"条,中华书局1984年,第1200页。

③ 郭成康《康乾之际禁南洋案探析——兼论地方利益对中央决策的影响》,《中国社会科学》1997年第1期。

之典刑,重官兵之督责,行保甲之连坐,慎出海之盘诘,禁番夷之留止。"①例如,明朝就曾把从月港出海的贸易商船先是限定在每年88艘,后又扩大为每年110艘。清朝虽然对于出海商船的数量并没有限制,但却有着桅杆数量的航海能力限制,康熙开海初曾禁止五百石以上的双桅商船出海,到康熙四十二年则放宽出海商船许用双桅,但却规定"梁头不得过一丈八尺,舵水人等不得过二十八名"②。乾隆十二年又规定"福建省牯仔头,桅高篷大,利于走风,未便任其置造,以致偷漏,永行禁止,以重海防"③。对于本国出海商船出于安全自卫目的所携带的武器,康熙开海之初即严格禁止,康熙五十九年又强调,"沿海各省出洋商船,炮械军器概行禁止携带"④。此后,清朝鉴于海外海盗活动,雍正六年规定:"商船、渔船不许携带枪炮器械。至往贩东洋、南洋之大船,原与近洋不同,准其携带。鸟枪不得过八杆,腰刀不得过十把,弓箭不得过十副,火药不得过二十斤。"⑤由于出海商人在海外航行时仅带鸟枪仍不足自卫,清朝于雍正八年对出海商人所携带的武器种类又有所放宽:"往贩东洋、南洋大船准携带之炮,每船不得过二位,火药不得过三十斤。"⑥在对海商出海贸易所携带的货物方面,清朝也有限制,如曾限制生丝及丝织品的出口数量,禁止茶叶经闽浙港口直接出海等。总体看来,明后期和清前期对于本国商民出海贸易的管理措施都有严格的限制性,而且程度相近。

五、关于明清王朝对于外国商人来华贸易政策的比较

在对待外国商民来华贸易的政策方面,明前期对于外国方面来华贸易的方

---

① 《明经世文编》卷400,许孚远《疏通海禁疏》。
② (光绪)《大清会典事例》卷120《吏部》"处分例·海防"条。
③ 周凯《厦门志》卷5,1931年重印本。
④ (光绪)《大清会典事例》卷120《吏部》"处分例·海防"条。
⑤ (光绪)《大清会典事例》卷629《兵部》"绿营处分例·海禁"条。
⑥ (光绪)《大清会典事例》卷629《兵部》"绿营处分例·海禁"条。

针是,"是有贡舶,即有互市。非入贡即不许其互市"①。在此方针下,除了官方的朝贡使团,外国商民的来华贸易是被禁止的。然而,16世纪初广东地方政府对市舶司制度的改革,却为外国商民的来华贸易打开了方便之门。正德三年(1508),广东布政使吴廷举等人以"缺少上供香料及军门取给"为由,开始对来广东市舶司港口的外国船只实行"抽分",即征收进口实物税,从而打破了原来"贡舶"(即外国朝贡船舶)贸易的一统天下,没有明朝颁发的"勘合"的"番舶"(即海外民间商船)只要服从广东市舶司的抽分,也可在广州进行互市贸易,"以致番舶不绝于海澳,蛮夷杂沓于州城"②。

就在广东市舶司实行接纳番舶贸易政策不久,葡萄牙使团于正德十二年七月来到广州,并于正德十五年获得进入北京朝贡的机会。但由于葡萄牙使团的通事火者亚三过分倚仗明武宗佞臣江彬而骄横不法,在明武宗暴亡后迅速失去靠山,加上葡萄牙侵占明朝诏封之国——满刺加的消息传来,葡萄牙使节被逐回广州并被投入牢狱。葡萄牙首次使团在京交往的失败,导致明朝采取了禁止番舶贸易的政策。为了避免此类事件的发生,新即位的明世宗诏令广东:"自今外夷来贡,必验有符信且及贡期,方如例榷税。其奸民私船,不系入贡,及入贡不以期,即称诸夷君长遣使贸迁者,并拒还之。"③根据这一诏令,广东采取了严格的禁止番舶贸易政策,由此带来的关税剧减而造成了地方军饷供应的困难。嘉靖八年(1529),两广巡抚林富上疏请通市舶贸易,得到朝廷批准:"广东察番舶例许通市者,毋得禁绝。"④于是,外商来粤贸易的政策得到重新恢复。

16世纪50年代,葡萄牙人再次来到广东沿海。1554年,葡萄牙船长苏萨(Leonel de Sousa)通过向明朝官员行贿的方法,终于获准到广州进行合法贸易。1557年,葡萄牙人以借地晾晒和贮藏货物的名义并再次使用贿赂的办法入居澳门,在广东取得一个贸易据点。1570年,葡萄牙人开始每年向明朝交纳五百两地租银,从此取得了在澳门的居留权和贸易权。明朝方面对于葡萄牙人

---

① 王圻《续文献通考》卷31《市籴考》。
② 《明武宗实录》卷194"正德十五年十二月己丑"条。
③ 《明世宗实录》卷2"正德十六年五月庚申"条。
④ 《明世宗实录》卷106"嘉靖八年十月己巳"条。

留居澳门虽有争议，但终因允许葡人居澳开展贸易并加强管理的意见占了上风而维持了现状[①]。这样，澳门和广州也就成为晚明时期对外商开放的两个港口。

清朝控制广东后即援引明朝之例，继续允许葡萄牙人居留澳门，"仍照故明崇祯十三年禁其入省之例，止令商人载货下澳贸易"[②]，并允许广东商人前往澳门与葡萄牙人开展贸易，具体由市舶司管理贸易事务。即使在清朝实行"迁海"政策期间，清朝对葡萄牙人在澳门贸易的政策也未改变。据当时广东巡抚王来任说："香山之外，原有澳夷，以其言语难晓，不可耕种，内地既无驻札之地，况驻香山数百年，迁之更难，昨已奉命免迁矣。"[③]而自康熙二十三年以后，随着江、浙、闽、粤四个海关的建立，清朝又实行了准许其他国家商船来华贸易的政策，外国商人可以进入上述四关所在港口进行贸易。乾隆二十二年，清朝出于防范西方人的考虑，开始将外国商人的来华贸易，集中于广州一个港口。乾隆帝在当年十一月初十日颁布谕旨给闽浙总督："晓谕番商将来止许在广东收泊交易，不得再赴宁波。如或再来，必押令原船返棹至广，不许入浙江口岸。"[④]从此，广州一口接受外商来华贸易的政策，一直维持到1842年中英《南京条约》的签订。虽然清朝先后颁布过《防范洋人条规》（乾隆二十四年）、《民夷交易章程》（嘉庆十四年）、《互市章程》（嘉庆二十年）、《防范夷人章程》（道光十一年）、《防范贸易夷人新规》（道光十四年）等管理章程，对外商在广州的活动有诸多限制，但对外商来华贸易利益却仍然给予保护。

从上述考察可见，明朝前期从政策上绝对排斥外国普通商船的来华贸易，到后期才允许普通外商进入广州开展贸易，但在相关政策上也有着一波三折的情况。清朝在结束国内统一战争之际即采取了准许外商进入四个海关港口贸易的政策，尽管自18世纪中期以后又将外商来华贸易限制在广州一口，但从允许的时间上和重视程度上看，清朝对于外商来华贸易的政策还是比明朝积极得

① 参见万明《中葡早期关系史》，社会科学文献出版社2001年，第77—113页。
② 《清世祖实录》卷33"顺治四年八月丁丑"条。
③ 江日昇《台湾外志》卷14，上海古籍出版社1986年。
④ 中国历史档案馆藏《朱批奏折·外交类》，案卷号035；并参见《清高宗实录》卷550"乾隆二十二年十一月戊戌"条。

多。另外，明、清两朝都对葡萄牙人采取了准许他们居留澳门开展贸易的政策，但清朝也容许其他国家商人在广州贸易季节结束后到澳门居留，从而更加有利于外商在粤开展贸易事务。

六、关于明清时期海外贸易的关税政策比较

前已有述，明朝前期为了鼓励海外国家派遣使团来华朝贡，对于朝贡使节所附载的贸易货物，市舶司也给予了免税待遇。明成祖甚至对有关官员的征税建议，给予了严厉的斥责。1403年11月14日，"西洋剌泥国回回哈只马哈没奇剌泥等来朝贡方物，因附载胡椒与民互市，有司请征其税。上曰：'商税者，国家以抑逐末之民，岂以为利！今夷人慕义远来，乃欲侵其利，所得几何，而亏辱大体万万矣。'不听"①。到弘治时期（1488—1505），明朝开始规定对海外国家朝贡使团的"私货"实行抽分政策，"凡番国进贡内，国王、王妃及使臣人等附至物货，以十分为率，五分抽分入官，五分给还价值"②。所谓"抽分"，即对进口货物征收实物税。但这种十分抽五的高关税政策，浙、闽、粤三市舶司并未实行。广东市舶司从正德三年（1508）对外国朝贡使团的"私货"实行十分抽三的制度，到正德十二年又改为十分抽二③。"隆庆五年（1571），以夷人报货奸欺难于查验，改定丈抽之例，按船大小以为额税。西洋船定为九等，后因夷人屡请，量减抽三分；东洋船定为四等。"④据此可见，所谓"丈抽"则是根据外商船只大小来征收进口货税。至若丈抽的具体税率，则无文献可征。另外，广东市舶司从万历四十二年（1614）开始，还对外商从广州采购的出口货物征税，"凡夷船趁贸货物，俱赴货城（广州）公卖输饷。如有奸徒潜运至澳（门）与夷，执送（市舶）提举司究治"⑤。但具体税率不详。

---

① 《明成祖实录》卷24"永乐元年十月甲戌"条。
② （正德）《大明会典》卷102《礼部》"朝贡·番货价值"条。
③ 参见陈尚胜《论明代市舶司制度的演变》，载于《文史哲》1986年第2期。
④ 《粤海关志》卷22《贡舶》。
⑤ 申良翰（康熙）《香山县志》卷9《兵防》。

　　明朝在福建月港开放漳州、泉州两府商人的出海贸易后，也曾通过海防馆（1593年改称为"督饷馆"）对本国出海商人征收饷税。这种饷税分为四种：引税、水饷、陆饷和加增饷。引税为出海商人申请"船引"（即出海许可证）时所交纳的银两，开始前往东西洋地区每份船引为三两，以后增加为六两。"水饷者，以船之广狭为准，其饷出于船商。"[①]即根据出海商船的尺寸来征收，通常也称为"丈抽"。据万历三年制订的《东西洋水饷等第规则》，出海商船根据船阔共分为十一等，船阔从一丈六尺起每增一尺为一个等级，直至二丈六尺及其以上者；从西洋归来的商船与从东洋归来的商船所征水饷也各不相同。从西洋归来的最低等级商船每尺征银五两，每船征银为八十两（16尺×5两）；商船每增阔一尺，每尺加征银5钱，从而分别为：九十三点五两（17×5.5），一百零八两（18×6），一百二十三点五两（19×6.5），一百四十两（20×7），一百五十七点五两（21×7.5），一七十六两（22×8），一九十五点五两（23×8.5），二百一十六两（24×9），二百三十七点五两（25×9.5），最高等级商船则征银二百六十两（26×10）。从东洋归来的商船则照从西洋归来的商船减征十分之三，从而依次为五十六两、六十五点四五两、七十五点六两、八十六点四五两、九十八两、一百一十点二五两、一百二十三点二两、一百三十六点八五两、一百五十一点二两、一百六十六点二五两、一百八十二两[②]。"陆饷"是根据进口的货物来征收税银，其税出自铺商（即承销商）。陆饷的税率大约为货物价值的2%，后来曾根据货物质量和时价高低而进行过多次调整。"加增饷"是专门针对从东洋吕宋归来的商船而征收的特别关税。这是由于从吕宋归来的商船大多不载货物而是携带西班牙银元回国，所以督饷馆对这类商船每船加征银一百五十两，后减为一百二十两。

　　如前所述，清初对于澳门葡萄牙人贸易事务仍由市舶司机构管理，并对"夷船"实行丈抽制度，市舶司每年可获得二万二千余两税银。由此可见，顺治时期广东市舶司仍维持了明后期的丈抽制。康熙中期海关制度建立后，所征收的关

---

① 《天下郡国利病书》卷93《福建》。
② 张燮《东西洋考》卷7《饷税考》，中华书局1981年校点本。

税主要有船钞和货税两种。

　　船钞税种来源于明朝广东市舶司"丈抽"。丈抽的原则是根据商船的长宽尺寸大小来作为征税依据,尺寸大者多征,尺寸小者少征。清朝的船钞也是根据所丈量的商船尺寸大小来计税的,所以清朝文献中亦称为"梁头船税"或"船料税",西洋人称为"丈量费"(Measurement Fee)①。从广东情况来看,在粤海关建关之前的清初就采用了这种税制。据康熙二十四年粤海关监督伊尔格图所奏:"我朝未禁海以前,洋船诣粤,照例丈抽,但往日多载珍奇,今系日用杂物,今昔殊异,请于原额之外再减二分,东洋船亦照例行。至江浙闽广俱经开海,若不划一,恐启外夷趋避之端,应照粤省量减。"②康熙从之。这条资料也表明,江浙闽粤四海关都采取了这种对出海商船的丈抽制度,并且同类商船的船钞税率相同。清朝海关对东洋船(指东南亚国家的来华商船)、西洋船(指西方国家的来华商船)和本国商船所征收的船钞税率也不相同。根据康熙二十四的规定,东洋船的船钞分四等收税,分别为一千一百二十两、八百八十两、四百八十两、三百二十两;而西洋船的船钞则分为三等收税,分别为二千八百两、二千四百两、二千两。至康熙三十七年,西洋船的船钞又改照东洋船的船钞标准征收,三等分别为一千一百二十两、八百八十两、四百八十两。而对本国出海贸易船只征收船钞,则是根据船长和船宽相乘的乘积,一等船每平方丈征银十五两,二等船每平方丈征银十三两,三等船每平方丈征银十一两,四等船每平方丈征银九两③。当时,清廷之所以做出外国船和本国船在船钞征收数量上的差别,主要是从外国商船尤其是西洋商船比本国商船的载重量大而考虑的。由于明朝丈抽制税率不详,我们无从比较,但清朝海关船钞税既然来源于明朝丈抽制,则税率应大体相当。

　　货税就是根据进出口货物所征收的关税。货税的主要构成是正税,它是伊尔格图来粤筹建海关时所制订的一种税种。伊尔格图曾根据清朝"户关"的常

---

　　① 陈国栋《清代前期粤海关的税务行政(一六八三—一八四二)》,《食货月刊》第11卷10期,1982年。

　　② 《清朝文献通考》卷26《征榷考》;又见《粤海关志》卷22《贡舶》。

　　③ 以上数据依据《粤海关志》卷9《税则》,并参见(光绪)《大清会典事例》卷235《户部》"关税·粤海关"条。

用办法,将各种进出口货物区分为衣物、食物、用物、杂货等种类,对衣物多是按疋计税,也有按卷或身计税,其他货物则按斤、个、件、副、只、条、把、筒、块、担、篓等计税,不同货物有不同税率,如"番布衣每百斤税五钱"(衣物),"芝麻每百斤税二钱"(食物),"天鹅绒每匹税四两"(用物)[①]。由于"许多货物照件数课税,不管它的长短、宽窄、单幅或双幅,所课相同"[②],使关税税则不免带有不合理性。

由于海关一开始就对各种货物的征税税率一一在《正税则例》中列明,而对于未开列的货物统称为"杂货"计税。杂货税率较低,每百斤征银二钱。此后,后任的海关监督为了充实税源,对于《正税则例》中未开列的新的货物课税,又采取了"引比征收"的原则。如葡萄干就"比番蜜钱,每百斤五钱五分"[③],这就高出了杂货的每百斤征银二钱的标准。这种"引比征收"方式一开,不久就形成了"比例"的税则。到雍正时期,粤海关就根据累积而形成的许多先例整理成一本"比例簿册"。

清朝海关开征货税,虽然不免带有扩大海关税源的意图,但这种复合关税相对于明朝后期广东市舶司所奉行的单一的"抽分"关税来说,却也不失为一种比较公平的税制,因为货税可以改变同一梁头尺寸的商船在贩运贵货和贱货时关税的负担,从而有利于海商来经营一般社会生活用品的"贱货",使海外贸易能够为国计民生服务。

清朝海关的货税,也带有明朝漳州督饷馆所征"陆饷"的痕迹,但清朝货税征税办法更为复杂,除前面所述的正税与比例外,还有一种称为"估价例"的关税,"系将该商出口货物,估计价值,按货本一两征收银四分九厘,名为分头"[④]。由此可见,"估价"也是一种专门对出口货物所征收的货税。而且,清朝货税税率一般也高于明朝陆饷税率。例如,粤海关专对出口货物所征收的"估价例",是按货本一两征收银四分九厘,即税率为4.9%,这就高于2%的陆饷税率。而

---

① 嘉庆《钦定户部则例》卷87。
② 引自姚贤镐编《中国近代对外贸易史资料》第1册,中华书局1963年,第206页。
③ 《粤海关志》卷9《税则》。
④ 《粤海关志》卷9《税则》。

且,明朝漳州督饷馆仅征收货物进口税,广东市舶司在很长时间内也是只征货物进口税,但清朝海关却是对进口货物和出口货物都征收关税。

清朝海关除向中外海商征收船钞和货税外,还向中外海商征收各种规银陋费。显然,清朝海关向中外海商实际所征收的关税税率,要远远高于明朝。在客观上,它势必加重了中外海商的贸易成本和关税负担,从而又不利于海外贸易的发展。不过,从清初市舶司和海关筹建之初就订立关税则例的情况看,它表明清朝比明朝更加重视关税利益。

七、结 论

通过上述五个方面的比较研究,我们可以发现,清前期海外贸易政策中的不少内容都直接继承于明朝,如外国朝贡贸易政策、海禁政策、澳门葡萄牙人的贸易政策、船钞税制等。然而,清前期海外贸易政策与明朝海外贸易政策相比也有不少差异性,如清前期无论是对本国商民还是对外国商民,都更加重视民间海外贸易;而明朝却更加重视官方的海外贸易,尤其是外国的来华朝贡贸易;清朝更加注重从海外贸易方面获取经济利益,包括关税利益;而明朝却更加注意通过海外贸易来实施对海外国家的政治影响。而仅从民间海外贸易的政策来说,清前期无论对于本国商民的出海贸易,还是对于外国商民的来华贸易,在具体待遇上都比明朝有很大的改善,它体现了清前期海外贸易政策的进步性,而非倒退性。

一些学者对明、清两朝海外贸易政策的评价表现为褒明贬清的倾向,这可能是鸦片战争失败的缘故。不过,历史现象是极其复杂的,我们不能简单地根据鸦片战争的失败而完全否定清朝海外贸易政策。实际上,明清王朝由于所面临的内部环境和海外环境的不同,外敌的实力也各不相同,各自海外贸易政策所造成的结果也各不相同。因果关系的复杂性说明,一些问题既不能完全根据最后结果来判定当初政策的高下,也不能简单根据政策来判定结果的好坏。如前面所讨论到的明末中国商民海外贸易的情况,如单看它蓬勃发展的结果,就会看成是明朝政府的政策促进,但在事实上却是"海禁"政策反复出台,它不过是明朝海洋政治控制能力严重削弱的结果罢了。康熙帝也正是从明清之际本国商民违禁出海贸易的事实中,看到了禁而不止不如开禁的必要性,从而为清朝规定了一个与明朝完全不同的海外贸易政策的"祖宗定制"。

（原文载于《历史研究》2003年第6期,收集时略有改动）

清初"海禁"期间(1646—1683)海外贸易政策考

——兼与明初海外贸易政策比较

　　顺治三年(1646),清朝在入关后公布首部法典《大清律集解附例》,其中"兵律"条文中仍然沿袭了《大明律》中的"私出外境及违禁下海"条文①。翌年七月,清朝在向广东下达的《颁恩诏》中又一次强调:"广东近海,凡系飘洋私船,照旧严禁。"②而顺治十年三月户部官员在一份题本中也称:"自我朝鼎革以来,沿海一带,俱有严禁,一口不得下海开洋。"③而到顺治十二年,清朝为了打击郑成功的海上反清势力,又开始从严部署"海禁"政策④。此后的顺治十三年、康熙四年(1665)、康熙十一年、康熙十四年,清朝又先后四次强调"海禁"令。另外,清朝还于顺治十八年、康熙十一年、康熙十七年三次下达"迁海"令,将沿海地区人民或内迁三十里,或内迁五十里,以配合"海禁"政策的实施,便于切断郑成功反清势力与大陆的一切联系。直到康熙二十三年(1684)十月,清朝在平定

---

　　① 《大清律例》卷20《兵律》"私出外境及违禁下海"内容为:"凡将马牛、军需、铁货(未成军器)、铜钱、缎匹、绸绢、丝绵私出外境货卖及下海者,杖一百。(受雇)挑担驮载之人,减一等。物货、船车并入官。于内以十分为率,三分付告人充赏。若将人口、军器出境及下海者,绞(监候);因而走泄事情者,斩(监候)。其该拘束官司及守把之人,通同夹带,或知而故纵者,与犯人同罪(至死减等)。失觉察者,(官)减三等,罪止杖一百。军兵又减一等。"天津古籍出版社1993年,第327—328页。
　　② 《清世祖实录》卷33"顺治四年七月甲子"条。
　　③ 台北"中研院"历史语言研究所编《明清史料》己编,中华书局1987年影印本,第311页。
　　④ 《清世祖实录》卷92"顺治十二年六月壬申"条记载:"兵部议覆浙闽总督屯泰疏言:'沿海省分,应立严禁,无许片帆入海,违者立置重典。'从之。"

台湾郑氏势力后才正式解除"海禁"令①。

对于清初近四十年的"海禁",曾有学者认为,"清朝统治者入关,因忙于国内统一战争,无暇顾及对外贸易"②。但也有学者注意到,清初"海禁"期间曾在一些年份采取鼓励中国商人前往日本贸易铜料的措施,并在一段时间内采也允许广东商人前往澳门与葡萄牙人贸易③。不过,他们的文章因另有主旨,对清初海外贸易政策皆语焉不详。本文拟对清初"海禁"期间(1646—1683)关于本国商民的出海贸易、与澳门葡萄牙人的贸易和外国朝贡贸易的政策进行专门考察,并就它与明初海外贸易政策进行比较,以便为深入探讨明清两朝涉外政治行为的个性提供一个可靠的依据。

一、清初"海禁"期间对本国商民的出海贸易政策

清朝在公布《大清律集解附例》的前一年,即顺治二年曾下达了准许商民出海采购铜料的"敕令"。据有关文献记载,"凡商贾有挟重资愿航海市铜者,官给符为信,听其出洋,往市于东南、日本诸夷,舟回,司关者按时值收之,以供官用"④。所谓"关",应是税关。当时,清朝已在北京设立由户部负责的宝泉局和工部负责的宝源局,负责铸造铜钱"顺治通宝",另外还批准一些军镇开局铸钱,但铜料供应却严重不足⑤。所以,"顺治二年定,差工部司官一人,专督办买商铜"⑥。上述"凡商贾有挟重资愿航海市铜者,官给符为信,听其出洋,往市于东南、日本

---

　　① 《清圣祖实录》卷117"康熙二十三年十月丁巳"条记载:"九卿詹事科道遵旨会议:'今海外平定,台湾、澎湖设立官兵驻扎,直隶、山东、江南、浙江、福建、广东各省,先定海禁处分之例,应尽行停止。若有违禁将硝黄、军器等物私载在船出洋贸易者,仍照律处分。'从之。"

　　② 郭蕴静《清代对外贸易政策的变化——兼谈清代是否闭关锁国》,《天津社会科学》1982年第3期。

　　③ 参见陈希育《清代日本铜的进口与用途》,载于《中外关系史论丛》第四辑,天津古籍出版社1994年,第58～67页;黄启臣《清代前期广东的对外贸易》,载于《中国经济史研究》1988年第4期。

　　④ 《皇朝掌故汇编》(内编)卷19"钱法一",光绪二十八年求实书社排印本。

　　⑤ 参见韦庆远《顺治朝铸钱及其存在的问题》,载于韦氏著《明清史新析》,中国社会科学出版社1995年,第318～347页;刘序枫《清康熙～乾隆年间洋铜的进口与流通问题》,载于汤熙勇主编《中国海洋发展史论文集》,第七辑上册,台北"中研院"中山人文社会科学研究所1999年,第93～144页。

　　⑥ 《清朝文献通考》卷13"钱币考"。

诸夷"，应是指利用商人资本出海采购铜料，即准许商民出海贸易铜料。于是，清朝遂有鼓励民间商贾出海购铜并由各税关按值收购之令。同年，清朝还令京师"崇文门、天津、临清、淮安四关，各动支税额银一万两，办铜解部"①。这是榷关动用税额银作为采购铜料资本招募商人出洋办铜。此后，清廷又令芜湖、扬州、浒野、九江、北新、西新等关动用税银采买铜料。

那么，清朝在哪些地区实行了这种"出洋市铜"的政策呢？从下达敕令的时间看，顺治二年浙闽地区的南明政权仍然存在，而清兵也未抵达广东地区。因此，这种"出洋市铜"的敕令只能在南直及其以北的沿海地区实行。

从朝鲜方面的文献资料看，清朝的"出洋市铜"政策确实存在。据《朝鲜王朝实录》中记载："仁祖王二十三年（清朝顺治二年）十月丙戌，黄海监司郑维城驰启曰：'今月初三日汉船一只，自白翎镇外洋漂到吾义浦，船中人皆汉人之剃头者也。其中有马儒者，自称清国漕都司，以天津军饷贸贩事出来，遇风漂来云。'备局令其道厚给衣粮而送之。儒称以风势不便，乞留过冬，庙堂许之。"②由此可知，马儒是以清朝漕运都司的官员身份从天津出海贸易的。虽然文献并未显示马儒一行是往日本市铜，但他们因公出海"贸贩事"却是显而易见的。而且，从马儒一行人剃头的特征和从容的对答情况看，也说明他们是从清朝所控制的北方港口合法出海的。

那么，翌年清朝颁布《大清律集解附例》后，是否按照"私出外境及违禁下海"条文改变了这种听任商贾"出洋市铜"的政策呢？这可以从顺治六年朝鲜水军截获中国商船的事实中来进行考察："仁祖王二十七年（即清顺治六年）七月癸酉，先是汉船过统洋营前洋，统制使边士纪发兵船追获之。船中商贾多山西、河南、荆襄之人，财货与药财价值累千金。朝廷以商人及财货，皆畀清使之到我国者，送于北京。至是汉人又乘船贩货日本，将泊岛屿，就便柴水，卒遇我国船。疑我为南蛮红毛贼，来斗。我人皆执之。"③从这些被截获的中国商人籍贯看，他们都是来自清朝所控制的北方地区，目的地都是前往日本贸易。而

---

① （光绪）《大清会典事例》卷214《户部》"钱法"条。
② 引自吴晗辑《朝鲜李朝实录中的中国史料》第九册，中华书局1980年，第3752—3753页。
③ 《朝鲜李朝实录中的中国史料》第九册，第3775页。

围绕着这些被截获的中国商人的处置问题，次年即在清朝与朝鲜之间引起过矛盾。此前，日本江户幕府以预防基督教徒为名，要求朝鲜将所捕获的航海者送交日本。为此，朝鲜一些大臣即向国王提出，这些汉商因前往日本贸易而被执，最好应送到日本以避免日本含愤于朝鲜，朝鲜并将这一意见通报清朝①。清朝得悉后，即派大学士祁充格作为专使向朝鲜国王"敕令"："将欲以汉人作倭人而与倭国耶？抑以为明国犹在耶？抑强欲以朕之汉人而捕送倭国耶？似此官员，显是启乱坏国之人。王不为之拿究拟罪，而据以陈奏，是尔之失也。著即拿问，加以重罪。"②从清朝敕令中所使用的"朕之汉人"的语气看，这些被执的汉人可能也是清朝的合法出海贸易者。

不过，从后来朝鲜所发现的遭遇海难的中国商船来看，多来自于东南沿海地区的反清复明势力③。顺治九年，朝鲜就曾将所发现的二十八名原受南明弘光政权派遣出海的苏州商人解送到清朝。户部官员上奏请示，顺治帝旨令："朝鲜送来二十八人，皆系朕之赤子，漂流外国，殊可悯念，著发回原籍，其原货俱著本人领去。"④于此可见，清朝对于这些与南明势力有瓜葛的海外贸易商人，仍采取了比较宽容的态度，并未按照《大清律》中的相关条文来处置。

顺治十二年，清朝根据浙闽总督屯泰的奏疏，开始从严部署"海禁"政策。但根据《大清会典事例》的记载，却仍有"执照"的海船出洋："海船除给有执照许令出洋外，若官民人等，擅造两桅以上大船，将违禁货物出洋贩往番国，并潜通海贼同谋结聚，及为向导劫掠良民，或造成大船图利卖与番国，或将大船赁与出洋之人又分取番人货物者，皆交刑部分别治罪。"⑤这种"执照"，显然是清朝官方给予的；而"出洋"，可见不是近海航行。那么，这些官给执照的出洋船舶必定是指那些得到官方"信符"的出海采购铜料的商船。

不过，清朝的"海禁"政策尤其是"迁海令"，对于铜商赴日贸易还是产生

①　《朝鲜李朝实录中的中国史料》第九册，第3780—3781页。
②　《清世祖实录》卷47"顺治七年正月壬午"条。
③　参见陈尚胜《礼义观与现实冲突——朝鲜王朝对于清初漂流汉商政策波动的研究》，载于北京大学韩国学研究中心《韩国学论文集》第四辑，社会科学文献出版社1995年，第259—266页。
④　《清世祖实录》卷68"顺治九年九月甲申"条。
⑤　（光绪）《大清会典事例》卷629《兵部》"绿营处分例·海禁"条。

了直接影响。根据日本《华夷变态》卷八的记载，康熙二十二年九月九日，有一艘船船主为沈鸣生的商船，从山东到达长崎。该船船主原为洪汝昭，他们连年往来于山东与日本之间。但在这次航日途中，原船主洪汝昭在船上突然病故，而改由其亲戚沈鸣生担任船主。据沈鸣生所言，商船赴日原来不被禁止，近来因清廷担心商船假借渡日名义而与郑氏勾结，所以禁止船只远航。尽管如此，商船只要获得县官同意，藉口前往辽东仍可出海远航。在山东的诸官和富民中，仍有很多人派船出海贸易①。由此可见，即使清廷颁布了禁止出海贸易的严厉政令，与台湾地区相距较远的山东地方官们也未严格执行，山东与日本之间的海上贸易仍然存在。

而早在康熙四年（1665），清廷就曾接受山东巡抚周有德关于在山东沿海开禁以资民生的奏请。康熙帝谕兵部："山东青（州）、登（州）、莱（州）等处沿海居民，向赖捕鱼为生，因禁海多有失业，前山东巡抚周有德，亦曾将民人无以资生具奏。今应照该抚所请，令其捕鱼，以资民生。如有借端在海生事者，于定例外，加等治罪。"②谕旨中虽然未明确允许山东沿海居民入海贸易，但只要允许人民入海捕鱼，封建政府也就鞭长莫及了。即使出海贸易，只要申明前往辽东，也就可以避免清朝官方担心的"借端在海生事"（意指南下与郑氏势力相联络）情况的发生。康熙十九年，清廷又一次明确开放山东海禁，并命令该省巡抚查报船户，以防其匿税③。

由此可见，即使在清朝全面加强海禁和迁海的年份，清朝仍能对远离台湾海峡的山东等北方沿海地区商民部分开禁，以便他们能够谋生度日。同时，清廷仍照常实行官方出资招募商人出海采买洋铜的政策。据一位学者考察，清朝商船在康熙二年曾从日本输入铜料453700斤，康熙三年249860斤，康熙四年197300斤，康熙五年451404斤，康熙六年784840斤，康熙七年830200斤，康熙八年492200斤，康熙九年732470斤，康熙十年1351130斤，康熙十一年1158100

---

① 因《华夷变态》一书未获，此据朱德兰《清初迁界令时中国船海上贸易之研究》，载于《中国海洋发展史论文集》第二辑，台北"中研院"1986年，第105—159页。

② 《清圣祖实录》卷14 "康熙四年三月初九日"条。

③ （光绪）《大清会典事例》卷237《户部》"关税·考核"条。

斤,康熙十二年1096650斤,康熙十三年1127090斤,康熙十四年1921640斤,康熙十五年1513472斤,康熙十六年1558234斤,康熙十七年1641505斤,康熙十八年1993100斤,康熙十九年1593600斤,康熙二十年536700斤,康熙二十一年3021850斤,康熙二十二年2329355斤,康熙二十三年2614888斤。当时,清朝官方收购洋铜的价格为每百斤银六点五两,而在当时日本的价格也在十点四两至十三点五两之间,在清朝的市价也为十两至十四两之间,因此负责采办洋铜的榷关不得不有关税赔补,使得出海办铜政策效果不彰①。尽管如此,清朝在"海禁"的非常时期采取措施鼓励海商出海采办洋铜,至少说明了中国商民出海贸易政策的存在。

二、清初"海禁"期间对于与澳门葡萄牙人的贸易政策

顺治四年,清兵占据广东,佟养甲被任命为首任两广总督②。当年五月初三,佟养甲就向清廷题奏《请准许濠镜澳人通商贸易以阜财用本》,内称佛郎机国人于明朝嘉靖年间寓居香山县濠镜澳,"与粤人互市,以通事伴之。前朝广省内外货物流通,番舶巨商富贾争相贸易,民获资生,商贾倍利,岁额饷二万二千两,每年不缺。厥后官贪弊积,需索烦苦,以激怒杀兵之隙,禁不许来,止令商人载货下澳,此前朝崇祯十三年事。自后商复困累,货复阻塞,往来不戒于涂,民生因之困备,饷额多减,仅以千数计。此濠镜澳之人来则利于广,不来则无利于广之明验也。今我大清一统,浙、直、山、陕、河南,坦然周行,达京甚便,必商贾辐辏皇都矣。广商跂想北贩广货,亦欲望北疏通。但商人载内地丝缕品物来粤,即易檀香、胡椒、犀角、羽毛之属以达京省。通商阜财,势所必需,然仍准澳人入广省,则又通商之源也。往例设海道兼督市舶提举专理,惟此之故,臣思天地生财有数,内地民力计亩征收,血力几何。通商固以裕国,而通番国之商,尤所以裕

---

① 据刘序枫《清康熙～乾隆年间洋铜的进口与流通问题》。
② 《清世祖实录》卷32"顺治四年五月癸丑"条。

广省之饷，益中国之赋，合应仍复古例，每岁许濠镜澳人上省，商人出洋往来。税验之官，臣严核才品，共相砥砺，洁己抚绥，不但粤民可以食力而不为盗，远方诸国亦闻风感戴皇恩，舞跃贡琛，当原原（源源）而恐后矣。"①

佟养甲奏本的用意，是从增加政府财政目的出发，不仅开放澳门葡萄牙人入广州的贸易，还要开放广东商人的出海贸易。但他的这一建议，随即遭到中央户部官员的否决。据《清世祖实录》记载："户部议覆两广总督佟养甲疏言：'佛朗西国人，寓居濠镜澳，以其携来番岛货物，与粤商互市，盖已有年，后深入省会，至于激变，遂行禁止。今督臣以通商裕国为请，然前事可鉴，应仍照故明崇祯十三年禁其入省之例，止令商人载货下澳贸易可也。'从之。"②由此可见，清朝户部援引了明朝崇祯十三年旧例，允许广东商人进入澳门与葡萄牙人进行贸易，但却禁止澳门葡萄牙人入广州的贸易。不过，由于当时清兵面临广东义师的反清武装活动，尤其是在清兵攻占广东起了关键作用的李成栋因为清廷重用辽人佟养甲只授自己为两广提督而于顺治五年在广东宣布反清复明③，清朝也就无法实施管理广东商人进入澳门与葡萄牙人贸易的政策。

顺治七年十一月，尚可喜所部清军攻克广州。不久，清朝广东官府派人前往澳门，申明清朝对于澳门的管理并保证澳门的安全④。这使陷入货源困境中的澳门葡萄牙人看到希望。澳葡民政长官不失时机地向香山提调澳官吴斌臣呈递《自愿归顺揭帖》，内称"哆（按："哆"即"唭嚟哆"，为西文procurador或procurator的音译，是澳门葡萄牙人市议事局的民政长官）籍在西洋，梯山航海，观光上国，侨居濠镜澳，贸易输饷，百有余年。兹际清朝阊泽，举澳童叟，莫不欢声动地"。"惟祈加意柔远，同仁一视，俾哆等得以安生乐业，共享太平"，目的是希望清朝开放澳门贸易。吴斌臣将这份"揭帖"上报于广东巡视海道李士琏，李士琏又上报于广东巡抚李栖凤。李栖凤于顺治八年闰二月十三日向清廷报

①　中国第一历史档案馆等编《明清时期澳门问题档案文献汇编》第一册，人民出版社1999年，第22—23页。

②　《清世祖实录》卷33"顺治四年八月丁丑"条。

③　参见顾诚《南明史》，中国青年出版社1997年，第410—416、496—506页。

④　参见施白蒂《澳门编年史》第一卷"1651年"条，澳门基金会1995年，第53页。

告:"西洋彝人托住粤之香山濠镜澳,往来贸易,输饷养兵,考之故籍,实百余年于此矣。迄今省会既平,诸郡归附,洋彝相率投诚,此固诸人之恭顺,实由我皇上德教覃敷,遐迩咸服,以故洋人莫不畏威怀德,愿为太平之民也。除行该道加意安抚,以示怀柔外,理合题报,伏祈圣鉴施行。缘系恭报远人归顺,仰祈圣鉴事理,未敢擅便。为此,具本专差官赵登魁赍捧。谨题请旨。"①从李栖凤在题报之前即已通知李士琏对澳葡"加意安抚"的行为看,意味着他同意开放澳葡的贸易要求。但李栖凤却不愿冒更大的政治风险,有意在题本中将澳葡"恭顺"作为原因,而把对澳葡的"加意安抚"作为回报的行为,从而模糊了他开放澳门贸易重大政策部署的问题。最后,顺治帝"批红":"这远人归顺,知道了。该部知道。"②李栖凤在题本中借助于这种"恭顺"与"怀柔"的因果逻辑,使他所采取的开放澳门贸易的政策得到了清廷的认可。

清朝对于澳门贸易的管理,仍是通过市舶司机构执行。当时市舶司机构的主官,由广东巡视海道兼任,香山县官员参与管理。每遇"洋船到澳,委官前去丈抽,船饷并收。内地商民至澳贸易,唐、洋货税是为舶饷"③。所谓"丈抽",这是因袭明朝所采取的一种征收货税的方法。"明隆庆五年,以夷人报货奸欺,难于查验,改定丈抽之例,按船大小以为额税。"④据此可见,"丈抽"虽然是按商船大小征收,但却是一种货税。"丈抽"之外,清朝市舶司还征收"船饷",它的征税对象是商船,类似于明后期漳州督饷馆所征收的"水饷"。以上"丈抽"和"船饷"两项,是清朝市舶司对于进入澳门港的洋船所征收的两种关税。而对于内地商人前往澳门贸易,则分别征收唐货税(出口货税)和洋货税(进口货税)。至若具体税率,则未见文献记载。但清朝市舶司在澳门所收的关税收入,据康熙元年兵部尚书明安达礼的题报,"香山县所属濠镜澳,乃夷众聚集之地,先是其商贩越洋前来贸易,市舶司每年可获二万二千余两税银,用资军饷。每逢船回澳门,市舶

---

① 《题报澳门夷目呈文投诚祈请同仁一视等情本》(顺治八年闰二月十三日),载于《明清时期澳门问题档案文献汇编》第一册,第23—24页。

② 《明清时期澳门问题档案文献汇编》第一册,第24页。

③ 李士桢《抚粤政略》卷2《请除市舶澳门旱路税银疏》,引自《明清时期澳门问题档案文献汇编》第六册,第338页。

④ 《粤海关志》卷22《贡舶二》"意达里亚国"条。

司官员即会同香山县掌印官员丈船抽税,每年合计报部,汇入军饷办理"[①]。

清朝的"禁海"和"迁海"两项政令也使得刚刚开放的澳门贸易也蒙受影响。据康熙四年广东总督卢崇峻的一份关于澳门的奏本中所称:"昔日禁海以前,每有货物到澳,即收船税地租。自禁海后,不曾征收。""今禁海立界,两度颁行法令以来,通商海船早已中断,因而亦无过问钱粮之事。查得,此澳乃滨海一岛,原归香(前)山寨官兵就近管理,并设关闸,以便于防守。即在立界之前,亦只准内地商人至澳门贸易而已,从不准夷人私自越界行走。……(他们)除经商外,委实无力谋生,自从禁止海船以来,苦不聊生。"[②]据此可知,清朝实行"海禁"政策后,澳门的葡萄牙商船也被迫停止出海。

而"迁界"令的实施,不仅终止了内地商人前往澳门贸易的政策,也使葡萄牙人在澳门侨居成为问题。为此,他们除通过耶稣会士在北京进行斡旋活动外[③],还派人前往广州求助于平南王尚可喜。而与澳门葡萄牙人有着走私贸易利益的尚可喜,则上疏请求朝廷免迁"澳夷":"王以为既奉泛海之禁,则澳夷之船不许出海贸易;界内之米,不敢私运出边。内地既不便安插,彼不知耕种,又别无营运,是坐而待毙也。恐非朝廷柔远至意。乃与将军督抚会题请命。论曰:彝亦人也,居吾之地,亦吾民也。岂无罪而置之死地哉。天无不覆,地无不载。朝廷之体,不宜自小于天地。则王之为澳彝请命,亦不第为澳彝计也。"[④]

对于如何处置澳葡问题,在当时广东的两位大员之间却产生意见分歧。广东巡抚卢兴祖于康熙元年曾就当年五六月间有九艘葡萄牙商船回泊澳门情况,上奏报请朝廷定夺处置意见:"倘概行驱逐,人船无处可去;若仍行丈量抽税,此澳在闸外,不可不据实以闻。"他在题本中还特别强调:"先是其商贩越洋前来贸易,市舶司每年可获二万二千余两税银,用资军饷。""而今禁止一切船只

① 《兵部尚书明安达礼等题报澳门相继有船来可否抽取税银请交户部议奏本》(康熙元年十二月十八日),载于《明清时期澳门问题档案文献汇编》第一册,第44页。
② 《广东总督卢崇峻题议香山澳西洋人不准留本》(康熙四年二月二十四日),载于《明清时期澳门问题档案文献汇编》第一册,第46—48页。
③ 参见〔瑞典〕龙思泰著,吴义雄等译《早期澳门史》,东方出版社1997年,第103页。
④ 尹源进《平南王元功垂范》卷下《请定澳彝去留》,引自《明清时期澳门问题档案文献汇编》第六册,第583—584页。

通行,此项减少市舶司税银。"①显然,他仍就主张对澳门葡萄牙商船丈量抽税,
维持原先的贸易政策。但广东总督卢崇峻却在"康熙二年四月,为明确夷人去
留之事题覆时,曾议理应遣回原籍"。不过,他的意见遭到兵部官员否定。兵
部认为:"夷人自远土西洋而来,居住此地年久,拟仍准住,计口购米,足其食
用。"到康熙四年,卢崇峻又利用杨光先指控汤若望传播"邪教""谋叛"并在朝
廷酿成"钦天监案"的机会,再次题议迁出澳门的葡萄牙人。"臣等再三深思,自
从禁止海上贸易以来,夷人委实无力谋生,目前虽可计口购粮,然而银两有限,
岁月无穷尽也,终非长久之计,臣等仍以为不宜准留。如今或送到京城,或遣回
西洋。"②当时,澳门的葡萄牙人已有五千六百余人,集中迁到京城安插,显然不
能被清廷所接受;而将他们遣返回国,在当时的情势下更是难题。

　　康熙四年二月底,广东总督因卢崇峻丁忧而发生人事变更。卢兴祖在接
任总督职务后曾利用"海禁"和"迁界"所造成澳葡的贸易困难局面,而向他们
索取巨额贿赂③。在澳葡同意交付巨额银两后,卢兴祖不仅开放关闸向葡人供
应粮食,而且还允许广州商船前往澳门通商④。但在康熙帝于六年七月亲政后,
卢兴祖向澳葡诈贿案也被清廷查出。在对卢兴祖等有关官员革职后,清廷决定
对葡萄牙人实行免迁。"香山之外原有澳夷,以其言语难晓,不可耕种。内地既
无聚扎之地,况驻香山数百年,迁之更难,昨已奉命免迁矣。是县与澳,皆为内

---

①　《兵部尚书明安达礼等题报澳门相继有船来可否抽取税银请交户部议奏本》(康熙元年十二月
十八日),载于《明清时期澳门问题档案文献汇编》第一册,第44页。

②　《广东总督卢崇峻题议香山澳西洋人不准留本》(康熙四年二月二十四日),载于《明清时期澳门
问题档案文献汇编》第一册,第46—48页。

③　关于卢兴祖向澳门的葡萄牙人索贿问题,可参见汤开建《康熙初年的澳门迁界及两广总督卢兴
祖澳门诈贿案》,该文是迄今为止所见专门研究卢兴祖向澳葡索贿的论文,收于汤氏《明清士大夫与澳门》,
澳门基金会1998年,第158—184页。而韦庆远在《清初的禁海、迁界与澳门》一文中对于卢兴祖向澳门葡
人索贿问题也有精湛分析,尤其揭示了卢兴祖向澳葡索贿,是受尚可喜示意,该文载于澳门《文化杂志》
2002年秋季刊。

④　John E. Wills, Embassies and Illusions: Dutch and Portuguese Envoy to K'ang-his, 1667—1687.
Harvard University Press, 1984, p.92. 转引自汤开建《康熙初年的澳门迁界及两广总督卢兴祖澳门诈贿案》。
并参见施白蒂《澳门编年史》第一卷"1667年"条,第56页。

地。"①至此,澳门葡萄牙人真正摆脱了"迁界"的厄运。

葡萄牙人还企图以派遣使节出使清廷的方式,来取得清廷批准他们经营海外贸易的正式许可。最初在1664年底,澳葡总督(即清朝文献中所称的"兵头")施万奴(Manuel Coelho da Silva)就写信给葡萄牙国王阿丰索六世(Alfonso VI),言及澳门因受"海禁"所导致的悲惨状况,恳请派一使团前来北京交涉②。于是,葡国遂于1667年派遣玛讷撒尔达聂(Manuel de Saldanha)作为使节前来中国,但玛讷撒尔达聂于1670年进入北京后,除了被当作"贡使"外,"并未能解决任何要解决的的问题"③。不过,由于清廷免除了葡萄牙人从澳门迁出,葡萄牙人还是凭借贿赂手段取得了广东官员对他们经营海上贸易的默许。据葡萄牙文献记载,康熙八年(1669)就先后有"本多·达·丰塞卡"号、"贝尼亚·德·弗兰萨"号、"圣·若泽"号、"米格尔·克利马蒂"号等九艘商船进入澳门港,次年又先后有六艘商船从澳门启航前往印度以及东南亚贸易④。为了取得合法的贸易地位,澳葡当局又策划了一次进贡狮子的外交活动。康熙十七年(1678),葡萄牙国派遣的正使本多·白垒拉(Bento Pereira da Faria)以进献狮子来感谢清廷对上次玛讷撒尔达聂使团的热情接待的名义来到北京⑤。但实际上本多·白垒拉却肩负着重要使命,包括请求清廷允许澳门自由航海贸易,请求允许澳门的葡萄牙商人可以前往广州自由贸易,请求允许澳门的葡萄牙商人可以进入北京贸易⑥。

清廷虽然未能应允葡使本多·白垒拉的请求,但却在康熙十八年正式开通了内地商民通过陆路与澳葡贸易。据当时广东巡抚李士桢记载的具体情形:

---

① 江日昇《台湾外记》卷6《康熙七年六月王来任疏》,上海古籍出版社1986年。按:广东巡抚王来任在卢兴祖诈贿案结案(康熙六年十一月十八日)前后自杀。因此,清廷所做的关于澳门葡萄牙人免迁的决定当在王来任自杀之前。

② 施白蒂《澳门编年史》第一卷"1664年"条,第55页。

③ 施白蒂《澳门编年史》第一卷"1670年"条,第59页。

④ 参见施白蒂《澳门编年史》第一卷,第57—59页。

⑤ 参见《清圣祖实录》卷76"康熙十七年八月己巳"条。

⑥ John E. Wills, Embassies and Illusions: Dutch and Portuguese Envoy to K'ang-his, 1667—1687. p.132—p.133. 转引自江滢河《澳门与康熙十七年葡萄牙贡狮》,载于蔡鸿生主编《澳门史与中西交通研究》,广东高等教育出版社1998年,第116—145页。

"因西洋国进贡正使本多·白勒拉见澳夷禁海困苦,赴部呈控。康熙十八年十二月内,准兵部咨为备述澳门界外孤洲等事,议复刑部郎中洪尼喀等,到澳踏勘,准在旱路界口贸易。奉旨依议,旱路准其贸易。其水路贸易,俟灭海贼之日,着该督抚题请,钦此遵行招商。"①据此可见,本多·白垒拉在北京确曾提出澳门的贸易问题,而清廷也曾派刑部郎中洪尼喀前往广东香山了解情况。洪尼喀回京后,提出了在向澳门葡人开放陆路贸易的奏议,贸易地点定在关闸界口②,并得到了康熙帝的同意。清朝开通内地商人通过陆路前往关闸与澳葡贸易,不仅为葡萄牙人在澳门的日常生活提供了必需品,而且也为他们经营海外贸易提供了丰富的货源。这在实际上也就认可了澳门的葡萄牙人所经营的海外贸易。

内地商民通过陆路与澳葡的贸易,清朝仍赋予市舶司进行管理。市舶司的主要职责是对交易的唐货（从内地输往澳门的货物）、洋货（从澳门输入的货物）进行征税③。由于管理上的难度和漏洞,随即出现了货物走私情况。据康熙二十一年七月广东巡抚李士桢在奏疏中所说:"有不法奸徒乘驾大船,潜往十字门海洋与彝人私相贸易,有由虎门、东莞而偷运入省者,有由上冈头、秋风口、朗头以抵新会等处而偷运回栅下、佛山者。既悖旨而走洋,复私通而漏税。"④由于走私贸易,使市舶司对旱路贸易所征收的税银也达不到清廷指定的数额。清廷

---

①　李士桢《抚粤政略》卷2《请除市舶澳门旱路税银疏》,引自《明清时期澳门问题档案文献汇编》第六册,第338页。

②　按:江滢河在《澳门与康熙十七年葡萄牙贡狮》（载于蔡鸿生主编《澳门史与中西交通研究》,广东高等教育出版社1998年）一文中认为:"朝廷便于康熙十八年十二月初四,批准了大使在京期间曾提出的要求,准许澳葡商人由陆路来广州贸易。当时广东巡抚李士桢记其事云……"（第138页）不过,据李士桢所记,却是"准在旱路界口贸易",即在关闸界口贸易,并非让葡商进入广州。

③　按:汤开建在《李士桢〈抚粤政略〉中四篇篇关于澳门的奏章》一文中,根据清朝人杜臻在《闽粤巡视纪略》卷2中"国朝不设市舶提举,兼领于盐课提举司,禁海并罢"的记载,认为清朝的"市舶司已不是一个独立机构,而是由盐课提举辖下的负责市舶的分支机构"（《明清士大夫与澳门》,第196页）。但从前文所引述的顺治八年闰二月十三日广东巡抚李栖凤向清廷《题报澳门夷目文投诚祈请同仁一视等情本》的记载看,广东市舶司事务是由广东巡视海道兼管,而市舶司税收也作为军饷,尚未出现盐课提举兼管局面。而由盐课提举兼管市舶司事务,应是与康熙七年清朝"改广东巡海道为广肇道,管理盐法"（《清朝文献通考》卷28《征榷三》）相关的。原来广东巡海道主管市舶司,康熙七年后他主管盐法,在康熙十八年开通澳门陆路贸易时再兼管市舶司事务也仍是因袭传统。

④　李士桢《抚粤政略》卷6《禁奸漏税》,引自《明清时期澳门问题档案文献汇编》第六册,第339页。

最初定额为二万二百两,大约参照了顺治八年广东市舶司年获二万二千两税银的标准,但"康熙二十年分抽收税银一万二百两零,并无二万二百两零之数。康熙二十一年分抽收税银一万八千七十六两零"①。为此,广东官府于康熙二十一年七月又规定了防止走私贸易措施:"嗣后唐、洋货物务须禀遵严旨,在于香山澳门旱路界口互相贸易,将应纳税银照货,先赴提举司投纳,各取印信税票收执为凭。及至下店发卖,本处店牙、经纪俱要先验明税票,方许下载转售。其无税票者,即系漏税私货,或货多而票数少,开票数与货数不符,亦是漏税情弊,俱应立刻密报该地方官,或赴院禀首,以凭严拿审究,将亡命奸商按依新例搜勘问罪,题请处分,将伊货物家产分别全半如数给与出首之人,信赏如例。若店牙、经纪容隐扶同,不即举报,或被旁人首发,或经本院查获,除先拿重治外,仍行并入弹章一体连坐。事关防范奸商,剔厘漏税,法难轻纵,毋视泛常,各宜审之。特示。"②康熙二十二年初,清朝又在关闸界口设"专官把守,稽察盘验,给票照运至省"③。上述诸项措施,加强了对走私贸易的稽查制度和打击力度。

曾有学者认为,清朝"推行严厉的禁海、迁海政策,澳门贸易也被迫中断"④。不过,从上述我们所进行的考察看,禁海和迁界虽然使澳门的海外贸易受到很大影响,但在顺治八年至十二年间以及康熙十八年以后,清朝仍然先后采取了开放澳门海上贸易和陆路贸易政策。而且,康熙二十年清廷又正式允许澳门葡萄牙人恢复航海贸易⑤。

① 李士桢《抚粤政略》卷2《请豁澳门旱路征收缺少银两疏》,引自《明清时期澳门问题档案文献汇编》第六册,第338页。

② 李士桢《抚粤政略》卷6《禁奸漏税》,引自《明清时期澳门问题档案文献汇编》第六册,第339—340页。

③ 李士桢《抚粤政略》卷2《澳门关闸请设专事官管辖疏》,引自《明清时期澳门问题档案文献汇编》第六册,第337页。

④ 参见邓开颂、黄鸿钊、吴志良、陆晓敏主编《澳门史新说》,花山文艺出版社2000年,第73页。

⑤ John E. Wills, Embassies and Illusions: Dutch and Portuguese Envoy to K'ang-his, 1667—1687. p.142. 转引自江滢河《澳门与康熙十七年葡萄牙贡狮》,载于蔡鸿生主编《澳门史与中西交通研究》,广东高等教育出版社1998年,第139页。

三、余　论

上面两个方面的考察,已经揭示出清初"海禁"期间对于本国商民出海贸易政策和与澳门葡萄牙人贸易政策的存在。另外,清初的海外贸易政策,还应包括清朝对于海外国家朝贡贸易所规定的具体政策。就"朝贡"活动本身看,虽然海外国家使团向清廷赠送"贡品",而清帝也向他们回赠"赏赐品",相互之间以各自的土特产品进行特殊形式的交易,但严格的说它仍属于政治活动而不是经济活动。不过,海外国家使团在入清"朝贡"期间,也被允许进行一定量的贸易活动。据《清会典》记载,"顺治初年定,凡外国贡使来京,颁赏后,在会同馆开市,或三日,或五日。惟朝鲜、琉球不拘期限,由部移文户部,先拨库使收买,咨覆到部,方出示差官监视,令公平交易"①。除了在京师会同馆的贸易外,外国朝贡使团还可以在入境口岸进行贸易。根据清朝规定,琉球入贡由福建福州,暹罗、荷兰、西洋(按:此为葡萄牙)入贡由广东广州,安南入贡初定为广西太平府,后改由广西镇南关②。如在广州,清初规定:"外洋贡船入广东界,守臣查验属实,进泊河干,封贮所携贡物,俟礼部文到始贸易。"③文中所说的"俟礼部文到始贸易",即指在外国朝贡使团在广州入境口岸所进行的贸易。其具体程序是:"通事、船主先期将压舱货物呈报广州府,转报委员查明。其货物数目、斤两册,汇同表文、方物,由司详候督、抚会疏题报,俟题允日招商发卖。其应纳货饷,候奉部行分别免征。"④由此可见,在清初"海禁"期间,也允许外国朝贡使团在入境口岸进行一定规模的贸易。当然,清初"海禁"时期仍禁止外国普通商船的来华贸易。"外国船非正贡时,无故私来贸易者,该督抚即行阻逐。"⑤

也就是说,清初"海禁"期间已在局部范围内实施过海外贸易政策。本国商民不仅可以出洋到日本贸易铜料,也可前往澳门与葡萄牙人贸易;外国商人

①　(光绪)《大清会典事例》卷510《礼部》"朝贡·市易"条。
②　(光绪)《大清会典事例》卷502《礼部》"朝贡·贡道"条。
③　《清朝文献通考》卷297《四裔考》"暹罗"条。
④　《粤海关志》卷21《贡舶一》"暹罗国入贡仪注事例"条。
⑤　(光绪)《大清会典事例》卷510《礼部》"朝贡·市易"条。

也可借诸"朝贡"活动,在入境港口和京师与中国商人进行定期交易。而康熙二十三年(1684)"海禁"令的解除和江、浙、闽、粤四海关的设立,标志着清朝在更大范围来实施海外贸易政策。对此,曾在康熙十五年至二十年任江宁巡抚的慕天颜在《请开海禁疏》中就有所透露:"然而议此者必谓海氛未靖,方事剿除,若一通洋,势多掣格。"但"今则盛京、直隶、山东之海船固可听其行矣,海州、云台之弃地亦许复业矣,香山澳门之陆路再准贸贩矣。凡此庙谟之筹略,岂非见于海利之原可通融而故弛其禁耶? 今所请之开禁,亦即此意扩推之而已"①。根据这位当事人所说的"今所请之开禁,亦即此意扩推之而已",不正是已点明了康熙二十三年开放"海禁"只是将已在局部实行的海外贸易政策扩大化吗?

实际上,清初"海禁"期间实行局部开海贸易政策的实际,也为康熙二十三年实行全面开海贸易政策提供了有益的经验。据西方文献记载,康熙十九年就有两名广东官员受命前往澳门调查,目的是向清廷汇报澳门是否可以恢复航海贸易,以及如何管理出海贸易商船和征收关税②。从清初"海禁"期间对于海外贸易的管理看,由于清廷把"出洋市铜"政策交由户部所属的"榷关"来实施,而本国商人与澳葡的贸易虽然仍由传统的市舶司机构来管理,但至晚到康熙十九年广东市舶司所征收的税银,也必须造册上报户部③,从而确立了由户部来统管海外贸易事务和关税利益的制度构架。康熙二十三年新设立的"海关",正是管理国内贸易的"户关"在管理海外贸易上的移植,它基本上因袭了户部主管关税事务的传统。

贸易利益和关税利益成为清朝榷关、市舶司和海关的首要目标。这与明朝前期根本禁止国内商民的出海贸易,而市舶司又"无抽分之法。惟于浙、闽、广三处置司,以待海外诸番之进贡者,盖用以怀柔远人,实无所利其入也"④,真是大相径庭! 即使是处理朝贡贸易政策,清初制度与明初制度也有很大差别。明

① 《清经世文编》卷26《户政》"理财"。
② 转引自江滢河《澳门与康熙十七年葡萄牙贡狮》。
③ 参见李士桢《抚粤政略》卷2《请除市舶澳门旱路税银疏》,《明清时期澳门问题档案文献汇编》,第六册,第338页。
④ 邱浚《大学衍义补》卷25《制国用·市籴之令》,京华出版社1999年校点本,第242页。

朝为了招徕海外国家朝贡,不仅对于外国朝贡使团的"私货"(朝贡使团成员个人所带来的货物)免予征税,而且还给予高价收买的优惠①。清朝虽然对于外国朝贡使团所带来的货物免予征税,但对他们以"探贡"、"接贡"名义的贸易行为,却采取了征税措施。"顺治十六年题准:暹罗国再来探贡,所带压船货物,就地方交易其抽丈船货税银清册,移送户部察核。"②而且,清朝对于朝贡使团携带"私货"进入京师贸易,也不承担运输费用。顺治帝在十一年三月曾就暹罗国朝贡使团进京下达旨令:"贡使所携货物,愿至京师贸易,则听其自运;或愿在广东贸易,督抚委官监视之。"③康熙三年(1664),清朝则把这一规定作为普遍原则:"凡外国进贡顺带货物,贡使愿出夫力,带来京城贸易者听。如欲在彼处贸易,该督抚委官监视,毋致滋扰。"④由此可见,自清初伊始,清朝从政策上严格限定了海外国家的"朝贡"行为与"贸易"行为。它说明清朝在制定海外国家的朝贡贸易政策时,并不是一味地强调政治利益而忽略自己的经济利益,这也反映了它的朝贡贸易政策的务实性。

　　概而言之,清初在针对东南沿海地区强大的反清势力施行"海禁令"和"迁海令"政策时,却根据自身制造铜币的需要而采取"出洋市铜"的开海政策;根据澳门葡萄牙人的实际状况而先后采取听任国内商人载货下澳和旱路贸易的政策,根据外国朝贡使团的谋利行为而采取公、私分明的区别待遇,无一不反映了清初政策的灵活性;而对海外贸易关税利益的关注,更凸现了清初政策的务实性。这种与明初迥然不同的政策取向,表现了明清两朝涉外政治的不同个性。或许,学术界中久已存在的褒明贬清的言论倾向,正是由于忽略了这些个性所致。

(原文载于《文史》2004年第3辑)

---

① 参见陈尚胜《论明朝市舶司制度的演变》,《文史哲》1986年第2期。
② (光绪)《大清会典事例》卷510《礼部》"朝贡·市易"条。
③ 《清朝文献通考》卷297《四裔考》"暹罗"条。胜按:据《粤海关志》记载,康熙十一年三月康熙帝也下达过相同谕旨,见《粤海关志》卷21《贡舶一》。
④ (光绪)《大清会典事例》卷510《礼部》"朝贡·市易"条。

论1757年清朝与西方
一口通商政策的形成

  乾隆二十二年（1757）十一月初十日，乾隆帝颁布谕旨给闽浙总督："晓谕番商将来止许在广东收泊交易，不得再赴宁波。如或再来，必押令原船返棹至广，不准入浙江口岸。"[①]此前，外国商船来清朝贸易，也曾在厦门、宁波等口岸进行。而这一谕旨的颁布，说明清朝开始对外国商船的来华贸易，采取限制在广州一口通商的政策。历来论述清朝闭关政策的文章，都把1757年的限关政策看成是清朝实行闭关锁国政策的标志性事件[②]。而对于乾隆限关政策的原因，学术界大体上形成了两种意见。

  一种意见认为，乾隆帝"在一口通商和多口通商之间，在更加封闭和稍稍开放之间，选择的是前者"。"在这里，偶然性也显示了一定的影响。由于要考虑浙江开埠的利益，乾隆把原任两广总督杨应琚调任闽浙总督，要他对浙江通商进行调查。中英贸易长期在广州进行，形成了一个包括行商、粤海关监督、广东地方官员吏役在内的庞大的利益集团，他们垄断了对外贸易，得利甚多，不愿使贸

---

  ① 中国第一历史档案馆藏《朱批奏折·外交类》，案卷号035；并见《清高宗实录》卷550 "乾隆二十二年十一月戊戌"条。

  ② 最初，马克思在《中国革命与欧洲革命》一文中曾将清朝在广州所实行的外贸制度称为闭关政策。而中国学者戴逸在1979年3月13日《人民日报》上发表《闭关政策的历史教训》一文时，即明确地把乾隆二十二年所限定的西方来华贸易在广州一口进行的制度作为清朝实行闭关政策的标志性事件。此后发表或出版的有关中文论著也多认同了这一观点。

易转向浙江。杨应琚已任两广总督三年，正是广州对外贸易利益集团的主要代表。他以粤民生计和两省海防为理由，力陈浙江通商的弊害，'再四筹度，不便听其两省贸易'。乾隆帝接受了他的建议。""自然，一口通商和闭关政策的严格化，不是杨应琚一纸奏文所能决定的，甚至也不是广州利益集团完全能操纵的，它是众多历史合力相互作用的结果。至少乾隆本人和大臣们都具有闭关锁国的倾向，所以很快地就接受了杨的意见。"①关于1757年清朝实行一口对外通商的原因，这位学者在这里提出两条理由值得注意，一是乾隆帝本人及其大臣都具有闭关锁国倾向，二是广州已形成海外贸易垄断利益集团，而杨应琚是这一集团的主要代表。

　　关于乾隆帝本人及其大臣都具有闭关锁国倾向问题。据上述学者所表述的"清政府的闭关政策，一方面限制中国人民出海贸易，或在外国侨居，禁止许多货物出口；另一方面，对来华的外国人也作了种种苛细而不必要的限制和防范"②。如果我们根据他所提出的这两个标准来考察，我们认为在乾隆二十二年前的海外贸易政策方面并不存在这种闭关锁国倾向。首先，就乾隆朝对中国商民出海贸易的政策而论，乾隆四年，清廷取消了原来雍正时期做出的出洋商船必须携带一定数量米粮回国的规定，采取了听从海商自便的态度③。乾隆七年，议政王大臣会议决定将出海商民在海外的逗留时间从原来的两年放宽为三年④。乾隆十九年，清廷又根据福建巡抚陈宏谋的奏折以及两广总督杨应琚的意见，取消对出海商民归国时间的限制⑤。由此可见，乾隆前二十年对于本国商民出海贸易的政策已有所改善。

　　而从乾隆前期对外商来华贸易的政策看，乾隆元年（1736）十月，乾隆帝下令革除粤海关对外商来华贸易在正税之外所征的百分之十附加税："除外夷货船额外银税。谕总理事务王大臣曰：朕闻外洋红毛夹板船到广时，泊于黄浦埔

①　戴逸《乾隆帝及其时代》，中国人民大学出版社1992年，第420—421页。
②　戴逸《乾隆帝及其时代》，中国人民大学出版社1992年，第410页。
③　《道光重纂福建通志》卷270，《国朝洋市》。
④　中国第一历史档案馆《宫中档朱批奏折·外交》，第355—358页。
⑤　《清高宗实录》卷472"乾隆十九年九月丙戌"条。

地方,起其所带炮位,然后交易,俟交易事竣,再行给还。至输税之法,每船按梁头征银二千两左右。再照则抽其货物之税,此向来之例也。乃近来夷人所带炮位,听其安放船中,而于额税之外,将伊所携置货现银,另抽加一之税,名曰缴送,亦与旧例不符,朕思从前洋船到广,既有起炮之例,此时仍当遵行,何得改易,至于加添缴送银两,尤非朕加惠远人之意,著该督查照旧例,按数裁减,并将朕旨宣谕各夷人知之。"①乾隆帝认为,粤海关向外商征收百分之十的"缴送"附加税,既不符合当初的"旧例",也有背于他的"加惠远人"思想,因而予以取消。为了引导外商来华贸易时输入大米,清廷规定:"自乾隆八年始,嗣后凡遇外洋货船来闽、粤等省贸易,带米万石以上者,著免其船货税银十分之五;带米五千石以上者,免其十分之三。"②乾隆十一年,清廷又补充规定,对运米不足五千石之数,免其货税银十分之二③。乾隆初年虽然曾有广东提督张溥提议把来粤的外国商船的停泊地点从广州改往澳门④,但乾隆帝在征询两广总督鄂弥达的意见后并未采纳张溥的奏议。鄂弥达认为,如果把外商停泊地点从黄埔迁往

① 《清高宗实录》卷28"乾隆元年十月甲子"条。

② (光绪)《大清会典事例》卷五百一十《礼部》"朝贡·市易"条;并参见《清朝文献通考》卷33《市籴考》。

③ 《清高宗实录》卷275"乾隆十一年九月戊午"条。但据《清朝文献通考》卷33《市籴考》记载:乾隆七年七月,"有暹罗国商人方永利一船载米四千三百石零,又蔡文浩一船载米三千八百石零,并各带有苏木、铅、锡等货,先后进口。查该番船所载米石,皆不足五千石之数,所有船货税银未便援例宽免。得旨:'该番等航海运米远来,慕义可嘉,虽运米不足五千之数,著免船货税银十分之三,以示优恤。'"这与上引《实录》中所载的免货税银"十分之二"不同。然而,《清朝文献通考》卷297《四裔考》中却记载:"该番航海远来,仍加恩免其货税银十分之二。"看来,《清朝文献通考》卷33文中记载有误。我们认为,从不足五千石情况处置,最有可能是免货税银十分之二,以示与超过五千石有所区别,故以《实录》卷275的记载和《清朝文献通考》卷297的记载为准。

④ 乾隆元年八月,广东提督张溥奏请:"洋船抵粤,每年或捌玖只、拾余只不等,每船装载肆伍百人,人各有鸟枪壹杆,其火炮多至参拾余位。兼之赋性强悍,蛮野无知,实非善类。向来鬼子洋船停泊黄浦,每夜施放枪炮,声震数里,附近居民,已属不安,今又持枪伤死乡民,强悍已极,民人甚为畏怯。黄浦离省仅贰拾里,乃腹里内地,外夷聚集多人,往来省城,伍陆成群,身带器械,登岸伤人,甚非所以绥靖地方也。又查,虎门之外澳门地方,原为夷商洋船码头,商货出入要道,外来洋船俱就澳门内拉青角湾泊。嗣于康熙贰拾伍年户部议覆魔税监督宜尔格图疏称,洋船湾泊黄浦,以便交易,奉准遵行。但相沿日久,化外夷人往往顽梗滋事,似宜因时变能。仰恳天恩,仍令外来洋船照旧于澳门内拉青角湾泊,则内地民安,外夷无生事之端矣。"《广东提督张溥奏请仍令外来洋船照旧于澳门内拉青角湾泊折》,载于中国第一历史档案馆、澳门基金会、暨南大学古籍研究所合编《明清时期澳门问题档案文献汇编》第一册,人民出版社1999年,第182页。

澳门,由于红毛等番与澳夷"彼此结仇,至今不解",让他们同泊一处,"势必彼此争仇构衅,无以相安,而地方由此多事";澳门"该处海面甚窄,若多船同泊,则风起水涌,不免冲击之虞";而在黄埔周围,有炮台要隘,"俱有营汛兵船,把守严密",外夷"自来无敢滋生事端"①。最后,乾隆帝认可了鄂弥达的意见,外国来粤贸易商船仍然停泊于黄埔。由此而见,乾隆帝前期对于来粤贸易外商虽有防范之意,但仍是延续传统,并未显示出明鲜的闭关倾向。而且,从他减轻外商关税和鼓励外商运米进关政策看,他对外商来华贸易政策并非消极限制。至若杨应琚是广州海外贸易垄断利益集团的主要代表问题,这位学者在书中并未进行论证,仍需专门研究。

另一种意见认为,"洪任辉事件与乾隆帝限关政策的强化有着直接的联系"②。洪任辉(James Flint,也译作"洪仁辉",清朝档案中也译作"洪任")是当时英国东印度公司的汉语翻译。朱雍在考察"洪任辉事件"时,曾把乾隆二十年至二十二年三年间洪任辉等人三次来宁波贸易的举动,与乾隆二十四年发生的洪任辉等英商从广州乘船前往宁波(五月底六月初)、天津(六月底)直接控告粤海关关政腐败和勒索外商的案件(即洪任辉事件),合并一起考察,这对了解洪任辉事件的背景无疑具有帮助。如果把乾隆二十四年十月两广总督李侍尧提出的《防范外夷规条》作为乾隆帝限关政策的直接表现,而把乾隆二十四年五月十九日开始发生的洪任辉事件作为"因",那么他提出的"洪任辉事件与乾隆帝限关政策的强化有着直接的联系"的命题可以成立。不过,这篇论文的题目却是《洪任辉事件与乾隆帝的限关政策》,似乎前者是"因",后者是"果"。就是说,如果将乾隆二十四年五月十九日才开始发生的洪任辉事件作为"因",而把乾隆二十二年十一月初十日已经颁布的只许外商在广州一口通商的决定作为"果",从年代学上不免是本末倒置。我觉得他可能是把广州一口通商政策的形成与广州一口通商制度的形成两个概念混为一谈,因为作为广州一口通商制度的基本内容,正是乾隆二十四年十月两广总督李侍侥所提出的《防范外夷规

---

① 《两广总督鄂弥达奏覆莫伦志案查系误伤不便因此不准洋船湾泊黄埔折》,《明清时期澳门问题案文献汇编》第一册,第 183—184 页。

② 参见朱雍《洪仁辉事件与乾隆的限关政策》,载于《故宫博物院院刊》1988 年第 4 期。

条》,但广州一口通商政策则在两年前乾隆帝颁布给闽浙总督的谕旨中就已确定。显然,我们不能用后来才发生的洪任辉事件,来论证乾隆帝所做出的广州一口通商决策的原因。既然如此,关于1757年广州一口通商政策的形成原因问题,就仍有重新研究的必要。

一、英商赴宁波贸易与清朝外贸政策的变化

乾隆二十二年(1757)广州一口通商政策的出台,是与英国东印度公司对华贸易从广州向宁波等港口的扩张活动相关的。在进入18世纪50年代以后,一心要扩展对华贸易业务的英国东印度公司,开始对广州外贸管理制度非常不满,于是直接写成文字材料要求清朝改革广州外贸管理制度。乾隆十八年,洪任辉趁粤海关监督李永标丈量英国商船樑头尺寸之机,呈递禀帖给李永标,提出了取消外商来广州贸易必须有一中国行商作为保商等要求,但被李永标所拒绝。乾隆十九年,英国东印度公司决定派遣洪任辉等人随商船北上浙江宁波,以便突破粤海关的贸易束缚。乾隆二十年的四、五月间,两艘英国商船先后抵达宁波。当时,浙江大员上奏认为:"伏查红毛国商船久不到浙贸易,今慕化远来,自请加意体恤,以副我皇上柔远至意。除饬令该道派拨员役小心防护并严谕商铺人等公平交易,其应征税课,照则征收。"[①]在得到浙海关官员的接待后,英商感到十分满意。于是,第二年(乾隆二十一年)英国东印度公司又派遣商船来到宁波。

对于英国商船再至宁波贸易之事,乾隆帝在接到奏报后,即谕示闽浙总督喀尔吉善和浙江巡抚杨廷璋:"向来洋船进口,俱由广东之澳门等处,其至浙江之宁波者甚少,间有遭风漂泊之船,自不得不为经理。近年乃多有专为贸易而至者,将来熟悉此路,进口船只不免日增,是又成一市集之所在。国家绥远通商,宁波原与澳门无异,但于此复多一市场,恐积久留居内地者益众,海滨要地,

---

① 中国第一历史档案馆藏《朱批奏折·外交类》,案卷号035。

殊非防微杜渐之道。其如何稽查巡察,俾不致日久弊生,不可不预为留意。"①
由此不难发现,乾隆帝开始担心外商集结宁波,随即部署对西方商船来华贸易
的限制政策。乾隆二十二年二月,乾隆帝下发《谕宁波征税须稍重于粤海关以
防洋船云集宁波》:"近年奸牙勾串渔利,洋船至宁波者甚多。将来番舶云集,
留住日久,将又成一粤省之澳门矣,于海疆重地,民风土俗,均有关系。是以更
定章程,视粤稍重,则洋商无所利而不来,以示限制,意并不在增税也。"②于此可
见,清廷最初想用提高浙海关关税的措施来实施限制外国商船赴宁波的政策。

　　不料,英国商船于乾隆二十二年六月再次来到宁波后,却表示"愿照新定则
例输税"③。对此,乾隆帝考虑到英商利益,专门谕示:"番舶既已来浙,自不必强
之回棹,惟多增税额。……约计该商等所获之利,在广在浙,轻重适均,则赴浙
赴粤,皆可准其所适。"④从这一谕旨中可见,乾隆帝打算准许外国商船来浙海关
贸易,并下令闽浙总督杨应琚亲自处理英商来浙贸易事件并上报情况。

　　乾隆二十二年十月二十日,闽浙总督杨应琚上奏折报告:"伏查,外洋各国
商船向就广东之粤海关投行贸易,相安已久,浙省之宁波不过偶然一至。自乾
隆二十年、二十一年有红毛英吉利国番商洪任等,连年至浙,船泊定海,货运宁
波贸易。时臣在两广总督内,仰蒙皇上以赴浙洋船日众,则宁波又多一洋人市
集之所,日久虑生他弊,敕谕前任闽浙督臣喀尔吉善,会同臣将浙关税则照粤省
海关现行则例酌量加重,庶商船仍俱归澳门一带。嗣经酌定奏准部覆,原欲使
番商谋利既微,自不致纷纷辐辏,乃本年六月内,该番商洪任等仍由定海关收
泊,愿照新定则例输税。臣钦遵谕旨,于抵宁后,即亲往该关口岸详细察勘形
势,并体访番商来浙情由。缘番商欲置之货,向惟丝茶、绸缎、磁器为最多,而丝
斤、绸缎即产自浙江,茶叶、磁器出自邻省江、闽,番商在浙就近置买,较之粤东

---

① 《寄谕闽浙总督喀尔吉善浙江宁波间有洋船著时加体察以防别滋事端》(乾隆二十一年七月初
九日),《明清时期澳门问题档案文献汇编》第一册,第302页。

② 《谕宁波征税须稍重于粤海关以防洋船云集宁波》(乾隆二十二年二月二十二日),载于《明清时
期澳门问题档案文献汇编》第一册,第302—303页。

③ 《闽浙总督杨应琚奏报赴浙贸易洋船系图价廉税轻酌定补税条款折》(乾隆二十二年十月二十
日),《明清时期澳门问题档案文献汇编》第一册,第305页。

④ 转引自郭成康《清史编年》第五卷《乾隆朝·上》,中国人民大学出版社1991年,第584页。

价值轻重悬殊。上年更定关例,只就各项税则议请增加,而货价之低昂未经计及,番商于输税之外,便益犹多,自未足以抑其趋利之念,今经臣亲观体察,如经备悉。且番船收泊粤东贸易,自虎门横档而至黄浦停泊,在设官兵稽查押护,而横档地方两山门立中建炮台,尤为天生险隘。其自横档至黄浦,又有沙淤水浅之处,番人未识水道,必须内地船只引带,始免搁浅疏虞,故番船进出未能自由,而稽查亦极为严密。若浙省定海泊船处所,洋面宽深,又无险隘,该处形势与所设官后,均未若粤东之扼要。番商洪任等既利在浙置货价值轻减,又利泊船运货地方散漫难稽,是以避重就轻,频年远涉,更恐将来该国所有商船与西洋他国船只,皆闻风效尤,岁渐争赴,诚如上年钦奉圣谕,将来番舶云集,又成一粤省之澳门矣,于海疆重地,民风土俗,均有关系。谕旨至明至当。臣今将粤关事例与宁波货价逐一查核,应再加樑头、钞银补税二项,庶洋商来无所利,以示限制。查向来番船在粤贸易,其出口货物,凡丝、茶、绸缎、磁器等类,贩至粤省既有沿途水脚之费,又须由北新赣韶等关完纳税饷,而进口货物如哆罗、哔几、羽毛、纱缎等类,发往江浙销售,自粤关验明征税后,经由韶赣暨江浙等关,亦均有应征税饷。今番船收泊宁波,就近置货贸易,一应进出货物,无须经由赣韶等关,其赣韶等关税饷,自应即就在宁出口置办最多之丝、茶、绸缎、磁器税则内,酌量令其在宁补交,始为平允。又粤关原定樑头、钞银,西洋较东洋为重,嗣又酌定西洋商船赴粤贸易,准照东洋一体征收,而浙省则并未奉有西洋照东洋征钞之例。今英吉利国原系西洋地方,现在既有舍粤就浙之船,应仍照原定西洋船例征钞。此外,各项进出货税,上年业经奏明更定,今请循照办理,无庸另议。并请将浙海一关援照凤阳等关之例,用内府司员补授宁台道督理关务,庶稽查严密。"①杨应琚在另一份奏折中又补充了广州洋行制度的完备:"粤省现有洋行二十六家,遇有番人贸易,无不力图招致,办理维谨。"②

---

① 《闽浙总督杨应琚奏报赴浙贸易洋船系图价廉税轻酌定补税条款折》(乾隆二十二年十月二十日),《明清时期澳门问题档案文献汇编》第一册,第305—307页。

② 转引自郭成康《清史编年》第五卷《乾隆朝·上》,第591页。按:郭成康将此奏折记为"原任两广总督、现任闽浙总督杨廷璋"所上,有误。因为杨廷璋出任两广总督的时间是在乾隆三十年,出任闽浙总督的时间是在乾隆二十四年。当时(乾隆二十二年),他仍为浙江巡抚。而杨应琚正是在乾隆二十二年由两广总督改任闽浙总督,直到乾隆二十四年移调陕甘总督,闽浙总督之位才由杨廷璋接替。

　　当乾隆帝接到杨应琚的奏折后,即打消了准许外商赴浙江宁波贸易的念头,决定对外国来华商船采取只许广州一口通商的政策。乾隆二十二年十一月初十日,他颁布谕旨给闽浙总督:"晓谕番商将来止许在广东收泊交易,不得再赴宁波。如或再来,必押令原船返棹至广,不准入浙江口岸。"①在乾隆谕旨下达到广东后,暂署两广总督李侍尧也在乾隆二十三年"正月初九日,传集各番商并自浙回澳之番商洪任等逐一晓谕"②。至此,清朝对外国来华贸易的一口通商政策确立下来,直至道光二十二年(1842)中英《南京条约》签订后才告结束。

　　清朝之所以要对外商来华贸易限定于广州一口,我们从乾隆帝当年发给闽浙总督的谕旨中可以发现两条理由。这份谕旨中说:"如此办理则来浙番船永远禁绝,不特浙省海防得以肃清,且与粤民生计……均有裨益。"③就是说,清朝对外商来华贸易的限制政策出于两个方面的考虑,一是使浙江省的海防得以肃清,一是使广东省的民生得以维护。

　　关于粤民生计问题,主要是指外国商船前往宁波贸易,势必使原来往来于韶赣等关与广州之间的运夫失业,使他们的生计大受影响;同时,它必然造成广州原来靠与西方商人贸易的洋行商人以及散商生意冷落。从社会稳定角度,无论是作为杨应琚这位封疆大吏还是最高统治者乾隆帝,都不能不考虑这一问题,而绝非单纯地考虑维护广州海外贸易垄断集团的利益。倘若认为杨应琚的上篇奏折旨在维护广州海外贸易垄断集团的利益,从杨应琚的目前位置角度也是难以证明的。因为此时杨应琚已从两广总督的位置改调为闽浙总督。如果说他要利用自己的总督位置来获取海外贸易的利益,现在应当维护的自然是浙江福建两省的海外贸易利益,而决非广东的海外贸易利益。在这里,杨应琚所考虑的还是大清帝国的政治利益。只是他所考虑的大清帝国的政治利益,与广州外贸垄断集团的经济利益不谋而合罢了。而且,听任外商前往宁波贸易,还

---

　　①　中国第一历史档案馆藏《朱批奏折·外交类》,案卷号035;并见《清高宗实录》卷550"乾隆二十二年十一月戊戌"条。

　　②　《暂署两广总督李侍尧奏报晓谕夷商勿再赴浙贸易折》(乾隆二十三年正月二十日),《明清时期澳门问题档案文献汇编》第一册,第307—308页。

　　③　中国第一历史档案馆藏《朱批奏折·外交类》,案卷号035;并见《清高宗实录》卷550"乾隆二十二年十一月戊戌"条。

损害了大清帝国的经济利益。虽然粤海关的关税收入的减少可以通过浙海关的关税增加来弥补,但韶、赣、江、浙等国内户关的收入流失却无法弥补,使国家税收损失甚多。所以,在维护"粤民生计"的招牌下,实际上更是维护大清帝国的政治和经济利益。

关于"浙江海防得以肃清"的问题,从杨应琚所提出的理由看,是由于广州因自横档至黄埔有完备的海防体系,而浙江定海紧邻大洋,清兵无险隘可以驻守,不易对外商实行控制。一旦外商图谋滋事,更是不易布控而波及腹地。而乾隆帝从杨应琚的奏折中,也看到了开通宁波的潜在威胁——"洋船至宁波者甚多,将来番舶云集,留住日久,将又成一粤省之澳门矣,于海疆重地,民风土俗,均有关系。"①那么,乾隆帝为何又特别担心宁波成为一个新的澳门呢?

二、澳门问题留给乾隆帝的心理阴影

自明朝嘉靖时期允许葡萄牙人居留澳门后,清朝仍延续着明朝对于葡萄牙人居留澳门的政策。但至乾隆时期,由于荷兰殖民者在巴达维亚屠杀华人事件的发生(乾隆五年,1740),加上清朝有关官员已获悉荷兰与葡萄牙两国之间的矛盾,个别地方大员在处理荷兰人来华贸易事务时,即感到"澳门地方,许西洋夷人居住,原系前朝失策,相沿至今"②。于此可见,清朝官员中也有人对于准许葡萄牙人在澳门侨居的政策并不认同。随着西方对华贸易商船的增多,考虑到西方国家之间的复杂矛盾,乾隆七年,广东按察使潘思榘奏请,设澳门同知一员专理澳门夷务③。乾隆八年,广州将军兼署两广总督策楞也提出设立澳门同知以

---

① 《谕宁波征税须稍重于粤海关以防洋船云集宁波》(乾隆二十二年二月二十二日),《明清时期澳门问题档案文献汇编》第一册,第302—303页。

② 《管广东巡抚事王安国奏闻未令荷兰夷国噶喇叭停泊澳门仍进虎门于黄浦贸易情形折》(乾隆六年九月初六日),《明清时期澳门问题档案文献汇编》第一册,第188页。

③ 《广东按察使潘思榘奏请于澳门地方移驻同知一员专理夷务折》(乾隆七年七月二十五日),《明清时期澳门问题档案文献汇编》第一册,第192—193页。

重海防的建议①。就在清朝有关官员们正在讨论设立澳门同知以加强对澳门的管理问题时，澳门却发生了葡人杀害华人的事件。

乾隆八年十月，"在澳贸易民人陈辉千酒醉之后，途遇夷人晏些卢角口打架，以致陈辉千被晏些卢用小刀戮伤身死"。案件发生后，澳门葡人"夷目禀称，番人附居澳境，凡有干犯法纪，俱在澳地处治，百年以来从不交犯收禁。今晏些卢伤毙陈辉千，自应仰遵天朝法度，拟罪抵偿，但一经交出收监，违犯本国禁令，阖澳夷目均干重辟，恳请仍照向例，按法处治，候示发落"②。澳葡当局即以不合本国法律为由，一直不肯向清朝方面交出罪犯。在两广总督的再三要求下，这名葡人罪犯才由清朝官员前往澳门会同澳葡当局法官一起审理结案。有鉴于此，首任澳门同知印光任立即制订了《管理番舶及澳夷章程》七条③，在澳门颁布实行。但该章程的主要内容是仍严禁内地人民私入澳门，同时要求澳葡当局遇事必须向香山县丞报告。

乾隆十三年四月，澳门又发生葡萄牙人杀害两名华人的血案。"剃头匠李廷富、泥水匠简亚二人，乘间黄夜出街，潜入夷人若瑟吧奴家内，被哑吗卢、晏哆呢起身捉获，虽查未拭失去物件，但夜入人家，潜身货屋，其为行窃无疑，当将李廷富、简亚二拴缚屋柱，原欲等候天明送官究治，讵廷富、亚二求脱不得，詈骂不休，遂被哑吗卢将简亚二人连殴毙命，晏哆呢亦将李廷富殴伤致死，二夷复又同谋定计，将两尸乘夜扛弃入海。"④广东督抚在得悉案件后，即与葡方交涉。澳门葡人"夷目"等人开始还拒不承认，后来迫于压力才向清朝方面交出凶手。但广东督抚竟以"俯顺夷情"的理由，迁就澳葡当局同意由对方自行将罪犯"流放"。对此，乾隆帝面谕广州将军锡特库：广东澳门鬼子杀死内地民人一案，岳浚办理错误。鬼子在我地方居住，即便民人夜入其宅，彼亦理当拿送官府，

①　《广州将军策楞等奏请移同知驻扎澳门前山寨以重海防折》（乾隆八年八月初四日），《明清时期澳门问题档案文献汇编》第一册，第196—197页。

②　《广州将军策楞等奏报办理晏些卢扎伤商人陈辉千致死案缘由折》（乾隆九年正月十五日），《明清时期澳门问题档案文献汇编》第一册，第198页。

③　据印光任、张汝霖《澳门记略》上卷《官守篇》，澳门文化司署1992年赵春晨校注本，第78—80页。

④　《广东巡抚岳浚奏闻哑吗卢等殴毙民人李廷富等依法办理情形折》（乾隆十三年八月二十九日），《明清时期澳门问题档案文献汇编》第一册，第238—239页。

等候办理,彼竟擅自杀伤。而据岳浚奏称,沿用内地律例,仅将罪犯交付彼等放发,等因议罪完结。而今仍交彼等发往其地,其流放与否之处,岳浚何以得知?此端断不能启!彼杀死我一民,彼即当偿还一命。岳浚太过软弱!"[①]同时,军机大臣张廷玉和傅恒也奉谕通知广东巡抚岳浚,"如该犯尚未发回,着遵驳办理;倘已趁船起解,着一面声明缘由报部,一面晓谕夷人,以示警戒。嗣后,如遇民夷重案,务按律定拟,庶使夷人共知畏罪奉法,不致恣横滋事,地方得以宁谧"[②]。

广东巡抚岳浚在受到乾隆帝训饬后,即通知澳门同知张汝霖,"令其传谕该澳夷目,速将原交羁禁之哑吗卢、晏哆呢二犯,即日提解,听候部行再行确审"[③]。但澳葡当局却在接到清朝传谕后,匆匆将哑吗卢、晏哆呢二犯"流放"到地满(帝汶岛)。为此,广东巡抚只好上折表示已要求澳门夷目追回罪犯,并自请处分以及惩处承办此案的澳门同知张汝霖。两天后,两广总督硕色也上奏折,表示"今若以番夷殴死窃贼细故而必绳之以重法,诚恐番众疑惧不安。且地满远隔重洋,往回难必,设或久延不到"[④],意在了结此案。对此,乾隆帝十分不满,降旨申饬有关官员:"凡外夷久居内地,驭之之道,必当轻重适宜,恩威并济。如本无大敌,而有意刻核搜求,招怨启衅,固为不可。若既干犯国宪,因恐其生事,姑息优容,夷人罔知礼法,由此益加骄纵,必致犯案渐多,是欲图省事而反以滋事也。今此案办理,已觉示弱外夷。但既经远飏,势难复行追获,只可就案完结。嗣后遇有此等案件,必须执法处置,使夷人知所敬畏,不宜稍为迁就。"[⑤]为了防止此类事情的再度发生,第三任澳门同知张汝霖于是年又制订了《澳夷善后事宜条议》,规定禁止葡人向华人传播天主教、禁止葡人私自凌辱华人等十二条,并强

---

① 《广东将军锡特库奏闻哑吗卢杀伤李廷富等案岳浚办理错误奉旨申饬现由硕色办理折》(乾隆十四年正月二十日),《明清时期澳门问题档案文献汇编》第一册,第 240 页。

② 《广东巡抚岳浚奏报哑吗卢等殴毙民人已搭船出洋请参处失职官员折》(乾隆十四年二月初一日),《明清时期澳门问题档案文献汇编》第一册,第 241 页—242 页。

③ 《广东巡抚岳浚奏报哑吗卢等殴毙民人已搭船出洋请参处失职官员折》(乾隆十四年二月初一日),《明清时期澳门问题档案文献汇编》第一册,第 241 页—242 页。

④ 《两广总督硕色奏报哑吗卢等已搭船回国请准照夷例完结折》(乾隆十四年二月初三日),《明清时期澳门问题档案文献汇编》第一册,第 243 页—245 页。

⑤ 《清高宗实录》卷 336 "乾隆十四年三月甲寅"条。

调了清朝的领土和司法主权①。

　　澳门葡萄牙当局在乾隆帝初政期间所采取的两起破坏清朝对澳门的司法主权的事件，无疑给乾隆帝的心理投下了阴影。有关官员因澳门葡人屡次滋事犯案，也开始关注澳门问题，并提出一些加强对澳门管理的对策。如乾隆十五年，香山知县张甄陶就在《论澳门形势状》中提出了"制澳三策"，即治之以渐、示之以别、备之以豫。其所谓渐治，就是要增加澳门同知对税务的管理权，使他能有权力驾驭行商，由行商加强对外商的约束。所谓示别，就是由清朝官方在澳门建立专门房屋出租给进入澳门贸易的中国商人，避免他们向澳门葡人求租房屋。所谓备豫，就是要求进粤的外国船只，入境后必须起柁存封武器②。

　　然而，自乾隆十一年以后，闽、赣、苏、川等省连续发现的西洋天主教传教士通过澳门潜入内地传教的案件，又增加了乾隆帝对于澳门的担心和防范心理。本来，由于康熙末年"礼仪之争"的发生，清朝于1720年即开始禁止天主教③。雍正时期，清朝又开始查封各省的天主教堂，并将西方传教士逐送澳门④。但西方传教士不甘被逐，不久他们又陆续由澳门潜入内地传教，并从澳门得到经济上的支援。

　　乾隆十一年五月二十八日，福建巡抚周学健奏报，月初在福安县搜擒出西洋传教士费若用、德黄正国、施黄正国、白多禄、华敬等五人。据白多禄供言："伊等或自康熙年间、或自雍正年间陆续从澳门来至福安，起初同来共有十人。后或回至澳门，或往漳州、龙溪、后坂地方，其在福安者，现止五人。""行教夷人来至中国，彼国皆每岁解送钱粮至广东澳门，澳门夷人雇倩本处土人，潜带银两密往四处散给。"⑤然而，当福安官府将西洋传教士解赴省城的时候，却在当地出现"县门聚集男妇千余人送伊等起身，或与抱头痛哭，或送给衣服银钱，或与打扇扎轿，通邑士民不畏王法"的情况。这使福建官员们看到天主教对于清朝统

---

① 印光任、张汝霖《澳门记略》，上卷《官守篇》，澳门文化司署1992年赵春晨校注本，第92—94页。
② 张甄陶《论澳门形势状》，《明清时期澳门问题档案文献汇编》第六册，第609—614页。
③ 参见顾卫民《中国天主教史编年》，上海书店出版社2003年，第253页。
④ 参见陈东林《雍正驱逐传教士与清前期中西交往的中落》，载于《北京师范大学学报》1985年第5期。
⑤ 《福建巡抚周学健奏报拿获传教士白多禄等审讯并请严禁澳门西洋人潜入内地折》（乾隆十一年五月二十八日），《明清时期澳门问题档案文献汇编》第一册，第212—216页。

治的潜在巨大威胁："历来白莲、弥勒等教聚众不法,皆无知奸民借此煽惑乌合之众,立即扑灭。天主教则不动声色,潜移黟诱,使人心自然乐趋,以至固结不解,其意之所图,不屑近利,不务速成,包藏祸心而秘密不露,令人坠其术中而不觉,较之奸民所造邪教为毒更深。即如福安一县,不过西洋五人潜匿其地,为时未几,遂能使大小男妇数千人坚意信从,矢死不回。纵加以垂楚,重以抚慰,终莫能转。假令准此以推,闽省六十余州县,不过二三百西洋人,即可使无不从其夷教矣。又况一入彼教,虽君父尊亲亦秘不知,性命死生亦所不顾,专一听信,甘蹈汤火,且衿士缙绅兵弁吏役,率往归附,官员耳目多所蔽塞,手足爪牙皆为外用,万一不加剪灭,致蔓延日久,党类日滋,其患实有不忍言者!"①为此,周学健向乾隆帝奏请,"将现在拿获之夷人从重治以国法,并于澳门夷人居住往来之所严密其防范,不许一人往来潜通内地"②。

乾隆帝在收到福建巡抚周学健的奏折后,即于六月二十六日谕令张廷玉、傅恒通知各省督抚:"现在福建福宁府属有西洋人倡行天主教,招致男妇礼拜诵经。又以番银诱骗愚民,设立会长,创建教堂,种种不法,挟其左道,煽惑人心,甚为风俗之害。天主教久经严禁,福建如此,或有潜散各省,亦未可知。可传谕各省督抚等,密饬该地方官严加访缉。如有以天主教引诱男妇聚众诵经者,立即查拿,分别首从,按法惩治。其西洋人,俱递解广东,勒限搭船回国,毋得容留滋事。倘地方官有不实心查拿、容留不报者,该督抚即行参处。钦此。"③于是,各省督抚立即部署地方官员查禁天主教。

乾隆十一年五月,山西霍州"拿获西洋人王若含,系大西洋勒齐哑国人,于乾隆五年附船至广东澳门,寻访伊叔方齐哥下落,随学习中国语言服饰,后经访

---

① 《福建巡抚周学健奏陈洋教之害请将西洋传教士白多禄等按律治罪缘由折》(乾隆十一年九月十二日),《明清时期澳门问题档案文献汇编》第一册,第220—223页。

② 《福建巡抚周学健奏报拿获传教士白多禄等审讯并请严禁澳门西洋人潜入内地折》(乾隆十一年五月二十八日),《明清时期澳门问题档案文献汇编》第一册,第212—216页。

③ 引据自《甘肃巡抚黄廷柱奏覆遵旨访缉并无西洋传教士在境折》(乾隆十一年十月十七日),《明清时期澳门问题档案文献汇编》第一册,第224页。并参见《两广总督策楞等奏明查封澳门进教寺不许内地民人入教折》《署江苏巡抚安宁奏覆查无西洋人在境及办理宋从一等习教案折》《两江总督尹继善奏覆遵旨查无西洋人在境传习天主教折》等,见《明清时期澳门问题档案文献汇编》第一册,第225—231页。

得伊叔在晋,遂于乾隆六年自澳门来山西赵城县"①。同年十一月,江西省鄱阳县查获西洋传教士李世辅,也是由澳门潜入内地,并曾在山、陕等省传教②。乾隆十二年,江苏巡抚安宁于昭文县也查获西方传教士谈方济、黄安多等人从澳门潜入内地传教之事③。直到乾隆十九年,江苏又查出西洋传教士张若瑟于乾隆十七年由澳门华人许方济各带领潜入内地,并由此获悉还有从澳门潜入的西洋人龚安多尼、费地窝尼小、季若瑟、刘玛诺等四人,仍在松江府属的奉贤县和南汇县传教④。同一年,四川也查获由澳门来到成都的西洋人费布仁,正拟接替已故的西方传教士牟天池在四川传教⑤。鉴于不断有在澳门的西方传教士潜入内地传教事件的发生,乾隆帝专门谕敕广东督抚大员,"嗣后留心稽察,毋任潜往他省教诱滋事"⑥。

在一些地方陆续发现西方传教士都与澳门有关的环境下,福建按察使雅尔哈善上奏提出:"从西洋邪教者,只将民人治罪,西洋人逐回澳门,多不深究,此诚柔远深仁,光被海表,不忍以重典绳彼番人。然即已屡蒙恩宥于前,伊等毫无感畏,若不特立科条,恐无以示儆戒,而暂时之查戢,日久且复萌矣。并请敕下部臣,将西洋人违禁潜往外省行教者,议定治罪之严例,晓谕在京及澳门诸番,俾感知凛惕,不敢违犯,则仁育义正,使知畏惮者,即所以矜全之也。"⑦当时,乾隆帝并不同意这种专门拟定惩治潜入内地西方传教士罪行的意见,但作为直接负有管理澳门事务责任的广东官员们却明显感到巨大的压力。当时,香山县知县张汝霖即根据上司指令,派人前往澳门了解华人所建的进教寺(又称"唐

---

① 《山西巡抚阿里衮奏报拿获由澳门到晋天主教徒王若含情形折》(乾隆十一年七月二十三日),《明清时期澳门问题档案文献汇编》第一册,第216页。

② 《清高宗实录》卷288"乾隆十二年四月壬申"条。

③ 《清高宗实录》卷327"乾隆十三年闰七月己未"条。

④ 《两江总督鄂容安等奏报拿获由澳门到江苏等地传教之张若瑟等质审缘由折》(乾隆十九年四月二十三日),《明清时期澳门问题档案文献汇编》第一册,第284—286页。

⑤ 《四川总督黄廷桂等奏报审办由澳门入川西洋人费布仁缘由折》(乾隆十九年五月二十一日),《明清时期澳门问题档案文献汇编》第一册,第288—290页。

⑥ 《清高宗实录》卷462"乾隆十九年闰四月甲寅"条。

⑦ 《福建按察使雅尔哈善奏请command令沿海各省督抚查禁洋教敕部定拟罪款折》(乾隆十一年八月初二日),《明清时期澳门问题档案文献汇编》第一册,第218—219页。

人庙")情况,提出了《请封唐人庙奏记》①。而两广总督策楞和广东巡抚准泰也根据张汝霖所汇报的情况,向乾隆帝进呈《查封澳门进教寺不许内地民人入教折》,提出"不许内地民人潜入澳门归教教礼拜","并饬澳门夷目传谕通澳夷人,咸知天朝法纪森严,不敢再诱民人入教"措施②。乾隆十二年春,广东督抚即指示香山县派人前往澳门与葡澳当局交涉,查封了唐人庙,并由此加强了对澳门的管理。乾隆二十一年,署理两广总督杨应琚、广东巡抚鹤年又专门派人前往澳门通知耶稣会会长季类斯,不许他再派人潜入内地传教③。即使这样,乾隆二十二年,仍有山东天主教徒"同广东人李刚毅往广东澳门,引西洋人梅神甫到东,在临清、直隶、威县等处传教"④。

面对各地所发现的西方传教士的案件,乾隆帝从中西关系大局出发,并未同意一些地方大员激化事端的做法,而是对西方传教士以及澳门都采取了较为和缓的政策。虽然如此,但乾隆帝对于天主教并未有何好感,而认为它"挟其左道,煽惑人心,甚为风俗之害",因此严禁西方传教士在华传播天主教。为此,乾隆帝除要求广东督抚严密防范澳门派人潜入内地传教外,还曾责成闽省官员在与吕宋(西班牙)之间通商贸易时注意防范西班牙派人潜入福建传教。乾隆十三年三月,乾隆帝下达谕旨:"闽省为海疆要地,嗣后一切外番来往之处,俱应加意查察,毋得任意透漏。"⑤五月,他再次下达谕旨:"嗣后务将沿海各口,私往吕宋之人及内地所有吕宋吧黎往来踪迹,严密访查,通行禁止;并往来番舶,亦宜严饬属员,实力稽察,留心防范,毋致仍前疏忽。"⑥正是在这一背景下,乾隆帝看到西方商人又陆续前来浙江贸易,于是担心宁波成为一个新的澳门就不足为奇了。

① 印光任、张汝霖《澳门纪略》上卷,《官守篇》,澳门文化司署1992年赵春晨校注本,第81—83页。
② 《两广总督策楞等奏明查封澳门进教寺不许内地民人入教折》(乾隆十一年十二月二十一日),《明清时期澳门问题档案文献汇编》第一册,第225—226页。
③ 据顾卫民《中国天主教史编年》,上海书店出版社2003年,第314页。
④ 《山东巡抚明兴拿获西洋人吧哩哑度等奏折》,《文献丛编》第十五辑,第16页。
⑤ 《清高宗实录》卷310"乾隆十三年三月乙酉"条。
⑥ 《清高宗实录》卷315"乾隆十三年五月壬寅"条。

三、结　论

　　上述考察表明,乾隆初期的二十年间,澳门所发生的司法主权归属事件和西方传教士潜入内地传教的事件,曾对乾隆二十二年所制订的把西方商人来华贸易限制于广州一口贸易的政策产生了直接的甚至是决定性的影响。而洪任辉事件的发展及其结局,其实也不完全是洪任辉事件性质及其本身内容所能决定的,澳门因素的影响就随处各见。所以,清朝对外国商人来华贸易港口限定政策的实施,也是清朝政府吸收明朝在澳门问题上历史教训的一个结果。

　　（原文载于澳门《文化杂志》2004年夏季号,原标题为《澳门问题与乾隆限关政策》)

论清朝前期国际贸易政策中
内外商待遇的不公平问题

——对清朝对外政策具有排外性观点的质疑

自19世纪以来,欧洲主流学术界认为当时清朝所奉行的国际贸易政策具有闭关性和排外性,甚至马克思也接受了这种观点。他在1853年所写的《中国革命和欧洲革命》一文中说:

> 清王朝的声威一遇到不列颠的枪炮就扫地以尽,天朝帝国万世长存的迷信受到了致命的打击,野蛮的、闭关自守的、与文明世界隔绝的状态被打破了,开始建立起联系。①

同时,他还认为,清朝实行对外闭关自守政策,不仅有着地理上和文化(人种)上的原因,而且有着满清贵族统治全国的政治原因:

> 仇视外国人,把他们逐出国境,这在过去仅仅是出于中国地理上、人种上的原因,只是在满洲鞑靼人征服了全国以后才形成一种政治制度。欧洲各国从十七世纪末为了与中国通商而互相竞争,它们之间的剧烈纠纷曾经有力地推动了满洲人实行这样的排外政策,这是毫无疑义的。可是,推动

---

① 马克思《中国革命与欧洲革命》,载于《马克思恩格斯选集》第二卷,人民出版社1972年,第2页。

这个新的王朝实行这种政策的更主要的原因,是它害怕外国人会支持很多的中国人在中国被鞑靼人征服以后大约最初半个世纪里所怀抱的不满情绪。由于这种原因,外国人才被禁止同中国人有任何来往。[①]

在上述文字中,当时西方学者对于清朝前期的对外贸易政策做了两个方面的认定,一是清朝前期对外贸易政策具有闭关性,二是清朝前期对外贸易政策具有排外性。而正是这种对外国人的排斥性决定了清朝前期对外贸易政策的闭关自守性。西方学术界的这种观点,自20世纪50年代以来,基本上被我国学术界所接受并认同[②]。人们甚至认为,清朝在鸦片战争以前采取了闭关锁国政策,而闭关政策造成了中国近代的落后挨打。

本文的研究将围绕着西方学术界关于清朝前期海外贸易政策具有闭关性和排外性这两个方面的问题而予以展开,并对清朝海外贸易决策取向的思想观念进行溯源考察,以便从清朝海外贸易政策的个案来探讨中国传统文化的涉外特性。

一、"闭关"话语系统的真实性、　虚伪性和片面性问题

西方主流学术界关于清朝前期实行闭关自守政策的观点,当时是针对清朝政府对于英国等西方来华贸易商人的政策而做出判断的。不过,我国著名清史专家戴逸先生在研究中却发现,"清政府的闭关政策,一方面限制中国人民出海贸易,或在外国侨居,禁止许多种货物出口;另一方面,对来华的外国人也作了种种苛细而不必要的限制和防范"[③]。就是说,清朝的闭关政策不仅针对外国来

---

①　马克思《中国革命与欧洲革命》,载于《马克思恩格斯选集》第二卷,人民出版社1972年,第6—7页。

②　陈尚胜《"闭关"或"开放"类型分析的局限性——近二十年清朝前期海外贸易政策研究述评》,载于《文史哲》2002年第6期,第159—166页。

③　戴逸《闭关政策的历史教训》,载于《人民日报》1979年3月13日。该文又收于宁靖主编《鸦片战争史论文专集·续编》,人民出版社1984年,第91—98页。

华贸易商人,也针对本国出海贸易商人。

自20个世纪80年代初开始,以严中平先生为代表的中国学者曾先后著文对马克思的相关观点进行质疑。我国著名经济史专家严中平先生认为:"在明清两代,中国政府是针对外国海盗冒险家的行径,限制他们只许在少数港口进行贸易,并加以管束监督的,这是出于保障人民生命财产的安全和社会秩序的安宁所采取的国防措施。世界各国无不如此,中国当然也必须提高警惕。只要外国人在中国法律规章允许的范围之内进行贸易,他们就受到保护和优待。"实际上,据英国下议院东方贸易情况调查小组在1830年的调查,"绝大多数在广州住过的作证人都一致声称广州的生意几乎比世界一切其他地方都更方便好做"。所以,他"不承认在历史上中国封建政府,曾经实行过什么'闭关自守'政策。更不承认,中国曾经出于地理上、人种上的原因,对外实行过'野蛮的''与文明世界隔绝的''闭关自守'政策。马克思对这个问题的提法是一个失误"。在他看来,马克思之所以在清朝对外政策问题上产生认识上的失误,是由于深受当时西方殖民主义者有关报道和议论的影响。当时,清朝面对西方人在华的诸多不合法活动,"只许英商在广州一个口岸和政府特许的少数行商进行贸易,并对外国人的行动加以约束,禁止鸦片进口。于是在鸦片贩子的带头之下,向中国推销工业品的产业资本家,经营中英印贸易的商业资本家,从事欧亚航运的商船资本家,在英国内外市场上进行活动的银行资本家群起鼓噪,一致叫喊中国仇外排外,贸易不自由"。于是,"闭关自守"就成为这些西方殖民者对清朝海外贸易政策进行诋毁和攻击之词。而事实上,清朝对外商来华贸易实行的是严格管理监督的政策①。

几乎同时,郭蕴静先生在发表的《清代对外贸易政策的变化——兼谈清代是否闭关锁国》一文中也认为,清朝并没有实行闭关锁国政策。她指出,清朝统治者入关后,因忙于国内统一战争,无暇顾及对外贸易。1655年以后,为了对付郑成功的反清力量,清朝先后出台了"海禁"令和"迁海"令,只是权宜之计,并

---

① 严中平《科学研究方法十讲——中国近代经济史专业硕士研究生参考讲义》,人民出版社1986年,第192、177—177、172、173页。作者按:这本著作虽出版于20世纪80年代中期,却是严中平先生给1982级研究生授课时的讲义。

非对外关系的既定国策。她还认为："一、历来任何主权国家的统治者,为了维护国家、民族的利益和自身的地位,在对外关系方面(无论政治或经济)制定的政策、措施,都带有限制性";"二、清政府制定的各种规章制度,无疑是严厉的,有些条文过于苛刻。然而,其内容和目的却没有超出'限制'与'防范'的界限,并不是从根本上断绝对外通商往来";"三、所谓'闭关锁国',并未见诸清代史籍、文献。而最早使用这一措词的却是西方列强,他们迫切希望扩大中国市场,愤于清政府的种种限制,而将之强加于清政府的";"四、(清朝)即使关闭一些口岸,但并没有影响对外贸易的进行"[①]。后来,黄启臣、夏秀瑞、王永曾诸学者等人也通过自己的研究提出了相似的观点[②]。

上述诸位学者的研究,主要围绕着清朝海外贸易政策的内容是否允许外国商人进入中国贸易来讨论闭关问题的。然而,马克思在《中国革命和欧洲革命》一文中却是围绕着清朝海外贸易政策的性质来讨论闭关问题的。从这种内容与性质的差别看,人们举例质疑并未完全解决问题。那么,究竟如何来认识一个主权国家在对外贸易政策本质上的"闭关"或"开放"问题呢? 客观地说,作为一种带有"闭关"或"开放"性质的主权国家对外贸易政策,应是15世纪以后全球化进程出现后的产物。由于全球化进程的出现,使各个主权国家都面临着日益激烈的国际竞争的外部环境。从此,一些主权国家的政府采取积极利用外部环境的对外贸易政策,来谋取本国的经济实力发展;也有一些主权国家的政府则采取消极限制外部环境的对外贸易政策,来维护自身的经济秩序和政治稳定。因此,界定这种对外贸易政策性质上的"闭关"或者"开放",关键是要考察这个政府在政策的本质倾向上是消极地限制还是积极地利用外部环境因素。就此而论,清朝无疑是用消极的防堵、隔离和限制性的措施来处理日益发展的国际贸易事务。于此而观,清朝在海外贸易上实行闭关政策的观点应具有相对的真实性。

---

① 郭蕴静《清代对外贸易政策的变化》,载于《天津社会科学》1982年第3期。

② 黄启臣《清代前期海外贸易的发展》,载于《历史研究》1986年第4期,第151—170页;夏秀瑞《清代前期的海外贸易政策》,载于叶显恩主编《清代区域社会经济研究》,中华书局1992年,第1106—1119页;王永曾《清代顺康雍时期对外政策论略》,载于《社会科学》(甘肃)1984年第5期,第100—106页。

　　然而,从语源上看,"闭关"和"开放"等词汇是在西方国家通过工业革命奠立机器大工业生产格局后所出现的一种话语系统。随着西方资本主义大工业生产体系的确立,西方工业资产阶级不仅需要为其工业生产准备充足的原料,更需要为其大量的工业产品寻找市场。由此,他们不仅需要加强对已成为殖民地国家的控制,还需要对一些独立的仍是农业文明的主权国家进行贸易扩张,甚至进行更大规模的殖民侵略。于是,"闭关自守"和"闭关锁国"就成为他们指责这些主权国家妨碍其贸易扩张的理论武器,"开放"也就成为他们企图打开这些国家市场的"文明"话语。据考察,汉语系统中的"闭关锁国"等词汇,最初来自于日本。1801年,日本兰学家志筑忠雄节译德国人恩格尔伯特·肯普费(Engelbert Kaempfer)所著的《日本史》时,曾用"闭关锁国"的概念来表述日本德川幕府初期的对外政策[①]。清朝末年,"闭关锁国"等词汇即从日本输入中国。从德国人肯普费已明确指出日本德川幕府实行闭关锁国政策的情况看,日语中的"闭关锁国"等词汇显然起源于西方国家。而在记载中西贸易的英语文献中,18世纪末和19世纪初的西方部分对华贸易商人,基于清朝把他们的对华贸易事务限定在广州一个口岸和政府特许的少数行商进行交易,使他们扩大对华贸易的诸多要求并未得到全部满足,开始以"闭关"话语来诋毁和攻击清朝对外贸易政策,甚到叫喊中国人仇外和排外。1793年英国派遣马戛尔尼使团访华谋求向广州以外的中国口岸扩展对华贸易的企图受阻后,英国政界和知识界也开始采用"闭关自守"的话语对清朝海外贸易政策进行指责和诟病。我们不难发现,英国等西方国家当年对清朝海外贸易政策使用"闭关自守"和"闭关锁国"等标尺进行评判的举动,充分地表达了他们要求占领中国市场的真实用心。而对于清朝前期的中国来说,国民经济体系的高度自给自足性就根本缺乏向英国商人"开放"的客观环境。如果我们绝对地使用"闭关"话语来讨论清朝前期的海外贸易政策,不仅盲目地认可了西方国家经济霸权的正当性,而且对于清朝这样的农业文明国家的国际贸易政策运用工业文明国家的国际贸易标

---

　　① 参见〔日〕高桥碛一《高桥碛一著作集》第2卷,日本あゆみ书房1984年;〔日〕加藤荣一《幕藩国家的形成与对外贸易》,日本校仓书房1993年。

准进行评判也有生搬硬套之嫌。

其实，即使在当时算是标准的工业化先进国的英国，对其他国家也没有采取他们所要求的"开放"。众所周知，英国在17世纪以后曾连续制订和实行排他性的《航海条例》，禁止外国商人染指英国本土以及其殖民地的运输业和商业。而英国在工业革命以后，仍然存在着排他性的对外贸易政策。譬如，1785年英国与爱尔兰之间所草拟的通商条约，原是为两国工业品进入对方市场提供互惠特遇而订，就因为遭到英国制造商公会的反对而被抛弃①。由此可见，连当时形成"闭关"或"开放"话语标准的英国也没有绝对的开放，他们却起劲指责清朝海外贸易政策的闭关锁国和排外，显然带有虚伪性。

而且，"闭关"或"开放"的政策研究取向，实际上也难以处理清朝前期海外贸易政策演变的复杂进程。从1644年到1840年，清朝前期几乎占有整整二百年的时间。在这期间，清朝统治者鉴于国内外形势的变化而对海外贸易政策也先后多次予以调整。而简单地以"闭关"或"开放"来判定清朝前期海外贸易政策的性质，都是将它视为一成不变的政治行为，因而无法揭示清朝前期海外贸易政策的演进的复杂轨迹。中国台北学者张彬村在考察明清两代海外贸易政策时就已注意到，明清两朝关于官方海外贸易的政策，无论是中国官方的出海活动还是外国官方的来华朝贡贸易，都是在走向消极退化的方向；而就民间贸易政策而言，则表现出积极进步的发展趋势。因此，单用"闭关自守"来形容明清两朝的海外贸易政策，即使适用于官方贸易，也决不适用于民间贸易②。

另外，我们还应当看到，清朝海外贸易政策"闭关论"已无法从海外贸易政策层面揭示出清代中国何以落后挨打的真正原因。在闭关论的学者看来，清朝采取闭关政策，阻碍了中外经济文化交流的发展，特别妨碍了中国人民学习世界先进的思想文化和科学技术，从而使中国在科学技术、社会生产等方面完全落后于西方，由此造成了近代中国的挨打局面。我们认为，上述观点将中国落后挨打的原因过于简单化。关于这一失误，高翔曾经指出，中国落后于西方是

---

① 〔法〕保尔·芒图著、杨人楩等译《十八世纪产业革命》，商务印书馆1983年，第319页。

② 张彬村《明清两朝的海外贸易政策：闭关自守？》，载于吴剑雄主编《中国海洋发展史论文集》第四辑，台北"中研院"中山人文社会科学研究所1991年，第45—59页。

历史长期演变的结果,它有着广泛的历史原因,而把落后完全归罪于清朝所推行的闭关政策是不公正的①。同时,上述观点只是结论,根本就缺乏具体的事实论证。闭关论者所确认的"闭关",多是指清朝对外国商人来华贸易所采取的严密防范和严格限制的措施。既然外国商人在清朝贸易时普遍受到这种防范和限制,为何清朝海外贸易发展的最后结果却是:被动贸易(指外国商人的来华贸易,尤其是西方商人的来华贸易)的日益发展和主动贸易(指中国商人的出海贸易)的不断萎缩呢②? 显然,用这种"闭关"政策无法解释本国商人海外贸易不断萎缩和外国商人来华贸易日益发展的原因。因此,"闭关论"也就不能从海外贸易的政策层面揭示出清代中国落后挨打的原因。

从世界历史发展进程看,也不乏闭关锁国并未导致落后挨打而对外开放却尚未缩小与发达国家差距的实例。例如,与清朝处于同一时段的日本江户幕府(1603—1867),在1639年至1854年间就采取了比清朝更为限制的海外贸易政策,它仅仅允许中国、荷兰、朝鲜和琉球四国商船前往日本贸易,而禁止日本商人的出海贸易。日本江户幕府的上述政策,已被学术界认定为"锁国"政策。但一些学者却认为,锁国政策是推动明治朝(1868—1911)日本近代经济发展的一个正面因素③。而依附论学者也看到,一些第三世界国家虽然采取了对外开放的政策,但其经济却一直处于不发达甚至落后的局面④。由此可见,简单地使用"闭关"或者"开放"的研究取向来研究一个国家的对外贸易政策,已难以说明上述国家现代化的不同结果。

---

① 高翔《康雍乾三帝统治思想研究》,中国人民大学出版社1995年,第444页。

② 陈尚胜《也论清前期的海外贸易——与黄启臣先生商榷》,载于《中国经济史研究》1993年第4期,第96—107页。

③ 〔日〕北岛正元《江户时代》,东京波岩书店1971年,第34页;〔日〕信夫清三郎《江户时代·锁国的构造》,东京新地书房1987年,第171—207页;Marius B. Jansen,"Tokugawa and Modern Japan",载入John W. Hall and Marius B. Jansen, des., Studies in the Intitutional History of Early Modern Japan, Princeton, princeton Univ. Press, 1970, pp. 317—330。

④ 〔英〕安德鲁·韦伯斯特著、陈一筠译《发展社会学》,华夏出版社1987年,第55—61页。

二、清朝海外贸易政策中的国内商人
　　与国外商人的待遇比较

　　西方学者根据清朝对外国商人来华贸易采取一些限制性措施而认定清朝海外贸易政策具有排外性的观点,我们也认为这种判断过于简单,因为它忽略了对清朝海外贸易政策的国内商人内容的全面了解。从英国的《航海条例》来看,他们在航运业和贸易事务上所采取排外性的措施完全是为了保护英国国内商民的利益。因此,要考察清朝对外国商人的来华贸易政策是否具有排外性的问题,同样也应该结合清朝对于本国商人的出海贸易政策进行全面地比较和观察。

　　首先,我们就清朝对本国商民出海贸易与外国商民来华贸易的基本政策做一考察和比较。

　　顺治三年(1646)清朝在公布《大清律集解附律》时即保留了其蓝本《大明律》中有关"私出外境及违禁下海"的条文:

> 　　凡将马牛、军需、铁货(未成军器)、铜钱、缎匹、绸绢、丝绵私出外境货卖及下海者,杖一百。(受雇)挑担驮载之人,减一等。物货、船车并入官。于内以十分为率,三分付告人充赏。若将人口、军器出境及下海者,绞(监候);因而走泄事情者,斩(监候)。其该拘束官司及守把之人,通同夹带,或知而故纵者,与犯人同罪(至死减等)。失觉察者,(官)减三等,罪止杖一百。军兵又减一等(罪坐直日者,若守把之人受财,以枉法论)。①

从此,清朝开始实行"海禁",直到康熙二十三年(1684)在全国正式开放"海禁"为止,本国商民的出海贸易(除采办洋铜的官本商船外)以及外国商船的来华贸易基本上受到禁止。清朝虽然在这一期间局部对本国商民实行过"出海市

---

① 《大清律例》卷20《兵律》"私出外境及违禁下海"条,天津古籍出版社1993年,第327—328页。

铜"的措施,但从总体上却维持了"海禁"政策①。

不过,在清初"海禁"期间,海外国家却可以凭借清朝允许的"朝贡"活动前来中国贸易。清朝顺治四年二月的"颁诏天下",其中一条即希望建立与海外国家的传统"朝贡"关系:

> 东南海外琉球、安南、暹罗、日本诸国,附近浙闽,有慕义投诚纳款来朝者,地方官即为奏达,与朝鲜等国一体优待,用普怀柔。②

不久,清兵攻占广东,清朝政府又在针对广东地区的《颁恩诏》中宣布:

> 南海诸国、暹罗、安南,附近广地,明初皆遣使朝贡,各国有能倾心向化称臣入贡者,朝廷一矢不加,与朝鲜一体优待,贡使往来,悉从正道,直达京师,以示怀柔。③

此外,澳门葡萄牙人也于顺治八年以后享受与内地商人贸易的优待,由南海和香山两县官员协同市舶司机构对澳葡的贸易事务进行管理④。清初"海禁"期间市舶司在澳门贸易方面所征收的关税收入,据康熙元年兵部尚书明安达礼的题报:

> 香山县所属濠镜澳,乃夷众聚集之地,先是其商贩越洋前来贸易,市舶司每年可获二万二千余两税银,用资军饷。每逢船回澳门,市舶司官员即会同香山县掌印官员丈船抽税,每年合计报部,汇入军饷办理。⑤

---

① 陈尚胜《清初"海禁"期间海外贸易政策考》,《文史》2004年第3辑,第135—147页。
② 《清世祖实录》卷30"顺治四年二月癸未"条。
③ 《清世祖实录》卷33"顺治四年七月甲子"条。
④ 陈尚胜《清初"海禁"期间海外贸易政策考》,《文史》2004年第3辑,第135—147页。
⑤ 《兵部尚书明安达礼等题报澳门相继有船来可否抽取税银请交户部议奏本》(康熙元年十二月十八日),载于《明清时期澳门问题档案文献汇编》第一册,第44页。

由此可见,清初"海禁"期间澳门的葡萄牙人也享受了允许贸易的政策优待。

康熙二十三年,清朝在东南沿海地区正式设立了粤、闽、浙、江四海关,从此开放了本国商民的出海贸易和外国商船的来华贸易。然而,清朝对于本国商民出海贸易的政策,在康熙五十五年至雍正五年(1727)的十二年间就有剧烈波动,并且采取过"南洋之禁"的政策①。乾隆五年(1740),由于荷兰殖民者在巴达维亚大量屠杀华商,酿成"红溪惨案",又险些造成新的"南洋之禁"政策的出台②。而清朝对于外国商民来华贸易的政策,在这一时间内却比较稳定,但在乾隆二十二年也出现重大变化,清朝把外国商人的来华贸易从原来的四个海关所属港口自由选择改为只许广州一口通商③。两广总督李侍尧也根据清廷决策而制订了《防范洋人条规》,意在对来广州贸易的外国商人的人身活动进行限制。不过,外国商人的来华贸易虽然受口岸限制,他们在广州贸易虽然也受到人身活动的限制,但他们在广州的贸易活动本身却丝毫未受影响。嘉庆(1796—1820)、道光(1821—1850)时期,清朝先后颁布了《民夷交易章程》(嘉庆十四年)、《防范夷人章程》(道光十一年)和《防范贸易夷人新规》(道光十五年),虽然不断修订并完善对来华贸易的外国商人的防范措施,但允许外国商人来广州贸易的基本政策却依然未变。然而,却有间接证据表明,本国商民的出海贸易,在道光十五年左右因为"防夷"的需要而被清朝政府禁止。道光十五年,两广总督卢坤在制订的《防范贸易夷人新规》中的第八条曾说到:

> 惟粤省与福建、浙江、天津等省,洋面毗连,各省奸徒坐驾海船在外洋与夷人私相买卖货物,即从海道运回。此等奸贩既不由粤省海口出入,无从堵拿,而洋货分销,入口渐少,于税饷甚有关系。

---

① 韦庆远《论康熙时期从禁海到开海的政策演变》,载于《中国人民大学学报》1989年第3期;另收入韦氏《明清史新析》,中国社会科学出版社1995年,第372—388页。

② 郭成康《康乾之际禁南洋案探析——兼论地方利益对中央决策的影响》,载于《中国社会科学》1997年第1期。

③ 陈尚胜《1757年广州一口通商政策的形成与澳门问题》,载于耿昇、吴志良主编《16—18世纪中西关系与澳门》,商务印书馆2005年,第117—133页。

从上述"各省奸徒坐驾海船在外洋与夷人私相买卖货物"一语看,清朝在此时已对本国商民的出海贸易采取了禁止政策。所以,卢坤才在"条规"中规定:

> 无论何省海船置买洋货,一律赴粤海关,请用盖印执照,详注货物数目,不准私买,咨明闽、浙各省通行遵照,并于各海口严行稽查。如有海船运回外洋货物,查无海关印照,即属私货,照例究办,船货入官。①

闽、浙等省商人置买洋货,必须先到粤海关纳税,看来闽、浙等海关已停止受理本国商民出海贸易的纳税事务。此后,林则徐也在道光十九年的一份奏折中说到:

> 华民惯见夷商获利之厚,莫不歆羡垂涎,以为内地民人格于定例,不准赴各国贸易,以致利薮转归外夷。②

由此我们可以看到,清朝对于外国商民来华贸易的基本政策,要比它对于本国商民出海贸易的基本政策更为稳定和开放。

其次,我们再就清朝对于本国商民和外商的关税政策做一考察和比较。

康熙开海时所确立的关税,有货税和船钞两类。由于货税是按照进出口货物所征收的关税,本国商民出海贸易和外国商人的来华贸易,只要进出口的货物相同,同一海关内其税率也完全相同。所以,从货税角度来看,中外商人的贸易待遇是基本平等的。不过,在减免货税待遇上,中外商人的待遇却不尽一致。如雍正二年、雍正六年曾专门下旨准许,暹罗商人运米来华时,其他货物可以免税③。而此时清朝却强行规定,本国商船前往东南亚必须运载大米回国,但却没有对其他货物免税的待遇。直到乾隆四年,清朝才取消了本国海商必须携带米粮回国的规定。乾隆八年,清朝又将外商带米免税的临时措施作为定例规定下来,"自乾隆八年始,嗣后凡遇外洋货船来闽、粤等省贸易,带米万石以上

---

① 梁廷枏《粤海关志》卷29《夷商》,广东人民出版社2002年。
② 中山大学历史系编《林则徐集·奏稿·中》,中华书局1963年,第640页。
③ 席裕福《皇朝政典类纂》卷117《市易》"藩部互市条"。

者,著免其货税银十分之五;带米五千石以上者,免其十分之三"①。三年后,因两艘暹罗商船载米在四千石左右而不足五千石事例的出现,清廷又补充规定,对运米不足五千石之数,免其货税银十分之二②。而乾隆帝对于本国出海商民载米回国是否应该免税的问题,虽然屡次接到个别官员的奏请,但却拖延不决。乾隆十六年,福州将军兼管闽海关事新柱在一件奏疏中说:"内地贩洋商船,每年出口自五十余只至七十余只不等,若令回棹多带食米,则较番船更为充裕。在洋商船大者载货七、八千石,其次载货五、六千石,但涉历风涛,权衡子母,其带别货之利胜于带米,是以带归者少,唯有大加宽恤,自必踊跃乐从。"为此,他请求嗣后援照乾隆八年外洋番船带米免税之例,略为变通,凡带米三千石以上者,免其货税十分之三;带米五千石以上者,免其货税十分之五;带米七千石以上者,则货税全免;不及上述数量者,地方官员给予一定奖赏,带回之米听商民自行粜卖。乾隆帝接到新柱这件奏疏后,批示军机大臣会同户部官员讨论决定③。第二年,两广总督阿里衮也上奏请求,对本港洋船(指广东省前往东南亚地区贸易的商船)载米回粤,应照外洋船只(即外国来华商船)之例,一体减免货税。乾隆帝接到阿里衮奏请后仍不同意,专门"谕军机大臣等:阿里衮奏称,本港洋船载米回粤,请照外洋船只之例,一体减免货税等语。外洋货船随带米石,至闽、粤等省贸易,前经降旨,万石以上免其货税十分之五,五千石以上免其货税十分之三。原因闽、粤米价昂贵,以示招徕之意。若内地商人载回米石,伊等权衡子母,必有余利可图,若又降旨将船货照例减税,设一商所载,货可值数十万,而以带米五千石故,遂得概免货税十分之三,转滋偷漏隐匿情弊,殊非

---

① (光绪)《大清会典事例》卷510《礼部》"朝贡·市易"条。

② 据《清高宗实录》卷275"乾隆十一年九月戊午"条。但据《清朝文献通考》卷33《市籴考》记载:乾隆七年七月,"有暹罗国商人方永利一船载米四千三百石零,又蔡文浩一船载米三千八百石零,并各带有苏木、铅、锡等货,先后进口。查该番船所载米石,皆不足五千石之数,所有船货税银未便援例宽免。得旨:该番等航海运米远来,慕义可嘉,虽运米不足五千之数,著免货税银十分之三,以示优恤"。这与上引《实录》中所载的免货税银"十分之二"不同。然而,《清朝文献通考》卷297《四裔考》中却记载:"该番航海远来,仍加恩免其货税银十分之二。"看来,《清朝文献通考》卷33文中记载有误。我们认为,从不足五千石情况处置,最有可能是免货税银十分之二,以示与超过五千石有所区别,故以《实录》卷275的记载和《清朝文献通考》卷297的记载为准。

③ 新柱《奏请酌免洋船带米货税以裕民事折》,载于《宫中档乾隆朝奏折》第一辑,第815—816页。

设关本意。至上年新柱在粤，因米价未平，出示晓谕，乃随时酌量办理之事，岂可援以为例耶？著传谕阿里衮知之"①。然而，由于当时米价昂贵，乾隆帝为了平抑米价，最后还是同意并下令："准其照外洋番船之例，一体分别减免船货之税。"②不过，这项对本国海商载米免税的待遇只是在大米供应严重不足引起米价昂贵时的临时措施。由此可见，清朝在载米免税问题给予外商的待遇要厚于本国出海商人。

再看清朝海关对中外海商征收船钞的情况。康熙时期曾规定船钞是分本国商船和外国商船并按商船的等级进行征收。从表面上看，清朝海关对于外国商船所征收的船钞税银要高于本国商船所征收的船钞税银，如外国一等商船，需交船钞一千一百二十两。而外国一等船的标准，是指船长在七丈五尺及其以上，船宽在二丈四尺及其以上，长宽相乘之积为十八平方丈，这样每平方丈平均征银六十二点二两。而本国一等商船的标准，是指船长在七丈三尺及其以上，船宽在二丈二尺及其以上，长宽相乘之积为十六点零六平方丈，每平方丈平均征银十五两。依照商船丈量的数据计算，外国二等船每平方丈征船钞银的标准为五十七点一两，而本国二等商船每平方丈则征十三两；外国三等商船每平方丈的征收标准为四十两，而本国商船每平方丈所征收的标准仅为十一两③。不过，由于船钞的征收标准是计算船只的面积而不是体积，而外国商船尤其是西方商船吃水较深，即使其长宽尺寸与本国商船的尺寸相同，但其载重量却远远大于本国商船，因而它所载货物的货值也远远高于本国商船。据一位学者研究，在船钞负担与商船载货值的比例上，即使是一等船，西方商船所负担的船钞占商船载货值的0.75％，而本国商船所负担的船钞则占商船载货值的0.85％④。

---

① 《清高宗实录》卷424"乾隆十七年十月己亥"条。

② 阿里衮《奏请准本港洋船带米回粤者减免船货税折》，载于《宫中档乾隆朝奏折》第三辑，第772页。

③ 据《粤海关志》卷九《税则》的记载，划分外国商船的等级标准为，一等：长七丈五尺，宽二丈四尺，长宽相乘之积为十八平方丈；二等：长七丈二尺，宽二丈二尺，长宽相乘之积为十五点八四平方丈；三等：长六丈六尺，宽二丈，长宽相乘之积为十三点二平方丈。划分本国商船的等级标准为，一等：长七丈三尺，宽二丈二尺，长宽相乘之积为十六点六平方丈；二等：长七丈，宽二丈，长宽相乘之积为十四平方丈；三等：长六丈，宽一丈八尺，长宽相乘之积为十点八平方丈；四等：长五丈，宽一丈六尺，长宽相乘之积为八平方丈。

④ 陈希育《中国帆船与海外贸易》，厦门大学出版社1991年，第350页。

依此可见,本国商船所负担的船钞税实际上要重于外国商船所缴纳的船钞税。

从雍正时期开始正式征收的"规礼银",在鸦片战争前夕曾是引起西方商人对清朝海关关政最为不满的内容之一。粤海关对于外国商船所征收的规礼银,自雍正时期开始为一千九百五十两。至道光十年,清朝本着"以示体恤"的精神对外国商船进出口规礼银的主要部分减免二成,成为一千七百一十九两[①]。而在本国出海商船较多的闽海关,一等商船也要向地方官员交纳进出口规银一千二百两。虽然本国海商所交纳的规礼银数目还是比外商交纳规礼银的钱额少,但若考虑本国出海一等商船所载货物的货值不及西方商船所载货物的货值三分之一左右的情况[②],那么本国商船所负担的规礼银占商船所载货值的比例,实际上又远远高于西方商船负担的规礼银占其商船所载货物的货值的比例。尽管乾隆二十九年清廷曾经下令查处过地方大员的这种违法行为[③],但不久却又恢复。道光时期曾有人深有感慨地说:

> 福建之厦门码头,本为内地贩洋商船聚泊之所,后因陋费繁重,屡次禁革,乃愈禁则愈甚,遂致洋行歇业,洋贩不通。幸内地商人可任其所之,不致激成事端。[④]

本国出海商人竟为沉重的规银陋费所累,因无处伸理,最后结局只能是被迫停止出海。而从当时人"幸内地商人可任其所之,不致激成事端"的简短之语中,我们也可以感受到这位官员对于中外商民在关税待遇上的不公平甚为痛心。显然,本国商船所负担的规银陋费远比外国商船所负担的规银陋费为重。

即使是清朝海关在征收其他的杂税时,也存在着本国商人重于外商的情

---

①　参见马士《东印度公司对华贸易编年史》第四卷,汉译本第396页。

②　据陈希育考察,外国商船的平均贸易额为150000两,而中国商船的贸易额却只在21429至42858两之间。见《中国帆船与海外贸易》,第349页。

③　《清高宗实录》卷707"乾隆二十九年三月甲戌"条记载:"谕军机大臣等,前因闽海关有陋规番圆,各衙门朋分侵分一案,因命舒赫德等前往查办,并有旨传询杨应琚、福增格,令其据实具奏。"

④　文庆等纂修(道光朝)《筹办夷务始末》卷64。

况。如粤海关在对船料征加耗银时,规定外国商船不另加征,而本国商船则要加征百分之十的耗银。海关在向户部报解税银时,通常也要征收一种叫做"添平银"的附加杂税。粤海关在乾隆二十六年以前,每千两关税加缴添平银二十两,乾隆二十六年以后则改为十五两,其添平率为百分之一点五。这些添平银,最后自然要落实到进出广东各港口的中外海商来负担。不过,在乾隆二十四年以后只受理本国海商出海贸易的闽海关的添平银负担率,却相当于粤海关的十三倍之多。据文献记载,嘉庆六年,清廷"覆准闽海关征收二八添平银两,永行革除"①。所谓"二八添平",即加缴百分之二十。仅从百分之二十与百分之一点五的添平银缴纳费率的巨大差别看,只受理本国海商出海贸易事务的闽海则远远高于内外商贸易事务兼理的粤海关。显然,清朝海关向本国海商所征收的杂税也远远重于向外国来华贸易商人所征收的杂税。

因此,从上述清朝海关所征收的货税、船钞、规礼、杂税等四个方面情况看,本国出海商民所承担的关税率明显高于外国来华商人所承担的关税率。

再次,我们就清朝对于本国商民出海贸易和外商来华贸易的具体管理措施做一比较。

清朝管理海外贸易的具体措施,从演变趋势上基本表现为对于本国商民出海贸易的管理逐渐放宽,而对于外国商人来华贸易的管理却在逐渐加强。然而,细察清朝对于海外贸易管理措施的具体内容,对本国商人出海贸易的管理却远远严格于对外商来华贸易的管理。

清朝对于本国商民出海贸易的管理措施,在康熙二十三年开海之初,曾规定有商人在出海前取具保结,从所在地方领取印票执照,只能打造单桅并且是五百石以下船只,禁止携带枪炮等武器等出洋②。到康熙四十二年,出海商船才许用双桅,但仍有梁头尺寸和船员人数的限制。雍正时期,虽然出海商人携带军器的禁令一度被取消,但却仍有限制,如每艘商船火炮不得超过二位,火药不得超过三十斤等。直到乾隆末年,这一携带有限的火炮措施才得以被许可。乾隆十二

---

① 《清朝续文献通考》卷29《征榷考》。
② 据(光绪)《大清会典事例》卷120《吏部》"处分例·海防"条;卷776《刑部》"兵律·关津"条。

年,清朝还曾规定:

> 福建省牿仔头,桅高篷大,利于走风,未便任其置造,以致偷漏,永行禁
> 止,以重海防。①

嘉庆十四年又规定:

> 商、渔船只,各按海道远近人数多寡,每人每日带食米一升之外,并带
> 余米一升,以防风信阻滞。若有多带米谷以及麦豆杂粮,即系偷运。②

由于上述措施的执行,使得本国海商在航海能力(帆船桅杆数量、米粮供应能
力)、载重量、安全防卫能力(携带枪炮、刀具等武器数量)等方面,无法与外商展
开竞争。

中国海商在本国大宗商品的外销经营上也受到清朝的严格限制。乾隆
二十年,清朝为了维护"以商制夷"的广州洋行体制,曾规定外商在广州所购买
的生丝和茶叶,一律由行商采购,其他商人不得染指。为了维护广州行商的采
购制度,清朝又严禁闽、皖、浙等省出产的茶叶从海路运销广州或海外。嘉庆
二十二年,嘉庆帝曾专门下达关于茶叶外销途径的"敕谕":

> 闽、皖商人贩运武彝茶、松罗茶,赴粤省销售,向由内河行走。自嘉庆
> 十八年渐由海道贩运,近则日益增多。洋面辽阔,漫无稽查,难保不夹带违
> 禁货物,私行销售。从前该二省巡抚并不查禁,殊属疏懈,念其事属已往,
> 姑免深究。嗣后着福建、安徽及经由入粤之浙江三省巡抚,严饬所属广为
> 出示晓谕,所有贩茶赴粤商人,俱仍照旧例,令由内河过岭行走,永禁出洋
> 贩运。赵有违禁私出海口者,一经拿获,将该商人治罪,并将茶叶入官。若

---

① 周凯《厦门志》卷5, 1931年重印本。
② (光绪)《大清会典事例》卷630《兵部》"绿营处分例·海禁"条。

不实力禁止,仍听私运出洋,别经发觉查明,系由何处海口偷漏,除将守口员弁严参外,并将该巡抚严惩不贷。漏税事小,通夷事大,不可不实心实力杜绝弊端也。[①]

而从"从前该二省巡抚并不查禁,殊属疏懈"之语看,关于禁止中国商人向海外运销茶叶的规定早已存在。这样一来,使得中国商人在海外贸易活动中无法经营本国的优势货源——茶叶。而外国商人尤其是英国东印度公司商人却因此垄断了中国茶叶在世界市场上的销售。

在生丝的出口贸易方面,清朝政府曾一度采取禁止的政策。乾隆二十九年,清廷最终取消了生丝出口的禁令,但却做出了生丝出口的数量限制,规定江苏省赴日本采办铜料船,每船准带二三蚕糙丝一千二百斤;一般出洋商船,每船准带糙丝三百斤;浙江省赴日本采办铜料船和出洋商船,每船准带土丝一千斤、二蚕糙丝一千斤;福建省出海商船,每船准带土丝一千斤、二蚕糙丝一千斤;广东省出海商船,每船准带土丝一千斤、二蚕糙丝六百斤[②]。但清朝对于外国商船载运生丝的数量,却许以一万斤的数量。清朝规定,"至粤省外洋商船,较他省为多,其配往各洋丝斤,亦较他省加广,请令每船于旧准带丝八千斤,再准加带粗丝二千斤,连尺头总以一万斤为率"[③]。

这样,中国出海商人在本国大宗商品的销售领域,却由于清朝相关规定的严格限制,在与外国来华贸易商人的贸易竞争中处于劣势。

从清朝对来华贸易外商的管理措施看,康熙开海之初就采取了洋行商人的管理体制。外商来到清朝设关港口后,即入住洋行商馆,并由洋行商人评定物价和代交关税,签订贸易合同。乾隆中期限定外商在广州一口贸易后,强调了洋行商人对外商的管理责任,清朝政府也连续颁布章程,对来粤外商加强管理和防范。不过,清朝对外商的管理和防范措施,主要是针对他们在华的活动所

---

① 《粤海关志》卷18《禁令二》"茶之禁"条。

② 《清高宗实录》卷708 "乾隆二十九年四月丙戌"条。此处并综合了《清朝文献通考》卷33《市籴考》和(光绪)《大清会典事例》卷239《户部》两书中的有关记载。

③ 《清朝文献通考》卷33《市籴考》。

做出的限制,如外商必须投宿行商的商馆,不得在内河闲游,不得带外国妇女进广州城,不得在广州过冬,不得携带枪炮火药进入广州,外商雇用人夫也是先受禁止后受限制,外商遇事也必须用禀帖形式通过行商转递给广东地方政府等。这些限制,基本上与贸易本身无关。关于这一点,连西方商人也承认,虽然在广州的生活受到一定限制,但"比起能积累一笔可观资财的前景来,根本算不了一回事"①。

在上述对外商的管理章程中,还有一项关于外商的护卫兵舰不得在广州近港黄埔驻泊的规定。即使有这项规定,清朝对于他们提出的补给生活必需品等要求却能给以满足。如嘉庆七年,英国护卫兵船司令黎尔提出,因"本国与佛兰西、吕宋二处有隙,货船来粤回国,恐被拦截抢夺,是以国王派有兵船三只来往护送。船内粮面缺乏,恳求准买米粮,以资口实"。两广总督吉庆在接到报告后,即派人通知黎尔:"尔等皆远涉重洋护货来广,自应仰体大皇帝怀柔远人德意,按口计食准买口粮。"②而清朝因为沿海地区粮食不足,对于本国商船出海贸易却一直实行数量限制。

从广州洋行体制的表层看,可能构成对外商来华贸易的限制。因为在这种体制之下,行商基本上垄断了与来华外商的主要贸易业务,束缚了外商与行外商人的自由交易。然而,清朝之所以设立洋行体制来具体管理外商的来华贸易,则是带有保护外商贸易利益的目的。在清朝统治者看来,"商得其人,则市易平而夷情洽;商不得人,则逋负积而饷课亏"③。由此来看,清朝设立行商制度的目的,有着通过稳定市场秩序使"夷情"融洽和完成关税的双重任务。正是带着融洽"夷情"的目的,清朝从乾隆二十四年开始就曾明令禁止行商对外商的"商欠",一旦得悉行商对外商的"商欠"发生,清朝必将当事人的财产变卖予以偿还。当某位行商因破产而无法偿还外商的"商欠"时,清朝从乾隆四十五年开始便实行其他行商共同分摊的办法,来偿还破产行商对外商的债务。而当行

---

① 马士《中华帝国对外关系史》汉译本第一卷,三联书店1957年,第85页。
② 《两广总督吉庆奏闻晓谕英护送兵船须停泊澳门外洋情形片》(嘉庆七年三月),载于《明清时期澳门问题档案文献汇编》第一册,第623页。
③ 《粤海关志》卷25《行商》。

商们不能及时共同分摊某位行商对外商(夷商)的欠款时,乾隆帝甚至下令动用关税垫付:

> 内地商人拖欠夷商银两,若不即为清欠,转致贻笑外夷,着福康安等即将关税盈余银两,照所欠先给夷商收领,再令各商分限缴还归款。①

因此,在鸦片战争前夕不少西方商人都曾承认,在广州做生意,比在世界其他任何地方都更加容易和安全②。然而,清朝却没有用相同的规定来约束外商。而且,清朝对外商欠本国行商的债务却不闻不问。所以,在鸦片战争前,也有一些不讲信誉的西方商人在广州留下大量债务后,往往溜之大吉,本国行商则无从追讨。由此也可认定,清朝行商体制虽有"防夷"意图,实际上也采取了利惠外商的片面的措施。

这一措施不仅体现于广州的行商制度中,在本国出海商人的贸易事务中也有实例。乾隆七年,曾有浙江慈溪商人邵士奇在苏禄国骗得该国采购货款三千七百三十两而卷逃回籍,结果为苏禄朝贡使团所告发。清朝在得悉这一情况后,立即将邵士奇从原籍提解归案,但由于邵士奇已将所骗银两花费,浙江巡抚便从浙江地方府库中支取同额银两偿还给苏禄③。所以,从清朝对海外贸易制订的各种管理措施和具体处理事例看,对本国商人的限制要远远甚于对来华外商的限制,而对来华外商的债务利益更采取了具体的保护措施。

根据上述三个方面的考察,我们可以发现,清朝无论是在海外贸易的基本政策上,还是在关税政策和具体的管理制度方面,都呈现出一种限制本国商人要远远甚于来华外商的政策特征,而外商从清朝那里所得到的贸易利益待遇也远远高于中国本国商人,甚至还以牺牲本国商人利益来成就来华外商的利益。从这一比较看,清朝在海外贸易政策方面可以说是"排内"而不"排外"。

---

① 《粤海关志》卷25《行商》。

② 格林堡《鸦片战争前中英通商史》汉译本,商务印书馆1961年,第55页。

③ 中国第一历史档案馆藏《军机处录付奏折》,案卷号1261—3,《乾隆八年八月二十六日浙江巡抚常安奏折》。

三、余论:"怀柔远人"与"重农抑商"

　　清朝为什么要在对外贸易政策上实行一种对外商优惠而对本国商人限制的不同待遇?我们认为,这是由于清朝统治者在制订相关政策时的指导思想不同所造成的。从清朝对于本国商人的出海贸易政策看,康熙帝在统一台湾之后虽然开放了对本国商民的海禁,认为商业贸易可以裕民利国,但后来却在政治上把与外国有联系的本国商业势力视为有害力量,特别是他执政的后期。他曾说:"海外有吕宋、噶喇巴等处,常留汉人,自明代以来有之,此即海贼之薮也。"①而同意开放南洋之禁的雍正帝曾认为:"凡士工商贾,皆赖食于农,故农为天下本务,而工贾皆其末也。……是逐末之人多,不但有害于农,而并有害于工也。"②由于他认为商贾增多会有害于农工两业,因此更加歧视出国海商:"朕思此辈多系不安本分之人,若听其去来任意,不论年月之久远,伊等益无顾忌,轻去其乡而漂流外国者愈众矣。"③由此可见,清朝最高统治者已从政治上把本国海商视为一种潜在的不安定因素,所以清朝兵部也要求有关官员"详立规条,严加防范"④。乾隆帝也曾明确地说:"国家设立权关,原以稽查奸宄,巡辑地方,即定额抽征,亦恐逐末过多,藉以遏禁限制。"⑤而对于出海商人在海外惨遭杀害的情况,清朝也是表示"其在外洋生事被害,孽由自取"⑥,显然,清朝统治者在制订本国商人出海贸易政策以及制订具体管理制度时的指导思想,依据的是传统的"重农抑商"观念。

　　而在制订外商来华贸易政策方面,清朝从最初在迁海时期为澳门的葡萄牙人网开一面,即是为了体现"朝廷的柔远之意";到康熙末期清廷与罗马教廷之间发生"礼仪之争"时,清朝采取禁止了本国海商前往南洋贸易的措施,却仍

①　《清圣祖实录》卷270"康熙五十五年十月壬子"条。
②　《清世宗实录》卷57"雍正五年五月己未"条。
③　《清世宗实录》卷58"雍正五年六月丁未"条。
④　《清世宗实录》卷54"雍正五年三月辛丑"条。
⑤　《粤海关志》卷1《皇朝训典》。
⑥　《署两广总督庆复奏覆仍准各国船只来粤贸易折》,载于《明清时期澳门问题档案文献汇编》第一册,第190页。

是本着"怀柔远人"的方针,维持了西方商人的来华贸易政策。即使是乾隆、嘉庆、道光三个时期,虽然清朝连续制订和颁布了多份防范外商的管理章程,但用清朝最高统治者的话来说,也是因为"粤省地方濒海,向准各国夷船前来贸易,该夷商远涉重洋,懋迁有无,实天朝体恤之恩。然怀柔之中,仍应隐寓防闲之意"①。由此可见,"怀柔远人"仍是清朝处理外商来华贸易事务的指导思想。所以,清朝在对本国商船准带二千斤生丝出海时,却许外国商船带出一万斤生丝,"以示加惠外洋至意"②。清朝最高统治者之所以对于行商欠外商债务问题如此重视,也是基于"抚驭远人,全在秉公持正"的"怀柔"理念③。即使林则徐在广东为查禁鸦片而与不法外商进行斗争的艰难时刻,他仍然坚持开放对外商的茶叶和大黄贸易,"准其照常互市,以示怀柔"④。

正是由于清朝在制订本国商人出海贸易的政策和管理制度时,依据的是"重农抑商"观念;而在制订外商来华贸易政策和管理制度时,依据的则是"怀柔远人"的思想。政策构成的理念的不同,才导致了中外商人在享受清朝海外贸易政策待遇时的巨大差异。从我们所做的上述实证研究看,西方学者包括马克思在内所认定的清朝国际贸易政策具有排外性的观点,撇开其国家利益方面的曲解而不论,至少也是一种对清朝实际情况的误判。

（原文载于《文史哲》2009年第2期）

---

① 王之春《清朝柔远记》卷7,"嘉庆十九年冬十二月申定《互市章程》"条。
② 《清朝文献通考》卷33《市籴考》。
③ 《粤海关志》卷25《行商》。
④ 《钦差大臣林则徐奏得洋商已缴鸦片请暂缓断绝互市片》（道光十九年二月二十九日）,载于《鸦片战争档案史料》第一册,第511—512页。

清朝前期与英国海外贸易
政策的初步比较

　　不少学者认为，16至18世纪的国际海上贸易，对于资本主义的发展具有重要的作用。如薛国中《国际贸易与资本主义成长的关系——对16—18世纪荷英中三国历史进程进行考察》[①]一文，就三国海外贸易发展的历史进程做了专门考察，认为三国间国际贸易的发展状况的不同对于各国社会发展进程起了决定性的影响。江道源也曾发表过《15世纪以来中英航海业逆转的社会生态分析》的长篇论文[②]，就中英两国航海业发展的社会环境做了比较。不过，他们都未能对两国间海外贸易政策进行具体比较。

　　而从1793年英国马戛尔尼（George Macartney，1737—1806）使团来华开始，英国与清朝在海外贸易政策上即发生了直接碰撞。此后，双方在海外贸易上的纠葛一直不断。通过鸦片战争的较量，英国终于迫使清朝签订不平等的《南京条约》。毫无疑问，中、英两国的海外贸易政策对于鸦片战争都曾产生过相当的影响。因此，对清朝与同时代的英国就海外贸易政策进行比较，不仅有助于揭示中、西两种文化在海外贸易政策行为上的本质差别，也有利于我们深化对鸦片战争问题的认识。本文将从造船和海洋航运政策、对本国海商和外国商人的政策、对进出口的管理措施和关税等三个方面，就清朝与英国的海外贸易政策

---

①　载于《世界历史》1989年第5期。
②　载于《海交史研究》2000年第2期、2001年第1期。

做一比较。

一、造船和海洋航运政策的比较

　　海外贸易必须依赖海洋运输业。因此,一个国家对海洋运输业所采取的政策也就成为海外贸易政策的一个部分。英国自都铎王朝(1485—1603)以来,就制订各种政策鼓励和发展本国的海洋航运业。例如, 1485年英国议会规定,凡是从法国加斯科尼和基恩输入的酒,只能用英格兰、爱尔兰和威尔士籍的货船运输,否则禁止在英王辖地内出售。都铎王朝鉴于本国商船不少是从外国建造的情况,为了鼓励本国造船业,还规定凡建造100吨以上的船只,对造船商给以每吨补助5先令的奖励[①]。1649年,英吉利共和国建立后,为了打击自己在海洋运输业上的主要竞争对手荷兰,英国又连续颁了一些《航海条例》。如1650年的《航海条例》中规定,未经英国政府允许,外国商人不得与英国殖民地通商。1651年,英国颁布的《航海条例》中又规定,凡原产于亚洲、非洲和美洲的商品,若运输到英国以及英国的殖民地,必须由英国以及英国殖民地的商船承运;凡原产于欧洲的货物,若运输到英国以及英国的殖民地,也必须由英国商船或原商品出产国的商船承运。另外,英国各港口的进出口货物以及英国沿海贸易的货物,必须完全由英国船只运输。由于这些规定极其不利于荷兰的海洋航运业,所以荷兰要求英国废除新制订的《航海条例》,但遭到英国的拒绝。英、荷双方遂发生战争,战争的结果迫使荷兰承认了《航海条例》,英国凭借着这份《航海条例》逐渐确立了海上贸易的优势地位。1696年,英国政府还专门设立贸易委员会,以此管理和促进英国的海外贸易。所以,西方学者普遍认为,英国"航海法"的制订和贸易委员会的设立,标志着英国政府对于海外贸易进程方向的新关注[②]。

　　英国商船主为了防止在海洋航运中的不测事件,通常可以在国内购买保险,以此避免重大的经济损失。而且,英国政府对于本国出海商船,向来准许其

---

① 陈曦文《英国都铎王朝前期的对外贸易和重商政策》,载于《世界历史》1990年第4期。
② 〔美〕伊曼纽尔·沃勒斯坦《现代世界体系》第二卷,高等教育出版社1998年,第353页。

自备重炮等武器,以便他们在遭遇海盗时能有效自卫。不仅如此,英国政府还在本国与外国战争期间,除及时通知本国商船加强武装配备外,还对本国商船实行派遣兵舰护航的武装保护政策。如19世纪初年,英国就曾多次派遣护送货船的兵船抵达珠江口。

　　清朝在实行"海禁"政策期间,一直禁止民间制造海船自用。海洋开禁后,清朝虽然允许民间商人造船出洋,但对于商船却仍有限制性的规定。如在清朝开海的当年,康熙帝就谕令:"如有打造双桅五百石以上违式船只出海者,不论官兵民人,俱发边卫充军。该管文武官员及地方甲长,同谋打造者,徒三年,明知打造不行举首者,官革职,兵民杖一百。"①此后,清朝虽然允许商船可以使用双桅,但却规定商船的梁头(指船只宽度,一般在主桅杆处丈量)不得超过一丈八尺②。乾隆时期还曾规定:"福建省牯仔头,桅高篷大,利于走风,未便任其置造,以致偷漏,永行禁止,以重海防。"③于此可见,清朝仍然将本国出海商民视为海防的潜在威胁,所以极力采取措施防止出海商船大型化和快速化,以免与海上战船拉开差距。另外,康熙、雍正时期对于本国海商在东南亚造船也采取严厉禁止的措施,但清朝禁止的目的并不是为了保护和发展本国的造船业,而是便于自己对出国海商的控制。

　　清朝前期不仅从来没有派遣兵船出海保护本国商船的打算,而且对于本国出海商船的安全防卫能力也有诸多限制。如康熙开海初期规定禁止商船携带火炮出海,对于其他防卫武器如鸟枪、腰刀、弓箭等也有明确的数量限制(不超过十件)。到乾隆嘉庆时期,清朝虽然允许出海商船可以携带少量火炮以防备海盗,但却做出了根据商船梁头宽窄配备炮械武器不同数目的规定,使得本国出海商船的安全防卫能力严重不足。此外,在一些商品的海外销售上,清朝却做出了更加有利于外商却不利于本国商人运销海外的规定,如生丝和茶叶等大宗出口货物。

　　由此可见,与英国采取的是鼓励和支持发展本国的造船和航运业政策不

①　(光绪)《大清会典事例》卷776《刑部》"兵律·关津"条。

②　(光绪)《大清会典事例》卷120《吏部》"处分例·海防"条。

③　周凯《厦门志》卷5,1931年重印本。

同,清朝采取的是极端限制本国造船和海洋航运业的政策。

二、对于本国海商和外国商人国际贸易政策比较

英国都铎王朝的著名女王伊丽莎白(1558—1603年在位),曾"把支持贸易公司作为促进英国海外贸易发展的最好方式"①,为此采取了一系列鼓励本国商人进行海外贸易的措施。如政府借款给商人或政府官员直接投资,组建一些贸易公司。为了增强英国商人的国际竞争实力,英国政府还将一些商人集资的小的组合体结合为强大的贸易公司,并对他们赋予拥有在某一地区从事某种商品进口或出口的贸易垄断权和其他有关特权,甚至还授予他们在海外拥有代表英国君主的权力。如1579年成立的波罗的海公司,1581年成立的东方公司,1600年成立的东印度公司等。

根据伊丽莎白女王签发的特许状,东印度公司(全称为"伦敦商人对东印度贸易公司")可以独占英国对好望角以东、麦哲伦海峡以西之间区域的贸易。此后,该公司又连续从新国王和共和国时期护国主克伦威尔手中取得贸易特许状。1660年复辟的斯图亚特王朝(1660—1714,此前1603—1649年间曾统治英国)国王查理二世,又赋予了东印度公司更多的权力,包括准许公司对侵犯垄断权的其他商人或公司采取严厉的措施,公司可在海外建立要塞和使用雇佣军队,并可获得政府的战船来为公司商船护航,公司还可铸造货币而且在亚洲的铸币量可不受限制,必要时公司还可代表君主对海外的异教王公进行公开宣战或缔结和约②。但1688年英国因"光荣革命"而确立了君主立宪体制后,国会宣布将海外贸易向所有英国商人开放。于是,一些被排斥在原东印度贸易公司之外的商人们也组织了一个新的公司,称做"英国东印度贸易公司",并从国会

---

① 引自余建华、季惠群《伊丽莎白时代英国对外贸易发展之动因》,载于《上海社会科学院学术季刊》1991年第4期。

② 德赛(Tripta Desai)《东印度公司:从1599年到1857年的简略考察》(The East India Company: A Brief Survey from 1599 to 1857),印度新德里(New Delhi)卡纳克出版社(Kanak Publications)1984年,第109—112页。

取得上述区域的贸易特许状。1702年,英国国会又颁布法令,要求两个东印度公司准备合并,以避免相互竞争而给英国海外贸易带来损失。1708年,这两个公司终于合并,称作"英国商人对东印度贸易联合公司"(United Company of Merchants of England Trading to The East India)。当时,东印度公司给财政困难的政府提供一笔巨额贷款(3200000镑),政府则将国家的盐和纸税的收入作为贷款利息转让给公司。此后,东印度公司又得到了英格兰银行(国家银行)的贷款支持,公司从此也不再担忧缺少日常经营资金。这些举措更加促进了从事海外贸易的商业资产阶级与国家政权的结合。另外,政府还曾允许东印度公司发行债券来吸收公司以外商人的闲置资金,使投资海外贸易的商人范围扩大,促进了商人和国家在海外贸易利益上的结合和一致。

英国政府还运用外交手段甚至军事力量,来为本国商人改善贸易条件。1654年,英国运用外交手段取得了英国商人与葡萄牙殖民地贸易的特权,使英国东印度公司更加有利地开展亚洲内部的区间贸易(Country Trade);英国政府又在政治上和军事上支持东印度公司在印度的殖民,"使东印度公司由一个商业强权变成了一个军事的和拥有领土的强权"[1]。英国东印度公司通过对印度的殖民征服,不仅有力地支撑了英国与印度之间的海上贸易,而且也有力地支持了公司的对华外贸,印度出产的棉花、鸦片等产品就曾被该公司用来作为解决对华贸易投资的一个重要手段[2]。另外,在英国东印度公司自行派遣洪仁辉等人北上天津向清朝寻求扩大对华贸易的努力失败后,英国政府即接受东印度公司的请求而决定直接派外交使团来华与清朝交涉。1787年,英国政府派遣加茨喀特(Charles Cathcart)作为大使来华,但不料加茨喀特本人却在来华途中病故。1791年底,英国政府又选择马戛尔尼作为正使前来中国。马戛尔尼使团于1793年8月至10月在北京访问期间,即向清朝提出了六项要求:一、请允许英国商人前往舟山、宁波和天津等港贸易;二、请求仿照俄罗斯对中国贸易的先例,允许英国商人在北京设立商馆;三、要求清朝给予舟山附近未设防的一处独

---

① 《马克思恩格斯全集》第九卷,人民出版社1961年,第163页。

② 参见陈尚胜《英国散商对华贸易的发展与鸦片战争》,载于《闭关与开放:中国封建晚期对外关系研究》,山东大学出版社1993年,第335—361页。

立小岛,作为英国商人存贮商品的场所;四、要求仿照葡萄牙人在澳门的先例,请给予广州或澳门附近的一处地方,以便英国商人自由居住;五、要求清朝废除对英国商人征收的自澳门至广州之间的货物通过税;六、请清朝禁止海关对英国商人的任意征税行为,一切按皇帝的旨意解决,并给予英国商人一份明确的关税税则以便存查①。虽然马戛尔尼使团的这些请求最后遭到清朝的拒绝,但英国政府对本国商人海外贸易利益的全力以赴支持却由此可见。

另外,英国政府自伊丽莎白时代以来还逐渐限制和取消了外商在英国的一些特权,尤其是1650年及其以后所颁布的《航海条例》中,限制甚至禁止外国商人到英国及其殖民地通商。

清朝统治者对于本国海商的在国际贸易竞争中的境遇不仅不闻不问,而且认为:"朕思此辈多系不安本分之人,若听其去来任意,不论年月之久远,伊等益无顾忌,轻去其乡而漂流外国者愈众矣。"②因此,清朝对于本国海商的基本态度是"详立规条,严加防范"③。而当本国海商的生命安全受到严重威胁和伤害时,清朝统治者也漠然视之。如对于1740年发生在吧达维亚城的荷兰殖民者大肆屠杀华人的"红溪惨案",当时对南洋贸易持开放立场的两广总督庆复在1742年3月9日的一份奏折中竟称:"则该番原因内地违旨不听招回,甘心久住之辈,在天朝本应正法之人,其在外洋生事被害,孽由自取,番目本无扰及客商之意。"④在当时,连力主维持南洋贸易的福建漳浦籍官员蔡新也在回复内阁学士方苞的信中说:"汉商本皆违禁久居其地,自弃化外,名虽汉人,实与彼地番种无殊,揆之国体,实无大伤。"⑤这就使得中国海商在与西方殖民势力和外国商人的国际贸易竞争中,由于得不到清朝政府的支持而处于孤立无援的处境。

即使是在清朝拥有垄断外国来华贸易利益的广州洋行商人,在实际的贸易政策上也丝毫得不到清朝政府的支持。表面上,广州洋行商人虽然具有垄断外

① 马士《东印度公司对华贸易编年史》第二卷,第564—567页。
② 《清世宗实录》卷58"雍正五年六月丁未"条。
③ 《清世宗实录》卷54"雍正五年三月辛丑"条。
④ 《署两广总督庆复奏覆仍准各国船只来粤贸易折》,载于《明清时期澳门问题档案文献汇编》第一册,第190至191页。
⑤ （光绪）《漳州府志》卷33《人物》。

商来华贸易的特权,排除了其他商人的竞争,但行商集团却不是合股资本,每一个行商都经营着自己的行号,赚自己的利润,相互之间充满竞争而缺乏团结,结构本身就具有易为外商各个击破的松散性。根据清朝的规定,行商必须为外商的在华行为提供担保,而一旦外商行为越轨,受罚的首先是作保的行商;行商还必须代收代纳外商的进出口关税,无论外商是否缴清关税,但行商必须在粤海关满关后三个月内纳完关税,受损失时也只能由行商自行承担;行商由于必须承销和代购外商的进出口商品,客观上就要求行商必须握有大量流动资金,但由于行商资本不是合股资本,在洋行体制内部无法解决资金来源的渠道,而必须通过洋行体制之外的途径来解决,但在国内又无银行体系,行商通过商务关系向外商预借贷款的事情就不可避免,然而清朝却严禁“夷欠”。同时,清朝政府不仅未给行商提供资金便利,而且行商每年还要奉献贡物(如西洋钟表、珐琅器皿、玻璃镜、千里镜等)和贡银(每年55000两)给皇帝,另外行商还要一一满足广东督、抚以及粤海关监督等人的贪欲,由此造成了诸多行商的破产。在清朝的这种政策和体制之下,行商的商业资本也无法得到发展。

由此可见,英国通过组织垄断性的海外贸易公司,最大程度地发挥了东印度公司等垄断性公司在开拓海外贸易上的作用,并通过一系列的政治、军事、经济和外交措施,来给本国商人提供最大的支持,同时帮助本国商人排除外国竞争对手;而清朝对本国海商的利益甚至生命安全却漠不关心,即使是广州洋行商人也概莫能外。清朝只有保障外商利益的规定,却没有保护本国商人利益的条款,所以当英国派遣使节就中英贸易进行交涉时,清朝却没有意识到自己应该将所面临的鸦片走私等问题与英方交涉。

三、关于进出口管理措施和关税政策比较

英国曾颁布一些关于海外贸易的法令,对进出口商品采取严格的管理措施。如在进口商品的管理措施方面,英国政府曾多次颁布法令,鼓励从国外输入本国工业生产所需要的木材、大麻、绳索、硝石、铁等原料和食糖、茶叶等生活必需品,同时限制各类奢侈品的进口。在出口政策方面,英国政府为了促进本

国纺织业的发展,逐渐限制和禁止羊毛的出口,而积极促进毛、棉等纺织品和其他工业制成品的出口。在关税政策上,英国政府也对鼓励出口的工业品采取低关税政策,而对粮食的进口则采取高关税政策,以保护本国农场主的利益。英国政府对于食糖、茶叶等生活必需品曾课以高关税,以增加政府的财政收入。同时,对外国制成品也征收重税,以限制外国制成品的流入。为了增加国家的关税收入,英国政府还规定,原产于英国殖民地的食糖,必须首先运到英国,在英国付了关税以后,才被允许销往欧洲大陆的国家。而对于中国茶叶在英国的销售,英国政府于1720年严格禁止荷兰人向英国销售茶叶,而全部接纳本国东印度公司所输入的中国茶叶。英国政府则对茶叶分别征收高额关税和销售税,关税率在不少年份曾达到100%以上, 1785年为了对付茶叶走私才不得不降为12.5%,但此后又逐渐回升, 1800年的关税率为20%,销售税率则为40%;1806年茶叶的总税率(包括关税和销售税)为96%,1819年则为100%①。由此可见,在英国政府的高关税政策下,"茶叶带给英国国库的税收平均为每年330万镑,从中国来的茶叶提供了英国国库总收入的十分之一左右"②。

也正是由中国茶叶对英国财政所带来的巨额利益,英国东印度公司在本国政府的支持下,于1720年采取了要不惜一切代价使欧洲的竞争对手(主要是指荷兰)"厌倦于茶叶航行"的措施③。措施之一便是允许一部分英国自由商人(指独立于东印度公司以外的商人)和印度商人参与亚洲的内部贸易,具体途径则是同意这些商人参与从印度和东南亚贩运胡椒等香料到广州的贸易,使经营同样生意的荷兰东印度公司面临因货源充足而价格暴跌的不利局面,从而无法解决经销茶叶贸易的巨额投资问题。而这些英国自由商人和印度商人在广州出售香料等货物所得的货款,则必须向东印度公司驻广州的财库交纳,公司财库则支付给这些商人以在伦敦或印度承兑的银行汇票,英国东印度公司即将这些货款作为自己在茶叶贸易上的投资。

---

①　马士《东印度公司对华贸易编年史》第二卷,第436—438页。

②　格林堡《鸦片战争前中英通商史》汉译本,商务印书馆1961年,第3页。

③　参见陈尚胜《英国散商对华贸易的发展与鸦片战争》,载于《闭关与开放:中国封建晚期对外关系研究》,第335—361页。

　　反观清朝,虽然曾因国内粮食供应不足而一度采取关税优惠政策,但从总体上说,它的税则复杂而不透明,适合了有关官员贪污舞弊的需要;而各种货税大体接近的平衡性关税政策,却不能体现进、出口的鼓励或限制倾向;对于外商它还有朝贡贸易免税的优惠政策。所以,清朝关税所执行的政策,既不是保护性关税,也不是财政性关税,而是封建政治性的关税。另外,从粤海关专对出口货物所征收的"估价例"为4.9%的税率来看,清朝海关的货税率也明显低于英国海关的货税率。而在具体商品的进出口管理措施上,清朝更缺乏保护本国手工业的明确意图。例如,清朝鉴于国内生丝价格上涨而一度禁止生丝出口,而丝绸产品则因丝禁也被禁止出口,但在数年后清朝开放生丝出口时,丝绸出口却仍受禁止或限制。如果真要保护本国的丝织业,清朝应该开放的是丝绸织品之禁或限制,而应禁止的是生丝的直接出口。

四、结　论

　　从上述三个方面的比较看,清朝与当时的英国在海外贸易方面都采取了政府积极干预的政策。不过,在具体政策上却存在着诸多的差别。清朝所采取的海外贸易政策,从造船和航海受到严格限制到对本国海商经营商品的一些限制,从对本国商民的生命安全的极端漠视到对以商制夷的广州洋行制度的建立,它所采取的是一种限制性的海外贸易政策。限制的目的,是帝国的自身安全。这表明,清朝对海外贸易的政府干预政策完全是政治性的。而英国所奉行的海外贸易政策,从保护本国海运利益的《航海条例》的颁布,到通过组建本国垄断性的海外贸易公司来开拓海外贸易,并通过一系列的政治、军事、经济和外交措施给予本国商人最大的支持,从通过鼓励出口工业制成品来促进本国制造业的发展,到通过对进口货物的高关税来降低进口并增加国库收入,以此来维持贸易顺差,它所采取的政府干预主要是经济性的,是用重商主义政策来促进本国海外贸易的发展。因此,清朝与英国在海外贸易政策上的差别,从政策倾向性上说是一种限制海外贸易和促进海外贸易的根本差别。

　　清朝之所以要从根本上采取这种限制性的海外贸易政策,是由于其中央集权的封建专制统治的性质所决定的。清朝统治者从维护中央集权的封建专制统治的高度,在海外贸易决策中是把王朝的安全和稳定放在首位,其次是财政的必需和扩大王朝的政治影响的必需(即通过允许外国来华贸易来实施怀柔远人的政治目的),最后才是百姓的生计。所以,出于自身统治的安全利益,清朝在海外贸易政策中尤其是在本国商民的出海贸易政策方面采取了诸多限制性的措施。正如康熙帝于二十三年五月十八日召见台湾总兵官杨文魁时所说的:"海洋为丛利之薮,海舶商贩必多,尔须严辑,不得因以为利,致生事端,有负委托。"①

而英国都铎王朝的君主专制统治却是在资产阶级势力与封建贵族势力的相互妥协中建立的,此后随着英吉利共和国和君主立宪制的先后确立,更是极大地增强了资产阶级在国家决策上的作用。所以,他们出于增加资本原始积累和国家财政收入目的,在重商主义理论的指导下奉行了积极发展海外贸易的政策。所谓重商主义,马克思曾经指出:"重商主义把世界贸易以及国民劳动中同世界贸易直接相关的特殊部门当作财富或货币的唯一真正源泉。"②

不过,随着英国资本原始积累的完成和18世纪70年代以后工业革命的兴起,英国资本主义得到了进一步发展,原来重商主义政策下的垄断贸易和保护关税政策,已经变成阻碍生产力发展的桎梏,无法适应工业资产阶级开拓更广阔市场的要求。于是,在英国古典学派的自由贸易理论的影响下,英国国会先后于1813年废除了东印度公司对印度贸易的独占权、1834年正式废除了东印度公司的对华贸易垄断权和管理权。而随着东印度公司对华贸易垄断权的废除,英国自由商人开始大量参加到对华贸易的行列,以便替英国工业资产阶级占领广阔的中国市场。由此我们可以看到,英国对华贸易在其政府的政策作用下具有无限扩张的趋势。而清朝仍以被动限制手段来应对英国的贸易扩张,这种僵化的和消极的政策不可避免地为中国社会的发展带来灾难性影响。

（原文载于《海交史研究》2010年第1期）

---

① 《康熙起居注》第二册,第1186页。
② 马克思《政治经济学批判》,载于《马克思恩格斯全集》第十三卷,第148页。

澳门模式与鸦片战争前的中西关系

本文所说的"澳门模式",是指鸦片战争之前澳门在中外关系中的存在形式。具体地说,它是在中国明清封建王朝的管辖之下,由葡萄牙人居留和经营的贸易特区。那么,作为明清时期中西关系的一种重要形式,它的形成有着什么样的历史文化背景? 而作为一种既定的中西关系模式,它对于当时的中西关系又有着什么样的影响? 这些都是本义试图予以探讨的问题。

一、澳门模式与蕃坊社区

明清时期的中西关系,是由葡萄牙人首先揭开帷幕的。在1499年华士哥·达·伽马(Vasco da Gama)将从印度购得的中国瓷器献给葡萄牙王室后,葡萄牙国王即对中国发生了极大的兴趣。当1508年葡萄牙舰队受命入侵马六甲时, 葡萄牙国王就要求他们调查有关中国的情况。1514年,葡萄牙人就从马六甲出发来到中国广东珠江口外的屯门岛。在进行这一试探性的航行后,葡萄牙人仍然使用他们对其他国家所采取的殖民方式,开始对中国进行了一系列的侵略活动。不幸的是,他们所面对的明朝虽然已经在下坡路上滑行,中国在世界中的实力和地位也开始发生逆转,但明朝却依然是一个强有力的封建专制政权,中国也依然是一个东方世界的强大国家。所以,在明朝军队的反击下,葡萄牙殖民者在中国沿海地区节节败退，先有1521年屯门之战的失败，接着又被明朝军队赶出了浙江双屿、福建月港和浯屿等地。于是，他们把在中国立足的希望和寄托，转移到了广东边海上的澳门。

葡萄牙人之所以能够在澳门侨居下来并且可以经营海上贸易，17世纪的葡萄牙籍耶稣会士谢务禄（又名曾德昭，Alvaro de Semedo）曾谓是由于葡萄牙人帮助明朝政府赶走了海盗，所以明朝政府把澳门让给了葡萄牙人。这一说法，经过中国学者戴裔煊教授的详细研究，已见失实①。而据明朝文献的记载，它最初是由于葡萄牙殖民者利用向明朝有关官员贿赂的手段从而得以入据澳门的。成书于明朝万历三十年（公元1602年）的《广东通志》中谓：

> 嘉靖三十二年，夷舶趋濠镜者，托言舟触风涛缝裂，水湿贡物，愿借地晾晒，海道副使汪柏徇贿许之。时仅蓬累数十间，后工商牟奸利者，始渐运砖瓦木石为屋，若聚落然。自是诸澳独废，濠镜为舶薮矣。②

据西文材料记载：

> 1573年，海道副使受贿之事，为其他官吏所知，乃改为地租，收归国库。③

万历年间，明朝政府已将这笔地租银刊入到《广东赋役全书》中，从而标志着中国封建王朝正式应允葡萄牙人在澳门居留。然而，明朝政府中个别官员的不良行为，为什么竟能得到明清封建王朝的长期听任呢？或许还可以从传统的中国封建王朝所设立的"蕃坊"社区模式来认识。

所谓"蕃坊"，是历史上中国封建王朝对外国侨民所划定的集中居留地。"蕃"是中国古代对于化外民族的通称，《周礼》中就曾说："九州之外，谓之蕃国。"中国历史上最早出现的外国人的居留地，当数西汉时期长安的"蛮夷

---

① 戴裔煊《关于澳门历史上所谓赶走海盗问题》，《中山大学学报》1957年第3期。
② 郭裴《广东通志》卷69，明万历三十年刻本（上海图书馆缩微胶卷）。
③ 杰塞斯（Montalto de Jesus）《历史上的澳门》（Historic Macao），牛津大学出版社1902年，第34页。

邸"①。从汉宣帝甘露三年（前51年）匈奴呼韩邪单于来到长安时受到"蛮夷君长王侯迎者数万人"②的情况看，当时长安"蛮夷邸"中所居留的外族胡人当不在少数。北魏时期，随着与西域交通的发展，当时京师洛阳也有大片的外国侨民居留。据当时人杨衒之的记载：洛阳"永桥以南，圜丘以北，伊、洛之间，夹御道有四夷馆：一曰归正，二曰归德，三曰慕化，四曰慕义……北夷来附者，处燕然馆，三年以后，赐宅归德里；东夷来附者，处之扶桑馆，赐宅慕化里；西夷来附者，处之崦嵫馆，赐宅慕义里。自葱岭已西，至于大秦，百国千城，莫不款附；商胡贩客，日奔塞下，所谓尽天地之区矣。乐中国土风，因而宅者，不可胜数，是以附化之民万有余家"③。到唐代，由于中外关系的高度发展，在长安西市周围、东都洛阳南市之地，以及广州、扬州等城市中，都有集中的外国侨民居留地；甚至在山东至江浙的沿海地区，还存在着很多由新罗侨民居住的"新罗村"和"新罗坊"④。至宋代，已出现专门的"蕃坊"之称。宋人朱彧在《萍州可谈》中说："广州蕃坊，海外诸国人聚居。"⑤据学者考察，这种蕃坊，在宋元时代也不仅仅限于广州一城，在泉州等国际贸易商埠也同样存在⑥。

　　传统的"蕃坊"模式对于澳门模式的影响，可以从以下三个方面得到观察：其一，传统的蕃坊具有高度的社区事务自治权，它的管理人员一般都是由外籍侨民来担任，但同时却必须接受当地地方政府的领导。如唐代楚州新罗坊总管、文登县勾当新罗所押衙等官员，文登赤山和东海县宿城等地新罗村的村老、村长、村正、板头等准官吏人员，都是由新罗人来担任的，他们普遍受到当地州县政府的管辖⑦。宋代的广州蕃坊，"置蕃长一人，管勾蕃坊公事专切招邀蕃商入贡，用蕃官为之"⑧。在澳门，葡萄牙人也享有高度的自治权，他们建有自己的

①　《汉书》卷9《元帝纪》"建昭三年"条。

②　《汉书》卷8《宣帝纪》"甘露三年"条。

③　杨衒之撰、范祥雍校《〈洛阳伽蓝记〉校注》，上海古籍出版社1978年，第160—161页。

④　日本入唐求法僧侣圆仁在《入唐求法巡礼行记》一书中曾有详细记载，花山文艺出版社1992年。

⑤　朱彧《萍州可谈》卷2，《守山阁丛书》本。

⑥　参见向达《中外交通小史》，商务印书馆1947年，第41页；陈达生《论蕃坊》，《海交史研究》1988年第2期。

⑦　陈尚胜《唐代的新罗侨民社区》，《历史研究》1996年第1期。

⑧　朱彧《萍州可谈》卷2，《守山阁丛书》本。

议事会,议事会中设有理事官一人,"理事官一曰库官,掌本澳蕃舶税课、兵饷、财货出入之数,修理城台街道,每年通澳金举诚朴殷富一人为之"①。这种理事官,即澳门议事局民政长官,他也被清朝政府任命为"督理濠镜澳事务西洋理事官",需要接受清朝澳门同知等官员的领导。此外,葡萄牙的果阿殖民政府还向澳门派出总督(兵头)和大法官(判事官),他们虽然实际上是澳门葡萄牙人的军政首脑和司法长官,但同样要接受明清政府的管辖。"凡天朝官如澳,判事官以降皆迎于三巴门外。"②明清政府为了管理澳门,也设有专门的守澳官,同时还先后制订了一些专门管理澳门的地方法令,如1614年的《禁约五事》、1744年的《管理澳夷章程七条》、1749年的《澳夷善后事宜十二条》等。一位西方学者在详细研究鸦片战争前的中西关系后也曾明确指出:"葡萄牙人经过了在中国沿岸的畅旺贸易时期之后,他们获准定居澳门。他们是在中国的管辖权之下生活的。葡萄牙人在管辖他们自己国籍的人员方面,通常是不会受到干预的。"③

其二,在司法制度上,中国封建政府对于外国侨民在华所发生的案件,一般都要根据双方当事人的具体情况进行断案。这一司法制度源于《唐律》,它专门规定,"诸化外人,同类自相犯者,各依本俗法;异类相犯者,以法律论"④。就是说,对于来自相同国家的外国侨民之间案件,唐朝政府尊重当事人所在国的法律制度和风俗习惯,根据他们的俗法断案;而对于来自不同国家的外国侨民之间在中国所发生的案件,则按唐朝法律断案。鸦片战争前澳门的司法制度,也基本体现了这一精神。对于澳门葡萄牙人之间所发生的民事和刑事案件,一般由葡人的自治机构按其本国的法律自行审理,当地中国地方政府不加干涉。曾先后任澳门同知的印光任和张汝霖在他们的著作中就曾明确记载:澳门的"蕃人犯法,兵头集夷目于议事亭,或请法王至,会鞫定谳"⑤。不过,对于一些涉及到葡人之间而其自治机构又无力处置的重大案件,广州府和香山县的地方政府往

---

① 印光任、张汝霖著,赵春晨校注《澳门记略校注》,澳门文化司署1992年,第152页。
② 印光任等《澳门记略校注》,第153页。
③ 马士《东印度公司对华贸易编年史》第一卷,中山大学出版社1991年,第9页。
④ 《唐律疏议》卷6,中华书局1983年。
⑤ 印光任、张汝霖著,赵春晨校注《澳门记略校注》,澳门文化司署1992年,第152页。

往及时出面裁决。对于居住在澳门的中国人与葡萄牙人之间的案件,则一概交由中国政府按本国法律进行审理。清朝文献记载:"所有在澳民夷一切词讼,责令移驻(香山)县丞稽查,仍详报该同知(即海防同知)办理"[①]。对于葡萄牙殖民者的一些对抗中国司法制度的侵略行为,清朝地方官员也曾进行了有力的斗争,"结果是葡萄牙人不但屈服于帝国的法令之下,还得向中国官员搞的治安条例表示屈服,而且还被迫承担引渡葡王陛下臣民的义务,这些被引渡的人可能被判刑,甚至死刑。而这些判决都是按中国的法律和司法程序进行的"[②]。

其三,蕃坊模式还鲜明地体现了中国封建政府对外国侨民的怀柔精神,如在政治上对当事人所在国法律制度和风俗习惯的尊重,在经济上赋予外国侨民一些本国商民都不能享受的特权,例如唐朝涉外法律制度中就有不少严格禁止中国商民私渡关津和保护外商自由往来与财产等方面的规定[③]。澳门模式也同样体现了这一传统的对外国人的怀柔精神。应当看到,中国明清封建政府准许葡萄牙人留居澳门,与它所奉行的通过许多消极的防范措施(如"海禁"政策)来预防外部势力对中国社会内部影响的闭关政策是根本对立的。明朝政府正是出于防止外部势力冲击中国腹地的目的,将葡萄牙人赶出了浙江双屿和福建月港以及浯屿;但对于葡萄牙人入据中国南端的澳门,明朝政府官员中虽有不少人主张继续使用武力驱赶,但毕竟澳门在距离上与明清政治中心相距遥远,最后还是采取了广东进士霍汝霞提出的"设城池,置官守,以柔道治之"的"怀柔"政策[④]。清朝建立后,曾经对国内商民实行严厉的"海禁",但澳门的葡萄牙人却不受此禁的限制,这也是传统的"怀柔"精神在外贸政策上的表现。所以,澳门的葡萄牙人正是通过清初的海禁和南洋之禁时期,大发贸易之财,从而使澳门变成由葡萄牙人所经营的贸易特区。

---

① 印光任等《澳门记略校注》,第76页。

② 杰塞斯(Montalto de Jesus)《历史上的澳门》(Historic Macao),牛津大学出版社1902年,第156页。

③ 参据《唐律疏议》卷8;《全唐文》卷75,中华书局1985年;《新唐书》卷163,中华书局1975年。

④ 卢坤《广东海防汇览》卷3《险要》。引自介子《葡萄牙侵占澳门史料》,上海人民出版社1961年。

二、澳门模式与西、荷两国的对华关系

葡萄牙人从中国取得在澳门的居留权,令同在东方进行殖民侵略的西班牙人和荷兰人十分眼红,他们或图谋从葡萄牙人手中夺取澳门,或想按照葡萄牙人在澳门居留的先例也占领一块中国领土。

西班牙人在1565年占领菲律宾时,看到葡萄牙人已有澳门这个东方贸易的重要商埠时,十分妒嫉和担心。所以,西班牙的菲岛总督弗朗西斯科·德·桑德(Francisco de Sande)在1576年向其国王建议,应该迅速侵略中国。他在报告中说:

> 葡萄牙人运武器到中国去,特别是我们所用的大炮⋯⋯葡萄牙人教他们如何使用大炮、如何御马,以及其他对我们同等有害的事。因为他们是商人,他们这样做是不足为奇的。陛下是不是应该加速这个远征,并立刻进行?[①]

此后,菲岛的西班牙殖民者曾一再地制订征服中国的计划,但一直未有机会实现。1581年,西班牙国王腓力二世兼任葡萄牙国王,一些西班牙殖民者又想借此机会控制澳门。1590年,西班牙的菲岛总督派遣一艘商船来到澳门进行贸易,同时捎去腓力二世亲自签署给他的委任状副本,以便向澳门的葡萄牙人证明西班牙人在澳门进行贸易的合法性。西班牙菲岛总督本人在致澳门葡萄牙当局的信中说:

> 在国王我主的名份上,我以我自己的名字请求,上述的澳门市主要的军曹、财政官员,以及该市的推事和长官;在皇上陛下的名下居在该市的任何总督、军曹、法官和推事,以及在该地和王国的其他王土与领域居住的贵族和其他人——我向所有的这些人请求,只要出示这些文件,他们便检视上述的圣谕敕令并服从和执行,我请求他们让布里图与该船及其船员进入港中,容许他们登陆,与居民和土著交易他们所意欲和需要的一切的东西,

---

[①] 引自陈台民《中菲关系与菲律宾华侨》第1册,香港朝阳出版社1985年,第133页。

不加以妨碍和阻挠；而相反地，保护他们并帮助他们成功，并协助各种必要的准备，因为他们是为皇上陛下服务的。①

　　然而，西班牙人来到澳门后并未得到葡萄牙人的欢迎，相反却被扣留；因为澳门的葡萄牙人一直提防着西班牙人利用这个机会，来损害自己在中国及经印度至欧洲之间的贸易利益。这一事件发生后，腓力二世为了缓和西葡两国间的矛盾，于1594年颁布命令，禁止菲律宾的西班牙人直接到澳门进行贸易。

　　1593年，一位西班牙殖民者想出另一套对中国的"行动"方式，那就是要求中国"国王"给予西班牙人一块像澳门那样的地方，以便西班牙人在中国进行和平贸易。他还向西班牙政府报告说，"他在和中国大陆可见的距离之内，发现一个叫做澳（Nao）的岛屿，盛产胡椒，有15个城市，各有人口11000至14000人之间，只消有1000名西班牙人，便可征服"②。1597年，西班牙驻菲律宾总督弗朗西斯科·德·特鲁（Francisco de Tello）决定采取这种行动方式，派遣萨穆迪奥（Juande Zamudio）前往中国广东沿海，一方面采购铁、铅、硝等军需用品，以便为侵略中国台湾准备用于制造武器的材料，一方面则以和平通商为掩护，要求中国广东地方政府分派一块地方，以便西班牙人居留，并屯积货物。1598年9月，萨穆迪奥一行首先来到澳门，要求通商，但为葡萄牙人所阻，葡萄牙人甚至还多次企图焚烧和击沉他们的船。10月，萨穆迪奥一行又移泊到虎跳门，"径结屋群居，不去。（明朝）海道副使章邦翰，饬兵严谕，焚其聚落。次年九月，始还东洋"③，西班牙人想占领一块像澳门那样一块中国领土的希望也未能如愿。

　　荷兰人在打败西班牙而成为海上新霸主后，即沿着葡萄牙人的海上航线向东方进行殖民扩张，并在东南亚地区夺取了很多葡萄牙人的殖民地。1601年，荷兰人又想从葡萄牙人手中夺取澳门，所以又派瓦尔维克（Wybrand Van Warwick）率两艘军舰来到此地侦察。但澳门的葡萄牙人已有警惕和防备，并

---

　　① 引自陈台民《中菲关系与菲律宾华侨》第1册，香港朝阳出版社1985年，第308页。

　　② 布赖尔与罗伯特森（Emma Helen Blair & James Alexander Robertson）主编《菲律宾群岛》第九卷，第113—114页。引自邓开颂、黄启臣《澳门港史资料汇编》，广东人民出版社1991年，第190页。

　　③ 《广东通志》卷8，引自张维华《明史欧洲四国传注释》，上海古籍出版社1982年，第83页。

以武力阻止其登陆。明朝方面的文献记载,荷兰"及闻佛朗机据吕宋,得互市香山澳,心慕之。万历二十九年(1601),忽扬帆濠镜,自称和兰国,欲通贡。澳夷共拒之,乃走闽"①。1604年,瓦尔维克再次率船前来澳门,期望与中国进行直接通商,但仍然为澳门的葡萄牙人所阻。荷兰人便乘机北上,占领了中国的澎湖岛。瓦尔维克企图长期霸占我国澎湖岛,以作为荷兰在中国沿海贸易的一个据点。当时经过倭患教训的福建地方官员,感到若听任荷兰人占据澎湖,则直接祸害闽省海疆安全,所以及时断绝了对澎湖的食粮接济,迫使荷兰殖民者撤出澎湖。1607 年,科内利斯·马提利夫舰长(Cornelis Matelief)又率领7艘荷兰舰船前来澳门及广东沿海的南澳岛,虽与中国官员进行了短暂接触,但仍被葡萄牙人所逐。后来,科内利斯·雷约兹舰长(Cornelis Reyertsz)又率领荷兰船队前来中国福建沿海,期望与中国进行直接通商,结果也未成功。荷兰人几次谋求对中国进行直接贸易的不成功,使他们感到必须拔掉澳门葡萄牙人的这个障碍,由自己来独占澳门贸易的利益。1622年,荷兰殖民者与英国殖民者组成联合舰队,计划用武力夺取澳门。当年6月22日,这支拥有荷兰军舰13艘、士兵2000人和英国军舰2艘的联合舰队,抵达澳门海面。23日至24日,荷英舰队向澳门发动了猛烈的进攻。澳门的葡萄牙人由于较早地得到消息,作好了迎战的准备,双方展开了一场激战。由于葡萄牙人凭借澳门陆地且以逸代劳,荷军死伤惨重。经过与葡萄牙人的数次交锋以后,荷兰人被迫放弃了进攻澳门的计划,再次东窜到澎湖岛。在再次占据澎湖后,荷兰殖民者又不断向福建沿海地区发动侵略,明朝福建水军遂于1624年7月至8月间发动了收复澎湖的战斗。受到围困的荷兰殖民者只好从澎湖撤出,但他们却用欺诈的办法在台湾岛南部乘机登陆,从而又对我国台湾实行殖民占领。尽管荷兰人在1622年从葡萄牙人手中夺取澳门的战斗失败,但荷兰人并不死心。1629年,第三任荷兰驻台湾的殖民长官彼得·讷茨(Pieter Nuyts)在提交给巴达维亚荷印总督和东印度公司评议会的《关于中国贸易问题的简要报告》中仍然主张:

---

① 陈仁锡《皇明世法录》卷82,明崇祯刻本。

毫无疑义,葡萄牙人和西班牙人在印度的唯一支柱是中国贸易。我们到处对他们发动的战争,加上他们在日本所遭受的排斥,已经大大地削弱了他们,并且大大地破坏了他们与别国的贸易。现在他们除了中国以外,不能从任何别的国家获得可观的利润了。因此,如果我们能够剥夺他们和中国的贸易,或减削这种贸易的利润,像我们在许多地方做到的那样,他们就会被迫放弃他们最好的立足地如澳门、马尼拉、马六甲、帝汶;他们在摩鹿加群岛的公司就会自行倒闭。……在澳门的葡萄牙人千方百计地反对我们。但他们必要时只能从遥远的果阿殖民地得到援助,他们在印度其他地区的属地都在衰落中。……我们能够在马六甲和果阿使他们遭到毁灭,或至少使他们的商业完全瘫痪。这样一来,本公司就可以轻而易举地把中国贸易独揽在手里。①

正是出于独占中国贸易和对中国进行殖民侵略的目的,荷兰人凭借台湾的殖民基地加强了对进攻澳门的准备。1660年,正当荷兰人决定再次进攻澳门以便从葡萄牙人手中夺取这座城市时,又传来郑成功收复台湾的消息,从而使荷兰人进攻澳门的计划又成为泡影。到清代,由于澳门已成为西方商船进入广州贸易的外港,荷兰人在澳门也建立起自己的商馆;而且,他在东方的殖民实力也日益衰落。所以,荷兰殖民者从葡萄牙人手中夺取澳门的计划也就不便实施。

三、澳门模式与中英关系

英国人在1622年与荷兰人一起进攻澳门失利后,始终未能在中国进行直接的正式贸易。1635年,在英国享有对东方贸易垄断特权的东印度公司,用"休战与对中国自由贸易"的形式与果阿的葡萄牙总督签订了临时协议,因为"英公司非常渴望在中国得到一个立足点,以从事直接贸易"②。于是,英国东印度公司派

---

① 引自《郑成功收复台湾史料选编》(增订本),福建人民出版社1982年,第107页。
② 马士《东印度公司对华贸易编年史》第一卷,中山大学出版社1991年,第13页。

出"伦敦号"装载货物赶往澳门期望进行贸易,但被澳门的葡萄牙人所阻挠。此后,在17世纪后期至18世纪初的相当长的时间内,英国人每次在澳门或广州的贸易受挫时,总认为"是由于葡萄牙人为了保护他们的垄断而施行诡计"的结果①。及至英国公司在澳门建立起商馆后,他们又感到自己在澳门受到葡萄牙人之辱,"里斯本朝廷对澳门一无所知,而果阿政府则置之不理,因此该地已成为流氓及亡命之徒的福地……如果该地一旦掌握在富有进取心的民族手里,他们必然知道如何尽力扩展该地的优越条件;我们想象它会成为一个繁荣的地方,为任何东方口岸所不及"②。言下之意,澳门应该由像英国人这样"富有进取心的民族"所占领。

事实上,英国人正是看到居住在澳门的葡萄牙人享受只纳舶税而不纳货税等优惠待遇,对澳门一直垂涎三尺。1793年,英国使节马戛尔尼(George Macartney)在从北京南下澳门时,就认为英国应该取代葡萄牙而占领澳门。1802年,英属印度殖民政府借口防止法国占领澳门,派遣军舰6艘、兵员数千驶入澳门水域,强行在十字门下碇, 此举引起葡萄牙人的惊恐和害怕。最后在清朝广东地方政府的压力下,英国人不得不从澳门水域撤离。1808年,英国又以防止法国占领澳门为理由,派遣海军少将度路利(William O'brien Drury)率兵舰前来澳门。英国人公然不顾清朝官员和澳门葡萄牙人的反对,强行在澳门登陆,"阴借保护之名,徐图占领"③。他们还一度派兵舰驶入虎门,逼近广州,企图迫使清朝接受他们占领澳门的事实。由于清朝政府调集大兵前来围剿,同时断绝了与英国东印度公司的贸易,英国军舰只好从澳门撤离,占领澳门的企图再次失败。在中英鸦片战争时期,英国驻华商务监督义律(Charles Elliot)仍然认为 :"当葡萄牙国旗在澳门飘扬的时候,或至少在两国朝廷之间缔订某种补充协定之前,英国在澳门的利益不可能获得真正的安全。那个补充协定应将澳门置于英国女王的保护之下,并且规定由英国官员们在一支英国部队支持下管理政

---

① 马士《东印度公司对华贸易编年史》第一卷, 第145页。
② 马士《东印度公司对华贸易编年史》第二卷, 第391页。
③ 《清代外交史料》嘉庆朝二, 故宫博物院1933年, 第25页。

府。"①言下之意,澳门应该由英国人占有。为此,他还曾制订了一个攻占澳门的计划。此后,由于澳门港口吃水浅以及其他的原因,英国人才没有攻占澳门。

英国人还曾打算以葡萄牙人在澳门取得居留自治权和贸易权的先例,期望在中国也能拥有一个类似于澳门这样的地方,甚至是优越于澳门的一个地方。这种愿望,可以说随着英国产业革命的进行而日益迫切。1787年,英国政府决定派遣加茨喀特(Charles Cathcart)作为大使出访中国。加茨喀特本人在接受这一任务时,即认为他的主要使命是"用何种方式——在中国取得什么地方最适宜做大不列颠的贸易商站"。他考虑,"我们需要一个适合于航运安全和往来,便于推销我们的产品和购买茶叶、瓷器及其他东部省份的回航货物的一个地方";"厦门拥有良好的海港,可能是一个最合适的地方"。对此,英国政府在给加茨喀特的训令中,也明确地要求他向清朝政府提出:

> 我们在中国的广大商业,需要一个安全的地方作为商站,以便存放出售的货物,或者在淡季时可以将其装上我们来往的船只。因此,我们希望赐予一块比广州的位置更方便的小地方或孤岛。
>
> 假如皇帝允许建立一个商站,就必须小心谨慎地选定一个这样的地方,即它对于我们的航运方便而安全,易于推销我国的输入货品,靠近生产优良茶叶的产地,听说这个产地是位于北纬27°至30°之间。②

不幸的是,这位英国使节尚未到达中国就在途中病逝,英国使团只好随即返航。

然而,英国政府并未放弃这种通过对华外交来谋取商站的努力。1791年底,英国政府又挑选到马戛尔尼这位出色的外交和殖民人才作为出访中国的大使。当内政大臣邓达斯(Henry Dundas)就此次使命如何进行并如何达到外交目的的问题询问马戛尔尼时,马戛尔尼在其书面报告的第四条提出:"使英国商人最低限度获得与葡萄牙人同等待遇,特别要准许他们在中国大陆某个邻近岛

---

① 《义律海军上校致巴麦尊子爵函》,引自胡滨《英国档案有关鸦片战争资料选译》下册,中华书局1993年,第589页。

② 马士《东印度公司对华贸易编年史》第二卷,第475—476、482—483页。

屿上有一个便利的商站，以便商人或公司代理人、船只、水手及商品得以暂住度季，获得与葡萄牙人在澳门同样的特权。"他的这一主张，即得到邓达斯的赞同和批准。1793年，马戛尔尼在北京访问时，即向清朝官员书面提出：

> 一、准许英国商人在舟山、宁波和天津贸易；二、准许他们跟俄罗斯人以前一样，得在北京设立堆栈出售他们的货物；三、准许他们把舟山附近一个独立的非军事区的小岛作为仓库，堆放未售出的货物，并当作是他们的居留地来管理。四、准许他们在广州附近有同样的权利，及其他一些微小的自由……①

由此可见，马戛尔尼的这些要求都是根据澳门模式来提出的。对此要求，清朝政府即通过"乾隆帝致英王第二道敕谕"的形式予以否定回答。这封敕谕中说：

> 其浙江宁波、直隶天津等海口，均未设有洋行。尔国船只到彼，亦无从销卖货物。况该处并无通事，不能谙晓尔国语言，诸多未便。除广东澳门地方仍准照旧交易外，所有尔使臣恳请向浙江宁波、珠（舟）山及直隶天津地方泊船贸易之处，皆不可行。……尔国买卖人要在天朝京城另立一行收贮货物发卖，仿照俄罗斯之例一节，更断不可行。……尔国欲在珠（舟）山海岛地方居住，原为发卖货物而起。今珠（舟）山地方既无洋行，又无通事，尔国船只既不在彼停泊，尔国要此海岛地方亦属无用。天朝尺土俱归版籍，疆址森然，即岛屿沙洲，亦必画界分疆，各有专属。况外国向化天朝交易货物者，亦不仅尔英吉利一国，若别国纷纷效尤，恳请赏给地方居住买卖之人，岂能各应所求？且天朝亦无此体制，此事尤不便准行。……今欲与附近（广东）省城地方另拨一处给尔国夷商居住，已非西洋夷商历来在澳门定例。况西洋各国在广东贸易多年，获利丰厚，来者日众，岂能一一给拨地

---

① 马士《东印度公司对华贸易编年史》第二卷，第542、544、553页。

方分住耶？……自应仍照定例在澳门居住,方为妥善。①

英国人的期望再次落空。1839年,英国政府鉴于清朝政府严厉取缔鸦片贸易而严重影响到英国利益,于10月1日做出向中国出兵的决议。10月18日,英国外交大臣巴麦尊(Henry John Palmerston)即在一件密函中通知英国驻华商务监督义律上校:

> 女王陛下政府目前的打算,是立即封锁广州和白河或通往北京的水道以及可能认为方便的其他中途地方,还要夺取并占领舟山群岛的一个岛屿,或厦门城,或其他任何一个岛屿地方,它可以作为远征部队的一个集结地点和军事行动的根据地,而且以后作为英国贸易机构的牢固基础,因为我们对这样的某个地方想要保持永久占领。②

在同年11月4日巴麦尊发出的密件函中,他再次告诉义律:

> 女王陛下政府打算占有舟山群岛,直到中国政府对一切事情作出令人满意的解决为止。撤出舟山群岛的一个条件,很可能是给予英国臣民在那些岛屿上一块像澳门一样的殖民地,并且还要通过条约允许他们在中国东部沿海所有的或某些主要的口岸进行贸易。③

巴麦尊的这一指令,实际上勾画了《江宁条约》的草图。接着,英国外交部在1840年2月20日就拟定了将要同中国订立的《条约草案》。《草案》中第一款就是要求清朝政府允许英国人"在广州、厦门、福州、上海、宁波等城(如果应当指

---

① 王之春《清朝柔远记》卷6,中华书局1989年。
② 《巴麦尊子爵致商务监督、皇家海军上校义律函》(第15号,密件),引自胡滨《英国档案有关鸦片战争资料选译》下册,中华书局1993年,第522页。
③ 《巴麦尊子爵致商务监督、皇家海军上校义律函》(第16号,密件),胡滨《英国档案有关鸦片战争资料选译》下册,第525页。

定任何其他城镇,请加上它们)自由居住",第三款中则是清朝政府"将位于中国海岸附近的□□等岛屿(叙述其位置、纬度、经度等),割让给大不列颠和爱尔兰联合王国"[1]。这个待定的空缺,不久就定为香港。由此也不难看出,英国人曾受到葡萄牙人在澳门有居留权的启发,为其从中国割取香港提供了先例。必须指出的是,在早先的澳门模式中,葡萄牙人并没有主权;而英国人却并不满足,他们还要获得香港的主权,这正是澳门模式与香港模式的本质差异。

四、余 论

上述考察表明,明清时期葡萄牙人在澳门所享有的居留自治权和贸易权,曾对鸦片战争前的中西关系产生过重要的影响。一些在东方进行殖民侵略的西方国家都想以葡萄牙人居留在澳门的模式,期望从中国得到一块地方,以作为自己在中国进行贸易和侵略的据点。然而,这些无理的侵略要求,都被明清封建政府所拒绝;他们对中国沿海岛屿和港口的侵占,也一次次地被中国军民所击退。那么,明清封建政府既能允许葡萄牙人入据澳门,为什么却不愿继续施用这种怀柔精神来满足其他西方国家的要求呢?

应该说,澳门模式的形成,是早期中西关系的产物。随着西方人越来越多地来到中国沿海地区,中国封建政府对于西方殖民者真实面目的认识也日益加深。如嘉庆七年(1802)间,曾有人针对英国人图占澳门一事,一针见血地指出:

> 英吉利之凶狡,在西无人不知。前于小西洋假买卖为由,已曾图灭一大国曰蒙告尔(即印度莫卧尔帝国——引者)。初亦借一小地存驻,后渐人众船多,于嘉庆三年将此国吞噬。此系后藏临近之地,中国所能知也,其在他处以此而得计者,不止一方,若容此辈在迩,殊非久安之策。[2]

① 《巴麦尊子爵致女王陛下驻华的两位全权大臣、尊敬的海军少将懿律和海军上校义律函》(第3件附件3:《拟同中国订立的条约草案》),胡滨《英国档案有关鸦片战争资料选译》,第547—548页。
② 《清季外交史料》嘉庆朝一,故宫博物院1933年版,第11—12页。

正是出于这种自身安全利益的考虑,清朝政府曾一次次地拒绝了西方国家的在中国另建商站的要求。

澳门作为明朝政府准许葡萄牙人栖息的一个贸易场所,在清代又发展为西方各国商人在中国贸易的居留场所和广州的外港。每当广州贸易季节结束,西方各国商人都要迁移到澳门居住,以待下一个广州贸易季节的来到。因此,澳门在实际上已成为清朝政府设置的西方诸国在华侨民的"蕃坊"。所以,清朝政府对于西方国家另辟专门居留地的要求,总是以澳门为各国商人共居之地的理由而予以拒绝。正如乾隆帝在致英王第二道"敕谕"中所说的,"今欲与附近省城地方另拨一处给尔国夷商居住,已非西洋夷商历来在澳门定例"①。

从本质上看,清朝政府之所以屡屡拒绝西方人提出的开辟新的贸易场所和居留地的要求,仍在于其所奉行的闭关政策。一些西方国家所提出的在闽浙沿海开辟新的贸易商站和基地的要求,都不利于清朝政府限制和防止外部势力对中国社会的冲击。而将西方的来华贸易严格地限定在广州及澳门这样的华南一隅,其目的正在于最大程度地阻断外国商人与中国社会内部的联系。站在这一角度看,澳门模式正是闭关时代中国封建统治者用以"怀柔"西方人的一个特区,它期望以此消除西方势力对其统治的冲击。

然而,澳门模式非但未能消除西方势力对中国社会的冲击,反而引起其他西方国家的嫉妒和垂涎,使中西关系变得更加复杂化。清朝政府在鸦片战争前的百余年时间内,不得不把澳门的防务问题作为一个重要的问题来注意。历史表明:传统的"怀柔"手段和闭关政策并不能遏制西方资本主义国家的对华扩张。

(原文载于《中国史研究》1998年第1期)

---

① 王之春《清朝柔远记》卷6,中华书局1989年。

附　全球化与民族性：郑鹤声史学精神探析

在20世纪50年代至80年代山东大学历史学教授中，先师郑鹤声（1901—1989）曾被学人视为史料派的代表①。这或许是由于他的史学论著皆以史料充分而见长。他不仅特别重视资料的搜集和整理，曾编集过《黄河志文献编》《东华录类编》《郑和下西洋资料汇编》等资料书，而且，他还著有《中国史部目录学》和《中国文献学概要》②，强调资料文献搜集的方法。甚至，他本人也曾公开声称，"不要怕当史料派"③。不过，如果仔细地考察他的史学研究，尤其是考察他在20世纪30年代至40年代的学术研究论著，我们还会发现，他的史学研究虽然极其重视史料，但却具有超前的全球化视野和浓郁的民族情怀。

---

① 参见蒋海升《从主流到边缘：20世纪50年代初期的史料考订派》，载于《山东大学学报》（哲学社会科学版）2005年第6期。

② 参见郑鹤声《中国史部目录学》，商务印书馆1930年初版；《中国文献学概要》则是先师与其兄郑鹤春合著，初版于1930年。

③ 参见郑一钧《郑鹤声》，载于梁自洁主编《山东现代著名社会科学家传》第一卷，山东教育出版社1991年，第113页。

一、郑鹤声的中国近代史研究与全球化视野

1944年南方印书馆刊印的先师郑鹤声《中国近世史》[①]，曾在当时洛阳纸贵，也奠定了此后他在中国近代史研究领域的学术地位。所谓"中国近世史"，根据他在"自序"中所言，即为英文 Modern Times，是指自明末至清末三百年间的历史[②]。由英文可见，他所著的《中国近世史》，就是我们现在所称的"中国近代史"[③]。先师为何要把中国近代史的起点定为明后期的欧洲人东来？在他看来，"我国坊间出版之中国近世史，率以鸦片战争为开始，则为截其中流而未探渊源也。不探其源，则其源不明"[④]。就是说，以鸦片战争作为中国近代史的起点，虽然看到了西方列强对中国造成的极大影响，但这只不过是16世纪西势东侵历史进程的延伸和强化而已。他认为："自汉以前，吾国史迹，尚在河域，其活动范围，不出国内，故可谓之纯粹的中国史。两汉以后，民族发展，普及亚洲，印度文化，因之输入，西亚文化，亦兼有之，仍然不出亚洲之范围，故可谓之亚洲的中国史。明季以还，海航大通，欧风美雨，骤然东渐，国际问题，因而丛生，所有活动，几无不与世界潮流发生影响者。故可谓之世界的中国史。""故中国近世史之开端，当自新航路之发现始。"[⑤]

何谓"世界的中国史"？我以为先师实指受"全球化"（globalization）所影响的中国历史。尽管"全球化"理论只是出现于20世纪后期（60年代以

---

① 胜按：1929年，先师于中央政治学校、中央大学教授中国近世史时，即已编就一百余万字的《中国近世史》讲义，印成铅印本，发给两校学员，影响较大。而1944年南方印书馆刊印的这部《中国近世史》，就是先师依据1929年所写的《中国近世史》铅印讲义删缩的。但这部完整的铅印讲义，还没有公开出版过，故不为世人所知。最近从其哲嗣一钧兄获知，商务印书馆已决定出版这部《中国近世史》完整讲义。

② 郑鹤声《中国近世史》（上册）"序言"，"民国丛书"第四编75册，上海书店1989年，第1—2页。

③ 先师将中国历史的较近时段称之为"近世"，可能受日本著名东洋史学家桑原骘藏（1870—1931）之影响。桑原骘藏所著《东洋史要》，就曾把东洋历史分为四个时期：上古期为汉族增势时代，中古期为汉族盛势时代，近古期为蒙古族最盛时代，近世期为欧人东渐至中日甲午战争前夕。《东洋史要》由樊炳清翻译成中文，并由王国维序于1899年在东文学社出版，是我国近代翻译日本史学家的第一种史书，在二十世纪初影响甚大。

④ 郑鹤声《郑鹤声自述》，载于《世纪学人自述》第二卷，北京十月文艺出版社2000年，第10页。

⑤ 郑鹤声《中国近世史》（上）"序言"，"民国丛书"第四编第75册，上海书店1989年，第4—5页。

后）①，先师在20世纪40年代写作《中国近世史》时尚未有这种理论，但作为"全球化"的意识或视野却存在于早先学者的思想和论著中，譬如在马克思的一些论著中，就阐述了新航路开辟后，各国家和各民族之间在经济、政治和文化上的世界性关联②。先师在此书中所强调的中国历史发展的第三个阶段——"世界的中国史"，已经从时空维度上感悟到"全球化"对于中国历史进程之影响。

首先，从时间维度上看，先师特别强调"新航路开通"后给中国历史带来重大变化的起始标杆。他在1934年初编就的《近世中西史日对照表》，就已把明武宗正德十一年（1516）葡萄牙人剌匪尔别斯特罗（Rafael Perestrello）附帆来华，视为近世史之肇端，并将正德十一年作为所编的《近世中西史日对照表》首个年份③。在他看来，"史日之应用，以近代为宏，中外各国，莫不皆然。我国自明季以还，海航大通，欧美文明，骤然东来，国际问题，因之丛生，所有活动，几无不与世界各国发生关系者。中西史日之对照，较之上古中古，其用更繁。此本书之所以以近世为限断者也"④。在《中国近世史》的"自序"中，他认为学界有人以鸦片战争作为中国近代史开端，是"截其中流而未探渊源也。不探其源，则其源不明"⑤。在他看来，只有把明清之际西势东渐的历史与鸦片战争以后的晚清史统合起来，才能完整地观察中国近代史之"大变象"。

其次，从空间维度上看，先师在《中国近世史》书中已初步勾勒出"全球化"浪潮对于近世中西贸易和华人移民海外谋生问题的作用。他的《中国近

---

① 全球化理论始于20世纪后期，其主要理论流派有：20世纪60、70年代有P·索罗金的全球趋同论，R·阿隆的国际社会论，D·贝尔的后工业社会论，I·沃勒斯坦的世界体系论；20世纪70、80年代又出现了A·托夫勒的超工业社会论，J·奈斯比特的大趋势论；20世纪90年代又有A·吉登斯的制度转变论，R·罗伯逊的文化系统论和L·斯克莱尔的全球体系论等。

② 譬如马克思和恩格斯在《共产党宣言》中指出："资产阶级，由于开拓了世界市场，使一切国家的生产和消费都成为世界性的了"；"过去那种地方的和民族的自给自足和闭关自守状态，被各民族的互相往来和各方面的互相依赖所代替了。物质的生产是如此，精神的生产也是如此。"载于《马克思恩格斯选集》第1卷，人民出版社1972年，第254—255页。

③ 按："剌匪尔别斯特罗（Rafael Perestrello）"，现在通常译为"拉斐尔·佩雷斯特雷洛"，实为服务于葡萄牙国王的意大利人。可参见张天泽著、姚楠、钱江译《中葡早期通商史》，香港中华书局1988年，第41页。

④ 郑鹤声《近世中西史日对照表·自序》，中华书局1981年据商务印书馆1936年版重印本，第3—4页。

⑤ 郑鹤声《郑鹤声自述》，载于《世纪学人自述》第二卷，北京十月文艺出版社2000年，第10页。

世史》首章题为"中西殖民通商事业之发轫"，章内分设"世界新航路之发现"、"近世中西国际贸易之开始"、"明清间华侨之海外殖民事业"三节。除第一节叙述新航路发现这一"全球化"的缘起外，在第二节中，先师分别叙述了葡萄牙人于明朝正德年间来广东沿海贸易以及对市舶司税制的影响，嘉靖中期在漳州月港、浯屿的活动对于闽南沿海走私贸易的刺激作用；而清朝前期广东的行商制度（即广州十三行），亦系应对西人来华贸易所致①。在第三节中，他在书中叙述："当明清两朝五六百年间，欧人之势力，日益东侵，而我华人与之竞争，在南洋开辟土地，经营商业者，前起后继，指不胜屈，其时华侨移殖，遍于南洋。"②在他看来，华人大规模移殖东南亚地区，是与东来的西方人相竞争。应当说，这种与西方人竞争之说，并非完全正确③。明后期及清代华人大量下南洋，实为西方人主导的东南亚殖民体系吸引之结果。一方面，西方人在东南亚殖民需要大量的劳动力资源；另一方面西方人所主导的东南亚港埠商业体系，也需要深入乡野村间的小商小贩支撑。而闽粤沿海地区地狭人多以及与南洋的隔海为邻，也是华人大量下南洋的重要推力。当然，在国际贸易领域中西商人之间不可避免地存在着一定程度竞争。因此，先师所持的"与西方人竞争说"也反映出"全球化"浪潮之影响。

　　再次，他在该书自序中讨论中国近世史之特有现象时，专门提到了16世纪以后中国所出现的外币流入与金融、外来宗教传播与内政安全、西学传入与科学民主思想之孕育等问题。今天看来，这恰恰是"全球化"过程给中国带来的新问题、新变化。

---

①　郑鹤声《中国近世史》（上），"民国丛书"第四编第75册，上海书店1989年，第27—32页。

②　郑鹤声《中国近世史》（上），"民国丛书"第四编第75册，上海书店1989年，第35页。

③　清朝人徐继畬在《瀛环志略》卷2《南洋各岛》中记载："南洋，万岛环列，星罗棋布……明初遣太监郑和等航海招致之，来者益众。迨中叶以后，欧罗巴诸国东来，据各岛口岸，建立埔头，流通百货，于是诸岛之物产，充溢中华。而闽、广之民，造舟涉海，趋之如骛，或竟有买来娶妇留而不归者。如吕宋、噶罗巴诸岛，闽、广流寓，殆不下数十万人。则南洋者亦七鲲、珠崖之余壤，而欧罗巴之东道主也。"（上海书店出版社2001年，第28页）。由此可见，由于西方人在东南亚的殖民扩张，吸引了大量中国沿海民众前往东南亚谋生。显然，明清时期华人大量移居东南亚，并不是为了与西方人展开竞争，而是依附于这一新的经济体系。先师在此所持华人在东南亚殖民之说，可能受其大学同窗之影响，其同学束世澂与刘继宣合著的《中华民族拓殖南洋史》，1935年由商务印书馆出版。

随着新航路的发现和世界市场的作用,以丝绸、陶瓷、茶叶为主的中国产品,由于物美价廉,在海外具有广泛的需求,从而使16世纪以后中国东南沿海的海外贸易规模迅速扩大。与此同时,由于明朝钞法不行,白银开始取代宝钞成为大额交易媒介,但国内银产不足不敷所需。于是,拉丁美洲所产白银通过西班牙人大帆船和华商出入马尼拉的世界贸易体系,大量流入中国,也使得明朝货币经济越来越依赖美洲白银。在一些西方史学家看来,明朝的灭亡与1639年至1644年间美洲白银的供给突然减少也有一定的关联①。这一观点是否成立尚待实证,但外币流入对中国经济生活的影响却是明显的。先师早已感到这一问题的严重性,他在"自序"中写道:"足以操纵吾国之金融界而使社会经济无形中受困苦者,一曰外币之流入,二曰币制之差异,三曰在华外国银行之垄断是也。清代海通以后,国际贸易,甚为发达,于是西班牙之银元(本洋),逐渐输入,吾国人以其形式一律,重量一定,乐于使用,流入极多,几遍东南各省,且多有以生银七八钱换此七钱二分之钱元者。而其后鹰洋(即墨西哥洋)流通之力尤巨,通商各埠,无不通行。我国货币,因此受一重大打击。道光初年,银元蔓延各地,为法禁止,漏卮甚大。粤督林则徐张之洞并先后奏请自行鼓铸银元,以资抵制。"晚清"外商银行,实为各国对华利权竞争及经济侵略之辅助机关,有各国政府之背景,凡对华关于经济上之事实,多由是种银行承受包办,在吾国财政上、金融上、商业上,无不具有特殊势力。自清末以来,外商银行相继在吾国设立者甚多,其势力之大,虽其时金融主脑之钱庄,亦难与之抗衡"②。在他看来,我国开始面临外币流入与金融安全问题,始自16世纪海航大通以后。

近世欧洲基督教在华之传播及其影响,亦被先师视为中国近世史上之"大变象"。他在书中写道:"自利玛窦来华传教,既以其学见重士林,又得明帝之优遇,从其教者渐众。迄明季世,基督教徒达数千人。清初沿明之旧,西教士多以历算见重于朝,而传教之业,缘此渐盛,迄康熙初年奉教者已达数万人。"但随着基督教在明清社会的传播,清朝统治者对宗教的管理,不仅仅是一个内政问

---

① 参见〔美〕牟复礼、〔英〕夏瑞德编《剑桥中国明代史》,中国社会科学出版社1992年,第682—683页。
② 郑鹤声《中国近世史》(上),"民国丛书"第四编第75册,上海书店1989年,第14页。

题,而且开始演变为与西方列强之间的中西关系问题。这是近世基督教与中古基督教在华传播的重大差异。先师指出:"开港(按:此指五口通商)以后,以细故而酿成大衅,致国家损失威严权利者,不可胜数;而洪杨太平之役,以基督教为号召,复发生庚子之役,于国内治安与国际交涉,俱视为重大问题焉。"①

与此相联系者,则是科学与民主思想的传入。"明季自利玛窦来华传教,颇以科学上之知识与方法,釐正中国天文历象财数地理之旧说,风气所召,廷臣如徐光启李之藻辈,皆从之学天文数学测绘之术,并及火器之制造。"而"清季变法,推究西人富强之本,始知科学之重要",科学因此而兴。"及其季世,国势陵夷,世患日亟,专制淫威,因以大戢,言论思想,稍以自由,适其时西洋倡导民治之著作,如卢梭《民约论》等,趋译渐多,传诵浸广,于是故国之思,与民治之思想相会合,革命潮流,自兹萌芽。"②

从上述数端可见,先师之所以强调以新航路开通后葡萄牙人来华作为中国近世史开端,是因为他认为西方列强对于晚清社会的影响只是延续和强化明清之际西势东侵的历史进程而已。也就是说,他对于中国近代史起点问题的思考,更关注于"航海大通"后西势作用于中国社会的完整进程。而这个进程,恰恰是"全球化"的发展进程。因此,我认为先师的《中国近世史》体系,表现了一定的甚至在当时是超前的"全球化"视野。

1947年,著名历史学家顾颉刚先生曾就坊间十余种中国近代史著作做出如下评论:"所谓近代史,现在史家对于它的含义与所包括的时代,有两种不同的看法,第一种认为新航路发现以来,世界的交通为之大变,人类生活与国际关系,较之中古时代,显然有不同的地方,是为中古史与近世史的分界;这时期历史孕育出来的局势,每以民族的思想为其演变的原动力;故近世历史的范围,实包括近三四百年来的历史,无论中国与西方皆系如此;此派可以郑鹤声先生的《中国近世史》为代表。第二种则认为在新航路发现的时候,欧洲仅产生了商业革命,明季以来,中国虽与西方接触,但并没有显著的影响;其后欧洲产生了

①　郑鹤声《中国近世史》(上),"民国丛书"第四编第75册,上海书店1989年,第17页。
②　郑鹤声《中国近世史》(上),"民国丛书"第四编第75册,上海书店1989年,第19—21页。

工业革命,中国与西方发生新的关系,以中国言方系近代史的开始；此派可以蒋廷黻先生的《中国近代史》为代表。在这两种不同的看法之下,所产生的近代史著述很多,如陈怀、高博彦、吴贯因、魏野畴、邢鹏举、罗元焜、梁园东、沈味之诸先生的著述,各有长处。其最完善的为郑鹤声先生的《中国近世史》。"顾颉刚先生之所以断定先师所著《中国近世史》为最完善之著作,是他认为该书"体大思精,甚为赅备"①。或许,《中国近世史》书中所表现出的"全球化"视野与明末至清代历史的整体观,也是顾颉刚先生所说的"体大思精"之因素。

二、郑鹤声的史学研究与民族情怀

先师在《中国近世史》的"序论"中,还把民族融合与民族团结视为近世中国与远古、中古中国的的重大区别之一。先师在书中指出,中国民族最为繁杂,历经千年满蒙回藏诸族皆受汉族之影响,并在清代融合为中华民族。"中华民族之得如今日,固融合于此二百年中。"②也就是说,他认为作为现代"中华"标记的民族国家,实乃真正形成于有清一代。

正是带着这种中华民族的一体观,先师于历史研究中一直倡导研究中华民族的民族精神,并认为历史教学也应肩负起国家兴亡之责任。在他看来,近代中国国家危败,也由于"国人民族意识消失殆尽。其消失原因虽多,而历史教学之未能尽其功用,实为根本上之原因。所以历史教育应"为发扬民族精神之宣传,而不为颓丧民族精神之刺激"③。1935年,他发表《历史教学旨趣之改造》一文,不久就以单行本形式出版。在这本册子中,他开门见山地论及历史教学之功用：历史教学对于"民族国家之兴亡,盖非浅鲜"；"故以复兴民族为目的者,

---

① 顾颉刚《当代中国史学》,南京胜利出版公司1947年,第83页。除了顾先生在文中所说的著述中国近代史的十位学者外,尚有：徐澄《中国近百年史》(1930)、陈训慈《中国近世史》(1931)、颜昌峣《中国最近百年史》(1931)、孟世杰《中国最近世史》(1932)、李鼎声《中国近代史》(1933)、陈恭录《中国近代史》(1935)等。

② 郑鹤声《中国近世史》(上),"民国丛书"第四编第75册,上海书店1989年,第7—9页。

③ 郑鹤声《如何从历史教学上发挥中华民族之精神》,载于《教与学》第1卷第4期,1935年。

每以历史教学为利器"①。"历史教学之目的虽有多端，而发扬其民族之精神，以激励其团结之情绪，坚定其自信之能力，藉以引起其爱国爱种之观念，以为复兴民族之基础，则诚我国目下国难期间应有之努力"②。

在历史教学中讲究国内各民族的团结，就必然涉及到在历史研究中如何处理中国历史上的朝代更替与民族之间战争的问题。1935年，先师发表文章认为，中国历史上的朝代更替与民族之间战争，应视为中华民族内部的纠纷，如同当时的直皖之战、奉直之争。所以，他在1935年至1943年间，非常重视对中华民族之间融合问题的研究，相继发表了《中华民族精神之检讨》③《近三百年来中华民族融合之趋势》等论文④。在前文中，他认为忠义勇敢卫国御侮是中华民族的精神所在。而后文则针对当时一些人所持的狭隘民族立场，具体阐述了有清三百年来汉满蒙回藏等民族融合为中华民族的学术主张。

先师认为，要确立中华民族意识，还必须重视边疆历史研究和边疆历史教育。否则，边疆观念不能养成，也不足以抵御外侮。他担心当时人还受古代"蛮夷戎狄"等狭隘汉民族意识的影响，以影响民族团结大局。一旦外敌挑拨离间，民族之间即生裂痕，而边防渐失。有鉴于此，先师认为："在今日非常时期的教育之下，历史教育的使命，既深且重，而对于边疆的教材，更其不可忽略；而这种边疆的教材，在历史中最主要的，应注意下列三点：（一）边疆的形势与领土的损失和经过；（二）边疆人民生活的情况和社会经济的情形；（三）边疆之应如何开殖与发展。"⑤他本人还写过《前清康乾时代之理藩政策》和《清代对西南种族的扶绥》两篇论文⑥，讨论清朝盛时的民族政策及其对西南地区少数民族的具体措施，强调民族政策对边疆政治稳定的重要性。

---

① 郑鹤声《历史教学旨趣之改造》，正中书局1935年，第1—2页。

② 郑鹤声《历史教学旨趣之改造》，正中书局1935年版，第22页。

③ 郑鹤声《中华民族精神之检讨》，载于《中国新论》第1卷第3期，1935年。

④ 郑鹤声《近三百年来中华民族融合之趋势》，载于《边政公论》第3卷第3期，1943年。

⑤ 郑鹤声《中学历史教学法》第四章第二节《历史教材的选择问题》，正中书局1936年。何成刚与李杰对于先师有关历史教学的思想，已有研究。可参看何、李两人合著《民族意识与民族精神：抗日战争时期中小学历史教育发展的主旋律》，载于《中学历史教学参考》2005年第7期。

⑥ 郑鹤声《前清康乾时代之理藩政策》《清代对西南种族的抚绥》，分别载于《边政公论》第2卷第3、4期，1943年；以及《边政公论》第2卷第6、7、8期，1943年。

先师在前文中所说的"非常时期",是指1931年"九一八"事变后日本帝国主义侵占东北三省并继续扩大对华侵略战争的中华民族危亡之时。其先,先师因1928年发生"五三惨案",即于当年发表《五百年前中日交涉之一幕》的文章①,将明朝围绕倭寇侵扰中国的对日交涉经过公示于社会大众,以其远见卓识提醒人们重视日本对华动向问题。1929年,他又发表《江心坡与国防》一文②,就1926年至1927年间英国入侵并占领的江心坡(指位于云南高黎贡山以西的恩梅开江及迈立开江合流处之间以北的地带,明清王朝时期属于云南土司管辖,后遭占领缅甸的英国殖民者不断入侵,今已划属缅甸)问题,提出领土依据和西南国防建设事宜。抗日战争爆发后,他又发表有《历史教学与国防教育》一文③,指出历史教学对于培育国民国防观念的重要性。

在抗日战争的烽火岁月,先师又开始投入对郑和下西洋的研究。此前,先师有感于《明实录》中对于郑和下西洋之记载的一些遗漏和外国学者已有诸多研究但仍有诸多疑点的状况④,遂开始调查和搜集郑和下西洋的资料,终在明朝嘉靖年间人钱谷所编的《吴都文粹续集》中发现收录有《娄东刘家港天妃宫石刻通番事迹碑》碑文,接着又在南京静海寺找到记有郑和下西洋的残碑,并从友人处得到福建长乐《天妃之神灵应记碑》碑文和郑和家世等资料。于是,他开始将文献资料与碑刻等资料结合起来进行郑和下西洋研究,并于1945年初出版《郑和》专著。该书共分六章,分别阐述郑和之生平、下西洋之因果、使团之组织、航行之概况、出使之经过、诸国之风俗。书中对众说纷纭的郑和下西洋之具体时间和次数,进行了翔实的考证,此后遂成为学界之定论。而该书写作之目的,除了学术因素外,现实因素则是"为激励国民,抗日救亡,以历史上伟人之功业,发扬中华民族之精神和优秀文化传统,从中得到力量"⑤。

先师在1926年至1929任教于云南高等师范学校(1932年并入东陆大学)

---

① 郑鹤声《五百年前中日交涉之一幕》,载于《东方杂志》第25卷第13号,1928年。

② 郑鹤声《江心坡与国防》,载于《史学杂志》第1卷第3期,1929年。

③ 郑鹤声《历史教学与国防教育》,载于《教与学》第1卷第7期,1938年。

④ 可参见陈尚胜《郑鹤声教授对中国历史研究的贡献》,载于《文史哲》1996年第3期,第61—65页。

⑤ 郑鹤声《郑和·序》,重庆胜利出版社1945年,第1页。

和东陆大学（1934年改称云南大学）时，讲授《亚洲史》和《中国史学史》两门课程①，目睹印度早期历史典籍之缺乏，亦深感中国优秀文化赖以传承，而史学家功不可没，遂继续从事中国史学史研究。其先，他的大学（先师于1920年考入南京高等师范学校，1923年南高并入东南大学，1924年从东南大学毕业）毕业论文，就以《汉隋间之史学》为题，洋洋十余万言探讨了中国史学的发展大势，并从史官、史家、史学成立与史学发展诸方面阐释了从汉代到隋代中国历史学具体发展状况。该文初由《学衡》杂志发表②，不久就由中华书局以单行本出版③。1928年，上海商务印书馆又专门为他安排"郑氏史学丛书"，以便系统地推出他的中国史学史研究成果。在1929年至1932年间，他所撰著的《班固年谱》《袁枢年谱》《司马迁年谱》《杜佑年谱》依次在商务印书馆出版。此外，他尚著有《荀悦年谱》《刘知几年谱》《司马光年谱》《徐光启年谱》四种，商务印书馆也已付排，但在1932年1月29日凌晨俱毁于日本战机所投炸弹。他在研究中国史学史的过程中④，认为"司马迁以前无所谓史学"，《史记》出而"史学因之转变方向"；而在中国史书的诸种体例中，"正史"因其最为重要也最值研究，遂撰著《史汉研究》⑤。此书为对两部经典史籍《史记》与《汉书》的比较研究，内分体例组织、源流、制作与增删、叙事等项，对两书详加比较和分析。现有学者认为，先师的这些论述，都给后来的中国史学史研究以很大启发⑥。

　　先师与其长兄合著的《中国文献学概要》，亦被后人视为中国文献学的开山

---

　　① 　郑鹤声《中国史学史》，云南高等师范学校1926年。他虽未写出《亚洲史》的教材，但也编写过《亚洲诸国史汇目》，云南高等师范学校1926年。

　　② 　该文连载于《学衡》第33期（1924年9月）、第34期（1924年10月）、第35期（1924年11月）、第36期（1924年12月）。按：《学衡》杂志创刊于1922年，由东南大学教授吴宓等编辑，上海中华书局发行，1933年停刊。据《学衡杂志简章》称，该刊"论究学术，阐求真理，昌明国粹，融化新知。以中正之眼光，行批评之职事"；"于国学则立以切实之工夫，为精确之研究，然后整理而条析之，明其源流，着其旨要，以见吾国文化，有可与日月争光之价值"。

　　③ 　郑鹤声《汉隋间之史学》，中华书局1924年。

　　④ 　郑鹤声《中国史学史》，云南高等师范学校1926年。

　　⑤ 　郑鹤声《史汉研究》，商务印书馆1930年，第19—21页。

　　⑥ 　参见胡逢祥《历史学的自省：从经验到理性的转折——略评20世纪上半叶我国史学史的研究》，载于《华东师范大学学报》（哲学社会科学版）2004年第1期。

之作①。该书分章阐述了结集(古籍分类和目录)、审订(古籍整理)、讲习(古籍传授)、翻译(外籍翻译)、编纂(大型类书和丛书编纂)、刻印(印刷与版本)等中国文献学的内在架构,形成了一个环环相扣的较为严密的逻辑体系。而且,鉴于清末民国初年社会上因西方文化的大规模传入而出现的自贬本国文化的风习,先师深为忧虑。尤其是国人对本国文献之要略"不知所对"的情况,先师明确提出"典籍者,思想之结晶,学术所由寄也","中国文化之完备,世界各国殆莫之享,此为中国文明之特色,即典籍之完美也"②。另一位当代研究者认为,郑氏兄弟二人的《中国文献学概要》,不仅构建了中国文献学的新体系,而且深刻地阐述了研究中国文献的学术价值和社会价值。他认为,郑氏之所以重视中国文献,"就是要发掘文献中所蕴含的民族精神。更为可贵的是,郑氏还提出'中国文献之世界化'的命题。在他看来,中国历史悠久,典籍丰富,文化灿烂,对人类文明贡献巨大,舍弃中国文化而言世界文化,是极不全面的。如果我们对自己的文化整理与研究不予注意,那么要西方文化界对中国文化进行全面的研究,自然是困难的。其编纂《中国文献学概要》,就是要达到'考文献而爱旧邦'的目的"③。

先师对中国文献学的高度重视,对著名史学家的敬慕和研究,亦缘于他自身对于职业历史学家的角色认知;而他深厚的民族情怀,则使他的文献学研究、史学研究和历史教育主张又带有浓郁的民族性;而20世纪上半叶的民族危亡,无疑加深了他的民族情怀;因而史学研究、文献学研究和历史教育观,都成了他的民族救亡和中华复兴之利器。

---

① 马林《中国文献学的开山之作——读郑鹤声、郑鹤春的〈中国文献学概要〉》,载于《山东教育学院学报》2009年第5期。

② 郑鹤声、郑鹤春《中国文献学概要》,上海古籍出版社2001年重版本,第7页。

③ 吴怀祺主编、王记录著《中国史学思想通论·历史文献学思想卷》,福建人民出版社2011年,第48—49页。

三、"状貌考"风波与"不怕当史料派"

先师于1951年调入山东大学历史系任教授，并担任中国近代史研室主任。然而，此时的"中国近代史"课程与他在20世纪30年代至40年代于中央大学（今南京大学）所主讲的"中国近世史"课程在内容和体系上已有很大不同。先师自己说："解放后担任中国近代史课程。毛主席关于中国近代史的论述，指示我们以第一次鸦片战争为中国近代史的开端，与以前讲授的中国近世史，迥然不同。"①先师在当年发表的《怎样研究中国近代史》文中，也感到"我们的首要问题，是在如何运用马克思主义来结合我国近代史上的问题"②。然而，对于一位已构建起自己学术体系的五十岁学者来说，这个结合的过程必然是十分艰难的。

就在1951年，先师于新创刊的《文史哲》杂志上发表《天王洪秀全状貌考》③。大约到了1955年以后风波渐起，史学界开始有人非议，后来校内也有人公开发文指责他搞繁琐考证，是反科学的，居然去考证洪秀全长没长胡子④。先师后来回忆说，自己的"这篇文章发表后，首先引来'理论棒子'关锋在报上的公开批判指责，歪曲我的意愿，说我搞繁琐考证，如何如何。我看了心中很不服气，但又有顾虑，不敢加以申辩"⑤。先师之所以"不服气"，一是因为这篇文章是应南京博物院筹备"太平天国革命一百周年纪念展"之约而写的。当时南京大学艺术系教师根据一些文献绘了一幅洪秀全画像，但是否逼真他们又不敢决定，乃求助于以谙熟史料而著称的郑鹤声；二是他的这篇文章关涉农民起义领袖形象，也是为了纠正日本人稻叶君山《清朝全史》所用洪秀全图像之舛错。而最终他"又有顾虑，不敢申辩"，是因为他看到对他进行批判指责的，除了当时党中央的笔杆子关锋以外，还包括当时中国近代史研究的最高权威学者。而自1954年末批判俞平伯的红学研究开始，以政治方式介入学术讨论已成为学术

---

① 郑鹤声《郑鹤声自述》，《世纪学人自述》第二卷，北京十月文艺出版社2000年，第18页。
② 郑鹤声《怎样研究中国近代史》，《文史哲》第一卷第2期，1951年。
③ 郑鹤声《天王洪秀全状貌考》，《文史哲》创刊号，1951年。
④ 参见《厚古薄今是历史教学与研究中的资本主义道路》，载于《文史哲》1958年第8期。
⑤ 郑鹤声《我对华岗校长的回忆》，原载于《山东大学校报》1980年6月10日；又载于郑友成主编《华岗纪念文集》，青岛出版社2003年。

常态,更何况他自己的中国近代史学术体系与这位学术权威甚至最高领袖之不同。因此,先师惟有沉默!

据我了解,先师在写出《天王洪秀全状貌考》后不久,便开始学习马克思理论并试图运用到中国近代史研究中。1954年,先师在研究孙中山的思想时,感到在运用马克思主义理论时还没有把握,就去找以理论见长的华岗校长,在得到华岗的具体帮助后,先师对论文做了认真修改后发表出来①。其实,先师在1943年写成出版的《中华民国建国史》一书中②,就是从1884年孙中山立志革命开始写起,书中也是以孙中山所领导的国民革命为主体。而50年代写孙中山思想论文时专门寻求华岗给予理论指导,可见他对于马克思主义理论之重视。由于这篇论文是新中国后最早论及孙中山思想的学术文章,揭示了孙中山思想经历从改良到革命、从旧民主主义到新民主主义的发展过程,在知识界较有反响,民革中央还将此文印成单行本发给党员作为学习材料。先师不仅向华岗校长学习理论,而且还与青年教师一起切磋理论与学术,以避免自己学术论文中的理论有不周之处。

作为一位在历史学领域耕耘三十年且有较大成就学者,主动向刚刚走上历史学术之路的青年教师求教理论,虽然反映了先师在适应新的学术环境状态下的虚心态度,但多少也表现出一代旧学人的无奈和适应。在探讨三次革命高潮问题的1955年,先师发表《太平天国妇女解放运动及其评价》。在先年的《中国近世史》中,先师对于太平天国运动一直给予较高的评价(参见下册第三章"太平天国革命及其影响")。而此文对于早先未及深入探讨的太平天国时期妇女问题做了专题探讨,并上升到妇女解放运动高度。从他立论证据来说,禁止妇女缠足。但是,太平天国时期的三宫六妾,却未引起先师的足够反省。这种定向思维和评价,无疑源于当时的革命史学环境,对于农民起义领袖只可歌颂不可批判。

如果说,对太平天国运动的评价反映了他发展了一贯的学术认识;那么,他

① 郑鹤声《我对华岗校长的回忆》,原载于《山东大学校报》1980年6月10日。先师的论文题为《试论孙中山思想的发展道路》,载于《文史哲》1954年第4期。

② 郑鹤声《中华民国建国史》,正中书局1943年。

对于郑和下西洋的讨论则从原来的具体事实求真转向为国家外交服务。1957年初，先师连发《十五世纪初叶中国和亚非国家的友谊关系》和《十五世纪初叶中国与亚非国家间在政治经济文化上的关系》。如果再加上《德国占据胶州湾的阴谋》和《辛亥革命前夕资产阶级革命派对于帝国主义的态度》等文，分明都是亚非拉友谊和反帝语境的产物。

1958年对于新中国来说是特别重要的一年，举国上下开展"大跃进"运动。而在史学界，也掀起了一场"厚今薄古"问题的讨论和运动。这场讨论和运动一方面是批判厚古代而薄现代的学术研究倾向，另一方面则是批判厚资料而薄理论的学术风气，其本质则是历史研究必须为当前的政治服务[1]。然而就在这一年，先师却不顾当时的高等教育氛围而为历史系学生开设"史料学"课程。他是要以自己谙熟史料学和目录学的学养，教育学生治史必须通晓搜集史料的方法。他这种不合"时宜"的教学举动，很快就遭到历史系主政者的批判[2]。然而，他却坚称自己"不怕当史料派"。在当时那种政治狂躁的岁月，"史学革命"的狂飙并没有消解他的学术理性。作为一名历史学教授，他对历史教育的敬业之心和对年轻学子的责任之感可见一斑。

先师一直认为，研究历史必须充分占有史料。在从事某项问题的学术研究时，应尽可能多地占有与之相关的史料，尤其是第一手史料。同时，要尊重史料的本来面目，切忌以个人需要而片面摘引史料。另外，还要善于鉴别史料，以确定具体史料的可信度。历史论著只有具备坚实的史料基础，才可能有说服力。而研究者一旦谙熟史料，也可能从中悟出新的研究问题。他并不认为"史料即是史学"，而是认为史料是史学研究的出发点和依据。他为了研究中国近代史，从1932年起开始广搜史料，足迹遍及南京、北京、天津、武昌、上海、杭州、宁波、苏州、扬州等地旧书店，广搜晚清、民国初年的原始文献、公报杂志，并搜罗到不少海内外孤本，如《清史稿》的部分手稿，从邓廷桢家散出的与林则徐办理鸦片事宜有关文件，清季以来《政府官报》《政府公报》等。中国史学会在编辑"中

---

① 参见王学典《1958年：当代史学方向转换的一大枢纽》，载于王氏所著《20世纪中国史学评论》，山东人民出版社2002年，第173—201页。

② 参见《厚古薄今是历史教学与研究中的资本主义道路》，载于《文史哲》1958年第8期。

国近代史资料丛刊"时,特请他参加《鸦片战争》《第二次鸦片战争》以及《太平天国》的史料编辑工作,书中还收入了他提供的多种珍贵史料。此外,他还编辑过《黄河志文献编》《东华录类编》《郑和下西洋资料汇编》等资料书。我于1982年至1984年师从先师攻读中西交通史专业研究生时,他还以八十余岁高龄,搜集编辑《14至17世纪中国与海外国家关系资料汇编》,冀望为学界研究明清时期的中外关系史提供基础资料。先师的踏踏实实学术精神和大局意识,也使我受益至今。

（原载于《文史哲》2011年第5期）

后　记

　　个人从事中外关系史研究,自从1982年初师从郑鹤声教授攻读专门史(中西交通史)硕士学位以来,至今已过三十年。当初,我的学术兴趣是在明代中外关系史。20世纪80年代后期中外关系史学会组织会员对明清王朝对外政策性质进行讨论,把我的学术关注点扩大到鸦片战争前的清朝对外关系。那时我在研究刊物上发表的论文,曾由山东人民出版社以《闭关与开放:中国封建晚期对外关系研究》的书名于1993年刊行。从1992年我国与韩国建交后,我由于身处山东的地缘因素与韩国学者交流颇多,在交流过程中深感两国关系史的研究需要开展学术对话,随后自己也进入中韩(朝)关系史研究领域,并将早期发表的中韩关系史论文,交齐鲁书社以《中韩关系史论》书名于1997年刊印。对于近十五年来个人发表的论文,师友们认为具有一定的学术价值并建议集中出版,我于是选择其中的十八篇论文结集刊布。

　　我之所以将本集论文定书名为《中国传统对外关系研究》,是鉴于中外关系史研究范围甚广,因此倡导在中国古代史和中国近代史的视域下,加强对以"封贡关系"为主轴的"中国传统对外关系"研究,并据此提出了三个努力方向:一是要加强对中国封建王朝对外思想、对外政策和涉外体制的研究,尤其是涉外思想与对外政策之间的互动;二是要加强中国与周邻国家传统互动关系的研究,以及中国和周邻甲国关系与周邻乙国关系的比较研究,以揭示不同周邻国家对华关系的不同行为特征,从而加深对其外交文化民族性的认识;三是要加强近代中国对外关系转型以及中国与西方国家关系的研究,既要关注晚清中国被西方列强侵略的过程,同时也要关注晚清"主动参与"周边国家事务并与其他列强"博弈"的历史过程及其教训。

自己最初的构想,是想就汉代、宋代的涉外思想变化与对外政策演变问题做一些专门考察后,写出若干篇论文再结集出版,以体现出个人对中国传统对外关系研究的一个初步布局。自己也曾对宋儒胡安国《春秋传》中的"华夷观"做过初步考察,特别是对该书通过科举考试制度与"经筵"制度对元明两代君臣的影响有所注意,但因个人承担《清史·邦交志(上卷)》的任务一直心系清代,未及细究,只好阙如。承蒙中华书局朋友的关心和支持,安排我出版这本文集。特别是于涛先生、陈若一女士两位编辑的辛勤帮助,好友郑训佐教授又专题墨宝,在此表示衷心谢忱!

书后附上《全球化与民族性:郑鹤声史学精神探析》一文,以表达我对先师领我走上这一学术领域的纪念和感恩之情!

陈尚胜

2014年6月30日于山东大学